2017 年度国家社科基金一般项目"马克思所有制关系理论及其当代价值研究"
（项目批准号：17BKS018）

# 马克思所有制关系理论及其当代价值研究

徐国民 著

中国社会科学出版社

**图书在版编目(CIP)数据**

马克思所有制关系理论及其当代价值研究／徐国民

著. -- 北京：中国社会科学出版社，2024.11.

ISBN 978-7-5227-4286-1

Ⅰ. F014.1

中国国家版本馆 CIP 数据核字第 2024NB6094 号

| 出 版 人 | 赵剑英 |
| --- | --- |
| 责任编辑 | 刘 艳 |
| 责任校对 | 陈 晨 |
| 责任印制 | 郝美娜 |

| 出 版 | 中国社会科学出版社 |
| --- | --- |
| 社 址 | 北京鼓楼西大街甲 158 号 |
| 邮 编 | 100720 |
| 网 址 | http://www.csspw.cn |
| 发 行 部 | 010-84083685 |
| 门 市 部 | 010-84029450 |
| 经 销 | 新华书店及其他书店 |

| 印 刷 | 北京君升印刷有限公司 |
| --- | --- |
| 装 订 | 廊坊市广阳区广增装订厂 |
| 版 次 | 2024 年 11 月第 1 版 |
| 印 次 | 2024 年 11 月第 1 次印刷 |

| 开 本 | 710×1000 1/16 |
| --- | --- |
| 印 张 | 24.25 |
| 字 数 | 361 千字 |
| 定 价 | 138.00 元 |

凡购买中国社会科学出版社图书,如有质量问题请与本社营销中心联系调换

电话:010-84083683

# 前　　言

　　所有制问题是一个贯穿人类历史发展过程中的基本问题，它决定了各种社会关系性质以及社会矛盾运动的趋势，是人们理解社会形态更替发展的总依据。马克思所有制关系理论形成于 19 世纪上半叶，自由资本主义上升时期。此时资本主义生产方式，一方面其创造的生产力比过去一切时代还要多、还要大，另一方面其内在矛盾已尖锐地暴露出来：其一，建立在"理性"基础上的资本主义生产方式为何周期性地爆发"不理性"的经济危机；其二，当无产阶级高举资产阶级倡导的"自由、民主、人权"的旗帜来反对资产阶级压迫和剥削时，为何遭到了无情镇压？可以说，马克思所有制关系理论就是对这些问题的解答。

　　本课题组围绕着马克思和恩格斯经典著作中的有关论述，结合当时时代背景和具体语境，联系今天实际状况，着重从六个方面展开了进一步研究：（1）马克思所有制关系理论的历史考察；（2）马克思所有制外部关系理论，即不同性质的所有制之间的关系理论；（3）马克思所有制内部关系理论，即所有权、占有权、支配权和使用权之间的关系理论；（4）马克思所有制主体关系理论，即生产资料所有者与非所有者之间的关系理论；（5）马克思所有制客体关系理论，即生产资料与生活资料之间的关系理论；（6）马克思所有制关系理论的当代价值。

　　在本课题组看来，在资本主义基本矛盾和社会矛盾日趋尖锐化、复杂化的背景下，马克思和恩格斯从无产阶级和最广大人民根本利益这一立场出发，在对德国古典哲学、空想社会主义以及古典政治经济学作出

1

批判的基础上，通过对"市民社会"—"生产关系"—"所有制"—"生产资料所有制"等概念之间的逻辑关系分析和实践探索的过程中，深化了对所有制关系问题的认识。马克思从《莱茵报》时期关注的物质利益问题到转入对黑格尔法哲学批判以及政治经济学批判研究，再到《资本论》中完成了对资本主义私有制的批判，形成了马克思所有制关系理论。从总体上可以分为两大组成部分，一是马克思和恩格斯以财产占有关系及其演变为核心的社会历史理论，包括马克思和恩格斯对不同社会所有制关系的历史分析、对资本主义私有制关系的理论与现实批判以及对英国古典政治经济学等所有制理论的批判。二是马克思和恩格斯以生产方式、生活方式及其演变为核心的自然辩证法理论，包括如何处理好自然和人、自然和社会的相互关系。

马克思所有制外部关系理论主要围绕不同性质所有制之间的关系展开深入研究。在马克思和恩格斯看来，资本主义私有制是建立在劳动与资本对立基础上的剥削他人劳动但形式上是自由劳动的私有制，它使阶级对立简单化，是人类社会最后一种私有制形式，即完成了的私有制形式。资本主义私有制的灭亡，也就意味着一切私有制的灭亡。社会化大生产与生产资料的资本主义私人占有之间的矛盾是资本主义生产方式的基本矛盾，资本主义经济危机周期性爆发是资本主义基本矛盾的集中表现。消灭资本主义私有制将经历一个极其艰难而漫长的发展过程，社会主义公有制需建立"在资本主义时代的成就的基础上"，是对资本主义私有制的积极扬弃；"两个必然"思想深刻揭示了社会主义公有制代替资本主义私有制的客观趋势，"两个绝不会"思想又进一步揭示了这种"替代"的长期性、复杂性和阶段性。马克思所有制外部关系理论，不仅在国际共产主义运动中产生了广泛而又深远的影响，而且伴随着这一运动还得到了进一步的丰富和发展。

马克思所有制内部关系理论包括生产过程中所有、占有、支配、使用及其之间的关系。马克思和恩格斯之所以对所有制内部关系进行关注和研究，是因为资本主义社会中除了和产业工人直接打交道的产业资本家，还存在着大量的商业资本家、农业资本家、大土地所有者、借贷资本家以及金融资本家等特殊的阶级和阶层，尤其是在股份制公司中的股民、董事会以及经理层等，他们通过所有权、占有权、支配权和使用权的分离和统一的复杂关系原理，从而实现并进一步掩盖了对工人阶级剥削的客观事实。由于没有任何实践经验可供借鉴，苏联在具体实践中片面、僵化地理解了马克思所有制内部关系理论，从而导致了苏联在所有制关系改革的实践中遭遇了惨痛失败。新中国成立后，中国共产党人在学习和借鉴苏联社会主义所有制形式的基础上，独立自主地进行了中国特色社会主义道路的探索。改革开放以来，从"所有权"与"经营权"相分离的农村家庭联产承包责任制改革中，逐渐明确了国有企业改革方向，坚定推进了马克思所有制关系理论在中国的实践道路与模式的探索，取得了一系列举世瞩目的成就和宝贵经验。

所有制关系作为生产关系中的核心内容，它表征的不仅是一种人对于物的权利关系，从其本质而言，是一种人与人之间的关系，即在生产过程中，生产资料的所有者与使用生产资料进行生产劳动的劳动者之间结成的经济社会关系。马克思所有制主体关系理论深刻揭露资产阶级与无产阶级之间对立冲突的根源。马克思所有制主体关系理论是基于对当时发达资本主义国家资产阶级与无产阶级尖锐矛盾批判而得出的，但是对于落后的国家如何进行社会主义建设、建立与变革所有制并没有给出一个现成的答案。苏联社会主义建设时期，列宁、斯大林等围绕苏联社会主义发展的现实状况提出了国家所有制、集体所有制，一定程度上推动了苏联社会主义经济的发展和壮大。在中国的革命、建设和改革各个时期中国共产党领导集体结合时代主题将马克思所有制主体关系理论运用于中国具体实际，探索社会主义建设的道路与所有制经济的实现形式，从而使实现社会主义现代化强国、实现中华民族伟大复兴成为一种不可逆转的趋势。

马克思关于所有制客体关系理论，是指从主体人这一所有者对于不同的客体物的占有而形成的复杂关系。所有制客体可以分为生产资料与生活资料两种基本形式。其中，生产资料所有制客体居于主导地位，而生活资料所有制客体居于从属地位。通过生产资料与生活资料的划分，马克思不仅深刻地分析了资本主义社会扩大再生产的前提条件与实现条件，还发现了生产资料优先增长规律。马克思主义所有制客体关系理论不仅是对资本主义剥削本质的揭露，而且为社会主义国家的经济建设指明了方向和道路，与社会主义国家社会生产实践活动的各方面都紧密相连。在俄国十月革命和苏联社会主义建设时期，列宁、斯大林等领导人通过社会生产实践来推进苏联的所有制客体关系的发展，直到戈尔巴乔夫改革的彻底失败导致了苏联解体。马克思所有制客体关系理论对于新民主主义革命时期的阶级结构分析和阶级斗争及其理论的发展，同时，对于社会主义革命与建设时期、改革开放新时期以及新时代的所有制客体关系改革，发展形成了以公有制为主体、多种所有制共同发展的经济结构，最终形成了中国特色社会主义所有制结构理论。

马克思所有制关系理论不仅是分析当代西方发达资本主义国家及其社会现状、国内外政策措施以及对西方产权理论批判的理论工具，还是我国推动全面深化改革和加快建设社会主义现代化强国的指导思想。一方面，马克思和恩格斯深刻系统地分析了私有制的产生、发展和消灭的规律，揭示了私有制必然要被生产资料共同占有所替代的历史趋势。从这个角度来看，马克思所有制关系理论是对西方产权理论批判的有力武器。另一方面，中国共产党人不断推进了马克思所有制关系理论中国化时代化，在中国革命、建设和改革的各个历史时期采取了不同的所有制政策，取得了辉煌的成果，进一步丰富和发展了马克思所有制关系理论。

# 目　录

# 绪　论

## 一　问题的提出

马克思和恩格斯在长期学术研究和实践斗争的过程中，逐渐将他们的理论兴趣和研究重点聚焦到了对所有制关系问题的研究上，形成了内涵极为丰富、理论极其深刻的马克思所有制关系理论。他们之所以将研究对象聚焦到所有制关系问题上，是由于所有制关系在社会关系以及在社会各种矛盾运动中的地位和作用所决定的。具体来说：一方面原因在于所有制关系贯穿了人类历史发展全过程，是决定一个社会的生产关系与生产方式的性质和状况并形成各种复杂的社会关系和交往关系的基础，是划分不同社会形态的标准和依据；另一方面原因在于资本主义所有制关系是资本主义社会制度和政治制度等各项制度的根基，是造成资本主义经济、政治、文化、社会和生态等方面危机和问题的总根源，也是无产阶级推翻资产阶级统治的基本问题。正因如此，马克思和恩格斯指出："共产党人到处都支持一切反对现存的社会制度和政治制度的革命运动。在所有这些运动中，他们都强调所有制问题是运动的基本问题，不管这个问题的发展程度怎样。"①

回顾马克思和恩格斯学术研究的整个历程，我们可以清晰地看到对所有制关系问题研究的这根主线。从马克思《莱茵报》时期对各种社会

---

① 《马克思恩格斯文集》第2卷，人民出版社2009年版，第66页。

问题背后的"利益关系"的关注，到《德意志年鉴》期间从"市民社会决定国家"视角对黑格尔法哲学、普鲁士国家法律制度等的批判。从恩格斯在《国民经济学批判大纲》中对"私有制"的批判，到马克思在《1844年经济学哲学手稿》中对"私有财产"与"异化劳动"之间关系的分析及共产主义"对私有财产的积极扬弃"的论断，到马克思和恩格斯在《共产党宣言》中用"消灭私有制"这一论断来高度概括共产党人的理论，再到马克思的《资本论》、恩格斯的《家庭、私有制和国家的起源》、马克思晚年的"人类学笔记""历史学笔记"以及对东方社会道路的阐述等。我们完全可以看出，在马克思和恩格斯一生的学术研究和实践斗争的过程中，无不伴随着对于所有制关系问题这个主题和主线的理解和认识。除此之外，我们知道恩格斯曾对马克思的学术创新成果作出了高度概括，指出唯物史观和剩余价值学说是马克思一生的"两大发现"。可以说，这"两大发现"，也是伴随着马克思在一定社会中物质利益关系的基础上对所有制关系问题的深入研究中发现的。

就今天看来，马克思所有制关系理论的内涵十分丰富。从外部关系来看，所有制关系包含了不同性质所有制之间的关系及其更替规律，尤其是社会主义公有制与资本主义私有制之间的关系；从内部关系来看，所有制关系包含了所有权、占有权、支配权和使用权之间的关系，尤其是产业资本、商业资本与借贷资本之间的关系；从主体关系来看，所有制关系包含了所有者与非所有者之间的关系，尤其是阶级的划分以及无产阶级与资产阶级之间的关系；从客体关系来看，所有制关系包含了生产资料占有与生活资料占有之间的关系，尤其是生产资料全体社会成员共同占有与生活资料个人所有之间的关系；等等。对于这些复杂的关系，马克思和恩格斯都有着极为深刻的论述，它们共同构成了马克思所有制关系理论。

马克思和恩格斯所有制关系理论，不仅承接了近代以来人们对于所有制与所有权等问题的研究和关注，尤其是实现了对德国古典哲学、英国古典政治经济学以及英法空想社会主义的全面超越，有其丰富的理论来源，而且也是对西欧发达资本主义国家的社会现实和社会矛盾长期观察和敏锐分析的结果，更是马克思和恩格斯直接投身于共产主义运动的实践产物。这一理论不仅指导了他们自己的实践活动、指导了当时欧洲各国工人阶级的革命斗争，而且还贯穿了整个国际共产主义运动的全部过程。可以说，在理论和实践上产生了广泛而又深远的影响。

然而，回顾国际共产主义运动的历史进程以及伴随着这一历史进程中的理论研究，我们不难发现，长期以来人们对于马克思所有制关系理论的丰富内涵及其重大意义，甚至对于其中的一些基本问题的理解和认识上，还存在较多的分歧和较为严重的简单化、片面化、教条化等倾向，从而在各国具体实践中导致在一定程度上偏离了马克思和恩格斯为我们指明的方向和道路。自 20 世纪 80 年代末期以来，尤其是东欧剧变、苏联解体以来，特别是伴随在"独联体"等国家和地区的公有制经济纷纷向私有化转型的过程中，理论界和学术界在对马克思"消灭私有制"论断的理解和认识上的争论更加趋于尖锐化和激烈化。在争论的过程中，逐渐形成了两种截然相反并尖锐对立的观点：一种观点认为，"消灭私有制"是对马克思主义理论的高度概括，也是区分社会主义生产方式与资本主义生产方式的根本；另一种观点认为，"消灭私有制"中的"消灭"，有一个辩证的否定的长期发展过程，"消灭私有制"应该理解和"扬弃"私有制，只有在继续"彻底私有化"的过程中，才能出现超越资本主义生产方式内在矛盾的生产方式——社会主义生产方式，即最终"消灭私有制"。可以说，理论界和学术界对这一问题的争论，充分体现了人们对于马克思所有制关系理论的研究还有待深化。

中国的改革开放与人们进一步深化对马克思所有制关系理论的理解和认识休戚相关。对于这一问题的理解和认识的成果主要体现在两个方面：其一，在对所有制的外部关系的认识上，逐渐摆脱了长期以来将社会主义制度与资本主义制度之间的关系看成一种截然不同的、无法共存的对立关系，逐步认识并承认了"一球两制""一国两制"长期共存的基本事实。其二，在对所有制的内部关系的认识上，逐渐深化了对所有权、占有权、使用权和经营权之间关系的认识，通过所有权和经营权的分离，有效地推动并深化了改革开放。在改革开放初期，起源于安徽凤阳小岗村的家庭联产承包责任制，就是通过把土地的所有权与经营权分离开来，在没有改变土地所有权性质的前提下，农民以家庭为单位承包了土地的经营权，从而将农民的家庭劳动与家庭收入直接挂钩，这不仅调动了广大农民的主动性、积极性和创造性，还释放了大量的农村剩余劳动力，推动了农村生产力的解放与发展。在此基础上，就解决国有企业如何推向市场化的问题，也是借鉴和吸收了这一成功经验，即在公有制经济的所有权、占有权、使用权和经营权的确权和分离的过程中，根据不同区域、不同行业的特点以及国家发展的战略需求，在处理好政府与市场之间的关系中把国有企业推向了市场，着力解决了社会主义与市场经济之间的"相容"问题，从而开辟了中国特色社会主义现代化道路，取得了社会主义现代化建设一个又一个伟大成就。

然而，在处理社会主义公有制与资本主义私有制的关系中，还有一部分学者仍然停留在"对立论"的层面，而不是从"超越论"来加以理解。在实践中，如何处理国有经济所有权、占有权、使用权和经营权相统一方面，在一段时间内还缺乏有效的制约和监督机制，从而在国有企业推向市场的改革中在一定程度上带来了国有资产流失、权力寻租等深层次的矛盾和问题。此外，在个体之间、行业之间以及地区之间的差异性等多因素共同作用下，原先存在于消费领域中的个体生活资料的私人占有所带来的财产积累，进一步转移到生产领域中生产资料的私人占有，并由此带来了财产性收入的日趋增大，尤其是随着非公经济的不断发展和壮大，这些积累起来的私人资本在互联网金融等刺激下，一度出现了资本的加速集聚、集中现象，并且不同程度地出现了"金融巨头"和"垄断行业"。这些问题的出现，使得我国不同地区之间、行业之间的不平衡不充分发展以及社会成员之间的贫富差距变得越来越突出。在这种情况下，如何看待个人和家庭"私有财产"？如何增强人民对国有经济的"获得感"？如何实现"共享发展"？等等。对于这些问题，亟须我们进一步深化对马克思主义所有制关系理论的研究。

# 二　研究综述

长期以来，学术界和理论界对于马克思所有制思想以及关于私有财产、私有制与私有化、所有制与所有制结构等的研究，一直是理论研究的热点问题，也形成了极为丰硕的研究成果。可以说，这些研究成果为本课题的研究奠定了坚实的基础。然而，从新的实践基础和新的理论需求这个视角出发，如何结合新的实践经验，尤其是结合改革开放以来，我国所有制改革及其实践成果，来进一步深化研究马克思所有制关系理论，这就需要我们对现有学术史作出一番梳理。

## （一）国内相关研究的学术史梳理

近年来，国内学术界对"马克思所有制理论"的研究主要集中在"消灭私有制"和"重建个人所有制"两个论断的认识方面，形成了丰硕的研究成果，但也存在不少分歧和争论。这些争论为本课题的研究提供了各种不同的视角。

一方面，关于马克思"消灭私有制"的分歧和争论。这些分歧和争论的学术成果非常丰富，主要集中在人们对于"这一论断"的真实含义、科学内涵及其理论定位的理解和认识上。其中，代表性的观点主要有：

（1）在"消灭私有制"论断的理论地位认识上的分歧。一种观点认为，"消灭私有制"是对马克思主义理论的高度概括，也是社会主义的基本特征，更是共产党人的奋斗目标。可以说，消灭不消灭私有制，是正确认识和区分马克思列宁主义与修正主义、社会主义制度与资本主义制度、无产阶级立场与资产阶级立场的根本标准。"消灭私有制"关键性地阐明了马克思对于资本主义的态度，标志着马克思和恩格斯同资产阶级温和派划清了界限（陈红娟，2021①）。另一种观点认为，"消灭私

---

① 陈红娟：《〈共产党宣言〉中"消灭私有制"的译法演化与诠释转移》，《中共党史研究》2021 年第 2 期。

有制"是有其前提条件的，即建立在生产力高度发达的物质基础之上。对此，马克思晚年已经对原有的"论断"进行了修正，"消灭私有制"的条件还未完全具备，而在当代社会私有制依然表现出积极作用，不应简单提倡"消灭"，这是一种体现单纯革命要求的口号，应该放弃（匡萃坚，2015①）。

（2）在"消灭私有制"翻译的理解和认识上的分歧。马克思和恩格斯在《共产党宣言》中文版曾明确指出："从这个意义上说，共产党人可以把自己的理论概括为一句话：消灭私有制。"② 有人认为，人们之所以对马克思和恩格斯"消灭私有制"这一著名论断产生了不同理解和认识，是因为对这个论断的"翻译"不同。一种观点认为，"消灭私有制"是一种翻译错误，它很容易导致我们对原文的本意产生误读，"消灭"就应该译为"扬弃"，实现共产主义需要"扬弃或最彻底地发展资本主义"（张殿清，2010③）；马克思在对异化劳动和私有制的批判过程中，最后一个阶段就是"扬弃异化、消灭私有制"（俞吾金，2011④）；个人财富如果能够转化为促进社会发展的积极因素，那么这种私有制就不再是马克思所要消灭的私有制了，应是"扬弃"而不是"消灭"（刘海江，2012⑤）。另一种观点认为，《共产党宣言》中"消灭私有制"译法是正确的，两者的译法是相通的，宣言的文本和其他著作都证实了这一点（顾锦屏，2003⑥）；德文中的"扬弃"一词本身就包含取消和保持两种哲学意味，因此"扬弃没有中文消灭之义"的观点是难以立足的（王振中，2004⑦）；《共产党宣言》中的文字是清晰的、明确的，以至于并没

---

① 匡萃坚：《对"消灭私有制"理论的反思》，《炎黄春秋》2015年第7期。
② 《马克思恩格斯文集》第2卷，人民出版社2009年版，第45页。
③ 张殿清：《对私有制是扬弃而不是消灭》，《炎黄春秋》2010年第4期。
④ 俞吾金：《社会形态理论与中国发展道路》，《上海师范大学学报》（哲学社会科学版）2011年第2期。
⑤ 刘海江：《私有制：消灭还是扬弃?》，《理论与改革》2012年第6期。
⑥ 顾锦屏：《〈共产党宣言〉中关于"消灭私有制"的译法是正确的》，《经济学动态》2003年第3期。
⑦ 王振中：《论〈共产党宣言〉中关于"消灭私有制"译法的正确性》，《经济学动态》2004年第12期。

有给我们留下任何误解的空间（韦建桦，2010①）；马克思和恩格斯著作中多次出现的"扬弃"与私有制应该被"消灭"的提法之间并不冲突，更不应将我国在私有制问题上犯过的"左"倾错误归咎于译法的错误（殷叙彝，2011②）；基于马克思革命态度的一贯性，即资本主义私有制必须在无产阶级革命后退出历史舞台，因此"废除私有制"更为合理、严谨（李锐，2015③）。

（3）在"消灭"对象的理解和认识上的分歧和争论。马克思和恩格斯在《共产党宣言》中曾明确指出："共产主义的特征并不是要废除一般的所有制，而是要废除资产阶级的所有制。"然而，对于究竟是消灭什么样的私有制，学术界的理解和认识却存在许多不同或者是截然相反的观点。其一，认为马克思和恩格斯所要消灭的私有制，特指资本主义性质的私有制，而不是"一般的私有制"，是建立在资本对雇佣劳动的剥削与统治之上的私有制，社会主义革命的错误教训也在实践中确证了这一点（冒天启，2002④；马小林，2003⑤；耿步健，2009⑥；白雪秋，2009⑦；汪亭友，2012⑧）。其二，马克思和恩格斯所要消灭的私有制，是资本主义私有制，但并不是要保护"以自己劳动为基础的私有制"，因为这种私有制早已被大工业即资本主义经济消灭得很干净了（奚兆

---

① 韦建桦：《用生命擎起思想的火炬——马克思主义经典著作编译事业百年回顾》，《马克思主义与现实》2010 年第 6 期。

② 殷叙彝：《"扬弃"私有制还是"消灭"私有制——关于〈共产党宣言〉中一个重要译语的争论》，《探索与争鸣》2011 年第 4 期。

③ 李锐：《论私有制、私有财产的废除或消灭问题——基于〈共产党宣言〉"三个稿本"德文原文的分析与解读》，《马克思主义哲学论丛》2015 年第 1 期。

④ 冒天启：《另解"消灭私有制"》，《经济导刊》2002 年第 4 期。

⑤ 马小林：《如何看待现阶段存在的私有制和剥削现象》，《当代世界与社会主义》2003 年第 4 期。

⑥ 耿步健：《论正确理解〈共产党宣言〉中的"消灭私有制"思想》，《马克思主义与现实》2009 年第 6 期。

⑦ 白雪秋：《从"消灭私有制"到"重建个人所有制"——马克思的人类社会发展模式解析》，《海派经济学》2009 年第 4 期。

⑧ 汪亭友：《如何理解〈共产党宣言〉关于"消灭私有制"的思想》，《思想理论教育导刊》2012 年第 7 期。

永，2006①）。其三，马克思和恩格斯所要消灭的私有制，是指消灭资本主义私有制，但对以自己劳动为基础的私有制或私有财产制度持肯定的态度，如果没有对于劳动者自己劳动为基础的财产制度的肯定，就没有马克思的剩余价值学说（李惠斌，2008②）。在他们看来，马克思和恩格斯"消灭私有制"并非剥夺一切"个人财产"，而是要保护正当的个人所得，社会主义所有制改革中要通过鼓励"先富"来实现"共富"（郑又贤，1998③）；不是一般地去"消灭私有财产"，而是劳动者实现对劳动产品的真正占有（康渝生，2008④）；共产党人的最终奋斗目标是消灭私有制，但同时这也是一个长期的历史过程，需要在一定范围上和一定条件下发展私有制，因此应当坚持消灭私有制与目前支持私有制的辩证法（陈占安，2008⑤）；"消灭私有制"不等于消灭非公有制经济（邱炜煌，2011⑥）。其四，认为消灭私有制就是消灭一切形式的私有制，而代之以公有制，这是共产主义同以往的制度更替所根本不同之处（屈炳祥，2007⑦；郝贵生，2010⑧；詹仲亚，2012⑨），等等。

（4）在"消灭私有制"的方式和途径的理解和认识上的分歧。马克思和恩格斯在《共产党宣言》中提出了"同传统的所有制关系实行最彻底的决裂"的历史任务，但就如何实现这个历史任务，理论界和学术界对此的观点和看法仍然没有达成一致。有一部分学者认为：消灭资产阶级所有制，

---

① 奚兆永：《对"消灭私有制"问题的一些认识》，《红旗文稿》2006 年第 16 期。

② 李惠斌：《重读〈共产党宣言〉——对马克思关于"私有制"、"公有制"以及"个人所有制"问题的重新解读》，《当代世界与社会主义》2008 年第 3 期。

③ 郑又贤：《关于"消灭私有制"的若干新思考——重读〈共产党宣言〉有感》，《福建理论学习》1998 年第 5 期。

④ 康渝生：《"拥有财产性收入"与"消灭私有制"——科学社会主义的哲学辨正》，《理论探讨》2008 年第 4 期。

⑤ 陈占安：《最终消灭私有制与目前支持私有制——重读〈共产党宣言〉的一点体会》，《北京教育》2008 年第 1 期。

⑥ 邱炜煌：《"消灭私有制"不等于消灭非公有制经济》，《求实》2011 年第 6 期。

⑦ 屈炳祥：《到底是谁误解了马克思和恩格斯——就如何理解马恩关于"消灭私有制"的基本原理与同仁商榷》，《当代经济研究》2007 年第 8 期。

⑧ 郝贵生：《也谈对〈共产党宣言〉中"消灭私有制"思想的理解》，《中共天津市委党校学报》2010 年第 4 期。

⑨ 詹仲亚：《理解马克思恩格斯的"消灭私有制"思想》，《黑河学刊》2012 年第 3 期。

建立新的所有制，要以所有制发展规律为前提，以人类社会发展到资本主义阶段为条件，以资本主义基本矛盾为根据（李慕之，1991①）；在他们看来，消灭私有制要经过一个"逐步改造现社会"的过程，不可能一步到位，具有复杂性、长期性（陈占安，2008②）；是一个渐进的过程，要与社会生产力发展水平相适应（耿步健，2009③）。也有一部分学者认为：在客观物质条件成熟时会"自然而然地"转变或让位给社会主义公有制（张殿清，2010④）；产生剥削的经济基础已被铲除，这一历史任务我国已经完成（邱炜煌，2011⑤）。除此之外，还有一部分学者坚决反对"消灭私有制"需要生产力的高度发展这一前提条件，主张遵循列宁的认识方法，无产阶级先行通过革命争得政权，接着通过生产关系的变革与调整，不断推动生产力向前发展，为"消灭私有制"创造物质基础（汪亭友，2012⑥）等。

另一方面，关于马克思"重建个人所有制"论断理解上的争论和分歧。理论界和学术界对此进行了长期而又颇为热烈的关注和讨论，但是至今未达成共识。有学者甚至认为，这一问题犹如数学王国中的"哥德巴赫猜想"（戴道传，1993⑦），要想真正解决这一问题，还面临较大的困难。具有代表性的观点有：

（1）马克思"重建个人所有制"是指重建生活资料的个人所有制。持这一观点的学者，其理论依据是恩格斯在《反杜林论》中对杜林的批判。恩格斯明确指出，将马克思对未来社会所有制方面的论述，理解为"既是个人的又是公共的私有制的混沌世界"，这完全是杜林自己的"混乱"。恩

---

① 李慕之：《马克思恩格斯到底是怎样看待私有制的》，《青海民族学院学报》1991 年第 2 期。
② 陈占安：《最终消灭私有制与目前支持私有制——重读〈共产党宣言〉的一点体会》，《北京教育》2008 年第 1 期。
③ 耿步健：《论正确理解〈共产党宣言〉中的"消灭私有制"思想》，《马克思主义与现实》2009 年第 6 期。
④ 张殿清：《对私有制是扬弃而不是消灭》，《炎黄春秋》2010 年第 4 期。
⑤ 邱炜煌：《"消灭私有制"不等于消灭非公有制经济》，《求实》2011 年第 6 期。
⑥ 汪亭友：《如何理解〈共产党宣言〉关于"消灭私有制"的思想》，《思想理论教育导刊》2012 年第 7 期。
⑦ 戴道传：《经济学的哥德巴赫猜想之解——重新建立个人所有制研究》，安徽人民出版社 1993 年版，第 1 页。

格斯明确指出："社会所有制涉及土地和其他生产资料，个人所有制涉及产品，也就是涉及消费品。"① 还有一部分学者坚持认为，生产资料的公有制和生产资料的个人所有制是相互对立的，二者不可等同，马克思所要重建的个人所有制乃是"生活资料的个人所有制"（王成稼，2004②）；生活资料的个人所有制已经被资本主义所消灭，完成"剥夺剥夺者"任务后，不仅要建立生产资料的社会所有制，而且要重新建立生活资料的个人所有制（赵学清，2013③）；马克思"重建个人所有制"的方法论基础是否定之否定规律，他所要重建个人的所有制，实际上是建立"在协作和对土地及靠劳动本身生产的生产资料共同占有的基础上的消费资料归协作劳动者个人所有"的"协作劳动者"的个人所有制（朱舜，2015④）。还有学者认为，重建个人所有制的基础是建立生产资料的社会主义公有制，重建个人所有制的侧重点就是重建消费资料的个人所有制（付宇，2011⑤）。

（2）马克思"重建个人所有制"是指重建生产资料归"人人皆有的私有制"，即生产资料归社会上的每一个成员私有。持这一观点的学者，其理论依据主要是马克思和恩格斯在《共产党宣言》中明确提出的"共产主义并不剥夺任何人占有社会产品的权力，它只剥夺利用这种占有去奴役他人劳动的权力"⑥。在此基础之上，有一部分学者则进一步主张私有制可以分为"部分人的私有制"和"人人皆有的私有制"两种类型，而马克思所处的时代并不存在"人人皆有的私有制"，因此并未对其进行批判（林慧勇，1989⑦）；生产资料重新回到

---

① 《马克思恩格斯文集》第9卷，人民出版社2009年版，第138页。

② 王成稼：《对"重新建立个人所有制"的辨析》，《当代经济研究》2004年第10期。

③ 赵学清：《也谈"重新建立个人所有制"的本意——兼与卫兴华老师商榷》，《江苏行政学院学报》2013年第5期。

④ 朱舜：《"重新建立个人所有制"：理解偏差及本质理解》，《马克思主义研究》2015年第12期。

⑤ 付宇：《"重建个人所有制"与让人民共享改革发展成果》，《当代经济研究》2011年第3期。

⑥ 《马克思恩格斯文集》第2卷，人民出版社2009年版，第47页。

⑦ 林慧勇：《必须纠正对马克思所有制理论的一个误解——兼评社会主义所有制的变革方向》，《中国经济问题》1989年第2期。

劳动者手中，劳动者重新成为生产资料的主人（黄世雄，1983①）；马克思所说的社会主义的公有是一种"普遍的私有"，是社会上每个人都占有的意思，个人所有制的实现是公有制实现的前提条件（金志涛等，1985②）；未来社会的所有制是一种"全体社会成员的共同占有制"即"共有制"（康渝生，2008③），也有学者认为将生产资料与生活资料对立起来、将个人所有制简单等同于社会主义公有制是错误的，生产资料的"共同占有"和"个人所有"是同一件事，每个人都是全部生产资料的所有者，全部生产资料属于联合起来的每一个人（胡钧，2009④）。

（3）马克思"重建个人所有制"是重建"生产资料的公有制"。其理论依据主要是马克思在《资本论》第 1 卷中提出的"在协作和对土地及靠劳动本身生产的生产资料的共同占有的基础上，重新建立个人所有制"⑤。在此基础上，有学者认为，生产资料公有制与个人所有制，无论在内涵上还是在外延上都是一致的，个人所有制等于社会个人所有制等于社会公有制（孔陆泉，2010⑥）；"生产资料的共同占有"就是生产资料公有制的同义语，社会主义所有制包含生产资料公有制和劳动者个人所有制这两方面的规定（吉铁肩和林集友，1986⑦）；个人所有制本质是占有劳动成果的生产关系，公有制本质是一种联合起来的个人所有制（王佐旗，2001⑧）；建立在"生产资料的共同占有"

---

① 黄世雄：《如何理解"重新建立个人所有制"?》，《经济理论与经济管理》1983 年第 6 期。

② 金志涛、陈述君、于兴棠：《把抽象的公共占有实现为具体的个人占有》，《经济理论与经济管理》1985 年第 4 期。

③ 康渝生：《"拥有财产性收入"与"消灭私有制"——科学社会主义的哲学辨正》，《理论探讨》2008 年第 4 期。

④ 胡钧：《"重建个人所有制"是共产主义高级阶段的所有制关系——兼评把它与社会主义公有制和股份制等同的观点》，《经济学动态》2009 年第 1 期。

⑤ 《马克思恩格斯文集》第 5 卷，人民出版社 2009 年版，第 874 页。

⑥ 孔陆泉：《"个人所有制"和我国现阶段基本经济制度——兼评对马克思"个人所有制"的两种误读》，《学习与探索》2010 年第 3 期。

⑦ 吉铁肩、林集友：《社会主义所有制新探——释"在生产资料共同占有基础上重建个人所有制"》，《中国社会科学》1986 年第 3 期。

⑧ 王佐旗：《马克思的"个人所有制"理论及其现实实践》，《中共乐山市委党校学报》2001 年第 6 期。

基础之上，与其相适应的只能是社会主义的生产关系，即生产资料的公有制（李小玉，1985①）。也有学者依据 1871 年马克思在《法兰西内战》中所指出的：巴黎公社"是想要把现在主要用做奴役和剥削劳动的手段的生产资料，即土地和资本完全变成自由的和联合的劳动的工具，从而使个人所有制成为现实"②，认为个人所有制所指的就是生产资料所有制，个人所有制就是生产资料公有制的一种存在形态（阎孟伟，2019③）。

（4）马克思"重建个人所有制"是重建劳动者人人有份的生产资料公有制。其主要依据是马克思和恩格斯在《共产党宣言》中提出的，无产阶级取得政权后，要将"全部生产集中在联合起来的个人手里"④。一些学者将"个人所有制"理解为社会主义的公有制基础之上的人人都有一份的个人所有制，而这个命题中同时包含着生产资料的公有制和个人所有制之间的一般与个别的辩证统一关系（梁万成，1981⑤）；有学者认为，就其所有制形式而言，马克思所说的"个人所有制"就是人人有份的和联合起来的社会的或公共的财产占有方式或财产制度（李惠斌，2008⑥）；有学者认为，马克思所说的"个人所有制"是指未来在"自由人联合体"中联合起来的"自由个人"的所有制。不同于个人的私有制，也不同于现存的公有制，而是未来自由人联合体中的所有制形式（陈家付，2009⑦）。也有学者提出劳动者的生产资料的所有制是被资本主义否定的对象，而马克思所要重建的是构成联合体的劳动者个人所共

---

① 李小玉：《"重新建立个人所有制"即建立生产资料公有制》，《经济理论与经济管理》1985 年第 4 期。

② 《马克思恩格斯文集》第 3 卷，人民出版社 2009 年版，第 158 页。

③ 阎孟伟：《马克思"个人所有制"思想研究》，《马克思主义理论学科研究》2019 年第 2 期。

④ 《马克思恩格斯文集》第 2 卷，人民出版社 2009 年版，第 53 页。

⑤ 梁万成：《马克思讲的"个人所有制"是指生活资料的个人所有制吗》，《江淮论坛》1981 年第 2 期。

⑥ 李惠斌：《重读〈共产党宣言〉——对马克思关于"私有制"、"公有制"以及"个人所有制"问题的重新解读》，《当代世界与社会主义》2008 年第 3 期。

⑦ 陈家付：《论马克思的"重新建立个人所有制"问题》，《经济纵横》2009 年第 3 期。

同占有的所有制，这既是整体上的公有制，又是作为共同体成员的"个人所有制"（卫兴华，2008①），等等。

此外，改革开放以来，理论界和学术界从中国所有制改革的历史进程和我国社会主义现代化建设的具体实际需要出发，围绕着马克思所有制关系理论，分别从不同的层面和不同的角度开展了一系列卓有成效的研究。刘诗白在《论社会主义所有制》（1988②）中，阐述了所有制的多维关系，从经济学范畴和法学范畴论述了所有制的基本概念；此外，他还探索了所有制的合理结构，从不同角度阐述了发达社会主义和不发达社会主义所有制所具备的各自特征；他还对当前所有制实践进行了学理反思，讨论了全民所有制、集体所有制等形式的社会主义经济实践，在一定程度上回应了理论界和思想界提出的各种质疑。曹之虎在《所有制：马克思主义所有制理论的形成和发展》（1993③）中，全面系统地梳理了马克思的所有制理论，阐述了所有制形式的外部关系与内部关系，为我们展现了一个完整准确的理论框架。龚唯平在《所有制范畴论：对马克思所有制理论的系统研究》（1994④）中，通过对所有制学术史的考察，指出马克思所有制理论的矛盾之处与未解决的问题，从而为后来的学术研究提供了理论生长点，并创造性地提出所有制是占有权与所有权有机统一、所有制历史演进三形态等一系列新观点。宗寒在《中国所有制结构探析》（1996⑤）中，分析了我国所有制结构现状和发展趋势，旗帜鲜明地认为公有制为主体、多种所有制经济共同发展的所有制形式，符合我国现阶段的生产力性质与生产力发展的现实情况，并不是权宜之计，而是具有根本性、战略意义的重要方针。唐末兵在《公有制实现形

---

①　卫兴华：《再析马克思"重建个人所有制"的涵义——兼评王成稼研究员的有关诠释与观点》，《当代经济研究》2008 年第 9 期。

②　参见刘诗白《论社会主义所有制》，陕西人民出版社 1988 年版。

③　参见曹之虎《所有制：马克思主义所有制理论的形成和发展》，上海人民出版社 1993 年版。

④　参见龚唯平《所有制范畴论：对马克思所有制理论的系统研究》，陕西人民出版社 1994 年版。

⑤　参见宗寒《中国所有制结构探析》，红旗出版社 1996 年版。

式研究》（1999①）中，对所有制的存在形式和实现形式进行了区分，首次提出了劳动者和生产资料的结合方式决定所有制形式这一观点，并在此基础上构建一个关于所有制的存在形式和实现形式的严密逻辑框架。除此之外，吴淑娴在《马克思所有制思想研究》（2007②）中，重新回到了马克思和恩格斯经典著作的文本之中，对马克思所有制思想形成过程进行了系统梳理，以便我们更好把握马克思所有制思想的发展脉络和历史轨迹，进一步加深了对于马克思所有制理论的认识和理解，为当前和今后的理论研究和实践探索提供了思路和方法。戴道传在《经济学的哥德巴赫猜想之解——重新建立个人所有制研究》（1993③）中，实事求是地介绍了我国理论界关于"重建个人所有制"的不同观点与论争，并进行了批判性的吸收借鉴，有助于我们理解马克思思想背后的真正意旨，同时，他还将研究视野拓展到我国的社会主义经济实践上，为进一步深化所有制改革提供了有益的思路与构想，等等。

### （二）国外相关研究的学术史梳理

在国外，不同时期人们从不同立场和方法出发，对于马克思所有制关系理论的研究，也形成了极其丰富的研究成果，这些研究成果为本课题研究提供了重要的参考和借鉴。对于马克思在《资本论》第一卷中在"辩证的否定"基础上提出的"重建个人所有制"，杜林首先进行了质疑，他认为，马克思所说的"重建个人所有制"，"既是个人的又是社会的所有制的混沌世界"，是"深奥的辩证法之谜"。为此，恩格斯在《反杜林论》中批判指出，"处于这个'混沌世界'之中的不是马克思，而又是杜林先生自己"④，"对任何一个懂德语的人来说，这就是说，社会所有制涉及土地和其他生产资料，个人所有制涉及产品，也就是涉及消费品"⑤。

---

① 参见唐末兵《公有制实现形式研究》，湖北人民出版社 1999 年版。
② 参见吴淑娴《马克思所有制思想研究》，湖北教育出版社 2007 年版。
③ 参见戴道传《经济学的哥德巴赫猜想之解——重新建立个人所有制研究》，安徽人民出版社 1993 年版。
④ 《马克思恩格斯文集》第 9 卷，人民出版社 2009 年版，第 137 页。
⑤ 《马克思恩格斯文集》第 9 卷，人民出版社 2009 年版，第 138 页。

列宁对社会主义所有制问题也有着大量的论述，他第一次提出了社会主义全民所有制概念以及国家资本主义、农业集体所有制等经济形式。俄国十月革命之后，列宁曾明确指出："由于历史进程的曲折而不得不开始社会主义革命的那个国家愈落后，它由旧的资本主义关系过渡到社会主义关系就愈困难。这里除破坏任务以外，还加上一些空前困难的新任务，即组织任务。"① 这里列宁所谓的组织任务实质上就是怎样在俄国建立社会主义全民生产关系的初步探索，指出了俄国社会所有制的发展不能直接向社会主义过渡的根本原因在于经济落后。列宁在谈到资本主义向社会主义过渡时，就生产资料的所有制的问题而言，列宁认为"社会主义的任务是把一切生产资料转归全体人民所有"②，并且在后续实现社会主义的论述中也明确指出实现社会主义"不仅要推翻剥削者即地主和资本家，不仅要废除他们的所有制，而且要废除任何生产资料私有制"③。列宁提出了用来描述资本主义发展阶段性特征的一个概念，即国家资本主义，这种经济发展形式的实质就是资本与国家政权的结合。此外，列宁对于农业集体所有制问题进行了探索，他在《论合作社》一文中谈到，不是说"合作社的发展也就等于……社会主义的发展"吗?④ 在这里，列宁认为的合作社是指国家的政权掌握在工人阶级手中，同时全部的生产资料又属于这个国家政权，换言之，就是整个合作社"占用的土地和使用的生产资料是属于国家即属于工人阶级的"⑤。总的来看，在列宁领导下俄国社会主义所有制的探索中，全民所有制、国家资本主义及农业集体所有制的有益尝试，结合俄国国情基础上的经济所有制形式，不仅表明了社会主义所有制建设具有长期性，而且突出了社会主义所有制发展的阶段性特征。

斯大林在苏联社会主义建设过程中，提出了全民所有制和集体所有制是社会主义公有制的两种基本形式。在斯大林那里，他把社会主义的

---

① 《列宁全集》第34卷，人民出版社1985年版，第3—4页。
② 《列宁全集》第33卷，人民出版社1985年版，第427页。
③ 《列宁全集》第37卷，人民出版社1986年版，第13页。
④ 《列宁全集》第43卷，人民出版社1987年版，第367页。
⑤ 《列宁全集》第43卷，人民出版社1987年版，第366页。

生产方式归纳为三个方面：生产资料公有制、计划经济和按劳分配。从总体上来看，斯大林的所有制理论顺应了帝国主义战争和无产阶级革命的历史背景，并且在当时苏联正处于帝国主义包围之中这一客观实际的基础上，为了更好地集中全国的人力、物力和财力进行社会主义现代化建设而提出来的。对于生产力和经济基础相对落后的苏联来说，全民所有制和集体所有制这两种基本形式的社会主义公有制，确保了计划经济得以全面实施并取得了长足进步。斯大林的所有制理论的贯彻实施，使苏联的工业化，尤其是重工业建设等得到了快速发展，通过两个五年计划跑完了资本主义国家80—100年的历程，综合国力实现了欧洲第一，成为世界上唯一能够和美国相抗衡的超级大国。在第二次世界大战中，苏德战场牵制了德国法西斯3/4以上的兵力，为第二次世界大战的胜利做出了不可磨灭的贡献。同时，苏联的工业化也有力地支持了中国等国际共产主义的革命斗争和革命运动。

对于斯大林的社会主义所有制理论，学术界也有着不同的理解和认识。何伟认为，"关于社会主义所有制。斯大林所倡导的全民所有制和集体所有制是公有制的一种实现形式，而不是社会主义基本制度，因它不符合马克思所讲的社会主义所有制理论"[1]。对此，曾昭禹指出，斯大林所提出的"全民所有制和集体所有制是公有制的基本实现形式，是共产主义低级阶段基本制度，是完全符合马克思所讲的社会主义所有制理论，符合实现工人阶级的解放和发展"[2]。

从20世纪60年代初开始，苏联和东欧国家理论界围绕马克思"所有制概念""消灭私有制"和"重建个人所有制"等重要论断，进行过近20年论战。日本学者平田清明根据马克思"重建个人所有制"论断，对传统苏联式的理解进行了批判。尤其是在平田清明对历史唯物主义的解读中，他指出了马克思在创立唯物史观时期的所有制、交往以及市民社会等基本范畴。其中，在马克思的"重建个人所有制"论断的研究中，他指

---

① 何伟：《突破对斯大林的"两个凡是"》，《探索》2009年第4期。
② 曾昭禹：《斯大林的"科学社会主义"、"社会主义基本制度"能突破吗——兼与何伟先生商榷》，《探索》2010年第4期。

出了在马克思那里并没有"如以往的国民经济学家一昧地批判私人所有，他对私人所有的否定主要集中在私人所有带来资本对劳动的剥削层面上，而肯定了市民社会明确了自他之间、'个体'和'类'之间的关联和区别，私人所有使分工和交往成为可能，带来了生产力的巨大进步，也为否定之否定的未来社会创造了条件"①。平田清明主张回到马克思原提出这一"重建个人所有制"论断的初语境的研究方法，这在当时日本学术界开启了一股重新解读马克思的新转向。此外，平田清明在对于马克思所有制关系理论研究的过程中，他认为："建立在扬弃私人所有基础上的社会主义，实际上正是以协作、土地等生产资料的共同占有这一'资本家时期的成果'为基础，重建劳动者的个体所有的社会体制。"②自20世纪80年代以来，随着中、东欧及"独联体"等国家的国有经济私有化转型，学术界又展开了关于"私有化"问题的论战。这一争论的焦点仍然在于，对于马克思"消灭私有制"论断的理解上，是全盘肯定，还是全盘否定？这与国内关于这一论断的争论，几乎没有什么区别。

美国学者对马克思"消灭私有制"论断的理解，主要有四种不同观点③：

一是认为马克思"消灭私有制"论断是一种伦理道德方面的诉求。主要代表人物是美国北卡罗来纳州立大学教授范德韦尔（Donald van de-Veer）。他在《马克思的正义观》④中进一步分析了马克思"消灭私有制论断"提出的原因。在他看来，马克思和恩格斯之所以提出了"消灭私有制"这一论断，是因为他们认为资本主义私有制是一种不公平、不公正的制度，是资本家对广大工人进行剥削的基础，因而只有消灭了私有

---

① 丁瑞媛、胡大平：《日本新马克思主义的市民社会理论及其效应——以平田清明为中心的思想史考察》，《南京社会科学》2015年第10期。

② 丁瑞媛、胡大平：《日本新马克思主义的市民社会理论及其效应——以平田清明为中心的思想史考察》，《南京社会科学》2015年第10期。

③ 彭五堂：《美国学者关于马克思"消灭私有制"思想研究述评》，《马克思主义研究》2012年第8期。

④ Van de Veer, Donald, "Marx's View of Justice", *Philosophy and Phenomenological Research*, Vol. 33, No. 3, Mar. 1973, pp. 366 – 386.

制，才能消灭阶级剥削和社会的不公平、不公正。

二是认为马克思"消灭私有制"论断是出于对私有制抑制个性自由发展的消极后果的认识。主要代表人物是美国乔治敦大学教授布莱克特（George G. Brenkert）。在他看来，马克思批判资本主义私有制不是因为它是非正义的，而是建立在对自由价值的肯定的基础上①。他指出，马克思那里自由的最高境界是人类对自己生存条件和社会关系的自觉控制，其核心是每个人能够自我决定，能够按照自己的愿望控制自己的行动与相关事务，不受生存条件和社会关系对其的束缚，个人的主体性和主动性得以充分发挥，各方面才能得到全面自由的展示和发展。资本主义私有制抑制了个性自由发展，从而自由价值不能彰显。

三是认为马克思"消灭私有制"论断是由于私有制不符合理性原则提出的。主要代表人物是麦吉尔。他认为，马克思发现了市场的非理性本质，而市场和私有财产制度作为资本主义制度的基础，导致了资本主义制度整体上的非理性，要消灭非理性的资本主义制度，就必须消灭市场和私有制。麦吉尔认为，马克思对私有制的拒绝和他对市场的拒绝实际上是一回事②。

四是认为马克思"消灭私有制"论断是出于对资本主义制度性质和发展趋势客观分析所得出的结论。代表人物艾伦·伍德认为，马克思主张消灭资本主义私有制是通过对资本主义生产方式的内在运行机制和发展趋势的全面分析基础上所得出的客观结论。资本主义私有制是一种非理性的野蛮制度，这种少数资本家奴役和剥削大多数劳动者的资本主义制度本身存在着内在的对抗关系。随着资本主义的发展，这种对抗关系越来越难以维持，最终导致资本主义制度走向灭亡③。

---

① Brenkert, George G., "Freedom and Private Property in Marx", *Philosophy and Public Affairs*, Vol. 8, No. 2, Winter, 1979, pp. 122 – 147.

② Megill, Allen, *Karl Marx: The Burden of Reason*, New York: Rowman & Littlefield Publishers, INC., 2002, pp. 134 – 139.

③ Wood, Allen W., "The Marxian Critique of Justice", *Philosophy and Public Affairs*, Vol. 1, No. 3, Spring, 1972, pp. 244 – 282; Wood, Allen W., "Marx on Right and Justice: A Reply to Husami", *Philosophy and Public Affairs*, Vol. 8, No. 3, Spring, 1979, pp. 267 – 295.

　　另外，国外学界对资本主义私有制的批判和认识形成了丰硕成果。

　　一是建立在对资本主义私有制批判基础上的"商品化""物化"理论。匈牙利学者卢卡奇在《历史和阶级意识》中提出了"物化"理论。他认为，人的"物化"是资本主义社会人的存在的本质特征。资本主义社会中的"物化"现象不仅存在于外在的客观世界之中，同时也是人的内在世界的基本表征。这就表明了在资本主义私有制下社会"物化"现象的普遍性。法国鲍德里亚在《消费社会》中的"物的包围"。他揭示了资本主义社会就是一个由"物"大量堆积而成的消费社会，整个社会呈现出来一种极度"丰盛"的假象，这些"丰盛"背后所代表的是资本主义利益关系。美国沃勒斯坦在《历史资本主义》中提出了"万物商品化"理论。他的这种"万物商品化"的批判视角以一种资本主义世界体系的方法视角去分析和批判资本主义在全球范围内的扩张。法国学者德波在《景观社会》中认为"景观就是指商品已经占领了整个社会生活的全部"。在他看来，资本主义私有制下的"景观社会"，通过创造商品幻象和昏乱的娱乐形式组成的世界来麻木大众。除此之外，德波主张消费大众要从事具有活力和创造力的活动，跳出景观社会引发的冷漠与碎片化商业利益，逐步恢复人的积极性的生存。

　　二是建立在对资本主义私有制批判基础上的"技术统治""技术异化"理论。代表性的观点有霍克海默和阿多诺的"启蒙的辩证法"、马尔库塞的"单向度的人"、哈贝马斯的"作为意识形态的技术和科学"等。在法兰克福学派中，对于资本主义社会私有制批判集中于"技术统治"的思考，阿多诺和霍克海默在其合著的《启蒙辩证法》一书中谈到"电影、广播和杂志制造了一个系统"①，阿多诺强调"文化工业"的问题，归根结底是对资本主义社会私有制下技术出现异化现象的一种文化批评。马尔库塞在《单向度的人》一书中，对资本主义社会私有制的批判一方面延续了法兰克福学派的社会批判理论的传统，另一方面批判了

---

　　① ［德］马克斯·霍克海默、西奥多·阿多诺：《启蒙辩证法》，渠敬东等译，上海人民出版社 2003 年版，第 134 页。

发达资本主义社会的同质化现象，其中，还涉及了对资本主义社会政治、思想、文化以及语言等多方面异化问题的探讨，在他看来，资本主义社会出现的全面"单向度"现象，造成了发达资本主义社会各个方面趋向于一种标准，即人成为开始丧失批判意识的"单向度的人"，整个资本主义社会也就陷入了否定性的"单向度社会"。哈贝马斯对于资本主义私有制的批判，主要是在其"社会交往"理论的分析框架下的，他认为"一个成功的话语必须满足三项有效性要求：一是对于参与者而言，它所呈示的东西必须是真实的；二是对于言说者而言，它所表达的意向必须是真诚的；三是对于社会的期望而言，它必须是正确的"①。他主张通过自由、平等的话语论证来达到民主的对话，从而使不合理的社会合理化，进而也就克服了资本主义私有制下面临的异化危机。

三是建立在对资本主义私有制批判基础上的"权力""阶级""群体精英"等理论。代表性的观点有法国学者福柯的"权力"理论、法国学者安德烈·高兹在《劳工战略》中的"新工人阶级"理论以及美国学者赖特·米尔斯在《权力精英》中的"群体精英"理论。福柯站在非中心的、多元的、异质的权力观的立场，拒斥了传统整体化的权力概念。他指出，现代资产阶级思想家使理性的政治权力多重化并渗透到了日常生活的空间，缠绕在个人生活和社会生活的各个方面，使权力变成了一张无处不在的网络。在《权力与自由的故事》一书中，他详细阐述了学校的权力、医院的权力、监狱的权力以及父母的权力等。福柯的权力理论，不仅突破了过去那种局限在阶级或国家层面的权力观，而且对于人们分析由资本主义私有制带来的"权力异化"现象有着重要的启示作用。

赖特·米尔斯在《权力精英》一书中，对美国的上层社会或统治阶级进行了研究，并对美国社会的权力状况做出了恰当的分析。在他看来，美国社会存在一个控制着社会运行的上流阶层即"权力精英"，主要由名流显贵、大富翁、行政长官、公司富豪和军界领袖等构成，是美国社

---

① ［德］哈贝马斯：《交往与社会进化》，张博树译，重庆出版社 1989 年版，第 29 页。

会的经济、政治和军事领域的权力拥有者。依附于"权力精英"之下的是社会中等阶层，由律师、会计一类的技术性知识拥有者等构成。而处于美国社会底层的是"大众社会"。上层权力精英不道德，中等阶层麻木无权，底层大众社会分散而无组织。他强调，大众媒体潜移默化地宣传和各级各类教育"对国家忠诚的日常训练"，导致了人们对于个人生活经验感知的木然和冷漠，权力精英的不道德渐渐被大众社会认可。

四是建立在对资本主义私有制批判基础上的现代西方"产权"等理论。主要代表性观点有：美国罗纳德·哈里·科斯在《社会成本问题》中提出的"交易费用"理论；美国哈罗德·德姆塞茨在《关于产权的理论》中阐述的交易费用背后的产权理论；英国大卫·哈维从人文地理学视角提出的"历史—地理唯物主义"；美国迈克尔·哈特和意大利安东尼奥·奈格里在《帝国》中提出的"共有"观念；法国皮凯蒂在《21世纪的资本论》中提出的"承袭制资本主义"理论；等等。

罗纳德·哈里·科斯在《社会成本问题》一书中指出，在单个企业范围内解决企业内部组织交易的成本过高的问题是不可能的。一种替代的办法是政府的直接管制，"强制性地规定人们必须做什么或不得做什么，以及什么是必须遵守的"[1]。"直接的政府管制并不必然带来比由市场和企业来解决问题更好的结果，但同样也不能认为这种政府行政管制不会导致经济效率的提高。尤其是在像烟尘妨害这类案例中，由于涉及许多人，因而通过市场和企业解决问题的成本可能很高。"[2] 他主张，建立一套市场交易的权利的法律制度，界定产权或者确定游戏规则，然后放任市场或者企业自行运转，政府再通过实施法律进行事中监督、事后救济。

哈罗德·德姆塞茨（Harold Demsetz）在《关于产权的理论》中进一步回答了产权与交易费用的关系。在他看来，"产权意味着权利对所有

---

[1] ［美］罗纳德·哈里·科斯：《企业、市场与法律》，盛洪、陈郁译校，格致出版社、上海三联书店、人民出版社2009年版，第115页。

[2] ［美］罗纳德·哈里·科斯：《企业、市场与法律》，盛洪、陈郁译校，格致出版社、上海三联书店、人民出版社2009年版，第114—115页。

者或他人有益或有害"①，"产权所有者可以得到同伴的认可并能以特定的方式行事"②，"产权的基本功能是引导在更大程度上实现外部性的内部化的动力"③。而"交易费用"就是达成交易所需要的费用，包括签订合同前的信息费、书写合同中的各项费用以及确保合同条款实施的监督费等。在他看来，产权是市场运作的先决条件，产权依靠交易费用来实现，交易费用又进一步依靠产权来获得市场信息费。

大卫·哈维从人文地理学出发，进一步发展了马克思主义的地理理论。他指出资本主义发展是一个涉及全球的地理问题，资本主义国家将自身积累的危机与阶级矛盾转嫁到国外市场。他在"历史唯物主义"概念中加上了"地理"，成为"历史—地理唯物主义"（historical—geographical materialism）。在他的近期著作《资本的空间》中，又进一步批判了"公共空间私有化"现象。

迈克尔·哈特和安东尼奥·奈格里在《帝国》一书中，从马克思主义政治经济学批判视角出发，指出当代资本主义已经进入了全新的阶段——帝国。即"将自己的主权形式扩展到全球"中所出现的一种全球化资本统治新秩序。这种"帝国"与列宁所说的帝国主义阶段的"帝国"不同。传统帝国主义主要通过暴力和战争手段实现对外资本输出和资源掠夺；"帝国"旨在产生一种资本全球化的秩序和规则，从而达到按照资本的目的和要求实现"全球治理"。在哈特和奈格里看来，帝国的扩张已经超越了传统帝国主义对外的简单蚕食和扩张，它通过资本的形式"消除了一切反抗和差异"并将其完全转化为资本的帝国的同一体。对于如何走出当代资本主义帝国的藩篱，实现未来社会，他们用了一个抽象的概念——"共有"（common）。他们认为，"我们已经看到，大众的血肉是以某种方式在共有中生产的，这是一个相当怪异的方式，

---

① 参见 H. 德姆塞茨《关于产权的理论》，《现代制度经济学》（上卷），盛洪主编，北京大学出版社 2003 年版，第 81 页。

② 参见 H. 德姆塞茨《关于产权的理论》，《现代制度经济学》（上卷），盛洪主编，北京大学出版社 2003 年版，第 81 页。

③ 参见 H. 德姆塞茨《关于产权的理论》，《现代制度经济学》（上卷），盛洪主编，北京大学出版社 2003 年版，第 82 页。

他超越了所有传统社会躯体的尺度，但这种生产性的血肉并没有制造混乱和社会紊乱。事实上，它生产的就是共有，即我们作为未来生产根基的共有，这种共有，螺旋式上升中扩展"①。

法国经济学家皮凯帝在《21世纪的资本论》一书中，通过对过去300年来的工资财富和有关多国的大量收入分配数据，证明了近几十年来社会不平等现象已经在扩大，发达国家贫富差距将会继续扩大。皮凯帝指出，从19世纪以来全球经济的大趋势来看，人口数量增加带来两个方面的重要影响，一是经济增长速度放慢，二是不平等程度提高。由于人口增长带来资源的总需求更加旺盛，再加上少数人掌握着大部分的资源，使得不平等程度随之提高，资源分配不平等，又会直接导致收入不平等，并且会间接导致教育的不平等。由于多种不平等现象的出现，导致富人越富，并且将自己的财富传承下去，穷人越穷，难以有阶级晋升的机会，因而"承袭制资本主义现象"也逐渐显露。然而，对于如何解决这一问题，皮凯帝没有深入到资本主义生产方式内在矛盾中去分析，并没有理解马克思"消灭私有制"论断，而只是建议征收全球性财富税。

2008年国际金融危机之后，越来越多的思想家开始关注由资本主义生产方式带来的政治不平等问题，重新回到了马克思主义政治经济学批判上来，这也是齐泽克、阿甘本、斯蒂格勒等人认为需要重新对资本主义以货币和雇佣劳动为中心构筑的人与人之间的关系给予批判，从而真正面对造成资本主义收入和分配不平衡的关键所在（蓝江，2016②）。

### （三）现有研究成果述评及本课题的研究空间

从国内外相关研究学术史梳理来看，学术界对于马克思所有制关系理论研究的成果十分丰富。同时，在很多的论断和基础性问题上的争论

---

① Michael Hardt, Antonio Negri, *Multitude*, New York: Penguin Books, Ltd., 2004, pp. 196 - 197.

② 蓝江:《21世纪以来国外马克思主义研究的新趋向》,《马克思主义理论学科研究》2016年第2期。

十分激烈，还没有形成一个广泛的共识。尽管如此，学术界的研究呈现出了四个值得关注的研究动态：（1）对于所有制问题以及马克思和恩格斯相关论述的研究早已成为一个综合性议题，受到了经济学、政治学、法学、哲学、伦理学、社会学等各个学科的广泛关注；（2）随着国际共产主义运动和中国特色社会主义现代化建设实践的深入发展，很多学者结合新的实践不断地重返马克思，展开了对马克思主义经典著作文本的研究；（3）对于所有制和马克思、恩格斯等个别经典论断的研究，研究重点已经走出了过去那种"单一化""片面化""碎片化"的阐释范式，逐渐转向了系统性、整体性、开放性研究；（4）面对当代资本主义社会阶级结构、权力结构和财富分配等方面的新变化和新问题，西方社会越来越多的学者和思想家又重新回到了马克思，掀起了一股研究《资本论》的热潮，这些体现了对马克思所有制关系理论的新诉求。可以说，学术界这些丰硕的研究成果，一方面，给本课题打下了坚实的研究基础，尤其是在个别经典论断和基础性问题上的争论过程中的不同观点，给本课题的深化研究提供了崭新的视角。另一方面，正是因为有了学术界对于这些基础性问题上的争论，给本课题的研究留下了广阔的空间。具体来说，主要有如下几个方面的问题，值得我们进一步深化研究：

（1）社会主义公有制与资本主义私有制之间的关系究竟是什么？它们之间是"对立关系"，还是"超越关系"？如果是后者的话，社会主义公有制在哪些方面继承和发展了资本主义私有制，在哪些方面彻底超越了资本主义私有制？这些超越在不同的历史阶段又呈现出哪些具体特征？在"一球两制""一国两制"的背景下，作为理论上的"替代关系"与实践中的"长期共存关系"之间究竟如何平衡？

（2）所有制与所有权、私有制与私有财产、个人所有与社会所有等这些"概念"究竟有什么区别？私有制、私有财产与分工、异化劳动等之间有着什么样的关系？私有制与生产力的关系是什么？究竟是"消灭私有制"，还是"扬弃私有制"？究竟如何才能"消灭"或"扬弃"私有制？马克思和恩格斯对这些"概念"的区分和这些复杂关系的问题的理解和认识，究竟经历了怎样的心路历程？在马克思和恩格斯经典著作的不同文本中，究竟该采用哪种含义？等等。

（3）所有权、占有权、使用权、经营权之间的关系是什么？消费资料的私人占有与生产资料的私人占有之间究竟是什么样的关系？生产资料的全体社会成员共同占有与生活资料的个人所有之间究竟如何统一？国有经济、集体经济与公有制之间是什么样的关系？国有经济、集体经济究竟如何推向市场？如何实现公有制经济在市场运行中的"所有权"与"经营权"的有机统一？等等。

（4）马克思所有制关系理论是如何中国化的？改革开放以来，我国所有制改革取得了哪些方面的积极成果？还存在哪些方面的问题？所有制、所有权与阶级的划分标准之间的关系是什么？我国所有制结构和社会阶级结构发生了怎样的变化？衡量一个社会所有制好坏的标准是什么？如何对西方的"产权"理论、"私有化"思潮等作出深入剖析？如何构建中国特色所有权理论？等等。

# 三　研究内容

本课题紧紧围绕马克思所有制关系理论展开研究，以所有制问题为研究对象，主要采用"问题导向与文献分析相结合"的方法进行研究，综合运用归纳与演绎相结合法、系统分析法、比较分析法等开展研究，在对西方"产权"理论及"私有化"思潮批判和社会主义改革实践中，力求揭示"马克思所有制关系理论及其当代价值"。主要内容有：（1）不同性质所有制之间的关系；（2）生产资料的所有权与经营权之间的关系；（3）生产资料所有者与非所有者之间的关系；（4）生产资料与生活资料之间的关系；（5）马克思所有制关系理论的当代价值。

## （一）马克思对所有制关系理论研究的历史背景与探索历程

从马克思面临的"时代问题"出发，在揭示马克思主义在出发点、立场等对德国古典哲学、空想社会主义以及古典政治经济学根本变革的基础上，进一步揭示马克思对所有制关系理论研究和探索的历史背景。

通过对马克思"市民社会"—"生产关系"—"所有制"—"生产资料所有制"等概念之间的逻辑关系分析，揭示马克思对所有制关系理论研究不断深化的探索历程。具体的研究内容有：（1）马克思所有制关系理论的时代问题；（2）马克思主义的出发点、立场及其对德国古典哲学的根本变革；（3）马克思所有制关系理论的现实基础；（4）马克思对所有制关系理论的探索历程、基本观点及其内在逻辑。

### （二）马克思关于不同性质的所有制关系理论

所有制关系贯穿了人类历史进程始终。人类在不同阶段有着不同的所有制形式。马克思对不同性质的所有制关系问题，有着极为丰富的论述。它既是马克思区分不同社会形态的标准，也是马克思批判资本主义社会现实的依据。具体研究内容有：（1）所有制的内涵、性质及其与马克思社会形态学说（"五形态说""三形态说"）的内在关联；（2）唯物史观与所有制关系变迁客观规律及马克思晚年跨越"卡夫丁峡谷"思想研究；（3）马克思的"消灭私有制"与"重建个人所有制"、"两个必然"与"两个绝不会"等论断的科学内涵及其内在关联；（4）不同性质的所有制（尤其是资本主义私有制与社会主义公有制）之间的内在关系。

### （三）马克思关于所有权、占有权、支配权和使用权关系理论

所有制主体通过所有、占有、支配和使用等方式与客体发生关系。其中，所有是指归属关系，而占有、支配和使用一般统称为经营方式，它们在法律上的表现就是所有权、支配权和使用权，而"后三权"又简称为"经营管理权"。其中，"所有权"决定了所有制的基本形式，"所有权"与"经营管理权"的相对独立与分离，是所有制实现形式多样化的依据，等等。这些内容构成了马克思所有制内部关系理论。具体的研究内容有：（1）所有制中的所有、占有、支配和使用及其关系；（2）所有权、占有权、支配权和使用权及其相互关系；（3）"所有权"及其与"经营管理权"之间的分离（所有制的基本形式与所有制的实现形式）；

（4）"所有权"与"经营管理权"的统一形式及其保障机制。

### （四）马克思关于生产资料所有者与非所有者关系理论

所有制主体既可以是个体，也可以是集体，还可以是全体社会成员。在生产过程中，根据人们对生产资料所有情况，又可以划分为生产资料所有者与非所有者（包括不同的阶级），社会生产资料占有情况是划分阶级的主要依据。这些构成了马克思所有制主体关系理论。具体研究内容有：（1）"个体"与"共同体"对立统一关系以及"自由人联合体"；（2）生产资料的"共同占有"与"个人所有"对立统一关系；（3）生产资料所有者（资本家）与劳动力所有者（劳动者）对立统一关系；（4）阶级、阶层、利益群体的划分依据、阶级分析法等；（5）不同性质社会中的个人所有制、集体所有制、国家所有制的内涵及其实现形式。

### （五）马克思关于生产资料与生活资料关系理论

所有制客体主要可以分为生产资料与生活资料两种基本形式。其中，生产资料所有制居于主导地位，而生活资料所有制居于从属地位。通过生产资料与生活资料的划分，马克思不仅深刻地分析了资本主义社会扩大再生产的前提条件与实现条件，还发现了生产资料优先增长规律。具体研究内容有：（1）生产资料、生活资料的科学内涵及其相互依存、相互转化关系（尤其是在积累起来的个人日常消费品转化为生产资料方面）；（2）社会扩大再生产的前提条件与实现条件；（3）生产资料优先增长规律及其在社会发展中的地位与作用；（4）生产资料和生活资料的占有方式、个人日常消费品分配方式及其内在联系；（5）社会生产中不同的部类、领域、行业、产业等的划分及其内在关系。

### （六）马克思所有制关系理论的当代价值

从理论与实践两个方面揭示马克思所有制关系理论的当代价值。在理论方面，着重对西方"产权"理论以及"私有化"思潮等进行全面梳理、剖析，在深入比较中凸显马克思所有制关系理论的科学性。在实践方面，着重研究社会主义国家所有制关系改革的实践经验与教训，尤其是马克思所有制关系理论中国化进程，在剖析和回应当代中国社会所面临的深层次矛盾基础上，完善中国特色社会主义所有制关系理论。例如：如何看待贫富差距及个人和家庭的"私有财产"问题？如何增强人民群众对国有经济的"获得感"，真切体会到社会主义的优越性？在公有制经济、股份制经济、混合所有制经济中由委托代理关系带来了信息不对称、道德风险、国有资产流失等。具体研究内容有：（1）西方"产权"理论及"私有化"思潮批判；（2）苏联等社会主义国家所有制改革的经验教训；（3）马克思所有制关系理论中国化历史进程及其理论成果；（4）当前中国的所有制改革面临的深层次矛盾及其原因；（5）马克思所有制关系理论对我国社会主义现代化建设的启示；等等。

## 四　研究思路与研究方法

### （一）基本思路

本课题紧紧围绕马克思所有制关系理论展开研究。课题组已形成的基本思路是：对马克思主义经典著作文本进行全面、系统的挖掘和整理，揭示马克思所有制关系理论的探索历程，建构马克思所有制关系理论。在此基础之上，对西方"产权"理论以及"私有化"思潮进行系统梳理和剖析，结合社会主义国家所有制改革的经验教训，分析当代中国所有制改革面临的深层次矛盾，完善中国特色社会主义所有制关系理论，进一步揭示马克思所有制关系理论的当代价值。

### （二）研究方法

本课题主要采用"实践基础上的问题导向与文献分析相结合"的方法进行研究，综合运用归纳与演绎相结合法、系统分析法、比较分析法等方法开展课题研究，力求揭示"马克思所有制关系理论及其当代价值"。

本课题采用的"实践基础上的问题导向与文献分析相结合"的方法，其基本思想是：（1）实践是科学研究的基础和根源。马克思主义经典著作本身就是回答实践问题的产物；（2）对于经典著作的研究，要回到经典著作诞生的实践中去，将问题导向与文本分析结合起来；（3）经典作家对实践中问题的回答，本身有着一个不断深入的发展过程，需要认真、细致地进行区分；（4）随着实践的发展，问题及对问题的回答都需要与时俱进，不能将经典著作教条化。

# 五　创新与不足之处

本课题从"所有制关系"视角出发，结合中国革命、建设和改革的伟大实践，尤其是改革开放以来我国所有制改革方面所取得的成就，总结马克思所有制关系理论中国化的百年经验，对照中华民族伟大复兴和建设社会主义现代化强国的奋斗目标，研究了马克思所有制关系理论及其当代价值，其创新之处在于：

（1）在所有制外部关系理论上，破除了人们把社会主义公有制与资本主义私有制简单地看作"替代性"关系的教条式理解，为"混合所有制"、社会主义基本经济制度和推动构建人类命运共同体等提供了学理支撑。

在本课题组看来，社会主义公有制是建立"在资本主义时代的成就的基础上"。它需要借鉴和吸收资本主义时代所创造的一切文明成果，有一个不断"扬弃"和"超越"资本主义私有制的过程。从本质上看，这种"扬弃"和"超越"就是需要不断地澄清资本的前提和界限，防止资本的无序扩张，规范和引导资本健康发展，在不断满足人民群众美好生活需要的过程中，逐步实现生产资料的全体社会成员共同占有和生活资料的个人所有。从实践上看，坚持无产阶级及其先锋队中国共产党全面领导是这种"扬弃"和"超越"的根本政治前提，处理好政府与市场之间的关系是贯穿在其中的一个关键问题，建立和完善中国特色社会主义制度体系和中国特色社会主义法治体系是这种"扬弃"和"超越"的制度保障，培育和践行社会主义核心价值观是这种"扬弃"和"超越"的价值规范。

（2）深化了对私有制与私有财产、个人所有与社会所有、生产资料与生活资料等关系的认识。

在本课题组看来，私有制与私有财产、个人所有与社会所有、生产资料与生活资料等的关系是十分复杂的。私有制是由生产资料的占有而带来产品的分配以及人们在生产中的地位和作用等涉及生产关系方面内容构成的，而私有财产除了包括上述内容以外，还包括了个人对生活资料的占有而带来的支配权、处置权等仅涉及个人生活方面内容。因此，"消灭私有制"与"消灭私有财产"是不能完全等同的。我们不能把个人对自己的私人物品和日常消费品的占有权、支配权和处置权简单地等同于"私有制"而不加区别地简单"消灭"；但是，我们又必须要看到个人积累起来的私人物品和日常消费品，通过市场交换转换成货币并投资到生产领域中便成了"资本"带来的"财产性收入"。既然"消灭私有制"是一个长期的发展过程，我们就不得不与社会生产力状况等具体实际联系起来，通过对这些复杂关系的梳理来制定具体的、阶段性的所有制政策。

（3）强化了对所有权与经营权既相分离又相统一的体制、机制研究，进一步深化了对社会主义与市场经济"相融合"的认识。

本课题组认为，中国的改革开放，首先是从所有制改革开始的。家庭联产承包责任制的理论创新之处，就是把土地的所有权和经营权分割开来，从而把农民的劳动收入与劳动付出直接挂钩起来，并由此调动了广大农民的主动性、积极性和创造性。之后，这一思路一直指导了我国国有企业改革，并且在所有权、占有权、使用权和经营权的分离中，将国有企业推向了市场，实现了社会主义与市场经济"相结合"的问题。然而，在这一过程中，在不同程度上也出现了因管理不善而带来的国有资产流失、国有资产保值增值等问题，其根本原因在于，我们还缺乏一整套现代化企业管理制度对经营权进行规范和约束，从机制和制度上保障所有权和经营权的权责分明、有效统一。就今天而言，我们不能因为管理体制和运行机制不完善所带来的问题而彻底否定我国所有制改革的方向和成果。同时，我们也不能因为"所有权"的实现形式及其制度优势如何转化为治理效能方面的问题影响了人民群众的幸福感和获得感，就否定社会主义公有制。当然，我们更不能因为对市场、资本、非公有制经济的监管、规范和引导不够，就彻底否定市场经济、否定资本、否定非公有制经济在社会主义现代化建设中的重要作用。

（4）澄清了人们对马克思主义的阶级立场、阶级斗争学说和阶级分析法的错误理解，为新时代增强党的阶级基础和扩大党的群众基础提供了学理支撑。

本课题组认为，生产资料的占有情况，是马克思和恩格斯划分社会不同阶级的根本标准。马克思和恩格斯所处的时代，是自由资本主义上升时期，资本主义生产方式，一方面带来了生产力的巨大飞跃，另一方面带来了周期性的经济危机以及无产阶级贫困化等社会问题。马克思主义的阶级立场、阶级斗争学说和阶级分析法就是在这样的背景下产生的，尤其是马克思、恩格斯看到了无产阶级是现代化大工业和先进生产力的产物，始终代表了绝大多数人的利益诉求，代表了社会前进和运动的方向，与全人类的解放具有根本的一致性。就今天而言，随着社会主义制度的建立，无产阶级及其政党需要根据新的历史背景进一步创造性地发展和运用马克思主义的阶级立场、阶级斗争学说和阶级分析法。从阶级和阶级斗争这个角度来看，尽管已经不是当前我国经济与社会的主要任务，但不能忽视其在一定范围内仍然存在并有时还很激烈的可能性。从集中力量进行社会主义现代化建设这个角度来看，我们更加需要加强党的先进性和纯洁性建设，永葆无产阶级的本色不变，并在这一过程中，团结带领人民进行一场伟大的社会革命。在这种情况下，我们既需要增强党的阶级基础、党的阶级立场和先进性、纯洁性，又需要始终坚持以人民为中心，始终代表最广大人民的根本利益，扩大党的群众基础，巩固和团结全党全军和全国各族人民共同奋斗的思想基础和实践基础。

当然，由于课题组成员的时间、精力和能力有限，本课题还有很多需要进一步完善的地方，尤其是一手资料的缺失，是本课题研究中的一个重大的薄弱环节。在今后的研究中，我们还有很多问题需要进一步深化研究。具体内容有：

（1）当代资本主义社会所有制关系现状、问题及其发展趋势。

（2）当代中国社会阶级、阶层、社会结构现状、问题及其发展趋势。

（3）所有制关系评价标准的具体化及其风险预警指标体系的构建。

从本课题延伸的角度来看，我们还需要通过翔实的一手资料来准确描述当代资本主义社会和当代中国社会的社会结构现状及其演变趋势，并在此基础上研究出所有制关系和所有制结构具体化评价标准，构建一套所有制关系风险预警指标体系，从而进一步把握和处理好复杂的所有制关系中的"度"的问题。

# 第一章 马克思所有制关系理论的历史考察

恩格斯指出，"每一个时代的理论思维，包括我们这个时代的理论思维，都是一种历史的产物，它在不同的时代具有完全不同的形式，同时具有完全不同的内容"①。可以说，马克思所有制关系理论也是在特定历史背景和条件下产生并逐渐发展的。因此，要想准确理解和把握马克思所有制关系理论的主要内容、精神实质和重大意义，就需要我们回到这一时代中进一步对这一理论形成过程做一番历史考察，搞清楚这一理论产生的历史基础、实践过程及其主体架构。

## 第一节 马克思所有制关系理论产生的社会条件

马克思所有制关系理论，是马克思和恩格斯在资本主义基本矛盾及其引发的社会矛盾日趋尖锐的背景下，从无产阶级和最广大人民根本利益这一立场出发，在深入思考和破解社会现实问题、揭示人类文明发展趋势的过程中提出来的。可以说，这一理论的形成和发展，有着自身的时代背景、科学基础和理论渊源。

---

① 《马克思恩格斯文集》第 9 卷，人民出版社 2009 年版，第 436 页。

### 一 马克思所有制关系理论产生的时代背景

马克思所有制关系理论形成于 19 世纪上半叶，正处于自由资本主义上升时期。这一时期的资本主义生产方式，一方面创造了比过去一切时代还要多、还要大的生产力，另一方面已经深刻暴露了其内在的弊病：其一，"不理性"的经济危机为何会周期性地爆发在建立于"理性"基础上的资本主义国度；其二，当无产阶级高举资产阶级倡导的"自由、民主、人权"的旗帜来反对资产阶级压迫和剥削时，为何却遭到了无情的镇压？可以说，时代在呼唤对这些问题的解答。

（一）资本主义自身矛盾的不断激化

资本主义生产方式是建立在资本追求利润最大化逻辑基础之上的。这种生产方式在一定范围内与科学技术和现代化管理联系在一起，推动了资本主义社会生产力的快速发展、创造了数倍增长的财富，但与此同时，伴随着资本主义生产过程中生产资料私人占有与生产社会化之间的矛盾的尖锐化，资本主义社会两极分化越来越凸显。资本主义国家以侵略等方式来实现商品原材料的流入、商品外在的倾销来达到积累资本的目的，通过压迫工人来获取剩余价值，这样的生产方式造成了经济危机的周期性爆发，工人与资本家之间的矛盾日益尖锐，各地的工人运动也在不断地发展。在这一趋势下，由生产力快速发展带来的生产关系的问题和矛盾就越凸显。为了满足资本主义生产方式不断扩张的需求，资产阶级逐渐向海外开辟更大的新市场，由此导致民族矛盾以及内部矛盾的双重激化。

（二）无产阶级被剥削程度的日益加深

阶级基础是马克思所有制关系理论诞生的重要依托。资本主义生产方式极大地促进了生产力的蓬勃发展，但毋庸置疑，这种生产方式是建立在本国以及殖民地国家工人阶级和广大劳动人民所创造的财富并对其进行"血与火"的剥削和掠夺基础上的。无产阶级和资产阶级之间的矛盾和斗争越来越频繁和激烈，资本主义社会日益增长的物质财富和生产资料所有权集中在少数资本家手中，造就了大批无产阶级及其贫困化趋势。这些社会现实，为马克思的研究提供了全新视角。

在资本主义生产方式之下，生产资料掌握在资本家的手中，而工人却一无所有，不得不通过出卖自己的劳动力来获取必要的生活资料。从表面上看，工人阶级所付出的辛勤劳动被资本家通过支付工人工资（货币）的方式实现"公平交换"，然而，事实上，资本家所支付的工人工资（货币），只不过是劳动力价格的表现，而非工人阶级劳动所创造出的所有商品和财富的实际价值。资本家对无产阶级进行剥削的秘密呈现在：工人劳动生产出来剩余价值，即超过劳动力价格的那部分价值被资本家无情且无偿地占有了，资本家以支付工人工资的形式掩盖了有酬劳动和无酬劳动之间的区别。事实上，资本家付给工人的微薄报酬与工人通过劳动所生产出来的价值相去甚远，大部分的剩余价值被资本家以利润的形式侵占了，资本主义经济越发达，资本家对剩余价值的贪婪欲望就会变得越强烈，劳动者被迫进行着更加过度的劳动，这种剥削的生产方式甚至消耗着劳动者的生命，劳动者沦为了资本家生产更高利润的极为廉价的工具。

在资本主义社会中，资本主义生产方式决定了无产阶级在政治上和社会上都从属于资产阶级的统治。我们知道，资本主义原始积累过程是一个"劳动者和他的劳动条件的所有权分离的过程"[1]。同时，也是工人阶级从属于资本家的生产过程，机器化大生产的进一步发展，造成了工人和机器之间的对立，更大程度上导致了劳动力对资本的依赖，在资本急剧扩张的进程中，劳动力人口逐渐显现过剩趋势，导致了工人和工人之间的对立，劳动力为了维持生存问题，任凭资本家过度剥削和压榨，劳动者完全从属于资本家的掌控，而资本家为了能更好地维持这种剥削，还制定了一系列法律来达到维护自身利益的目的，并通过政治手段使国家政权成为为资产阶级服务的工具，无产阶级在政治上也成为被统治的对象。

与此同时，资产阶级还不断生产出为维护其政治统治的精神文化。

---

[1] 《马克思恩格斯文集》第5卷，人民出版社2009年版，第822页。

对于无产阶级而言，基本的生存条件都难以得到保障，不仅需要用尽自己的精力和时间去赚取微薄的工资来获取基本的生活资料，还要在资本的不断扩张中面临失业的风险，毫无精神文化生活可言，无产阶级在资产阶级长期不公正待遇的控制下生活得十分悲惨。可以说，马克思正是基于这样的社会现实基础，对所有制的发展形式及其关系理论展开了探索和分析，主张实现人的自由而全面的发展。

（三）德国古典哲学与社会问题之间的矛盾显现

18世纪末19世纪初，伴随着资本主义生产方式的发展过程，也出现了以"科学"反对"神学"、以"民主"反对"专制"的资产阶级文化，推动了以认识论为中心的近代欧洲哲学思想的伟大变革。围绕以"知识"为核心的"真理性认识"这一主题，形成了以培根、洛克等为代表的经验主义和以笛卡尔、莱布尼茨为代表的理性主义之间的长期争论，最后在贝克莱、休谟等那里滑向了不可知论的深渊。德国古典哲学就是在这一现实需要与理论传承的背景中发展起来的，并涌现了一批对德国古典哲学发展起重要作用的哲学家。其中，以康德、费希特、黑格尔、费尔巴哈等为代表。就康德哲学来说，它既承认物质世界是客观存在的，又认为人对于物质世界的认识能力是有限的。其"物自体"概念，既可以理解为客观世界，又可以理解为"上帝"等客观精神。而对于知识的存在形式"先天综合判断"究竟从何而来，他自己却含糊不清、表达不出来。此后，费希特一开始对康德的二元论是持有批判态度的，并且对封建制度也持有十分尖锐的反对态度，但后来却丧失了其革命精神，逐渐变得保守，未能做出实质性变革。

黑格尔作为德国古典哲学之集大成者，他通过思维与存在，在经历了低级向高级不断发展的、动态的过程后，最后统一到"绝对精神"之中。换句话说，他从抽象的、普遍性的精神理念出发，通过其逻辑的推演进一步揭示这一绝对精神理念的发展过程和外化过程，进而将这一过程看成社会现实与这种"绝对精神"无限逼近的逻辑统一过程。也就是说，在黑格尔那里，通过他的逻辑学演绎出来的"绝对精神"，早已经跑到社会现实前面去了。这样一来，其"绝对精神"就成了优先于社会现实而存在的了。在他的政治哲学中，黑格尔需要解决的问题是，具有自由意志的个体如何遵循"绝对精神"统一在共同体中。他通过"抽象法—道德—伦理"这一"正、反、合"命题的逻辑演绎，指出只有在"伦理精神"共同体中，才能实现"个体自由意志"。在经历了从直接的、自然的伦理精神——"家庭"，到伦理精神丧失了直接的统一的"市民社会"，再到伦理精神通过分化、中介而完成的统一的"国家"这一逻辑发展之后，黑格尔进一步指出"现实的国家"是一种合理性的表现、是精神为自己所创造的世界、是每个个体必须崇敬的"地上神物"，即"绝对精神"。在黑格尔那里，"现实的国家"的"现实性"在于，"整体的利益在特殊目的中成为实在的"，是"普遍性与特殊性的统一"，虽然"特殊性看来是独立的，其实它们都包含在整体中，并且只有在整体中才得到维持"①。实际上，这一"现实的国家"，只有在绝对精神中才能存在，而历史上和现实中的国家无一不是阶级矛盾不可调和的产物，它们无不代表了统治阶级的阶级利益，是统治阶级为维护其阶级统治的工具而已。黑格尔之所以犯了这样的"错误"或者说持有这样的观点，说到底，黑格尔是一个庸人，他没有将革命的、实践的辩证法运用于具体现实之中，在现实的政治面前却得出了一个十分温和的结论。也就是说，黑格尔将人的精神世界供奉起来，却无法与真实的世界相连接，而现实世界中的工人阶级及人民群众的利益诉求就很难得到满足，更无法通过无产阶级及人民群众改变世界来实现全人类的解放。

费尔巴哈尖锐地批判了黑格尔的"绝对精神"。他深刻指出宗教的本质是人的本质在幻想中的反映，进一步揭示了宗教世界与世俗世界二分化的世俗基础。为此，他提出了自然界和人才是哲学研究的对象，从而对马克思"关于现实的人及其解放的科学"的诞生产生了深远的影响。然而，当费尔巴哈进一步思考"人的本质是什么"这个问题时，他自己却犯了一个严重的方法论方面的错误，即他试图从"把许多个人自然地联系起来的共同性"出发，去抽象出一种"内在的、无声的""类

---

① ［德］黑格尔：《法哲学原理》，范扬等译，商务印书馆2011年版，第318页。

的本质"。沿着这一思路，费尔巴哈把人与人之间的"感性的爱"看成人类所"共同的"，即构建了其"爱的哲学"。在他看来，只要人们相互拥抱、相互"爱"在一起，在个人追求幸福的过程中受到自身身体的"自然矫正"和不影响他人幸福的"社会矫正"下，实现了社会的"和谐"。这样一来，费尔巴哈"爱的哲学"便失去了革命性和批判性，它从本质上来说，并没有超越黑格尔的"绝对精神"。因为它没有真正揭示为什么会出现宗教世界与世俗世界的"二分化"，消除这种"二分化"或者说消除世俗世界"异化"的途径和方法是什么以及如何才能实现社会和谐与人类的解放等问题。正因如此，马克思和恩格斯一再强调哲学与现实之间"相脱节"的问题，强调哲学的任务在于改造世界。

可以说，德国古典哲学家们在解释世界的道路上已有了一定的收获，但仍旧缺乏对现实的、实际的客观物质世界如何进行改造的认识。马克思从一名青年黑格尔派成员走向批判黑格尔的转变过程，是一个思想变革的过程。在这一过程中，马克思和恩格斯共同创立了马克思所有制关系理论，从根本上满足了人们对进一步揭示资本主义社会主要矛盾以及无产阶级运动向何处去的理论诉求。

## 二 马克思所有制关系理论产生的科学基础

马克思所有制关系理论的产生和形成，离不开自然科学的快速发展，尤其是细胞学说、能量守恒定律以及生物进化论"三大发现"。可以说，自然科学研究的最新进展，为马克思和恩格斯进一步思考所有制关系问题奠定了科学基础。

一方面，随着自然科学的发展及其在生产中的应用，尤其是机器的采用、化学在工业和农业中的应用等，极大地推动了社会生产力的发展和社会物质财富的丰富。另一方面，在人类不断地向自然界索取物质生活资料的过程中，自然界的平衡受到了极大的破坏，人与自然之间的紧张关系变得异常的尖锐和突出。可以说，在自然科学的推动下，如何处理好人与自然、人与社会及其相互关系，实现人与自然、人与人（社会）等之间矛盾的彻底和解，变成了一个时代课题。

除此之外，自然科学的"三大发现"还进一步深化了人们对于纷繁复杂的物质世界的理解和认识：世界是普遍联系的、变化的、发展的。马克思和恩格斯充分地利用了自然科学的这些发现，并将其运用到了对上述问题的思考和解决之中。在马克思和恩格斯看来，（1）人与自然之间的紧张关系，其根源在于人与人之间的紧张关系，在于人们的生产和生活方式中的生产资料和劳动产品的私人占有，因此，"消灭私有制"是解决人与自然、人与人（社会）之间矛盾和问题的根本路径；（2）人与自然之间、人与人（社会）之间的紧张关系，本身也有着一个不断发展的历史过程。在不同的历史阶段，这些关系所呈现出来的社会问题是不一样的。对于这些问题的解决，也必须是具体的、历史的，而不是一劳永逸的。

　　对于人类社会发展史在人与自然之间的关系中处于何种地位，是马克思和恩格斯自然理论中不可忽略的一个重要问题。马克思用历史唯物主义来分析人与自然之间的关系时，认为自然总是处在一定社会和历史中的自然，人们在社会历史中改造自然所产生的实践活动赋予了自然界社会性和历史性，社会的本质不等同于自然，是人的历史性和社会性实践活动关系，但是社会最基本的物质基础又是来源于自然界的，所以自然和社会之间仍然有着不可割裂的物质交换关系，这个交换过程就是由人的实践和创造性活动作为中介来实现的，因此，从历史发展层面来看，自然和社会之间是相互联系、相互制约的辩证关系。所有制关系的产生和发展，是在历史的自然基础上的，是由人们的社会实践活动所构建起来的较为复杂的社会历史现象，因此，在研究现代社会所有制及其结构之前，要先了解现代社会发展的历史性特征，这是所有制关系理论的社会历史前提和基础。

　　实际上，承认人、自然与社会的辩证关系，不仅要承认自然界这样一种客观存在对人类、人的社会实践及社会发展过程中的基础作用，而且更要深刻认识人在社会实践过程中的积极能动因素，即人的社会实践活动过程中的能动性和创造性，这是相互统一的，并通过人的实践活动的历史过程呈现出来，不能把自然科学简单地理解为只是关于自然的科学。我们知道，古典经济学在发展过程中的迷失，是建立在自然科学发展对人的发展问题缺失的基础上的。古典经济学家们一方面认为人们的社会经济活动就是自然规律的外观而已，认为资产阶级最终会随着历史的自然规律就消亡了，社会生产方式和阶级结构的变化以永恒的自然规律发展着，甚至在马克思之前的一些经济学派都认为经济发展规律同他们所理解的"自然规律"是一致的。人们在生产过程中，自然会给予人无价的帮助，在这一过程中产生的分工就是社会的自然力，资本家占有工人的剩余价值也是社会的自然馈赠，而资本家认为其对于工人的雇佣与剥削符合经济的自然规律，工人的反抗则是违背了自然规律的一种表现，工人要不被自然规律所惩罚，只有出卖自己的劳动力才可以生存下去，因此，国民经济家首先要解决的问题是，要站在近代大工业实践的历史基础上，科学地认知人与自然的关系问题。马克思在充分吸收了自然科学研究的基础上，给人类的社会历史活动提供了现代的科学解释。

由此可见，随着自然科学的发现及其在生产和生活中的广泛应用，事物的发展变化及其普遍联系逐渐被认知。马克思和恩格斯以生产方式、生活方式及其演变为核心的科学理论，包括了如何处理好自然和人、自然和社会及其相互关系。

### 三 马克思所有制关系理论形成的理论渊源

马克思所有制关系理论产生于 19 世纪上半叶，尤其是对于这样较为复杂的理论的理解，我们更不能仅仅从今天这个时代的概念上去简单理解。为此，我们必须通过对马克思和恩格斯的理论研究和实践探索，尤其是结合马克思主义整个理论体系来进行深入剖析，发掘贯穿其中的理论渊源及精神实质。马克思所有制关系理论同其他理论一样，都具备一个从初步形成到不断发展再到成熟完善的发展过程。实际上，马克思和恩格斯之所以关注所有制关系的研究，自然法私有财产理论、乌托邦公有制理论、劳动财产权理论为其提供了丰富的理论渊源①。

---

① 龚唯平：《所有制范畴学术史论纲》，《学习与探索》1993 年第 4 期。

（一）自然法私有财产理论

在西方社会中，关于所有制的理论，产生最早、影响也最为深远的是自然法私有财产理论。古希腊哲学家提出了最早的自然法概念，宇宙的理性是自然法观念的来源，社会和人的发展都被这个理性且不变的规律所支配。近代荷兰哲学家格劳秀斯以一个完整的理论体系将自然观念囊括进去，自然观念是包括自然状态、自然权利和自然法在内的一个完整理论体系。由此衍生出的自然法私有财产理论就是在这一观念的背景下思考和出发的，认为宇宙的理性和抽象的人性构筑了财产私有权的合理性。换句话说，自然法私有财产理论的内核就是：财产私有权是人生来就被赋予的，与人类天性最相符合的，是神圣不可侵犯的。

自然法私有财产观可以分为古代自然法财产观、中世纪神学中的自然财产观和近代思想家的自然法财产观三个阶段。罗马法是古代自然法私有财产理论形成的标志，它以罗马奴隶制国家为背景，囊括了这一国家的全部法律。从具体内容来看，罗马法的法律准则以私有制为前提和基础，在对财产关系进行了抽象的概括和界定的基础上，提出了关于财产关系理论的一系列基本概念。罗马法的主要观点和特点有：一是确立自然法为与个人利用有关的私法的理论基础，来夸大自然财产观的伦理性，并通过强化法律的手段对私有财产进行维护，这毫无疑问增强了对人们的欺骗性。对此，马克思曾批判指出，罗马人在对私有财产的理解上，是典型的唯理论者。二是通过"概括的权利"对私有财产关系进行了抽象的概括。马克思指出，罗马人最早对私人的权利、私有财产的权利等一系列抽象性的权利进行了概括和规定。三是确立了个人所具有的私有财产权原则。主张废除传统的家长制和债务奴役制。从某种程度上来说，这些主张促进了当时的历史进步。四是明确了纯粹私有制关系的本质规定。罗马法明确规定了个人对于物的占有、使用等所有权，强调必须是在法律规定许可的范围内实施，同时将所有权的特征、所有权的主客体、所有权的限制范围等方面的内容，都进行了全面的规范和界定。五是深入探讨了占有的范畴。罗马法明确规定构成占有的必备条件、占有的分类、占有的方式等，但是，对于什么是占有、占有和国家制度中的所有制之间关系是什么，罗马法却始终没有做出一个明确的解释和规定。

中世纪神学中自然财产观被披上了基督教神学外衣，这一时期的主要代表人物有奥古斯丁、阿奎那、马丁·路德和加尔文。奥古斯丁早在罗马时代晚期就将自然法财产观带入了神学色彩。他认为，上帝给人世社会安排了自然法，个人的财产所有权都来自上帝的赐予，神权赋予了的人有权利对财产进行占有。阿奎那在奥古斯丁的理论基础上做出了进一步论证，并以神学为中介建立了一套系统的自然法理论来论证私有制存在的合理性。以马丁·路德和加尔文为代表的宗教改革将教派从罗马教廷的控制下脱离了出来，建立了新基督教派和新教派的理论体系，主张个人财产权所有，鼓励教徒们忠于上帝赋予人们拥有财产权个人所有的权利，新教仍然在神圣的宗教外衣的掩盖下，宣扬财产私有权的合理性。

近代自然法财产观与资产阶级利益诉求相一致。资产阶级最早的自然法学派提出了近代自然法财产观，主张打破封建专制制度，在对宗教神学进行批判的基础上否定了神权，开始主张天赋人权，强调通过在发展资本主义经济过程中通过自由竞争获取财产私有权。这个学派的主要代表人物有：格劳秀斯、霍布斯、斯宾诺莎、休谟等。格老秀斯作为近代自然法学派创始人，他大胆地迈出了批判神学的第一步，建立了自然法理论，通过提出自然状态概念、推论自然权利的概念等一系列阐释，对自然法概念进行了较为系统的阐述，致力于通过自然法来阐释财产私有权的合理性。所不同的是，霍布斯在这一过程中从自然法中跳脱出来，首次区分了自然法和自然权利，他明确主张财产私有权并不是个人对财产的绝对所有权，而认为私人所有权是国家允许个人占有的那部分财产的所有权，强调国家主权是高于人权的。斯宾诺莎则偏向于强调自由竞争获得的个人财产所有权，为此，他提出了两个著名的观点：一是"大鱼吃小鱼"的自然法则，二是"趋利避害"的人性规律。休谟从人性的角度出发，阐述了私有制的产生根源是人的贪婪本性超过了稀少的自然界供应，因此，财产关系的构成和调整主要是需要依靠人们自身的正义来控制的。

综上所述，近代的自然法财产理论，着重从个人的财产权出发，来论证私有产权的正当性与合理性。这对于人性的解放，反对封建专制制度，无疑具有重要的历史进步意义。然而，随着社会生产力的不断发展，当个人的私有财产权越来越影响到他人、影响到人与人之间的社会关系并带来了社会的不公平、不公正等问题时，这一个人私有财产权的局限性便凸显出来，其核心是强调私有财产权的神圣性以及资本主义私有制的合理性。因而，它无法指导全人类的解放。

（二）乌托邦公有制理论

乌托邦公有制是一种由来已久的所有制关系理论，作为一个内容相对独立的思想理论体系，根据这一理论发展特点，我们可以通过两个发展阶段来对该理论进行较为宏观的阐述，即早期公有制思想和近代空想社会主义公有制理论。

最早的公有制思想的提出，可以追溯到公元前8世纪的古以色列，以阿莫为代表的平民运动提出了财产公有的主张，开创了公有制思想的先河，也为《圣经》的内容提供了思想来源①。柏拉图是早期公有制思想的一个典型代表，虽然他并不是最早提出公有制思想的人，但在他的《理想国》中借助自然法的观念，系统地提出公有制理论，这对近代乌托邦理论具有十分重要的作用。柏拉图认为，理想国劳动者属于低等人群，是可以拥有属于自己的私有财产的，但对奴隶这个群体，是不能被列入社会等级中的，因为柏拉图的理想国没有将奴隶看作人，而是将贵族的公有制建立在对奴隶的劳动无情占有之上。早期的公有制思想还包括一些原始基督教的公有制思想，耶稣教义主张爱和平等，在经济关系上追求的是财产的公有，共同的劳动以及人人的平等，而财产私有则会被看成是罪恶。

近代空想社会主义公有制理论比较流行，随之出现了不少公有制理论流派，其中，主要的代表人物有莫尔、温斯坦莱、摩莱里、马布利等，

---

① ［德］马克斯·韦伯：《新教伦理与资本主义精神》，于晓、陈维纲译，上海三联书店1987年版，第38页。

还包括以圣西门、傅立叶、欧文为代表的三大空想社会主义者。对资本主义私有制的批判和实行公有制主张是近代空想社会主义公有制理论主题，这一时期不仅涌现了一批代表人物，还创造了很多建设性理论观点。莫尔在《乌托邦》一书中超越了古代平均主义公有制思想的束缚，首次提出了各尽所能、按需分配的主张。温斯坦莱的《自由法》首次将空想社会主义理想用法律条文的形式展现，规定了"不劳动者不得食"原则，实现了将生活资料和生产资料分离开来。摩莱里用理性论来分析空想社会主义，他认为公有制社会才是顺应自然状态发展的理性社会，他还是计划经济的首创者。马布利作为一个较有明显特征的空想社会主义者，他的很多著作都对空想社会主义进行了有力论证，他首次提出了要根据所有制关系来划分阶级，并且要通过社会改革的形式一步步来实现。欧文的思想超越了大多数空想主义者，他最突出的贡献是在主张实现公有制基础上对公有制优越性通过社会化大生产形式进行论证。圣西门提出了"所有制是社会大厦的基石"[①]，他反驳了消灭私有制的观点，主张通过利用私有制来达到符合社会生产发展的要求，提出所有制是一个社会制度的基础，社会规律决定了所有制变革。他提出所有制是由能获得利润的财产权利所构成的，创立了较为系统的所有制理论。

综上所述，乌托邦公有制理论，大都从社会关系中的人或人的社会性这个角度出发，强调了公有制是构建和实现"理想社会"的基础。然而，这些理论既没有看到个人的私有产权在推动人类历史发展中的进步作用，也没有看到"消灭私有制"的现实路径，更没有对"公有制的内涵及其实现形式"进行深入研究。

（三）劳动财产权理论

劳动财产权理论最早可追溯到罗马法。劳动财产权理论的萌芽思想在罗马法关于所有权和占有权的有关规定内容中被隐藏了，罗马法规定劳动者可以享有土地的先占权，即劳动者对土地进行开荒并连续耕种时

---

① ［法］昂利·圣西门：《圣西门选集》第1卷，董果良、赵鸣远译，商务印书馆1979年版，第188页。

间达到了 2 年，就可无偿得到该土地的所有权，对土地的抢先占领，必须要建立在开荒、耕种等行为的基础上；对野生鸟兽的抢先占领，必须要建立在捕获等行为的基础上。由此，可以看出，罗马法明确规定了先占权必须以付出劳动行为为前提。正是在此基础之上，阿奎那在《神学大全》中对劳动财产权进行了阐述，他认为土地所有权的获得要通过劳动支出来获得，主张劳动是获得私有财产权的前提和方法。

劳动财产权理论的形成时期是 17 世纪。在该理论发展萌芽时期提出的思想基础上，洛克创立了一个较为系统的劳动财产权理论体系，可以将其称为劳动财产权理论创始人。从总体上看，洛克的劳动财产权理论体系主要由三方面的内容构成：第一，洛克首先提出了反对封建宗教神学的革命性观点，他认为劳动是劳动者的所属物，劳动者通过自己的劳动获得对财产的所有权是一种合理的交换，财产所有权的获得也是属于人的一项权利，并不是归上帝所有的，也不是由上帝来恩赐的。第二，提出对财产的合理占有是有界限的。洛克认为，劳动财产权的获取有两个界限，一是要以个人的劳动为界限，二是要以满足自己的消费需要为限度。劳动财产权一旦超过这两个界限，那么这种对财产的占有就会变成不平等的占有。第三，洛克从经济学的角度进行分析，将劳动财产权和劳动价值理论相联系，劳动不仅作为获取所有权的基础，而且还创造了价值。

洛克的劳动产权理论的创新之处在于，他看到了个人的劳动财产权的"界限"问题。也就是说，个人的劳动财产权并非无止境地任意扩张的，它必须以"个人的劳动"和"满足自己的消费需要"为限度。由于人类生产劳动的社会性和普遍联系，这就决定了人们不能脱离他人的生存和生活需要而孤立地、片面地强调个人的劳动产权。因此，如何处理好对个人的劳动产权的保护与因个人对产权的占有而带来的社会不平等问题，是劳动产权理论需要解决的一个重大问题。

黑格尔在继承了洛克的劳动财产权思想的基础上，从抽象理性的个人的自由意志出发，进一步为个人的私有产权作了辩护。在他看来，"所有权所以合乎理性不在于满足需要，而在于扬弃人格的纯粹主观性。

人唯有在所有权中才是作为理性而存在的"①。"人有权把他的意志体现在任何物中，因而使该物成为我的东西"，即"人对一切物据为己有的绝对权利"②。因为"我的意志"是作为"单个人的意志"，所以这种"所有权"就是"私人所有权"。至于"共同所有权"，它可以变为"个别所有"，是"一种自在地可分解的共同性的规定"③。从人的意志对物的关系上来说，所有权有三个方面的规定：一是占有（肯定判断）；二是使用（否定判断）；三是转让（无限判断）。然而，对于"因个人对产权的占有而带来的社会不平等"这一重大的现实问题，黑格尔似乎并不关心。在他看来，"平等只能是抽象的人本身的平等"，"关于占有的一切——它是这种不平等的基地——是属于抽象的人的平等之外的"④。"关于财产的分配，人们可以实施一种平均制度，但这种制度实施以后短期内就要垮台的，因为财产依赖于劳动。""我们不能见到占有和财产的分配不平均，便说自然界不公正"，"其实，人们（Mensch）当然是平等的，但他们仅仅作为人（Person），即在他们的占有来源上，是平等的"。⑤ 可见，黑格尔对于私有财产制度作了抽象的理性辩护，他把私有财产给永恒化、合理化了，从而也就没看清私有财产本身所包含的矛盾及其运动规律。

总的来说，劳动产权理论虽然已经看到了个人劳动产权及其给他人劳动所带来的影响等社会性问题，但是还没有从根本上摆脱"私有财产"的局限性。这些理论的共同之处是将"劳动产权"抽象化、永恒化了。它们要么把劳动产权看成每个个体的"天赋人权"，要么把劳动产权看成每个个体抽象的"自由意志"，而没有把劳动产权放在具体的、特定的生产关系和社会关系中来考察。

---

① ［德］黑格尔：《法哲学原理》，范扬等译，商务印书馆2011年版，第57页。
② ［德］黑格尔：《法哲学原理》，范扬等译，商务印书馆2011年版，第60页。
③ ［德］黑格尔：《法哲学原理》，范扬等译，商务印书馆2011年版，第63页。
④ ［德］黑格尔：《法哲学原理》，范扬等译，商务印书馆2011年版，第66页。
⑤ ［德］黑格尔：《法哲学原理》，范扬等译，商务印书馆2011年版，第66页。

## 第二节　马克思对所有制关系理论研究的探索历程

马克思所有制关系理论同马克思和恩格斯其他方面的理论一样，经历了一个从产生、发展到完善的过程。在这一过程中，马克思所有制关系理论与马克思和恩格斯其他方面的理论，既是相互联系的有机统一，又有着自身的相对独立，共同构成了一个较为完整的马克思主义理论体系。就马克思所有制关系理论的形成和发展本身来说，也经历了一个不同的发展阶段。而每一个阶段的理论观点都是建立在前一个阶段认识基础上的。因此，只有从整体上全过程出发，全面而科学地将每一时期的理论成果与实践结合加以考察，才能科学地把握其理论精髓。

### 一　马克思所有制关系理论萌芽时期

1842 年至 1843 年底，是马克思所有制关系理论的萌芽时期。这一时期，在马克思的主要论著里散布着不少关于所有制的思想，如《关于林木盗窃法的辩护》《摩泽尔记者的辩护》《黑格尔法哲学批判》等。马克思通过对无产阶级革命斗争的探索，关注到资本主义社会问题之所在，挖掘出所有制关系问题，领悟到真正的科学是应该用自己所学习到的知识和看家本领真正为人类社会发展去服务，并非仅仅利用科学来掩盖获取利益的实质。在从事革命活动的最初时期，马克思主要致力于研究哲学和历史，可是在实际斗争中，他越来越认识到人们奋斗所争取的一切，都同他们的利益有关。为捍卫贫困劳苦大众根本利益的需要，马克思逐渐开始关注现实社会中物质利益相关的问题，这也使得马克思抛开了最初视野下对黑格尔纯粹思辨哲学的研究，转而深入到对现实的经济利益背景下的现实问题的研究。也正是在对现实社会物质利益关系和现实社会问题的关注和研究的过程中，马克思初步建立起了对所有制关系问题的认识框架，逐渐形成了所有制理论关系理论，为其唯物史观和剩余价值学说的创立奠定了理论基础。

（一）物质利益问题探索和私有财产初步认识

1841 年马克思大学毕业并取得博士学位后，原打算去波恩大学教书并进一步深入研究哲学，利用大学讲坛同封建专制和教会反动势力做斗争，可是普鲁士政府的反动统治使他的希望破灭了。1842 年 1 月中旬至 2 月，马克思撰写了他的第一篇政论文章《评普鲁士最近的书报检查令》，1842 年 4 月，马克思开始为敌对普鲁士专制政府的资产阶级机关报刊《莱茵报》写稿，并在 10 月份就任为此报刊主编。在他的影响下，《莱茵报》的革命民主主义倾向日益明确，成了整个德国革命民主主义者的喉舌和反对专制制度的主要武器。在《关于林木盗窃法的辩护》和《摩泽尔记者的辩护》中，马克思初步揭示了所有制同国家和法的关系，初步认识到国家制度是由一些不以人的意志为转移的客观关系决定的，从而对私有财产有了基本的初步认识。可以说，《莱茵报》时期，是马克思走出唯心主义、走向唯物主义，走出革命民主主义、走向共产主义的关键转折时期。

1. 对物质利益问题的探索

马克思在担任《莱茵报》主编期间，第一次直接面对因物质利益而产生的难题。他开始接触到了有关"林木盗窃"、摩泽尔河谷农民贫困等问题。而在此之前，马克思虽然在评论莱茵省议会关于出版自由的辩论时，对普鲁士政府的专制制度进行了猛烈的抨击，但从世界观的角度来看，这时马克思的思想仍然是唯心主义。在唯心主义那里，忽视对物质利益问题的关注，仅仅重视思维理念，简单地认为为物质利益而斗争是粗糙且低俗的，为自由精神而斗争才是高尚而崇高的。可以说，一旦从精神领域进入现实世界，由思想批判转向现实的政治斗争，接触到现实的、直接的物质利益，这种唯心主义观点就会同客观现实产生明显冲突。正是在对这些冲突的思考和探索、在为这些无论是政治上还是社会中都备受压迫的贫苦人民挺身而出的辩护中，马克思逐渐对物质利益问题有了新的认知和突破，对个人利益及其之上的国家和法的关系有了初步的认识。

在《关于林木盗窃法的辩护》一文中，马克思第一次谈到了经济问题。在文章中，他批判性地指出，普鲁士国家为了维护林木占有者的"有限的私有制的利益"而采取"露骨的、赤裸裸的，而且用意十分明显"①，甚至"即使法和自由的世界会因此而毁灭也在所不惜"②。国家和法律不过是为了维护私人利益而使用的物质手段和工具。这样，马克思从人们的物质利益关系中，看到了私人利益同国家和法之间的联系。马克思以严密的逻辑论证，有力地驳斥了莱茵省议会抹杀捡枯枝、采野果和盗窃林木之间的差别，把捡枯枝的行为当作盗窃林木的荒唐逻辑。根据林木占有者的说辞来看，捡拾枯枝烂木和盗窃林木有着共同的特征，都被冠以占有他人树木的罪名，因此，捡拾枯枝烂木就等同于盗窃林木。马克思对这一粗暴的认知和做法进行了严厉批驳，他明确指出，捡拾枯枝烂木和盗窃林木从本质上来看根本就是完全不同的两回事，把二者视为同一行为无非是混淆是非，要明确的一点是，应该在该使用盗窃这一范畴的场合使用这一范畴，而不是轻易地颠倒黑白。此时的马克思，一只脚虽然已经踏入了物质世界，开始关注现实世界的客观物质利益问题了，但另一只脚仍然停留在唯心主义的精神世界里。因此，其辩护仍然不可避免地带有明显的唯心主义色彩和强烈的思辨性。

这一时期的马克思认为国家作为理性的一种代表，对待所有的公民应该是平等的。但事实上，由于早期思想还不够成熟，他还没有完全摆脱黑格尔唯心主义观点的影响。不过，值得关注的是，马克思已经开始察觉到：他所处的普鲁士国家的社会现实同黑格尔唯心主义国家观念是相矛盾的。在现实社会中，普鲁士国家和法是为剥削者私人利益服务的，而不是集体意志和公共权力的体现。在如何看待私人利益同国家和法的关系上，一方面，马克思发现了私人利益对国家和法具有不可抗拒的决定作用，当私人利益和国家与法的原则相冲突时，利益仍然是占主要地位的。另一方面，马克思受黑格尔唯心主义的影响，对于私人利益凌驾于国家和法之上的这种地位是不认可的，认为承认私人利益对国家和法

---

① 《马克思恩格斯全集》第1卷（上），人民出版社1960年版，第279页。
② 《马克思恩格斯全集》第1卷（上），人民出版社1960年版，第282页。

的决定作用就是一种"下流的唯物主义",是违反人民和人类神圣精神的罪恶,尽管这时马克思的思想还不可避免地带有许多旧思想的痕迹,但从这里仍然可以看到包含的新思想的初步萌芽,这就是他对物质利益作用的初步认识。正是这一认识,为他对私有财产同国家和法之间的关系正确认知和深化研究奠定了基础。

2. 对私人利益与国家和法之间关系的认识

在《摩泽尔记者的辩护》一文中,马克思对普鲁士国家专制主义作了进一步揭露,形成了对私人利益同国家和法的关系的最初认识。针对有人企图把摩泽尔河谷酿酒农民贫困归罪于自然条件不佳、个别官员失职或农民自己不会经营等外在条件的荒谬论调,马克思进行了坚决驳斥。在看待摩泽尔河沿岸的贫困状况问题时,需要从私人利益和国家利益两方面综合来看,马克思详尽地叙述了封建官僚机器为维护其阶级统治,无视劳动群众的贫困状况,歪曲造成贫困的真实原因,不是力求改革治理的方法,反而设法改革治理对象的事实,无情揭露了普鲁士专制主义当局同贫苦劳动群众之间不可调和的利益矛盾。马克思认为:"摩泽尔河沿岸地区的贫困状况不能看作是一种简单的状况","至少必须始终分清两个方面,即私人状况和国家状况","不能认为摩泽尔河沿岸地区的贫困状况和国家管理机构无关","只有这两个方面的相互关系才构成摩泽尔河沿岸地区的现实状况"①。国家某地区经常的贫困状况,实际上是对现实发展同管理规则之间矛盾的揭示。摩泽尔河沿岸地区的贫困状况同时也是政府治理方面的贫困状况。造成摩泽尔河沿岸地区贫困状况的本质原因,不是自然灾害等外部原因的直接影响,而是官僚制度的本质,"这种本质的关系就是既存在于管理机体自身内部、又存在于管理机体同被管理机体的联系中的官僚关系"②。

马克思不仅看到了形成贫困状况的直接原因,即官僚制度管理原则与社会客观现实发展之间存在着矛盾,而且还敏锐地察觉到这些官僚制

---

① 《马克思恩格斯全集》第1卷(上),人民出版社1960年版,第364页。
② 《马克思恩格斯全集》第1卷(上),人民出版社1960年版,第377页。

度管理原则是由客观关系所决定的，不以人的意志为转移。在他看来，在看待国家存在的一些生活现象的时候，是很容易走向一个理解的误区的，即人们很容易轻视存在在现实生活中的相互关系之间的客观性本身，却单纯而直接地用当事人的意志来解释一切。因此，只要人们站在客观立场上来看待现实生活中存在的问题，就不会在现象的误区中走失，而会在人的现实生活过程中看到客观关系的作用。从这里可以看出，马克思把人民的贫困状况归结为一种客观关系作用的结果。这表明，马克思已经开始摒弃通过意志和理性来解释社会生活的唯心主义出发点，他开始感觉到了，在法和意志关系的背后，存在着某种不以人的意志为转移的客观关系，这些贫困问题以及由贫困所产生的种种现象是由社会客观存在的关系所导致的。但是，由于他当时理论和认知的发展还不够成熟，这种"客观关系"究竟是何种关系，以及与之相关联的一系列关系究竟是怎样发生和影响的，他还停留在模糊的认识之中。不过，他已经深刻认识到了现实社会现象是由客观存在的社会关系所决定的，这就为最终揭示所有制同国家和法的关系找到了正确的指引和前进的方向。同时，为了能够揭开这个"客观关系"的神秘面纱，从而正确地揭示国家制度产生的客观基础及现实根源，马克思进一步深化了对于经济问题的研究和探索，这也为他进一步对所有制关系理论的研究奠定了重要的基础。

与《关于林木盗窃法的辩护》中的观点相比，这一时期，马克思在关于私人利益同国家和法的关系问题的认知上有了很大的进步。在这里，马克思已经不再把私人利益对国家和法的控制讽刺为"下流的唯物主义"，他逐渐认识到，国家制度和管理原则不完全由个人意志来决定，主要是由现实存在的客观关系所决定的，国家制度的制定与完善要以社会存在为基础。可以说，马克思的国家观已经向着唯物主义发展方向迈进了一大步。但总的来说，马克思此时的国家观仍然是在黑格尔唯心主义的范围之中，但是，不同的是，马克思并没有囿于"唯心主义"这一桎梏，而是在现实的矛盾与思想的对立冲突中，开始了新的探索和研究。通过写作《黑格尔法哲学批判》对黑格尔国家观进行了反思与清算。

（二）黑格尔国家观的清算和私有财产深化认识

马克思主编的《莱茵报》，因其日益明显的革命民主主义性质，于1843年3月底被普鲁士政府查封，1843年普鲁士政府通过决议，自4月1日起封闭《莱茵报》。马克思退出《莱茵报》后，得以暂时从社会的舞台退回了书房，报纸股东希望通过放弃报纸原有的反政府立场，来实现"免于查封"进而保护自己的利益，马克思坚决反对这一意图，决定退出《莱茵报》，并于3月18日在《莱茵报》上发表了退出声明书。即使这样，普鲁士政府还是按期查封了它。至10月，马克思在莱茵省的克罗茨纳赫小镇，为了解决使他"苦恼的疑问"进行了深入的理论探索，用整整五本笔记本，写出了著名的《克罗茨纳赫笔记》。这本笔记蕴含了马克思《黑格尔法哲学批判》等多部重要文献的萌芽。

在《莱茵报》时期，马克思通过对现实问题的研究，已经发现了黑格尔国家学说中所存在的一些问题。而在此之前，马克思还停留在黑格尔唯心主义的视野中，在马克思的思想体系中，国家是一种理性存在。可在现实中，马克思看到的却是普鲁士国家不过是特权等级维护其私人利益的工具和手段。客观的现实与思想认识之间的冲突，使马克思开始对自己一直信仰的黑格尔哲学，尤其是对其国家观产生了质疑。正是面对这些疑问和质疑，才使马克思下定了决心开始对黑格尔的国家理论进行全面反思和彻底的批判。为此，马克思通过阅读大量关于欧洲主要国家政治发展历史的著作，研究了从封建社会末期到资产阶级革命时期所有制关系、国家以及政治法律的历史。他还结合这些历史研究了卢梭、孟德斯鸠等人的政治国家理论。通过研究，马克思认识到探寻私有财产同国家和法之间内在联系的必要性，为他批判黑格尔的唯心主义国家观、寻求对国家和社会关系的正确解释做了思想理论准备。在此基础上，马克思于1843年写下了《黑格尔法哲学批判》手稿，对黑格尔的国家观和社会观进行了系统的批判。

马克思这时的思想与《莱茵报》时期相比已经有了很大的突破。《莱茵报》时期，马克思虽然对黑格尔的国家观在某些方面有所突破，但总体上还是因循了他的观点。他虽然感觉到国家制度是由某些客观关系决定的，但还没有认识到这些客观关系究竟是什么。而在这里，马克思在市民社会和国家关系的这一问题上已经和黑格尔持有相反的看法了。此时马克思不仅对黑格尔的唯心主义国家观进行了批判，而且还揭示了在这一问题认知偏差指导下的方法论也是错误的。他指出，黑格尔在对国家的论证中，不是从事实本身的真实对象出发来完善自己的思想，而是先对自己完成的事情进行抽象逻辑分析，思考出一个思维的范式进而再制造符合自身认知的对象，也不是按照制度要求本身的理念去理解，而是通过抽象理念将制度关系化了，更偏向于为关系化了的抽象思想而服务。但是，马克思这时还没有彻底完成两个转变，即从革命民主主义到共产主义、从唯心主义到唯物主义的转变，还没有完全摆脱旧哲学的影响，更没有建立自己的世界观体系，他的思想还受到唯心主义和资产阶级法权的影响，带有明显的不成熟性。

此时马克思的思想的不成熟性，主要表现在以下四个方面：首先，在对黑格尔为君主制辩护进行批判时，马克思依旧沿用了黑格尔的异化思想。仔细阅读马克思这一时期的著作，不难发现其中仍然带有很浓的思辨色彩。这说明他一方面还没有彻底摆脱黑格尔唯心主义思辨哲学的影响，另一方面又受到费尔巴哈的人本主义的束缚。其次，对于私有财产的概念还不是从所有制意义上来使用的。马克思认为，私有财产即地产。地产是名副其实的私有财产，它具有突出的私有本性，不依赖于国家的财产和社会的需要。而所谓"普遍等级"和"产业等级"的财产都以某种方式取决于"意志的偶然性"，因而不是名副其实的私有财产。他看到了私有财产的实质是人对人的依赖关系，但还没有从中抽象出生产关系，还是把私有财产当作一个普遍的范畴和联系。再次，此时的马克思虽然看到了私有财产是国家制度的基础，但是还没有回答私有财产的起源和本质是什么以及如何起作用等问题。不过，需要进一步指出的是，马克思已经认识到，对于这些问题的答案，只能到政治经济学、到社会现实中去寻找。这一认识使马克思能够沿着正确的途径和方向探索社会历史发展的客观规律，为他在社会历史领域深化研究唯物主义原理做了思想准备，也为他日后创立包括所有制思想在内的共产主义科学理论体系奠定了必要的思想基础。最后，马克思看到了以私有制为基础的现存社会制度的弊端，坚决地站在贫苦群众的立场上，公开为无产阶级要求权利，但是对造成社会矛盾的根源是什么、应该如何改造现实世界等问题，马克思还没有明确回答。对于当时流行的共产主义思潮，马克思还没有来得及作系统的研究。

总的来说，这一时期，马克思在世界观和政治立场上都在经历着重大的转变，但他的所有制思想总体上还处于萌芽阶段。一方面，虽然马克思已经开始抛弃其唯心主义的立场，但是还没有彻底完成从唯心主义向唯物主义的转变，还没有建立科学的唯物史观；另一方面，虽然对林木盗窃等问题的批判促使了马克思开始关注并对物质利益的问题展开研究，在这个过程中产生了一些未经实践证实的新观点，但马克思此时还没有对经济学以及市民社会中相关的现实问题进行深入而系统的研究。从 1843 年底，马克思着手研究斯密、萨伊和斯卡尔培等经济学家的著作。但是，马克思这一时期的研究，特别是对黑格尔法哲学的批判，对他后来的思想发展仍然具有十分重要的影响。

## 二 马克思所有制关系理论成熟时期

19 世纪 40 年代末期，是马克思所有制关系理论形成时期。这一时期，资本主义基本矛盾在欧洲主要国家中逐渐暴露。英法等资产阶级率先进行资产阶级革命取得了政治上的统治，建立了资产阶级国家。尽管德国在政治上还处于封建专制统治，在经济上也已经走上了资本主义发展道路。资本主义经济不断盛行和扩大发展，使得资产阶级对无产阶级的剥削力度逐渐增强，二者之间的矛盾也愈加尖锐，无产阶级不断爆发的革命运动此起彼伏。尤其是随着无产阶级革命运动的蓬勃发展，迫切需要科学的革命理论作为指导，马克思在对无产阶级革命运动的参与和分析中，开始更深一步地挖掘隐藏在革命背后的经济原因。这一时期，在马克思的一系列著作中，对资本主义社会中蕴藏的阶级斗争本质以及现实的物质基础展开了不同角度的论述，将资本主义所有制关系在实质上存在的剥削劳动者的真实面目揭露了出来，对资产阶级经济学家所说的劳资和谐这一谬论进行了尖锐批判，从而为无产阶级革命运动指明了方向。在《哲学的贫困》中，马克思对政治经济学基本观点第一次有针对性地进行了表述。而《雇佣劳动与资本》则是马克思用通俗易懂的方式论述自己经济观点的著作，目的是让工人阶级能读懂他所想表达的观点，揭示了资本主义社会中资产阶级和无产阶级之间阶级矛盾背后的经济根源。尤其是《共产党宣言》是无产阶级政党的第一个纲领性文件，它系统地阐述了资本主义生产方式产生、发展和必然灭亡的历史规律，揭示了资本主义过渡到共产主义的必然性，指明了无产阶级的伟大历史使命。这几部著作共同标志着马克思主义政治经济学的诞生，也标志着马克思所有制理论的形成。

（一）蒲鲁东法权观念和私有财产深层批判

在《德意志意识形态》中，马克思第一次比较系统地阐述了历史唯物主义基本原理，也是首次明确提出并使用了所有制这一概念，并对所有制概念的起源和历史演变发展过程以及所有制存在形式的现实分析和法律分析等作出了论述，将所有制关系归结为经济关系。但是，由于马克思对政治经济学的系统研究还处在开始阶段。而对于所有制的内涵、所有制与其他经济范畴之间的关系等问题的把握，还不能做出一个相对深入而科学的解释。在《德意志意识形态》之前，马克思对于所有制问题的研究，还主要是从哲学的角度进行的。此后，随着唯物史观的形成，马克思开始了用唯物史观的方法直接研究所有制关系理论的历程。

1. 批判蒲鲁东把生产关系当作永恒关系的唯心主义谬误

在《德意志意识形态》中，马克思对生产力与生产关系的辩证关系原理作了最初阐述，在批判蒲鲁东把生产关系看作永恒不变关系这一唯心主义谬误过程中，马克思论述了生产关系是有历史发展特殊性的。蒲鲁东从人类发展历程中看到了社会进步和历史前进，却无法对背后的原因以及如何发展进行科学的解释。马克思运用了历史唯物主义的观点，对蒲鲁东生产关系是永恒不变的观点进行了驳斥，他认为在人类历史发展中生产力是人们活动的产物，是一种既得的力量，而在生产活动过程中，人们所结成的物质关系是一切其他关系的基础，这也是人们在进行活动过程中必须凭借的关系。尽管人们不能自由自觉地选择社会形式，但人们可以选择在社会发展过程中所获得的一定的社会生产力的社会形式，相反，当原有的交往方式与已获得的生产力不相适应时，人们为了不失去已经获得的既定收获，不得不通过对他们已经继承的旧的社会形式进行改变。因此，随着生产力的发展，人们的生产、交换和消费形式也必然会发生相应的变化。

马克思强调指出，资产阶级经济学家虽然考察了资本主义生产方式，但他们把资产阶级生产关系看成一个固定不变的永恒范畴，因而不存在对这些关系本身是如何产生的进行说明，更不可能深层次研究产生这些关系的历史发展运动。马克思认为，要深刻认识资本主义的生产方式，需要研究生产过程中生产关系及其产生过程和发展趋势。马克思关于政治经济学的研究对象及研究方法的新规定，使政治经济学成为一门历史科学，标志着政治经济学革命的开端。

2. 批判蒲鲁东否认所有制的历史性

马克思首先批判了蒲鲁东颠倒了经济关系与经济范畴之间的相互关系，并把经济关系当作抽象的、永恒的经济范畴的体现这一荒谬观点，集中阐述了唯物主义认识论中经济范畴概念，从而进一步揭示了经济范畴的历史性和发展性。

马克思揭示了蒲鲁东颠倒了经济关系和经济范畴的关系。马克思指出，蒲鲁东虽然明白人们是在一定生产关系范围内从事生产的，却不能认识到一定社会关系也是人们生产出来的。在此基础之上，马克思进一步论述了所有制范畴的历史性。历史唯物主义认为，人们通过生产方式、交换方式和消费方式等经济形式是暂时性但又具有历史性的。在马克思看来，经济关系是所有制关系的本质，所有制范畴也是一个经济范畴。因此，有着经济关系本质的所有制关系同样具有社会历史性的特征。蒲鲁东不仅把所有制关系完全理解为所有权关系，把所有制范畴看成一个非经济的法学范畴。马克思进一步指出，所有制关系作为一种经济关系是必定要与历史时代发展的社会关系相互联系的。因此，不同历史时代发展过程中的所有制关系是在不同时期不同种类的社会关系中不断发展完善的。

3. 批判蒲鲁东割裂所有制的经济关系本质和法权形式

在《德意志意识形态》中，马克思和恩格斯已经认识到所有制关系本质上是一种经济关系，并进一步区分了所有制的现实形态与法律形态。在《哲学的贫困》中，马克思在对蒲鲁东所有制观点进行尖锐批判和全面澄清的过程中，深入研究了经济关系的本质以及与法权形式的关系。蒲鲁东把所有制关系完全等同于所有权关系，把所有制仅仅当作法学范畴加以考察，并试图给所有制下了一个抽象的、永恒不变的定义。显然蒲鲁东这种法权观念的认知错误是十分片面的，马克思对这种形而上学的认识进行了严厉驳斥。马克思指出，所有制关系是生产关系的本质属性和主要内容，而所有权只不过是所有制关系的法权形式。所有制中的经济关系本质对其法权形式起了决定性作用，是法权形式的存在依据。

马克思在对蒲鲁东进行批判时对所有制问题的一些论述，常常被理解为马克思对所有制下的定义。在关于所有制的定义之争中，有一种观点认为所有制是指生产关系的总和，其主要论据就是马克思在《哲学的贫困》中所认为的，每个历史时期在不同的社会关系发展中都存在着不同的所有权存在方式。因此，尝试给资产阶级所有权下定义，只不过是从资本主义社会关系中去描述所有权的存在方式，而无法真正做到通过资产阶级所有权的发展形式来概括出一个抽象而永恒发展的所有权定义，这是一种不可能实现的幻想主义。实际上，马克思通过对不同历史阶段中所有制的内涵、特征及其发展规律的揭示，以及通过对所有制的现实形态和所有权的法律形态的区分，为人们理解所有制关系问题奠定了基础。

4. 批判了蒲鲁东把所有制看成独立的范畴的错误

蒲鲁东的所有制概念，一方面被看作非历史的法学范畴，另一方面又被看作独立于其他经济范畴之外的特殊范畴。马克思首先批判了蒲鲁东歪曲辩证法的错误。蒲鲁东把经济关系看成经济范畴的体现，把经济关系的进化归结为经济范畴变化的结果。为了建立和解释他的经济矛盾体系，蒲鲁东用他所曲解的经济范畴把历史划分为分工、机器、竞争、垄断等十个时期。他认为，经济范畴的演变原因在于每个范畴都存在好和坏两个方面，这是每个范畴所固有的矛盾，保留好的方面、消除坏的方面就会形成一个新的范畴，而新的范畴同样具备好和坏这两个方面，因而又会导出一个新的范畴，经济关系就是这样循环演进的，历史也就是这样前进发展的。实际上，蒲鲁东提出的所谓经济进化顺序和历史发展之间没有任何关联。但是，为了自圆其说，蒲鲁东只好解释说他所论述的历史不是按照时间先后顺序，而是按照适应历史发展的观念次序。实际上，由于蒲鲁东否认了经济范畴的历史性，他把经济范畴看作从来就有和永恒存在的，所以在他的概念中既没有所谓"时间次序的历史"，也没有所谓"观念顺序的历史"。

马克思运用了整体性、普遍联系等观点深刻论述了经济关系以及作为其理论表现的经济范畴之间的关系。蒲鲁东把社会经济发展看作经济范畴的演变，试图用抽象的经济范畴来构筑其思想体系大厦，实际上这种看法是把社会发展中各个环节之间的联系给割裂开来了，没有认识到各种社会经济关系的整体性。在马克思看来，按照唯物辩证法观点，一切事物都处在普遍联系之中，它们相互依存相互制约，共同构成一个统一的有机体。按照这一原理，马克思阐述了构成社会有机体中各个经济关系以及作为其理论表现的各个经济范畴之间的内在联系。在这个整体中，每个关系都只是经济关系整体运行中的一个环节，它们是与一定的生产方式相适应的，每个经济范畴也只能反映经济关系整体中的某个方面，而不是像蒲鲁东所认为的那样，每个经济关系都是有着相同数量的社会阶段。

（二）生产关系的本质规定及其与资本与雇佣劳动关系的阐述

19 世纪 40 年代，资产阶级和无产阶级之间的斗争日益深化，无产阶级革命不断在欧洲大陆爆发，但由于无产阶级队伍还不够壮大，也缺乏一套成熟和科学的理论指导体系，无产阶级革命最终都被资产阶级残酷地镇压了。在这一过程中，马克思不仅积极参加了革命的实践活动，而且还深入总结、探索并深刻揭示了革命背后所蕴藏的经济原因等，力求给无产阶级革命提供必要的思想理论武器。

1. 对生产关系内涵的科学论述

从《德意志意识形态》中，马克思和恩格斯对生产力与生产关系之间的辩证关系进行了论述。在《哲学的贫困》中，尽管马克思已经论述了生产关系等经济范畴的历史性，但还没有阐明交往方式、生产关系和社会关系等概念及其区别。在《雇佣劳动与资本》中，马克思又进一步对生产关系、社会关系及其相互关系作了科学的界定和表述，这标志着马克思所有制关系理论已经达到了一定的高度。

马克思指出，人们在从事生产活动的具体实践中，必然要与自然界之间发生相互关系。而这种相互关系又必须要以共同作用和相互交换作为活动的前提，这样才能更好地保证生产的进行。同时，生产者在生产过程中发生的这些相互关系，是根据生产资料不同性质而发生不同的变化，人们进行生产的社会关系被称为生产关系。在《德意志意识形态》中，马克思和恩格斯对所有制的认识实现了由法律范畴向经济范畴的飞跃，认识到所有制关系本质上是一种经济关系。而在《哲学的贫困》中，马克思对所有制的经济关系本质进行了进一步深化研究，强调要用整体性的眼光去考察所有制关系问题。在《雇佣劳动与资本》中，马克思对生产关系的内涵作了明确的规定，把生产关系归结为人们为了进行生产而发生的相互联系和相互关系，这就表明了马克思对所有制的认识又前进了一大步。

2. 对资本的本质的揭示和对资本与雇佣劳动关系的阐述

在《雇佣劳动与资本》中，马克思尖锐地驳斥了劳资协调论者的荒谬观点。在这一过程中，马克思深刻地揭露了资本的本质，深化研究了资本和雇佣劳动之间的关系，阐明了二者之间的对抗性关系，揭露了根本对立的劳资利益关系，并对资本主义所有制是以剥削雇佣工人劳动这一前提的实质进行了深入挖掘。

资本作为劳动的创造物，它包括了生产资料和生活资料，其本质是在生产过程中积累起来的劳动，它们同时可以以生产手段的形式来进行新的生产资料与生活资料的生产。但是，这些生产资料和生活资料本身并不是资本。只有当这些积累起来的生产资料和生活资料被一部分人占有并在生产过程中对另一部分人的劳动进行剥削和掠夺之后，我们才能称之为资本。如果我们把资本泛化为一切积累起来的生产资料和生活资料，那么，按照这种观点，自人类社会有生产资料起就有了资本，原始人的石块等也都是资本了。资产阶级经济学家鼓吹这一荒谬论点，其真实目的是掩盖资本的本质，试图论证资本主义制度的永恒性。

除此之外，马克思对资本与雇佣劳动的关系问题进行了深刻的阐述。他深刻地揭示并全面阐述了资本与雇佣劳动之间的相互制约、相互依存的关系。一方面，资本与雇佣劳动是互为前提的。资本以雇佣劳动为前提，没有雇佣劳动，资本就无法实现价值增殖。而雇佣劳动又以资本为前提，在私有制社会中，没有资本及其提供的各种生产资料，劳动就无法进行。由此可以看出，资本的扩张需要不断地同劳动进行交换才能实现循环和周转，资本的价值才能实现增殖，而雇佣劳动也只有通过资本才能换取必要的物质生活资料。另一方面，资本和雇佣劳动是相互为对方的存在条件的，工人若是不受雇于资本家就会生存不下去，资本若不对劳动者进行剥削也会面临灭亡，如若维持对劳动的剥削，资本就不得不继续购买劳动，那么资本的不断增加意味着无产阶级也就是工人阶级的不断增加。

3. 对资产阶级所有制关系历史过渡性的论述

在《哲学的贫困》中，马克思从理论上论述了所有制关系和所有制范畴的历史性特点。在《共产党宣言》中，马克思和恩格斯深入研究了资本主义生产方式和资本主义社会的主要矛盾，尤其是在对资本主义生产方式内在矛盾进行探索和分析的过程中，他们用历史唯物主义深刻阐述资产阶级所有制关系的产生和发展经历了一个怎样的过程，揭示了资产阶级所有制关系的过渡性，为无产阶级的历史使命初步勾画了未来共产主义社会的基本轮廓。可以说，与《哲学的贫困》相比，《共产党宣言》中的论证具有更强的实践性、战斗性和说服力。

马克思明确指出，资产阶级所有制不是从来就有的，而是从封建社会里产生的，是私有制发展的最高产物。资产阶级所有制关系赖以存在的物质基础，都是源于封建社会的历史遗留。随着社会生产力的发展，封建所有制关系赖以存在的物质基础发生了根本变化，即封建所有制关系已经不能适应不断发展的生产力而变成了阻碍，于是，一种与新的生产力、新的物质基础相适应的所有制关系，即资产阶级所有制关系就取而代之了。这是不以人的意志为转移的客观规律。资产阶级所有制取代封建所有制是历史的进步，由于这一所有制关系在一定范围内适应了生产力发展，因而又极大地促进了生产力发展。马克思和恩格斯认为资产阶级所有制关系发展是有其历史进步性的。他们明确指出，资产阶级在不到一百年里所创造的生产力比过去一切时代所创造的全部生产力还要多，还要大①，使资本主义社会生产取得了前所未有的进步。不仅如此，资产阶级所有制还彻底打破了过去那种民族的、地方的闭关自守和自给自足的状态，促进了各民族各方面互相往来和互相依赖，促使各民族精神活动成果也成为了相互共享的先进文明。

马克思运用唯物史观，以无可辩驳的事实论证了资产阶级所有制关系的历史过渡性。马克思一针见血地指出，在资产阶级社会里，随着劳动者与生产资料的完全分离，社会日益分裂为两大互相对立的阶级，即资产阶级和无产阶级，从封建社会里发展而来的现代资产阶级社会并没有消灭阶级矛盾，只不过是用新的阶级矛盾代替旧的阶级矛盾，用新的压迫条件代替旧的压迫条件，用新的斗争形式代替旧的斗争形式罢了。资产阶级所有制关系在其产生之初确实极大地促进了生产力发展，但是，与其他一切剥削阶级的所有制一样，资产阶级所有制也是以剥削他人劳动为基础的，并没有改变其剥削性质。另外，资产阶级赖以生存的基本条件是资本的形成和增殖，所以资产阶级需要对生产工具不断地进行经常性变革，同时也需要对生产关系不断地进行经常性的调整，否则就无法生存下去，生产工具的变革既促进了生产力的发展，同时也积累了改变资产阶级所有制赖以存在的物质基础。于是，随着生产力的发展和社会化大生产的要求，资产阶级对于生产资料的私人占有关系逐渐阻碍了社会生产力的发展。所有制与生产力的矛盾表现为周期性爆发的经济危机，不断发展的社会生产力要求突破资产阶级所有制关系的束缚。一旦开始了这种突破，就会使资产阶级所有制存在受到威胁，乃至使整个资

---

① 《马克思恩格斯文集》第 2 卷，人民出版社 2009 年版，第 36 页。

本主义社会陷入困境状态。由此可见，资产阶级所有制与生产力的矛盾不可能在资产阶级生产方式内部解决，相反地，只有通过变革现有的资产阶级所有制关系才能获得解决。正因如此，马克思和恩格斯旗帜鲜明地指出了"资产阶级的灭亡和无产阶级的胜利是同样不可避免的"① 这一科学结论。

4. 对无产阶级历史使命的揭示

马克思和恩格斯在论述了资产阶级所有制必然灭亡基础上，进一步揭示了无产阶级所有制取代资产阶级所有制与以往所有制历史更替的本质区别，指明了无产阶级的历史使命。按照生产力与生产关系矛盾运动的原理，随着生产力的发展和生产资料的变化，会使原有的所有制关系逐渐变成生产力的桎梏，而生产力的进一步发展要求突破原有所有制关系的束缚，于是原有的所有制关系被打破，建立起适应新生产力要求的新的所有制关系，而这个新的所有制关系也会经历发展到阻碍生产力发展从而被新的所有制关系取代的过程。在资产阶级所有制关系建立以前，其他一切所有制关系都发生了经常性的历史变革或更替。从这个角度来说，消灭先前的所有制关系是历史的普遍性，它并不是无产阶级革命独有的特征。

但是，无产阶级变革资产阶级所有制与以往革命阶级进行的所有制变革又有本质的不同。马克思和恩格斯明确指出，过去的一切运动都是为少数人谋利益的运动，所以革命的阶级在革命成功后，都要求整个社会服从它们谋取更多利益的条件，以此巩固其统治地位。从所有制关系的更替来看，每一次更替所改变的方面只不过是所有制的具体形式而已，并没有对其根本性质有任何撼动，都是建立在以他人劳动为基础的剥削阶级的私有制，不过是以一种私有制取代另一种私有制、一种剥削取代另一种剥削而已。无产阶级的运动是为了维护绝大多数人利益的运动，无产阶级作为现今社会的最底层，只有彻底消灭全部现存的占有方式，才能改变其被剥削被压迫的地位，无产阶级革命不再是以一种私有制取

---

① 《马克思恩格斯文集》第 2 卷，人民出版社 2009 年版，第 43 页。

代另一种私有制，而是要彻底消灭私有制。马克思进一步论述了无产阶级革命消灭资产阶级私有制，构建共产主义发展途径和美好愿景。他指出，无产阶级革命的第一步是要使无产阶级争取民主，获取统治阶级地位，并通过政治统治的方式对资产阶级的所有制关系和生产关系实施强有力的干涉，由无产阶级统治的国家来夺取资产阶级的资本，将生产工具集中起来大力发展生产，增加生产力的总量。

马克思不仅旗帜鲜明地把消灭私有制、建立生产资料公有制作为无产阶级革命的根本任务和目标，而且还详细论述了建立生产资料归全体社会成员共同占有的实际措施，列举了变革资产阶级所有制和生产方式的手段和措施。在当时的欧洲，正处于这一革命的前夜，马克思满怀信心地预测无产阶级在革命中将夺取政权，建立自己的政治统治，这样，对生产资料私有制进行改造就成为一个迫切需要回答的问题。《共产党宣言》作为无产阶级政党的行动纲领，自然要对此作出回答。《共产党宣言》列出了包括剥夺地产、征收高额累进税、废除继承权、把银行和信贷收归国有、大力发展国营工厂、实行义务教育等在内的十条措施。马克思指出，生产资料私有制改造的具体措施在每个不同的国家显然是各不相同的。但是，这十条措施是在各个最先进的国家几乎到处都可以施行的。

### 三　马克思所有制关系理论完善时期

19 世纪 40 年代末期，马克思对政治经济学研究已经取得了一些尽管还是初步但却有重要意义的理论成果。这些成果标志着马克思主义政治经济学已经产生，相应地，马克思所有制关系思想也得以形成。但是，马克思主义政治经济学的理论体系还没有建立，有些理论问题还有待进一步深化。对相关理论问题的不断深入探索的过程，是马克思所有制关系思想进一步丰富和完善的过程。

在对前人以及同时代人政治经济学优秀理论成果进行批判吸收的过程中，马克思和恩格斯在《共产党宣言》的基础上，又重新开始了政治经济学理论体系的新构建。在 1857 年 7 月到 1858 年 5 月间，马克思写下了一系列经济学手稿，这批手稿是马克思 19 世纪 50 年代重新研究政治经济学的伟大成果，这些成果对于马克思主义政治经济学而言具有划时代的意义。《经济学手稿（1857—1858）》是马克思经济学的最初阐述，有"原资本论"之称。其中，关于所有制方面研究的重要理论成果，是以宏大历史观为视野，对资本主义所有制历史前提的考察，以劳动者与生产资料"天然统一"的前资本主义所有制为基础，对前资本主义所有制形态作了最为全面而深刻的分析，从而全面客观地揭示了资本主义所有制关系的发展渊源。可以说，这是包括前资本主义所有制整体的资本原始积累论。

19 世纪 70 年代以来，一些新情况和新问题的出现，使马克思有可能而且有必要对所有制问题作进一步研究。一方面，历史学和考古学关于人类史前社会的研究取得了重大突破，为马克思进一步深入探索史前社会的秘密、揭示人类社会所有制形式和社会经济形态的历史演进提供了最新研究资料。另一方面，资本主义私有制关系为了不断适应生产力的快速发展，在没有改变其经济性实质的情况下，展开了一系列的调整，使得资本主义社会不仅没有立刻灭亡，而且还有了相对稳定的繁荣发展，这使得马克思"两个必然"科学论断遭遇了冲击。与此同时，国际共产主义运动中的机会主义和改良主义也对马克思倡导顽强拼搏的斗争发出了挑衅。面对这些困难和挑战，马克思选择正面应对这些新情况和新问题，并且十分敏锐地抓住这些问题的实质，对这些新出现的困境进行了细致、全面、深入的研究和科学回答，从而使其所有制关系理论得到了更进一步的完善和发展。

（一）关于社会经济形态演进历史的研究

在 19 世纪 50 年代末期，马克思通过对东方社会土地公有制的研究，把人类社会经济形态演进的起点由部落所有制改为亚细亚生产方式，使其社会经济形态演进理论有了重大的发展。但是，亚细亚生产方式中存在专制国家与马克思认为人类社会初始形态无阶级、无国家的观点显然是矛盾的。实际上，被马克思作为人类社会原始形态的亚细亚生产方式只是原始形态向次生形态的过渡形态。马克思在这种认识上的局限性的根本原因在于，当时关于史前社会的研究材料几乎是一片空白，正如恩格斯所认为的，在 19 世纪 60 年代开始之前，根本谈不到家庭史。

1. 对史前社会和东方社会的深入探索

进入 19 世纪 70 年代后，以史前社会为研究对象的考古学和人类学等研究取得了突破性进展，出版了大量与此相关的专著，特别是以摩尔根为代表的对史前社会历史的研究，这使得人们对史前社会的认知有了更为丰富的材料，从而使人们对于史前社会的认识不断趋于科学。这些新的历史材料和理论观点的出现，极大地开阔了马克思的视野，为他探索史前社会提供了新的思路。这一时期，马克思阅读了大量关于东方农村公社土地所有制和史前社会的著作，吸收了大量合理的思想，通过对东方社会和史前社会的比较研究，得出了关于亚细亚所有制的新的见解，从而为进一步探索人类社会经济历史演进奠定了科学理论基础。

得益于大量阅读有关史前社会和东方社会著作，马克思对氏族的起源、本质及其作为史前社会基本单位的重要地位有了进一步的认识，尤其是柯瓦列夫斯基的《公社土地占有制：其解体的原因、进程和结果》一书。柯瓦列夫斯基在书中指出，氏族公社是早于农村公社的社会，其中不存在任何私有成分。对氏族的起源及其本质的揭示，使马克思认识到了氏族公社是史前社会的基本单位，同时还认识到了原始公社的存在及其不同形式、结构、类型以及不同发展阶段。从而使马克思改变了原先认为公社起源于印度的看法，认为亚细亚的各种农村公社只是古代社会形态较晚时期的形式，例如德国的农村公社不是源于亚洲的输出，而是其自身通过早期古代类型的公社中发展而来的，与印度相似的农村公社，也是发展于较早的古代形态的晚期阶段，可以说是较之早期公社发展过程中产生的最新型公社形式，也可以说是古代社会形态的最新衍生形式。

马克思不仅认识到原始公社存在的不同形式及其发展阶段，认识到要把农村公社与原始公社区分开来，而且还通过对比的方式详细论述了农村公社不同于原始公社的一些重要特征：第一，所有原始公社的社员都是以血缘亲属为关系基础的，而农村公社打破了这种亲属关系和血缘联系，扩大了公社成员联系，成为相对自由联系的社会联合。第二，在原始公社中，公社的存在是以公共房屋和集体住所为物质经济前提的，而在农村公社中，房屋及其附属物已经成为农民的私有财产。特别是一些农村公社原有的公共房屋已经不再是集体的住所，但是对于房屋的占有者依旧实行定期更换的规定，从而表现为公有制与个人使用权相结合。第三，在原始公社中，人们共同进行生产，产品归公社成员共同所有，根据公社成员的需要进行原始分配。在农村公社中，耕地虽然仍是公共财产，但是会经过一定时间在公社社员中进行重新分配。因此，这样的生产已不是共同进行，每一个社员用自己的力量耕种分给他的土地，产品归公社社员个人所有。

2. 对社会经济形态演进认识的进一步深化

建立在对史前社会以及东方社会研究最新成果的基础上，马克思进一步修改了关于人类社会经济形态演进的观点，原生的社会形态包括原始公社整个发展阶段，这一原生形态在历史演进过程中本身又有一系列不同的类型和阶段，氏族公社是原生社会形态的较早阶段，而东方社会是原生社会形态在发展过程中的最后阶段，它属于从以公有制为基础的社会形态向以私有制为基础的社会形态过渡时期。由此，马克思更为精准科学地描述了社会经济形态类型及私有制的演进历史。

马克思对史前社会所有制关系深入探索，为资本主义私有制的历史性和过渡性提供了有力证据，它不仅在理论上，而且从实证上彻底打破了私有制永恒论的神话。1870年以来，一方面，资本主义的繁荣发展与西方无产阶级革命的沉寂，使马克思"两个必然"的科学结论面临严峻的挑战，迫切需要历史本身对这一问题的证明；另一方面，历史学和人类学对史前社会研究所取得的重大突破为马克思提供了解决这一问题的可能，是对包括资本主义私有制在内的全部私有制历史阶段性发展的最好证明，即证明人类历史上曾经真实地存在过没有私有制、没有阶级和国家、更不存在剥削的社会。马克思通过对史前社会的探索，发现了人类历史上确实曾经存在过没有私有制的社会形态，这本身就是对包括资本主义私有制在内的整个私有制的产生、发展和演进过程及其过渡性的最好证明。

（二）关于社会发展形态趋势的探索

1. 对资本主义私有制发展新形式及其实质的正确认识

19 世纪 70 年代，资本主义生产方式在世界各国有了巨大发展，几乎所有西方国家都取得了支配地位，世界历史进入了一个新的发展阶段。与此同时，1873 年，资本主义社会爆发了一场有史以来影响最大的世界性经济危机。但是，这次经济危机不仅没有敲响资本主义私人占有的丧钟，爆发无产阶级革命，而且，在危机中，几个主要的资本主义国家的生产力不仅没有下降，反而有所上升。危机过后，资本主义更是进入了一个相对"和平"发展的黄金时期。

出现这种状况，并不能说明资本主义生产方式内在矛盾已经消失或者说已经得到了彻底和解。事实上，资本主义经济危机本身恰恰就是这一矛盾的产物和表现。只不过在这场危机中，资本主义社会加快了自身调节和缓和矛盾的步伐，而这种调节和缓和只能在极其有限的范围内进行，它终究要突破资本主义私有制界限而被共产主义社会所有制形式所代替。资本主义时代与过去一切时代不同的地方在于，在资本的刺激下加速了生产力变革，并在此基础上终究要带来所有制关系变革。资本主义社会生产力发展在很大程度上就是通过这种特殊形式实现的。危机过后的繁荣表明，资本主义经济危机虽然是社会化大生产与生产资料资本主义私人占有这一基本矛盾的产物，但是，资本主义私有制还没有完全成为生产力发展的桎梏，这一矛盾也并没有发展到能够彻底摧毁资本主义社会制度的程度，在资本主义私有制内部社会生产力还有发展空间，还没有发展到与其私有制外壳完全不相容的地步，资本主义私有制为了适应生产力变化而采取的一系列调节措施和新的实现形式，在一定程度上容纳甚至促进了生产力的发展。

但是，资本主义社会这种"虚假繁荣"假象，毫无疑问在一定程度上使人们对资本主义私有制历史命运产生了一定程度上的怀疑。可以说，新的发展和新的实践需要马克思进一步做出新的回答。马克思并没有回避实践提出的新课题，他密切关注资本主义私有制的新发展，对资本主义私有制为了适应生产力发展而采取的一系列调节措施和新的形式进行了深入剖析，科学地揭示了其实质，并深刻地论证了资本主义私有制必然灭亡这一不以人的意志为转移的客观规律，最大限度地鼓舞了无产阶级的革命斗志，进一步增强了共产主义必胜的信心。

在马克思、恩格斯看来，资本主义社会对于其生产方式采取了一系列的调节其内在矛盾的手段和措施，但其总趋势和特点是促使资本不断由分散走向集中，进而走向垄断，这一客观规律并没有改变，资本主义基本矛盾和社会矛盾并没有克服。马克思深刻剖析了资本主义私有制一系列调节措施的实质并尖锐地指出，由资本集中引起的资本主义私有制由私人资本到社会资本、垄断资本进而到国家垄断资本形式的转化，仅仅使得资本主义私有制的组织形式发生了变化，并没有从根本上对资本主义私人占有的实质进行改变。可以说，这些调节措施也根本不可能消灭社会化大生产与生产资料的资本主义私人占有这一资本主义基本矛盾，反而会把这一矛盾推向顶点。其结果必然是发生彻底的变革，彻底消灭束缚社会生产力进一步发展的生产资料私有制，代之以生产资料的社会主义公有制。

2. 对未来共产主义社会所有制形式的探索

在《共产党宣言》中，马克思、恩格斯通过对生产力与生产关系之间矛盾运动规律的考察，指出了资本主义生产方式的内在矛盾及其扬弃趋势，进而明确地宣布"消灭私有制"以及与私有观念的彻底决裂是无产阶级政党的首要任务。同时，马克思、恩格斯也清醒地认识到，公有制取代私有制是一个长期的历史过程，这种取代是对包括资本主义私有制在内的一切形式的私有制的彻底否定，因而必然经过一定的过程。而"消灭私有制"论断的提出，并不是致力于主张重建原始公有制，而是要构建一个社会主义社会中全体成员共同占有形式，在这个社会中，全体人民共同享有的全部生产资料，每个人可以实现自由而全面的发展。

马克思认为，由社会成员共同占有全部生产资料，或者说在全社会范围内由联合起来的个人共同占有全部生产资料，是无产阶级革命中对资本主义私有制变革的目标。而这样一个目标，它需要建立在生产力高度发达和人们精神生活获得极大丰富的条件基础之上。就当前来看，无产阶级的使命是夺取国家政权，这是必要的，也是可能的。但是，对资产阶级私有制的改造要经历一个复杂的历史过程，也就是说，要经过渡阶段，而随之要建立的公有制也有不同的形式。

马克思认为，无产阶级在夺取了国家政权后，不可能立刻实现生产资料归全体社会成员直接共同占有。在这一过程中，无产阶级首先还必须要把资产阶级手中所掌握的生产资料逐步掌握在自己的手中，通过无产阶级上升为统治阶级并利用国家政权将生产资料变为"国有财产"。马克思特别强调，对于资本主义大工业等相关产业和关系到国计民生的主要行业，必须要通过剥夺者的方式将其转归无产阶级国家所有。在《共产党宣言》中，马克思、恩格斯指出，无产阶级实现所有制变革的途径是建立无产阶级政权，通过暴力干涉，夺取生产资料，把它集中在国家手里。在1870年，当资本主义私有制出现了单个资本向社会资本和国家资本转化的新情况后，马克思进一步指出，无产阶级夺取政权后，就可以直接把原来由资产阶级国家掌握的社会化生产资料转变为无产阶级国家所有。

国家所有制本身也有一个发展过程。最初形式的国家所有，是作为无产阶级专政国家占有生产资料的形式而存在的。与资本主义私有制所不同的是，生产资料集中在无产阶级手里也就是集中在全体人民手里，因为无产阶级只有解放全人类才能扯断困在其身上的锁链，无产阶级的利益与全体人民的利益是一致的。但是，无产阶级在夺取政权后，不可能立即将社会生产中的所有生产资料收归国有，而且，在一段时间内，国家所有制所包含的范围还不可能完全囊括一切生产部门和所有生产资料，而实际上，生产资料的占有在社会成员身上还存在着一定的不平等。但是，随着生产力的进一步发展，生产资料将全部集中在无产阶级专政国家的手里。这时，虽然已经实现了单一的国家所有制，但生产资料仍然是由国家作为全体社会成员的"代表"来实现占有，而不是由全体社会成员直接地、共同地占有。就今天看来，这种"代表"必须通过一定制度体系和价值体系加以规范才能实现，否则就有可能会"变质"。只有当社会生产力高度发展、物质产品极大丰富、旧式的分工对个人的束缚已经消除、劳动不再是谋生的手段而是人的第一需要时，在由全体社会成员直接的、共同的占有全部生产资料所必需的物质条件已经具备时，才能实现由国家所有制向全体社会成员共同占有的所有制过渡。

除了通过把生产资料收归国家所有，建立国家所有制以外，马克思还论述了通过合作制实现"向完全的共产主义经济过渡"的途径。合作制是由19世纪空想社会主义者提出的一种社会主义理论。马克思一开始对这种合作制持有质疑和批判的态度。1860年，马克思曾在英国工厂视察员的报告中，了解到工人通过合作促使工厂发展的形式。此后，合作制进入了马克思的研究视野，马克思对合作制展开了深入研究，对合作制的态度也产生了极大改变。马克思曾高度评价了存在于资本主义社会生产中的工人合作运动。他认为，工人创办合作工厂试验，是工人阶级政治经济学对资产阶级的经济学取得的突破，是劳动的政治经济学对资本的政治经济学取得的胜利，合作工厂证明，在社会化大生产中，资本家并不是必须存在于工厂中的角色，相反，资本家在生产中的作用只是一个无足轻重、可有可无的身份存在。与此同时，马克思也指出，资本主义制度环境中合作制必不可少地存在其局限性。所以，马克思认为合作社发展下去将会导致共产主义，一切资本主义合作企业和股份制的形式，都仍然是资本主义生产方式在向联合的生产方式发展的过渡阶段，而并非最终发展形式的目标追求和结果。

## 第三节　马克思所有制关系理论的基本内容与学理基础

无论是黑格尔建立在永恒的、自由意志的个人私有权上的国家理论，还是空想社会主义对私有制的批判理论，早期的古典经济学关于个人的劳动所有权的理论等，这些多少都提出了关于所有制关系理论的一些基本解释，但是这些理解和批判或多或少都带着唯心主义的色彩，无法科学地看待所有制关系理论的本质问题。马克思所有制关系理论，在继承和批判了前人理论基础上，在其理论产生、发展和逐步完善的过程中，呈现了三个显著的特点：第一，马克思所有制关系理论给卢梭、黑格尔、蒲鲁东等古典所有权思想者提出的命题，赋予了更加科学的唯物主义解释。第二，马克思所有制理论和他的整个理论体系相辅相成，构成了一个统一的有机体。第三，马克思所有制关系理论的形成、发展和完善，整个理论脉络十分清晰，整个思想体系也较为完善。马克思所有制关系理论的主要贡献体现在两个方面：一是深刻揭示了私有制的产生、发展和灭亡的规律，结束了将所有制看成永恒的、不变的、抽象范畴的认识；二是对未来社会的经济形式和经济特征进行了较为科学的设想，为进一步深化研究奠定了重要的理论基础。

## 一 马克思所有制关系理论的基本内容

马克思对于所有制的定义是从所有制和分工之间的联系着手的，将生产资料所有制看作生产关系的前提，认为生产资料所有制实质上是人与人的社会关系。因此，我们不能简单地把生产关系看作人们在生产活动中结成的相互关系，要深入探讨生产关系究竟包括哪些内容，深入研究生产资料所有制包括哪些内容，以及如何说明生产资料所有制的内外关系，怎样建立生产资料关系，等等。

（一）所有制形式的外部关系

马克思在《政治经济学批判》中对原始共同体研究表明，所有制关系包括两个基本方面：一是人与物的关系，二是人与人的关系。所有制是主体人通过对客体物产生的一种所有（占有）关系，在不同社会形态中，这种相互关系又表现为相互统一的两个方面，一是所有者主体和非所有者主体之间形成的外部关系，二是所有者主体之间的内部关系，这两个方面共同构成了所有制关系理论。

一切私有制的社会、公有制向私有制的过渡时期以及不成熟的公有制社会都存在着一个共同体占有，排斥另一个共同体或其他个体占有的外部关系，这种外部关系随着生产力的发展不仅影响了公社内部的发展，同时也是引起战争的危险根源，对所有者来说，私有者拥有私有财产而脱离公社的同时，也造成了单个人财产丧失的出现，所有者把这种现象解释为是所有者与所有物的关系，但实际上却是所有者排斥他人的侵占而和他人之间产生的一种社会关系。可见，即使在小生产方式下，由个体私人占有而形成的所有制关系，并不是完全孤立的人和自然的关系，而是占有生产条件基础上，形成的人和人之间的社会关系，这种关系表现为：一些人对一定数量的土地的垄断，来把它作为排斥其他一切的人，使他人为自己的意志和占有思想而服务。如果不对物质的所有者进行排斥，自己就不能成为所有者，只有在这样的社会前提下，才能使生产的对立关系得以实现。

从私有制形式背后所反映出的剥削关系来看，马克思认为这种所有者主体和非所有者主体之间的对立关系，是一种激烈的阶级对抗关系。在资本主义社会中，资本家对生产资料的占有过程不同于封建社会奴隶主把作为农奴的非所有者也包括在生产条件内的一并占有，是将作为非所有者的劳动者与生产条件进行分离，通过这种分离，确立了所有者和非所有者之间一种鲜明的对立关系，凸显出谁是资本家，谁是工人。马克思认为，资本家对生产资料的占有和劳动者与生产资料的分离，是资本主义所有制外部关系中同一事物的两个方面。

（二）所有制形式的内部关系

所有制体系中的内部关系，即所有、占有、支配以及使用，主要是指所有制主体对生产资料产生不同权利作用的一些内部关系。它们通过法律来表现就是指主体对生产资料的所有权、占有权、支配权和使用权，简称"四权"关系。

所有，实际上体现了生产资料的归属关系。它是主体把客体当作自己的意志支配来对他人进行排斥，从而得到社会公众认可的一种能力。在生产过程中，主体的生产前提一般是以单纯的所有为主，资本生产运动也是以资本家是货币的单纯所有者为运作前提的。占有，它体现了主体对客体的掌控和支配的事实。实际占有与单纯所有是不同的。就实际的占有而言，从一开始就不是在对掌控和支配的这些条件进行简单的想象和抽象活动，而恰恰是对这些条件进行了实实在在的现实的活动关系。比如资本家作为货币的占有者，通过货币来购买生产要素，进行实际的生产经营，这就能简单地看出实际占有的主要含义了。支配，体现了所有制主体通过事实或法律决定如何使用客体。支配是主体在生产过程中的活动表现形式，也就是说，资本家作为货币的支配者，可以用任意一种方式来处置这个货币，使之拥有各种职能资本不同的运动形式。使用，体现了主体通过对客体的改变来实现自己的意志。通过主体在生产过程的职能来看，主体活动的实现主要依赖于使用，这是主体对客体的直接作用，也是一切关系的最终实现。

主体对生产条件的不同作用构成了所有制内部关系的完整结构，即所有、占有、支配和使用的辩证统一的关系，马克思称这种集占有、支配、使用为一体的所有为"经济上的所有权"。这种所有权是四者中的核心要素，这个核心要素的最大特点就是它的排他性和不可分割性。当一个主体对某一个物具有所有权，那么他对别人是具有排他性的，不会顾及他人的利益，如果想使他的所有权发生变化，只能通过商品所有权的转移或者等价交换等特殊形式才能实现。所有制内部的所有、占有、支配和使用有时也存在着分离关系，随着生产力的进步社会分工不断地发展，主体对生产条件所产生的不同的作用逐渐地相对独立，从而开始形成分离的状态，这种独立和分离是以形成新的生产关系和获得经济上的实现形式为前提的，支配和使用可以统一于所有和占有，所以占有有更大的独立性，所有和占有之间的相互分离和统一等就成了所有制形式内部关系的主要内容。

（三）所有制形式的主体关系

马克思认为，随着人类社会的发展，以及地域的发展变化，整个世界在不同阶段存在着不同的占有方式。对于占有方式的判定，要看劳动本身是由不同的私人占有者孤立进行还是由公社或者高于各公社之上某个统一体来规定的。

如果所有者、占有者、支配者、使用者是同一个所有制主体，可以称之为自主占有。这种自主占有首先表现为分散的个人和社会之间所产生的关系，即劳动者对生产活动资料的私有权，这种私有权要充分展开，只有在劳动者自由使用劳动条件下才能实现。这种所有权通过占有生产资料来达到生产条件，最直接的占有方式是对土地的占有，这是生产者所具备的生产条件之一，劳动者也是借助土地的占有使自身的生产方式得到发展。如果所有者、占有者、支配者、使用者是相互分离的不同所有制主体，可以称之为他主占有。这种占有形式存在于私有制社会发展过程中，生产资料的所有者、占有者、支配者、使用者是经济利益相互对立的主体，其中，只有占有者和所有者拥有着独立的经济地位，从事直接生产的人不是所有者，而只是占有者，财产关系则表现为直接的统治和从属的关系，直接生产者并非自由地存在着的。在资本主义生产条件下，租地农场主出现在了土地所有者和实际从事劳动者之间，租地农场主拥有直接支配农业工人的权力，对农业工人的剩余劳动进行着不同程度的剥削，而土地所有者也仅仅和租地的农场主产生直接的关系，这种占有和所有的分离变得更加远了，这种资本主义经营方式占据了农业社会生产的统治地位。如果所有者、占有者、支配者、使用者是同一个所有制主体的不同组成部分，可以称之为共主占有。也就是说，只有当社会中"自由而全面发展着"的个人成为这个共同体中的个人，才能从一个独立的个人变成所有者或者占有者。在这种生产条件下，人们对于劳动条件的主要支配权属于共同体中每一位社会成员共同所有，只有小部分土地仍然是留给公社自身去支配，而不是给公社中全体成员去共同支配，对于劳动者生产的剩余产品，则也是属于这个共同体的，随着生产力的发展，生产关系的日益完善化，尤其是国家的出现，家庭开始以占有者的形式成为相互对立的私有者。

根据所有制主体关系来考察社会主义所有制，也能清晰地发现主体关系中存在着不同的占有关系。社会主义全民所有制，就它的性质而言，是生产资料归全体劳动人民所有的制度，国家所有制下共同占有形式是它的表现形式。社会化大生产中分散的、孤立的个人生产不复存在，生产资料是在不同分工的自由人联合体之下进行的生产活动，一方面，国家作为全体劳动者的集中代表，可以掌握一切生产资料的所有权，而每个劳动人民都是生产资料的所有者；另一方面，全民的生产资料不是归某个单独的人或少部分人所有，而是归劳动人民整体所有。共主占有是向共产主义过渡的形式，社会历史从原始共同体共主占有到私有制的他主占有再到社会主义共同占有直到共产主义的发展，是一个辩证的发展过程。

（四）所有制形式的客体关系

在马克思看来，生产者和生产条件之间的结合过程，主要是依赖于一定社会形态中的劳动过程来实现的。在整个劳动过程中，劳动者和生产资料的结合，突出表现为一定形式下的劳动方式，这种劳动方式包括了劳动者在劳动过程中利用生产资料进行生产的劳动方式，也包括了劳动者和生产资料在劳动生产中的结合产生的一定社会形式的劳动，因此，这种结合方式是以生产资料所有制为前提的，而绝不是所有制本身，马克思曾为劳动变成雇佣劳动的基本条件作出过说明，劳动要成为雇佣劳动，只有劳动条件是以资本这种形式和劳动进行对立的时候才能实现。此外，劳动存在方式说明了在一定所有制条件下劳动者和生产资料之间是如何实现结合的，以劳动者为特征的各类劳动构成了不同的结合方式，就是主要反映的是劳动者在生产中的作用，并不能反映出所有者和非所有者的关系。

实行这种结合的特殊方式和方法，不能仅仅通过直接结合或是间接结合就能划分出不同的社会形态或是不同的经济时期。首先，在私有制社会中，既存在着直接结合方式也存在着间接结合方式，生产资料同生产劳动之间的分离，只完全存在于雇佣劳动和资本之间的发展关系中，在奴隶制和农奴制社会中，是形成的一种依附关系，这种依附关系不存在二者之间的分离现象，从劳动本身的情况而言，不管是在奴隶形态还是农奴形态的社会结构中，都是将自然物与生产的条件进行统一归属的。由此可见，奴隶制度和农奴制度下生产者和生产条件的结合方式是直接结合，而只有资本主义生产方式下，二者之间的结合才演变为间接结合。其次，在一定的所有制关系前提下，劳动在生产过程中的存在方式，代表了不同经济形态及其特征，在奴隶制经济关系中，劳动者是隶属于所有者的工作机器，劳动者不是作为主体和自己的劳动能力产生一定的关系的，因而，奴隶制时期的劳动者在生产过程中是和自然等生产条件属于同一种方式存在。在资本主义条件下，劳动者自己的社会劳动形式，是完全以个人为转移而形成的，但与每个独立的个人不同，劳动者作为具备单个劳动能力的一种"个人"，其从属于资本的社会构成要素，既从资本中产生又被并入资本的结合，并且与劳动本身是对立的。这个一定的关系即所有制形式，构成了不同历史时期经济活动的劳动。

总而言之，生产要素结合方式与生产资料所有制是密切关联的，但这种关联是从不同角度出发的，反映出的关系也是有所区别的，二者仍是决定和被决定的关系，一个是生产关系中的必需条件，另一个则是生产过程中的必要结果。

## 二 马克思所有制关系理论的认知框架

认知框架是指人们对于一个事物认识的思维范式。从整体性认知和建构马克思所有制关系理论的视角出发，我们应将其置于特定的思维范式中加以理解和把握，这样才不会偏离其基本内涵与精神实质。所有制并不是孤立的、片面的、静止的问题，它决定了人与自然、人与人之间关系的性质，尤其是在生产、分配、交换和消费等经济运行环节中，衍生出极其复杂的社会关系。马克思认为私有财产和分工的出现是所有制问题产生的源头，分工发展的不同阶段造成了所有制形式的更替，而生产力的发展是私有制得以产生的直接动因。伴随着马克思、恩格斯经济理论和相关研究的不断深入，他们不断认识到，所有制关系是所有社会关系产生的前提，这是对生产关系的一种抽象呈现和表达，也就是说，对生产资料归谁所有及由谁支配等问题的研究，最终都能归于对所有制关系的研究当中。

（一）所有制关系的范畴：唯物史观解释

在《哲学的贫困》中，马克思对蒲鲁东提出的各类问题的批判是从唯物史观角度出发的。马克思从历史唯物主义高度指出了所有制是一个历史的、发展的范畴，它与生产关系和经济活动紧密相连，这是研究所有制关系的根本方法。

一方面，马克思认为蒲鲁东将所有制关系和各生产关系范畴之间的联系割裂开来，将所有制关系看作与其他经济活动无关的、独立的范畴，这是一种片面且错误的认知。马克思指出，对所有制关系问题的考察，是需要在各个生产关系范畴的普遍联系中进行的，蒲鲁东试图简单地照搬黑格尔的矛盾法，将生产关系范畴通过相互否定，一个产生一个的方式的抽象范畴来看待所有制关系，结果却把社会生产体系中的各个环节割裂开了，马克思指出蒲鲁东的错误在于，他"从来也不懂得真正科学的辩证法，所以他陷入了诡辩的泥坑"①。可以说，任何经济范畴都是由现实的生产关系和所有关系为前提和基础的。另一方面，马克思认为蒲鲁东还将所有制关系和历史的发展过程之间的联系割裂开来了，他将所有制关系视为没有起源且没有发展的抽象观念，没有将所有制关系放在历史条件和生产关系的现实运动中去考察，缺乏了对所有制关系用历史观范畴的认知来分析。

用历史唯物主义来分析，人们依托生产、分配、交换、消费等环节的经济活动是暂时的，也是历史的。作为一种经济关系的所有制关系，在整个生产关系的体系中不仅和其他关系相互依存，其本身也在这种相互联系中是具有历史发展性的，任何人类社会只要有生产这一行为，人们就会对生产条件产生占有关系，这种占有关系也会随着社会历史的发展而发展，并会通过一定的社会关系所体现为一定的历史阶段的特有形式。因此，如何看待资本主义社会中所有权的体现以及资产阶级所有制关系的表现，还是要对资产阶级生产过程中的所有制关系进行深入、系统的研究，而不是将所有制关系与生产关系进行简单的叠加或等同。

（二）所有制关系的本质：经济利益关系

在《德意志意识形态》中，马克思、恩格斯较为系统地阐释了与所有制相关的一系列理论。他们围绕生产力与生产关系之间的辩证关系，把所有制和分工联系起来。私有制的产生和发展，是以社会生产力的不断发展为动力的，分工的不同发展阶段表明了所有制形式是不断发展的，从这个意义上，表明马克思、恩格斯是以一种历史的眼光来看待私有制，

———————————
① 《马克思恩格斯文集》第3卷，人民出版社2009年版，第24页。

并把私有制看作历史的产物，而非抽象纯粹的概念，这与前一时期的研究相比，有了实质性的突破。可以说，这体现了马克思所有制关系理论建立在历史唯物主义基础上的重要转变。在此基础上，马克思对各种所有制形式的概述，进一步阐明了所有制关系是随着生产力的发展而不断变化的经济利益关系，实质上这也是对人类社会经济形态理论的初次尝试，以所有制形式来表示人类社会由低到高发展的历史样态，通过劳动者与劳动材料及产品的分配关系等来探讨人与人之间的关系，深刻揭示了社会关系的实质。

与此同时，马克思将人的生产与生活的需要相联系，在对阶级、国家以及所有制形式进行深刻分析的基础之上，对所有制关系的现实状态和法律状态进行了研究和区分，进一步证实了所有制关系就其本质而言是一种经济利益关系。首先，根据历史唯物主义原理，马克思深刻阐释了人类历史的第一个生存前提就是衣食住行等生活需要，这是经济利益关系中的物质利益需求，只有在满足生存前提的基础上，人类才能实现发展和繁衍。随着人类社会历史的进步和发展，人们在满足基本生存需要的基础上又产生了新的需求，因此，生产和再生产需要成为基本生活需要的实现形式，对生产的需要就决定了生活的需要。其次，从阶级和国家的产生及其发展而言，一定阶级经济利益关系总是建立在一定的所有制基础之上的。在社会分工的基础上，人们产生了不同的经济利益关系，这种物质利益关系就不再是单个个人的私事了。伴随着所有制形式和分工的不断发展，它使得公共利益与私人利益之间的矛盾不断激化，公共利益以一种"虚假共同体"的形式展现与实际利益的相互脱离。所以，资本主义国家从实质上来看只不过是资本家为了保障资本主义私有制这一经济利益所必然采取的一种政治组织形式。

（三）所有制关系的地位：生产关系分析

马克思将经济活动过程分为生产、分配、交换和消费四个环节，每个环节分别相对应着一定社会关系，即生产关系、分配关系、交换关系和消费关系。这四个方面既相互联系又相互区别，共同构成了一定社会形态的生产关系总和。

从生产和生产关系来看，生产首先必须是在一定社会发展阶段上的生产，是社会生产，虽然无论在哪一时代生产都是以生产工具等物作为共同标志，但也不能只看见生产中的物而忽略了人的劳动在生产中的主要作用。这就是说，一切生产活动都是一定所有制条件下的生产，都是一定社会形式中对自然的占有，这种对自然的占有关系就是生产关系或是所有制关系。生产既不是独立存在的，也不是人类进行劳动的最终目的，从生产与分配、交换和消费的关系来看，生产对自然占有过程中所产生的种种情形，影响着分配、交换和消费在各自领域的变化形式，从而体现出经济活动中分配关系、交换关系和消费关系的一般特性。

　　生产资料所有制是一切生产关系形成的前提和基础，生产关系包含了生产资料所有制关系，它直接决定了劳动者和生产资料的结合方式。马克思认为，劳动者如何生产、在生产过程中如何实现与生产资料的结合取决于生产资料所有制的差异。在资本主义生产方式下，资本家占有生产资料，工人没有生产资料，只能出卖自己的劳动力，劳动力成为了商品，这种资本主义生产资料所有制决定了资本主义生产方式是雇佣劳动。对生产资料不同的占有关系，导致了人们在生产环节中的地位和作用就是不同的，乃至分配、交换及消费关系便也不同，如资本家和劳动者之间的生产关系可以体现为：资本家对生产和劳动者的管理监督职能同劳动者出卖自己的劳动成为资本家的劳动机器职能的交换关系。也就是说，生产资料所有制关系决定了经济活动领域中各种关系乃至人们之间的社会关系。

### 三　马克思所有制关系理论的学理基础

　　任何一个系统的理论都有其自身思考问题的方式或方法。马克思所有制关系理论的内涵十分丰富，它广泛涉及了经济学、政治学、法学、社会学、哲学等多个学科，是一个综合性议题。因此，任何一种单一的、片面的视角或方法，都很难对这一理论作出一个较为准确的把握和理解。从方法论基础来看，从马克思主义理论的出发点、立场及其对德国古典哲学等学术思想的根本变革出发，认清马克思所有制关系理论是以"本质的人"为逻辑起点、以"现实的人"为理论出发点，坚持以无产阶级和广大劳动人民的根本利益为一切工作和行动的立足点，在进一步厘清马克思的"理论立场"和"阶级立场"及二者之间的关系中，深入研究"现实的、具体的处于一定社会关系中的个人的实践活动"的现实关系和财产状况，对于马克思所有制关系理论研究有着重要的理论和实践意义。

（一）马克思所有制关系理论的逻辑起点和出发点

马克思所有制关系理论的逻辑起点和出发点在于："现实的人"。这个逻辑起点的建立经历了一个较长的探索过程，早在马克思《博士论文》中，他就试图用黑格尔哲学对古希腊哲学进行分析，强调自我意识是最高原则，给实体存在的人赋予了主体的含义，试图通过打破个体命运的束缚为个体的个性独立争取意志自由，但这时的马克思还是一个黑格尔主义者，这里的出发点还停留在："抽象的人"。而后，马克思对"现实的人"的理解在《〈黑格尔法哲学批判〉序言》《1844年经济学哲学手稿》中得以逐步深化，并在《关于费尔巴哈的提纲》和《德意志意识形态》中得以完成。可以说，马克思、恩格斯正是通过对"现实的人"的现实状况及其内在矛盾的揭示中创立了唯物史观，通过对"现实的人"的本质属性和实现形式的剖析展开了对资本主义生产关系之间的矛盾探索，也正是通过对"现实的人"到全面发展的人的发展轨迹展开了科学社会主义的理论与实践。

马克思主义理论的逻辑起点和出发点并不是同一个概念。理论的逻辑起点是事物在整个运动发展过程中的最初状态和原初本质，这个运动发展过程是从逻辑起点到中间环节再到逻辑终点的一个辩证的发展过程。理论的出发点则是认识事物整个运动发展变化过程的一个着眼点，是对事物本质属性特征进行挖掘和揭示的方式。马克思的研究不仅是对普通事物发展规律的揭示，而是要研究整个人类社会的发展规律，由于人类的历史发展历程在时间上有着不可逆性，这就必须要把人类的全部历史发展作为一个过去、现在及未来的一种发展过程来研究。作为马克思主义理论的整个逻辑，从生活在原始部落社会中的"本质的人"的"人性"的最初萌芽形态，到中间环节"现实的人"所呈现出来由物质利益关系而带来的"人性"的遮蔽和异化的现实状态，再到超越物质利益关系并实现人的自由而全面发展的"真人"这一"人性"状态的真正复归。可以说，这是一个关于"人性"的否定之否定的辩证的历史发展过程。我们当然也可以把这一历史过程看成马克思、恩格斯对"现实的人"研究的逻辑假设，这是对马克思主义出发点"现实的人"的一个本质回归的前提，从整个人类历史进程来看，要把握理论逻辑起点"本质的人"的真正内涵，需要以一种科学的、实践的视角出发，必须从具体客观的、"现实的人"出发，不能将理论的逻辑起点和出发点混为一谈。

区分马克思主义理论的逻辑起点和出发点是尤为重要的，直接影响着我们对马克思主义理论的深化理解，一直以来对认识马克思主义理论的出发点这一问题上也存在着一些争议，一些观点认为按照唯物主义理论的要求，遵循物质的第一性，认为马克思主义理论的出发点是"物"；另一些观点认为，从从事着客观实践活动的人的角度出发，马克思主义理论的出发点是"人"，这固然揭示了马克思主义理论的真实意蕴，但过分强调实践唯物主义却不能与马克思主义理论的逻辑结构很好地结合起来，这将导致人们强调作为实践主体的人的活动而忽略了实践活动中的人的本质含义，很容易又陷入了费尔巴哈人本主义的深渊。马克思强调的实现人的自由而全面的发展是人类的最终解放，这将是使得人类在完全摆脱物的依赖性基础上，实现真正的人与自然、人与人之间更高程度的和谐统一。

（二）马克思所有制关系理论的理论立场和政治立场

如前所述，马克思所有制关系理论，是一个综合性议题。对于这一问题的认识，不能只看到其理论性，还要看到其实践性。这样一来，我们既要在理论上澄清这一理论的理论立场，更要在政治上明确这一理论的政治立场，尤其是在理论立场和政治立场的辩证统一中，深化对马克思所有制关系理论的认识。

理论立场是一个理论区别于其他理论的根本标志，马克思主义理论是关于"现实的人"及其解放的科学理论，它与旧唯物主义和唯心主义本质不同，马克思在对二者的批判过程中，强调了从"现实的人"的实践活动的角度来认识世界和改造世界，通过"现实的人"实践活动将人的主观能动性和客观物质基础、唯物主义和辩证法相结合，确立了实践的唯物主义这一理论立场。人们通过一定条件下的物质客观存在进行的实践活动，使得他们随着社会生活的客观变化，改变着自己能动性的思维活动使之与物质条件保持着统一性，生活对意识的决定作用说明了人类社会的历史成了唯物论和辩证法之间普遍联系的能动生活过程，而马克思所指出的关于人类的解放，是一种历史活动，由共产主义者在人类社会历史中充分发挥自身的能动性，创造各种符合历史发展规律的物质条件，把现有的条件变成一种联合的条件，从而推动社会形态向更高一级的发展方向前进。

政治立场是代表阶级、阶层或集团利益的政治主张。马克思、恩格斯从"现实的人"这一理论立场出发，深入研究了资本主义社会中无产阶级及其他各阶级的阶级状况、阶级结构以及人民群众在人类历史发展中的伟大作用，从而逐渐确立并坚定了马克思主义理论的阶级立场和政治立场。从政治立场而言，无产阶级的革命实践活动需要赢得人民的支持，因此必须要始终代表最广大人民的根本利益。实际上，马克思的立场经历了一个从革命民主主义向共产主义转变的过程，马克思青年时期曾受到青年黑格尔派的影响，站在资产阶级激进主义的立场上对封建主义宗教观进行了尖锐批判。在《莱茵报》工作期间，马克思广泛接触了社会问题，对现存社会发展中的矛盾问题有了自己的思考，在物质利益的基础上出现了不同的阶级利益，而现存的物质利益总是同国家和法相关联，马克思对于现实问题的研究开始逐渐转移到与此相关联的法和国家的关系研究。因此，马克思开始从对宗教的批判走向了对法和政治的批判，代表无产阶级的利益实现了其政治立场的转向，这标志着马克思完成了从革命民主主义向共产主义的转变。

理论立场和政治立场是两个并不相同的概念，二者也有着不同的含义和指向，理论立场是一种包含思维方式和价值原则的学说，具有抽象性和思辨性，同世界观和认识论等概念相联系来看，属于哲学范畴，而政治立场是一种由个人或组织所代表的阶级、阶层或集团的利益所提出的政治主张和观点，具有现实性和意识形态性，同价值观和利益观等概念相联系来看，属于政治范畴。马克思所有制关系理论的理论立场和政治立场的一致性，经过了长期的理论探索和政治斗争实践发展过程。可以说，理论立场为政治立场增强了说服力和解释力，而政治立场反过来也推动了理论立场最终在实践中实现。马克思所有制关系理论将社会基础论、阶级结构论、社会发展论有机统一，以这些理论观点为主要依据，进一步研究了人类社会基本矛盾及其规律，深刻认识无产阶级的历史使命与资产阶级必然灭亡的历史趋势，为无产阶级及其解放运动奠定了基础，深刻认识马克思理论立场与政治立场之间的关系，有助于我们加深对马克思所有制关系理论的理解。

（三）马克思主义对德国古典哲学的根本变革

我们知道，马克思主义哲学变革不仅是问题域或者说是哲学世界观的简单转变，而是实现了思想前提和价值观的根本变革。实际上，关于人的本质等问题是其理论前提，而价值观则是关于人的发展需求、理想目标等观念的认知。其思维路径概括来讲可以说是从"抽象的人"向"现实的人"的变革。马克思对实践概念的阐发和揭示，真正实现了对旧唯物主义和唯心主义的批判，他通过从具体现实的人以及现实的人的社会实践活动出发，人们在能动地认识世界和改变世界的过程中，对自身发展的异化物进行主动的扬弃，努力向最终实现人的自由而全面的发展的目标迈进，这表明马克思主义哲学对德国古典哲学的根本变革。

马克思主义哲学是真正的实践性和革命性的，马克思主义哲学和德国古典哲学之间的关系可以说是批判、继承和超越的关系，马克思主义哲学吸取了黑格尔的辩证法的"合理内核"和费尔巴哈的唯物主义的"基本内核"。黑格尔的辩证法在方法论上是具有革命性的，马克思将黑格尔较为保守性的理论体系进行了改造，把世界看作实践的、过程的集合，将理论的载体用历史的维度去解释，通过实践和无产阶级等概念超越了黑格尔的辩证法，这为对资本主义生产方式批判提供了历史唯物主义基础。费尔巴哈的思想虽然破除了宗教的幻想，体现了其人本主义色彩，但缺乏了历史维度的考量，最终走向了唯心主义歧途，他同黑格尔一样，没有看到社会实践中存在于阶级对立之下的人与人之间现实的阶级关系和经济利益关系，着眼于"抽象的人"忽视了社会生活中人的实践活动，即没有看到作为"现实的人"中劳动者真实境遇和现存状况，缺少了现实的理论基础。马克思与费尔巴哈在界定人的本质问题上存在着一定的不同观点，马克思理想中的人是现实的全面发展的自由人，不是一个超越历史、抽象的类本质，马克思是受到了费尔巴哈对人本质异化思想的启发，但并未返回到费尔巴哈式的唯物主义立场上去，而是在此基础上加入了历史发展维度，从而创立了历史唯物主义。

总体而言，马克思在对西方传统哲学尤其是对德国古典哲学的反思和批判的过程中，提出了主张实践的观点。西方传统哲学由于忽视了人在社会发展历史中的实践因素，逐步走向了终结，马克思强调建立实践哲学，物质生产实践是"现实的人"的真正活动，实践具有"改变世界"的本质特征。由此，马克思批判旧哲学，建立新哲学，开始从哲学的根本出发批判旧哲学，建立具有现代意义的实践观点的哲学思维方式，这种思维方式不仅克服了旧唯物主义和唯心主义的"本体论的思维方式"的两极对立，从实事求是的唯物论原则出发，与否定批判的辩证法原则相结合，同时实现马克思在哲学研究思维方法上的根本变革，主要表现为从西方传统哲学的理论批判研究到马克思主义哲学的现实批判研究，不仅实现了思想研究中的变革，更加确立了一个具有深刻内涵的现实社会的革命。

综合来看，马克思在批判和继承德国古典哲学的同时，指出了人的实践活动本身是一种革命活动，以前的哲学家们只是用不同的方式去"解释世界"，"问题在于改变世界"①，"对实践的唯物主义者即共产主义者来说，全部问题都在于使现存世界革命化，实际地反对并改变现存

---

① 《马克思恩格斯文集》第1卷，人民出版社2009年版，第502页。

的事物"①。而实践的、革命的活动的最终目标是实现人的自由而全面的发展。马克思认为，实践是检验主观和客观、历史与现实相统一的唯一标准，也只有在具体的、历史的、现实的人的实践活动的过程中，才能真正实现它们之间的有机统一。在马克思所有制关系理论中，无产阶级要完成对资本主义制度进行根本变革、彻底革命及解放自身和全人类的历史使命，只有将其与马克思主义哲学相结合，才能将这一变革转化为实际行动。

（四）马克思所有制关系理论的方法论基础

马克思的哲学思想在经历了与旧哲学体系的决裂，走向"科学的哲学"这一根本性变革，迎来了"哲学的春天"，重新将人和社会的关系进行全面性整体性分析，明确人是一切社会关系的总和，从社会关系的角度来认识人以及人与人之间的种种社会关系，这种新哲学思想被称作实践唯物论。马克思将这种新变化看作唯物史观的基础性范畴，物质生产关系可以说是人们在社会关系中结成的最为首要和基础的关系，从社会实践中的物质生产出发认识人、研究人，深刻揭示了人的本质，把握了人类社会发展的深刻规律，揭示了人类历史的逻辑起点，只有从人的实践活动及人与人之间的关系出发才能深刻认识到人与人实践中产生的社会关系、现实力量，深入挖掘所有制关系理论关系。

马克思的哲学世界观及其实践，在思想上表现为古典哲学的逐渐衰落和古典政治经济学的不断迈向繁荣，在实践中表现为经济学和社会主义的繁荣与无产阶级的伟大实践是相向而行的，社会生产力的急剧增长、人类社会生产方式的巨大变革、政治革命的残酷斗争使得历史实践发展的评判标准有了新的认知，时代对理论也提出了新的历史课题：德国古典哲学在社会历史实践中逐渐走向贫困，甚至和世界历史的巨大变革趋势相去甚远，人类最终解放究竟在什么样的条件下得以实现？成为了一个需要重新深入思考的重大问题。经济的迅猛发展给资本主义社会生产力的前进提供了显性的强大支撑，经济学无疑是社会历史发展实践的理

---

① 《马克思恩格斯文集》第 1 卷，人民出版社 2009 年版，第 527 页。

论总结，也是对新兴资产阶级社会展开深入了解的初级学科，哲学家们的灵感来源于大工业生产的社会历史实践，因此，马克思选择了将哲学和经济学之间的关系相结合的道路，进而深刻理解了新的历史时代推动社会发展的具体动力。

马克思对所有制关系的理论分析来源于他的大部分著作，尤其是对于《资本论》以前的专门研究，洛克的哲学思想为古典经济学奠定了基础，他的自然法权思想中私有制起源说，贯穿着平等、自由和发展的主要内容，为整个英国政治经济学提供了一个哲学理念，强调私有制和私有财产的存在不是幻想来的抽象事物，而是实际存在的自然事实，所有制结构发展的最优组合是要将资本的私有制与工人的劳动所有权结合起来。然而，马克思从《1844 年经济学哲学手稿》开始到《资本论》都将这种非历史的态度列为政治经济学重点批判对象。而黑格尔在《法哲学》里认为私有制和私有财产是实现精神自由的本质表现，承认其现实存在性，认为其存在是必然且合理的，并认为公有制是不可思议的、难以实现的，可以说黑格尔对所有制关系的看法是完全建立在他的绝对观念思辨哲学基础之上的。马克思站在历史唯物主义高度，在澄清了生产力和生产关系之间的辩证关系基础上，论述了私有制的产生、发展及其灭亡的内在规律，从而构建了其所有制关系理论。

总而言之，马克思、恩格斯从"现实的人"这一基本立场出发，在对"现实的人"存在状况及现实境遇等研究和探讨过程中，真正实现了主观与客观、唯物论与辩证法、阶级立场与政治立场等之间的有机统一，同时，马克思和恩格斯也正是对"现实的、具体的处于一定社会关系中的个人的实践活动"的现实关系、财产状况及其运动规律的揭示中，形成了马克思所有制关系理论的丰富内涵。

# 第二章 马克思所有制外部关系理论

所有制外部关系，指的是各种不同性质的所有制在不同层次和不同维度之间的关系。在人类历史发展过程中，产生了不同性质的所有制。它们既有在时间上的历时性存在，也有在空间上的共时性存在。因此，对于这些不同性质的所有制之间的根本区别在哪里？它们之间究竟是什么样的关系？经历了一个怎样的发展过程？呈现出了怎样的发展趋势？如何充分利用不同所有制来调整当前社会关系？等等。这些是贯穿在马克思、恩格斯理论研究和实践探索中无法回避的重要问题。正是有了对这些问题的回答，马克思所有制外部关系理论才能确立。

## 第一节 马克思所有制外部关系理论的逻辑起点

问题是理论研究的出发点，也是一个理论体系形成的逻辑起点。马克思、恩格斯对所有制的外部关系研究的出发点，与他们对人的本质的理解基础上实现全人类的解放这一理论主题密切相关，是他们对这一问题深入思考的逻辑前提。

在马克思中学时期作文《青年在选择职业时的考虑》中，他写下要选择"最能为人类福利而劳动的职业"这样的崇高理想情怀和职业志向。在马克思看来，"人只有为同时代人的完美、为他们的幸福而工作，自己才能达到完美"①。纵观马克思一生的学术研究和实践斗争，就是在这一幸福观和职业观引领下进行的。无论遇到了什么样的艰难险阻、逆境挫折，马克思的这一幸福观和职业观不仅没有改变，而且还随着马克思对这一问题的深入思考，变得愈加清晰、坚定。

既然立志要"为同时代人的完美、为他们的幸福"而工作，那么马克思就必须进一步去思考：我们这个时代的人怎么了？他们的幸福又是什么？正是带着这一问题，马克思开启了他大学学习及毕业后的学术研究和实践斗争的生涯。

在大学学习一开始，马克思也经历了和大多数的青年一样，为了表达自己的感情而对文学产生了极大兴趣，并撰写了大量诗歌分别献给了亲人和女友。但是在感性与理性的纠缠中，马克思很快意识到"同时代人的完美和幸福"是一个复杂的命题，必须要回到理论的研究和科学的实践中，才能找到正确的答案。

和众多青年黑格尔派博士俱乐部里的同学一样，马克思开启了从黑格尔等哲学家、思想家等的"遗产"中去寻求答案。通过大量的阅读和研究，马克思很快发现，无论是黑格尔还是费尔巴哈，在他们的思想和学术中，是没有"同时代的人"或"现实的人"这一概念的，更不用说他们的"完美和幸福"了。

黑格尔在其著作《法哲学原理》中，主要是把个体的、抽象的、人的"自由意志"作为其理论的出发点。然后，借由"抽象的法—道德—伦理"的思维逻辑进行了一系列的演绎，他特别指出了"伦理精神"体现了"抽象的法""形式的自由"和"道德"中"主观的自由"的统一，是"客观精神"和人的"自由意志"的最为真实的现实表现。在黑格尔看来，"伦理精神"的发展过程同样是历经了三个发展时期，这三个时期分别是：最初家庭层面自然朴素的自然伦理精神；进入市民社会伦理精神的变异和消亡；最后在国家那里完成伦理精神的最终复归和实现。也就是说，个人只有成为了国家成员，遵循了国家意志，才能真正

---

① 《马克思恩格斯全集》第 1 卷（下），人民出版社 1960 年版，第 459 页。

实现自己的"自由意志"。实际上，黑格尔这里的"个人"，不是"现实的人"，而是抽象的、无差别的个人，这种个人的"自由意志"也只有在观念中才能存在。

费尔巴哈看到了这一"客观精神"所产生的"世俗基础"，他在《基督教的本质》一书中，把"宗教的本质归结于人的本质"①，是人的本质的异化，从而开启了哲学对"现实的人"及现实世界批判的重大转向和全新的研究领域。

然而，令人遗憾的是，费尔巴哈在完成了这一重大转向之后，他的思想却停滞不前了。尤其是在进一步追问"人的本质是什么"这一命题中，费尔巴哈并没有超越"类本质"这一思维局限性。可以说，费尔巴哈从最普遍的事物的一般普遍性作为出发点，以抽象的方式试图抽离出来了一个所谓内在的、本质的、共同的"类本质"，即他所说的"感性的爱"的本质。虽然费尔巴哈的"感性的爱"，其本质是一种感性直观和感性经验，而且每一个人也能切身地感受到它的存在，但是他把"人与人之间"的感性的"爱"给理想化、永恒化、万能化了，以至于他在此基础上又重新构建了其"爱"的宗教。他没有批判"现实的爱的关系"，没有看到在"爱"背后还存在着更为复杂的人与人之间的社会关系。

当费尔巴哈"爱"的哲学一遇到现实生活中各种复杂的社会问题时，其理论的虚弱性和批判的不彻底性便立刻显露出来。换句话说，他既不去考察人们"不得不生活于其中的、以阶级对立和阶级统治为基础的社会"②，同他人交往时表现出纯粹人类感情的可能性，也不去深入分析"现实的人"中所存在的现实问题、解决办法以及推动人类历史发展的动力，而仅仅依靠其"爱"的哲学，呼吁大家相爱在一起，连"哲学中的最后一点革命性也消失了"③。正因如此，马克思指出费尔巴哈"不

---

① 《马克思恩格斯文集》第1卷，人民出版社2009年版，第501页。
② 《马克思恩格斯文集》第4卷，人民出版社2009年版，第289页。
③ 《马克思恩格斯文集》第4卷，人民出版社2009年版，第294页。

了解'革命的'、'实践批判的'活动的意义"①。

总的来说，费尔巴哈的"爱"的哲学，一刻也没有离开过思辨的领域，尽管他明确指出了宗教世界从世俗世界中分离出去的世俗基础，但是他并没有真正揭示出"世俗世界的自我分裂和自我矛盾"的社会根源。他仍然是从无差别的、永恒的、理想化的"感性的爱"的"本质"出发，而不是从"现实的人"出发，从现有的生活条件和现有的社会联系来观察"现实生活中的人的关系"及其从事的实践活动。这种无差别的、永恒的、理想化的"爱"，虽然来源于现实生活中人们感性直观的一种经验，但这种直观的感性经验并未成为感性的现实活动。马克思、恩格斯在《德意志意识形态》中指出，他没有看到"他周围的感性世界决不是某种开天辟地以来就直接存在的、始终如一的东西，而是工业和社会状况的产物，是历史的产物，是世世代代活动的结果"②，"除了爱与友情，而且是理想化了的爱与友情以外，他不知道'人与人之间'还有什么其他的'人的关系'"③。

正是基于上述认识，马克思在《关于费尔巴哈的提纲》中明确指出："哲学家们只是用不同的方式解释世界，问题在于改变世界。"④ 这就对哲学的功能问题展开了深入的反思。换句话说，哲学不能只做密纳发的"猫头鹰"，直到黄昏时才起飞，跟在时代后面去解释世界，而应该要做高卢的"雄鸡"，在清晨号召人们去战斗，去改变和创造世界。如果说哲学需要去"改变世界"，那就必然要对"现实的人"及其存在方式进行深刻的揭示和批判。可以说，在完成了对费尔巴哈和德国古典哲学的批判之后，马克思、恩格斯就聚焦于对"现实的人"展开了深入的研究，从而最终形成了他们"关于现实的人及其历史发展的科学"⑤。

马克思、恩格斯在《德意志意识形态》中指出，"现实的个人"首

---

① 《马克思恩格斯文集》第 1 卷，人民出版社 2009 年版，第 499 页。
② 《马克思恩格斯文集》第 1 卷，人民出版社 2009 年版，第 528 页。
③ 《马克思恩格斯文集》第 1 卷，人民出版社 2009 年版，第 530 页。
④ 《马克思恩格斯文集》第 1 卷，人民出版社 2009 年版，第 502 页。
⑤ 《马克思恩格斯文集》第 4 卷，人民出版社 2009 年版，第 295 页。

先是需要生存、生活，"要吃喝住穿以及其他一些东西，因此第一个历史活动就是生产满足这些需要的资料，即生产物质生活本身"①。马克思、恩格斯强调，"任何历史观的第一件事情就是必须注意上述基本事实的全部意义和全部范围，并给予应有的重视"②。而"现实的个人"在"生产自己的生活资料"的过程中，总是在一定的方式下进行的，即"发生一定的社会关系和政治关系"③。一方面，这种"社会关系和政治关系"中最为基础和核心的内容就是由财产占有状况所决定的"所有制关系"或"分工关系"；另一方面，这种"所有制关系"或"分工关系"又不是一劳永逸、一成不变的，它自身有一个历史发展的过程。因此，马克思对"现实的人"的研究，就必然要进一步澄清"所有制关系"及其变迁规律了。

正是在对"现实的人"的深入研究中，马克思对费尔巴哈抽象的"感性的爱"的本质即人的"类本质"进行了尖锐批判。在《关于费尔巴哈的提纲》中，马克思明确指出："人的本质不是单个人所固有的抽象物，在其现实性上，它是一切社会关系的总和。"④换句话说，在马克思看来，人作为一种综合性的社会关系的产物，人的本质属性便成了社会赋予人的社会性。正是对于"一切社会关系的总和"的研究中，马克思进一步揭示了由财产占有状况所决定的"所有制关系"或"分工关系"及其在"社会关系"中的决定性作用，进而使"现实的人"的社会本质的展开中呈现出了具体的社会样态。可以说，马克思这一"具体的、现实的、社会关系的"人的本质及其出发点，实现了对德国古典哲学的超越。

既然"现实的人"的本质是由"所有制关系"所决定的，因此，要想实现"同时代人的完美和幸福"，从根本上来说，就是要对现存社会中"所有制关系"持有一种批判的、革命的态度，即不能把它永恒化、

① 《马克思恩格斯文集》第1卷，人民出版社2009年版，第531页。
② 《马克思恩格斯文集》第1卷，人民出版社2009年版，第531页。
③ 《马克思恩格斯文集》第1卷，人民出版社2009年版，第524页。
④ 《马克思恩格斯文集》第1卷，人民出版社2009年版，第501页。

固定化，而应该将其放在人类历史的长河中并作为一个不断发展和演变的过程来理解，即要搞清楚当前的"所有制关系"是从哪里发展来的、现在怎么样了、将来又向何处去等问题，并在此基础之上提出对当前社会"所有制关系"重构的理论与实践路径。换句话说，就必然要对所有制的外部关系，即所有制的运动规律进一步展开研究。也正因如此，马克思、恩格斯在《共产党宣言》中指出："共产党人到处都支持一切反对现存的社会制度和政治制度的革命运动。在所有这些运动中，他们都强调所有制问题是运动的基本问题，不管这个问题的发展程度怎样。"①可见，马克思、恩格斯对所有制外部关系的研究，是他们对"现实的人"及其发展规律研究的内在要求。

总而言之，马克思所有制外部关系理论是对"现实的人"的财产关系（所有制关系）是"从哪里发展来的、现在怎么样了、将来又向何处去"等问题的探讨中形成的，是马克思、恩格斯对"现实的人"及其发展规律研究的必然要求。

## 第二节　马克思所有制外部关系理论的主要内容

问题是创新的起点，也是创新的动力源。马克思曾在《集权问题》中指出"一个时代的迫切问题，有着和任何在内容上有根据的因而也是合理的问题共同的命运：主要的困难不是答案，而是问题。因此，真正的批判要分析的不是答案，而是问题。……世界史本身，除了用新问题来回答和解决老问题之外，没有别的方法"②。在马克思那里，时代的问题本身才是我们需要关注的时代之声，也只有问题的产生和解决才能有力地推动时代不断向前发展。由此可见，深入研究马克思所有制外部关系理论的主要论域，是掌握这一理论的基本要求。

---

① 《马克思恩格斯文集》第2卷，人民出版社2009年版，第66页。
② 《马克思恩格斯全集》第1卷（上），人民出版社1960年版，第203页。

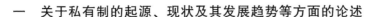

### 一 关于私有制的起源、现状及其发展趋势等方面的论述

马克思对于所有制外部关系问题的研究，最初是以私有制的批判为理论视角展开的。为了实现"人民的现实幸福"，马克思在《〈黑格尔法哲学批判〉导言》中明确指出在完成了对宗教的批判并要求"废除作为人民的虚幻幸福的宗教"过程中，提出了对法的批判、对政治的批判并由此"确立此岸世界的真理"的历史任务①。在马克思看来，"在德国，问题却是国民经济学，或私有财产对国民的统治"②，因此"必须推翻使人成为被侮辱、被奴役、被遗弃和被蔑视的东西的一切关系"③。总的来看，围绕着私有制（私有财产）的起源和发展趋势等方面的问题，马克思、恩格斯进行了系统深入的研究，产生了极为丰富的理论成果。

（一）私有制起源于生产力发展所带来的人们对劳动资料、劳动产品等占有方式的"个人化"的过程中，逐渐以阶级对立为基础的阶级社会代替了血族团体

唯物史观认为，任何事物都有一个产生、发展和灭亡的过程。可以说，私有制也不例外。马克思、恩格斯在《共产党宣言》中指出："至今一切社会的历史都是阶级斗争的历史。"④可以说，这一论断的提出，还是比较"武断"的。它反映了马克思、恩格斯对于原始共产主义所有制形式，尤其是私有制、阶级斗争和国家起源等问题，还是缺乏相应的研究材料和研究基础的。尽管如此，这并没有影响唯物史观的创立以及唯物史观的科学性。但是，无论如何，关于私有制、阶级和国家的起源及其相互之间的关系问题，仍然是需要进一步澄清的。特别是在摩尔根《古代社会》等大量人类学社会学的研究成果出现，这就引起了马克思、恩格斯的特别重视和关注。因为无论是马克思晚年对古代社会历史研究作出的大量研究笔记，还是恩格斯的《家庭、私有制和国家的起源》巨

---

① 《马克思恩格斯文集》第1卷，人民出版社2009年版，第4页。
② 《马克思恩格斯文集》第1卷，人民出版社2009年版，第8页。
③ 《马克思恩格斯文集》第1卷，人民出版社2009年版，第11页。
④ 《马克思恩格斯文集》第2卷，人民出版社2009年版，第31页。

著，它们都集中对资本主义社会以前的社会包括原始社会发展的规律性问题，进行了深入的研究和探讨。

之所以《共产党宣言》中得出"至今一切社会的历史都是阶级斗争的历史"的论断，那是因为当时社会对古代史的研究基础还非常薄弱。正如后来恩格斯在 1888 年英文版加注中说明的那样，"在 1847 年，社会的史前史、成文史以前的社会组织，几乎还没有人知道"①。但随着"哈克斯特豪森发现了俄国的土地公有制，毛勒证明了这种公有制是一切条顿族的历史起源的社会基础"以及"摩尔根发现了氏族的真正本质及其对部落的关系"② 等人的"卓越发现"，促使了恩格斯聚焦了"原始公社的解体过程"进行研究，从而撰写了《家庭、私有制和国家的起源》这部巨著，从而进一步丰富和完善了马克思所有制外部关系理论。

1879 年 10 月至 1880 年 10 月之间，马克思围绕美洲大陆达科塔人和博托库多人的共同财富和个人财产，对马·柯瓦列夫斯基的《公社土地占有制，其解体的原因、进程和结果》一文进行了摘录、整理和研究，并明确指出了"随着单个家庭的形成，也就产生了个人财产，而且最初只限于动产"③，而"大部分动产属于整个部落这种情况"。在此基础之上揭示了"动产个人化的过程"④。此外，马克思还考察了"西班牙在西印度的土地政策及其对西印度群岛和美洲大陆公社所有制的瓦解所产生的影响"以及在诸如印度和阿尔及利亚整个殖民体系下土地关系的破裂和瓦解过程中，对于欧洲的殖民主义统治的控诉，进一步揭露了殖民地政府关于"扶植大土地私有制的做法"给殖民地社会带来的苦难。

1880 年底至 1881 年 3 月初，马克思对美国学者路·摩尔根的《古代社会》一书所作的笔记中，就"财产观念的发展"进行了摘录、整理和研究。马克思指出："财产的增长是与标志着人类进步的各个文化时

---

① 《马克思恩格斯文集》第 2 卷，人民出版社 2009 年版，第 31 页。
② 《马克思恩格斯文集》第 2 卷，人民出版社 2009 年版，第 31 页。
③ 《马克思恩格斯全集》第 45 卷，人民出版社 1985 年版，第 208 页。
④ 《马克思恩格斯全集》第 45 卷，人民出版社 1985 年版，第 209 页。

期的各种发明和发现的增多以及社会制度的改善有着密切关系的。"① 在蒙昧阶段，占有的对象很少，人们没有占有欲，"土地归部落公有，而住房则为居住者共有"②。在野蛮时代低级阶段，虽然财产的种类和数量增多了，但还不足以引起强烈的继承要求。进入野蛮时代的中级阶段，"个人财产显著增加，个人对土地的关系也发生了一些变化"，"土地为氏族或公社共有、共同住宅以及各个有亲属关系的家庭聚居的方式，都不容许个人占有房屋和土地"③。随着野蛮时代高级阶段的终极，"包括各个种类并且为个人所有的巨额财产，由于定居的农业、手工业、对内的商业和对外的贸易而到处都可以看到，但是，旧有的土地共有制除了部分的情况以外还没有被个人所有制取代"④，占有的形式有两种：一是国家占有；二是私人占有。而随着"房屋、土地、畜群和可交易的商品的数量大增并为个人所有以后，继承问题就越来越迫切了"⑤。马克思指出，"现在，财富的增长是如此巨大，它的形式是这样繁多，以致这种财富对人民说来已经变成一种无法控制的力量"，"总有一天，人类的理智一定会强健到能够支配财富"，"社会的瓦解，即将成为以财富为唯一的最终目的的那个历程的终结，因为这一历程包含着自我消灭的因素"⑥。

此外，马克思在 1881 年 4—6 月写的亨利·萨姆纳·梅恩《古代法制史讲演录》一书摘要中，在对关于国家的起源、阶级性质及其国家最终消亡的问题时，对英国资产阶级那套抽象的、超阶级的国家学说进行了批判。在关于约·拉伯克的《文明的起源和人的原始状态》一书中，马克思对拉伯克关于氏族本质以及原始家庭组织形式的发展和宗教源头的问题进行了批判。马克思晚年的这些研究，深化了对人类社会发展规律，尤其是古代社会演进历程的认识，也深化了人们对物质资料的生产和人本身的生产以及私有制、阶级和国家之间关系的理解。

---

① 《马克思恩格斯全集》第 45 卷，人民出版社 1985 年版，第 378 页。
② 《马克思恩格斯全集》第 45 卷，人民出版社 1985 年版，第 380 页。
③ 《马克思恩格斯全集》第 45 卷，人民出版社 1985 年版，第 387 页。
④ 《马克思恩格斯全集》第 45 卷，人民出版社 1985 年版，第 389 页。
⑤ 《马克思恩格斯全集》第 45 卷，人民出版社 1985 年版，第 392 页。
⑥ 《马克思恩格斯全集》第 45 卷，人民出版社 1985 年版，第 397—398 页。

然而，令人遗憾的是，马克思对于摩尔根等人的研究成果，在其生前仅仅留下了大量的古代史和人类学笔记，还未能系统地加以阐明和发表，从而给人们留下了"遗愿"。正因如此，恩格斯在1884年《家庭、私有制和国家的起源》第一版序言中指出："以下各章，在某种程度上是实现遗愿。不是别人，正是卡尔·马克思曾打算联系他的——在某种限度内我可以说是我们两人的——唯物主义的历史研究所得出的结论来阐述摩尔根的研究成果，并且只是这样来阐明这些成果的全部意义。"①由此可见，弄清家庭、私有制和国家的起源，既是马克思、恩格斯共同的"心愿"，也是运用唯物史观阐述人类社会发展史的现实需要。

　　马克思在《路易斯亨摩尔根〈古代社会〉一书摘要》中指出："现代家庭在萌芽时，不仅包含着servitus（奴隶制），而且也包含着农奴制，因为它从一开始就是同田野耕作的劳役有关的。它以缩影的形式包含了一切后来在社会及其国家中广泛发展起来的对抗。"② 恩格斯对于人类社会发展规律的揭示，正是在其对古代社会的家庭关系发展以及其过程的考察中得出结论："一定历史时代和一定地区内的人们生活于其下的社会制度，受着两种生产的制约：一方面受劳动的发展阶段的制约，另一方面受家庭的发展阶段的制约。劳动越不发展，劳动产品的数量，从而社会的财富越受限制，社会制度就越在较大程度上受到血族关系的支配。然而，在以血族关系为基础的这种社会结构中，劳动生产率日益发展起来；与此同时，私有制和交换、财产差别、使用他人劳动力的可能性，从而阶级对立的基础等等新的社会成分，也日益发展起来；这些新的社会成分在几个世代中竭力使旧的社会制度适应新的条件，直到两者的不相容性最后导致一个彻底的变革为止。"③

　　总而言之，在马克思、恩格斯那里，私有制并不是从来就有的，也不是永恒存在的，它自身有着一个产生、发展和灭亡的过程。私有制起源于生产力的发展并由此带来的人们对劳动材料、劳动工具、劳动产品

---

① 《马克思恩格斯文集》第4卷，人民出版社2009年版，第15页。
② 《马克思恩格斯全集》第45卷，人民出版社1985年版，第366页。
③ 《马克思恩格斯文集》第4卷，人民出版社2009年版，第16页。

等占有方式"个人化"的过程中，同时也伴随着劳动产品的丰富多样化的发展。就私有制本身的发展而言，在私有制的发展变化过程中，社会上所产生的阶级对立基础就是源于交换以及私有财产的差别以及劳动力雇佣的出现。在整个过程中，新的社会阶级冲突就会因为新的阶级基础而代替之前以血缘为基础的旧社会，旧社会的炸毁也就意味着整个国家的基础单位不再是血缘团体社会，而成为一种区域性的地区团体社会。"在这种社会中，家庭制度完全受所有制的支配，阶级对立和阶级斗争从此自由开展起来，这种阶级对立和阶级斗争构成了直到今日的全部成文史的内容。"①

（二）资本主义私有制是在劳动与资本对立上的以剥削他人的但形式上是自由的劳动为基础的私有制，它使阶级对立简单化为资产阶级和无产阶级两大集团

马克思、恩格斯在《德意志意识形态》中指出："一个民族的生产力发展的水平，最明显地表现于该民族分工的发展程度。"② 与此同时，他们还指出："分工的各个不同发展阶段，同时也就是所有制的各种不同形式。这就是说，分工的每一个阶段还决定个人在劳动材料、劳动工具和劳动产品方面的相互关系。"③ 为此，马克思、恩格斯依据生产力发展水平对所有制的历史发展阶段进行了一番梳理。可以说，他们对未来社会所有制形式的预测，就是建立在对部落所有制形式、古代公社所有制、国家所有制、封建所有制和资本主义所有制的认识基础上的。

在马克思、恩格斯看来，在一个生产力不发达的阶段，部落所有制形式是人们依靠了大量的耕作作为生存的基本条件。可以说，这种情况下部落所有制是以大量原始未开发的土地为基础条件的。与此同时，在这样的所有制中整个社会的社会结构就会局限在家庭内部。对于古代的公社所有制形式和国家所有制形式，在其本质及其演变发展中，事实上也是由于基础的部落所有制形式的征服和联合成一个整体而发展起来的。

---

① 《马克思恩格斯文集》第 4 卷，人民出版社 2009 年版，第 16 页。
② 《马克思恩格斯文集》第 1 卷，人民出版社 2009 年版，第 520 页。
③ 《马克思恩格斯文集》第 1 卷，人民出版社 2009 年版，第 521 页。

"除公社所有制以外，动产私有制以及后来的不动产私有制已经发展起来，但它们是作为一种反常的、从属于公社所有制的形式发展起来的。"① 在城市和乡村的差距和区别产生以后，存在于城市内部的工业发展和国家海外贸易的冲突以及阶级分化日趋成熟。封建所有制形式下的各种具有占有性质的制度就促使等级中的贵族拥有了对农奴支配的绝对权力。封建的所有制的主要形式，"一方面是土地所有制和束缚于土地所有制的农奴劳动，另一方面是拥有少量资本并支配着帮工劳动的自身劳动"②。总而言之，部落所有制和封建的所有制结构的决定因素，就是小型的原始的土地耕作和低效能的工业。

从马克思、恩格斯对私有制性质的论述来看，他们对私有制的性质也进行了一定的区分，即因劳动者和非劳动者的私人占有方式不同而发生不同的区分。对于依靠个体劳动为基础的农业、手工业来说，还是劳动者私有制。然而，就资本主义私有制而言，它是建立在劳动与资本对立上的"以剥削他人的但形式上是自由的劳动为基础的私有制"③，它"使生产资料集中起来，使财产聚集在少数人的手里"④，"是建立在阶级对立上面、建立在一些人对另一些人的剥削上面的产品生产和占有的最后而又最完备的表现"⑤。马克思、恩格斯指出："我们的时代，资产阶级时代，却有一个特点：它使阶级对立简单化了。整个社会日益分裂为两大敌对的阵营，分裂为两大相互直接对立的阶级：资产阶级和无产阶级。"⑥

在马克思看来，"有产"和"无产"之间的对立，只要还没有发展成为"资本"与"劳动"之间的对立，它们还是一种无关紧要的对立。资本主义生产方式中"有产"和"无产"之间的对立，实际上是一种内在关系上的对立，是一种矛盾的对立。就"资本"而言，即作为直接生

---

① 《马克思恩格斯文集》第 1 卷，人民出版社 2009 年版，第 521 页。
② 《马克思恩格斯文集》第 1 卷，人民出版社 2009 年版，第 523 页。
③ 《马克思恩格斯文集》第 5 卷，人民出版社 2009 年版，第 873 页。
④ 《马克思恩格斯文集》第 2 卷，人民出版社 2009 年版，第 36 页。
⑤ 《马克思恩格斯文集》第 2 卷，人民出版社 2009 年版，第 45 页。
⑥ 《马克思恩格斯文集》第 2 卷，人民出版社 2009 年版，第 32 页。

产的生产资料、生活资料等，"它们只有在同时还充当剥削和统治工人的手段的条件下，才成为资本"①。可见，"资本不是一种个人力量，而是一种社会力量"②。正是因为这种"社会力量"被少数资本家所控制和占有，成为了一种"垄断的社会力量"，并以这种力量展开了对广大无产阶级的剥削和压榨，对他们剩余劳动的"占有"和"支配"。

（三）"异化劳动"作为资本主义社会客观经济事实，"私有财产"既是"外化劳动"和"对象性活动"的产物，又是导致资本主义社会"异化劳动"的根本原因

在马克思、恩格斯那里，对于资本主义私有制的考察，还进一步深入考察了资本主义社会客观经济事实——"异化劳动"及其原因。在《1844年经济学哲学手稿》中，马克思把劳动看成人类的本质属性。人类通过自己的作用于劳动对象的劳动生产出来劳动产品，从而满足了人类自身的需要。这是一种正常的逻辑链条。然而，由于私有财产的存在，这一正常的逻辑链条，在其各个环节中出现了异化现象，即"劳动异化"。从劳动产品的占有与获取来看，劳动产品本身是人类劳动的产物，因而理应归劳动者所有，满足劳动者的生存与生活需要。然而，在资本主义社会中，工人的劳动与劳动产品的获得并非成正比，还出现了成反比的现象。也就是说，工人劳动的越多，反而自己越贫穷。本来是自己的劳动才能获得劳动产品，现在却为了获得劳动产品而不得不出卖自己的劳动。从劳动过程来看，劳动者在生产过程中将自己的劳动与生产资料的有机结合，这本身就是一个自觉自愿的行为。然而，在资本主义社会中，工人的劳动却是在资本家的监督下进行的，"他的劳动不是自愿的劳动，而是被迫的强制劳动"③。从人的类本质来看，人的"自由自觉的活动"变成了维持自己生存的手段，变成了人的异己的本质。也就是说，"无论是自然界，还是人的精神的类能力，都变成了对人来说是异

---

① 《马克思恩格斯文集》第5卷，人民出版社2009年版，第878页。
② 《马克思恩格斯文集》第2卷，人民出版社2009年版，第46页。
③ 《马克思恩格斯文集》第1卷，人民出版社2009年版，第159页。

己的本质，变成了维持他的个人生存的手段"①。从人与人之间的关系来看，在人与自身相对立的过程中，也就出现了他同别人之间的对立。这就是说，"一个人同他人相异化，以及他们中的每个人都同人的本质相异化"②。

深入理解马克思"异化劳动"的概念，还需要进一步搞清楚马克思的劳动概念与国民经济学家的劳动概念之间的差异。在马克思那里，劳动是人的类本质，是人的自由自觉的活动，也是人的第一需要。而在资本主义社会中，人的这一类本质产生了异化并控制了人。在国民经济学家那里，"私有财产的主体本质，私有财产作为自为地存在着的活动、作为主体、作为人，就是劳动"③。国民经济学家把劳动视为自己的原则，把私有财产的主体本质看成劳动。这对于长期以来认为私有财产仅仅是"对象性的本质"的货币主义和重商主义的拥护者和拜物教徒、天主教徒来说，无疑是一个"国民经济学的路德"。但实际上，当国民经济学家强调"劳动的全部产品属于劳动者、一切东西都可以用劳动来购买"时，他们这里的劳动只不过是"仅仅以谋生活动的形式出现"④ 而已，从本质上来看，他们还没有跳出私有财产的范畴和规定，即他们还是把"劳动"看成人的私有财产，而没有看到劳动的"社会性"。正因如此，马克思批判了"国民经济学不考察不劳动时的工人，不把工人作为人来考察"⑤。说白了，这些不劳动时的工人，不属于国民经济学的研究对象，即从他们的理论中消失了。因此，马克思指出："国民经济学把工人只当做劳动的动物，当做仅仅有最必要的肉体需要的牲畜。"⑥ 也就是说，他们根本不了解"劳动是人的类本质"。

此外，马克思在论述资本主义社会"异化劳动"这一客观经济事实时，还经常与"异化的、外化的劳动""对象性的活动""物化"等概念

① 《马克思恩格斯文集》第 1 卷，人民出版社 2009 年版，第 163 页。
② 《马克思恩格斯文集》第 1 卷，人民出版社 2009 年版，第 164 页。
③ 《马克思恩格斯文集》第 1 卷，人民出版社 2009 年版，第 178 页。
④ 《马克思恩格斯文集》第 1 卷，人民出版社 2009 年版，第 124 页。
⑤ 《马克思恩格斯文集》第 1 卷，人民出版社 2009 年版，第 124 页。
⑥ 《马克思恩格斯文集》第 1 卷，人民出版社 2009 年版，第 125 页。

混用。因此，我们还需要搞清楚这些概念与"异化劳动"之间的差别。马克思指出："私有财产是外化劳动即工人对自然界和对自身的外在关系的产物、结果和必然后果。"① 也就是说，外化劳动就是工人通过自己的劳动作用于自然界、劳动对象的过程。而这一过程的产物、结果和必然后果，就是私有财产。从这里可以看出，"外化劳动"与"异化劳动"之间是有明显差别的。可以说，"外化劳动"与"对象性活动"一样，是一般劳动所具有的共同特征，"异化劳动"是"外化劳动"和"对象性活动"的一种特殊形式。其中，最根本的区别是，"异化劳动"已经出现了人同自己的劳动产品、自己的生命活动、自己的类本质发生了"异化"。从"外化劳动"和"对象性活动"发展到"异化劳动"，关键因素是，生产资料与劳动分离之后，生产资料被少数资本家私人占有和控制。由此可见，"私有财产"既是"外化劳动"和"对象性活动"的产物，又是"异化劳动"的原因。

在马克思、恩格斯那里，对于资本主义私有制的考察，还进一步深入考察了私有财产与物化、商品拜物教、拜金主义等之间的关系。马克思在《资本论》第一卷"商品的拜物教性质及其秘密"中指出，"商品形式的奥秘不过在于：商品形式在人们面前把人们本身劳动的社会性质反映成劳动产品本身的物的性质，反映成这些物的天然的社会属性，从而把生产者同总劳动的社会关系反映成存在于生产者之外的物与物之间的社会关系。由于这种转换，劳动产品成了商品，成了可感觉而又超感觉的物或社会的物"② 。从这里我们可以看出，商品与商品之间的关系，表面上是"物"与"物"之间的关系，实际上是一定的社会关系的反映。换句话说，商品拜物教的性质及其秘密在于，人与人之间的社会关系转换成了商品与商品之间的关系，即"采取了物与物的关系的虚幻形式"体现出来。在马克思看来，私人的劳动的社会性不仅表现为自己劳动中的直接的社会关系，而且表现为人们之间的物的关系和物之间的社

---

① 《马克思恩格斯文集》第 1 卷，人民出版社 2009 年版，第 166 页。
② 《马克思恩格斯文集》第 5 卷，人民出版社 2009 年版，第 89 页。

会关系。在此基础之上，马克思指出："只有当实际日常生活的关系，在人们面前表现为人与人之间和人与自然之间极明白而合理的关系的时候，现实世界的宗教反映才会消失。"① 在长期的商品交换的过程中，在通过货币这个一般等价物进行交换时，任何商品都可以转化为一定量的货币形式，由此给人们带来的假象是，货币成了一切人类劳动的直接化身。可以说，货币的魔力就是由此而来，从而产生了货币拜物教与拜金主义。在资本主义社会里，私有制使一切"田园诗般的关系都破坏了"，人与人之间除了赤裸裸的利害关系，除了冷酷无情的"现金交易"，就再也没有任何别的联系了。

（四）资本主义私有制是最后一种私有制形式，是完成了的私有制形式，资本主义私有制的灭亡，也就意味着一切私有制的灭亡，这是历史发展的必然趋势

马克思、恩格斯从生产力与生产关系之间的辩证关系出发，指出了封建主义的所有制关系在不再适应已经发展了的生产力的前提下，成为束缚生产而被炸毁了的客观原因。在此基础之上，他们在充分肯定资本主义生产关系曾一度适应了生产力发展而带来巨大成就的过程中，对于存在尖锐矛盾和问题的资本主义生产关系，以及在社会生产的社会化大生产发展中最终被消灭进行了深刻的论述。

马克思、恩格斯在《共产党宣言》中明确指出："现代的资产阶级私有制是建立在阶级对立上面、建立在一些人对另一些人的剥削上面的产品生产和占有的最后而又最完备的表现。从这个意义上说，共产党人可以把自己的理论概括为一句话：消灭私有制。"② 从共产主义运动本身来看，"消灭私有制"是共产党人反对一切现存的社会制度和政治制度革命运动的基本问题。为此，共产主义革命既要同传统的所有制关系"实行最彻底的决裂"，也要同传统的观念"实行最彻底的决裂"。从"消灭私有制"的客观条件来说，马克思又进一步指出："生产资料的集

---

① 《马克思恩格斯文集》第5卷，人民出版社2009年版，第97页。
② 《马克思恩格斯文集》第2卷，人民出版社2009年版，第45页。

中和劳动的社会化，达到了同它们的资本主义外壳不能相容的地步。这个外壳就要炸毁了。资本主义私有制的丧钟就要响了。剥夺者就要被剥夺了。"① 由此可见，共产党人"消灭私有制"，既需要自身的主观努力，又需要具备一定的客观条件，是一个长期的主观与客观相结合的革命与实践过程。而这一目标的实现过程及其最终实现，是需要建立"在资本主义时代的成就的基础上"的。

当然，消灭了资本主义私有制之后，重新建立一个什么样的所有制形式，就成了马克思所有制外部关系理论中的一个重要问题。马克思在《资本论》第一卷阐述"资本主义积累的历史趋势"中，对此进行了揭示。马克思指出："从资本主义生产方式产生的资本主义占有方式，从而资本主义的私有制，是对个人的、以自己劳动为基础的私有制的第一个否定。但资本主义生产由于自然过程的必然性，造成了对自身的否定。这是否定的否定。这种否定不是重新建立私有制，而是在资本主义时代的成就的基础上，也就是说，在协作和对土地及靠劳动本身生产的生产资料的共同占有的基础上，重新建立个人所有制。"② 围绕着马克思的这一论断，学术界曾经出现了不少争论。实际上，马克思所说的"重新建立个人所有制"，不是在简单肯定个人的、以自己劳动为基础的私有制，因为这一私有制早已被社会化大生产给消灭了，如果简单地建立这种个人所有制的话，就等于回到资本主义社会以前的社会中去，其实质是在开历史的倒车。在《共产党宣言》中，马克思、恩格斯也同样提到了这个问题，在他们看来，"当阶级差别在发展进程中已经消失而全部生产集中在联合起来的个人的手里的时候，公共权力就失去政治性质"③。这就是说，未来的生产是"联合起来的个人"生产，这就要求生产资料为"联合起来的个人"共同占有。这是"重建个人所有制"的前提。

综上所述，马克思、恩格斯不仅深刻论述了家庭、私有制和国家的起源，而且揭示了资本主义私有制的现状、特征以及"异化劳动"这一

---

① 《马克思恩格斯文集》第5卷，人民出版社2009年版，第874页。
② 《马克思恩格斯文集》第5卷，人民出版社2009年版，第874页。
③ 《马克思恩格斯文集》第2卷，人民出版社2009年版，第53页。

客观经济事实的根源以及对"私有制的积极扬弃",还进一步阐述了资本主义私有制的发展趋势。

二　关于所有制与生产力、生产关系、社会形态等之间关系的论述

　　所有制是人们在社会经济活动过程中对劳动对象、劳动资料和劳动产品的占有、使用和处置等一系列行为权利的总和。它决定了人们在社会生产与社会交往中的地位,是判断一种生产关系性质的基础和标准。马克思、恩格斯也指出:"分工的各个不同发展阶段,同时也就是所有制的各种不同形式。这就是说,分工的每一个阶段还决定个人在劳动材料、劳动工具和劳动产品方面的相互关系。"①

　　(一)生产力包含了生产效率和社会总生产力两个方面的内容,它是所有制形式发展和演变的决定性因素,所有制形式对生产力的发展具有重要的推动和促进作用

　　对于马克思、恩格斯的生产力概念的理解,是理解唯物史观及其基本原理的前提和基础。长期以来,人们把生产力理解为人类从自然界获取物质生活资料的能力,并将生产过程中的三个因素:劳动者、生产工具和劳动对象提取出来,并得出了"生产力＝劳动者＋生产工具＋劳动对象"这一简单的公式。随着邓小平提出了"科学技术是第一生产力"后,人们把这一公式进一步演变为:"生产力＝(劳动者＋生产工具＋劳动对象)×科学技术"。从总体上看,人们对生产力概念的"这一"理解,当然不能说错了,它对于提升劳动者素质、推动生产工具革新和拓宽劳动对象,尤其是推动科技创新等方面,有着极为重要的理论和现实意义。但需要指出的是,人们对生产力"这一"概念的理解,尤其是只是强调生产能力的提升的话,就把另外一个十分重要的因素给忽略掉了,那就是通过对所有制形式和生产关系的调整和改革所带来的社会总生产力的提升问题,被排除在外了。

　　实际上,在马克思、恩格斯那里,对于生产力概念的理解,是包含

--------

① 《马克思恩格斯文集》第1卷,人民出版社2009年版,第521页。

着两个方面的维度的：一个方面是指以"生产工具"为标志的生产能力；另一个方面是相互联系的单个生产带来的"社会生产总能力"。就这两个方面的维度来说，在人类历史发展的不同时期和不同的所有制形式下，其各自的侧重点是不一样的。在资本主义社会以前，由于地域性生产和地域性交往的限制，人们对于通过生产工具的革新来提升生产能力的诉求，满足一定范围内人们的生存和基本生活需要，显得更为迫切；在资本主义社会中，随着生产资料的资本主义私人占有在单位范围内实现了生产与技术、管理的紧密衔接问题得到了解决之后，如何在社会乃至国际范围内实现各个单位生产之间有效衔接并形成社会生产总能力问题，便显得更加突出了。在社会主义初级阶段，邓小平在提出"解放生产力、发展生产力"论断的过程中，既强调对社会主义所有制关系进行"调整"和"改革"，又强调"科学技术是第一生产力"。这充分反映出社会主义所有制关系在总体适应了生产力发展的趋势和要求的前提下，科学技术这一因素便显得更加突出了。

马克思、恩格斯在《德意志意识形态》中指出："一定的生产方式或一定的工业阶段始终是与一定的共同活动方式或一定的社会阶段联系着的，而这种共同活动方式本身就是'生产力'。"① 可以说，这一"共同活动方式"所产生的"生产力"，就是从"社会生产总能力"这个角度来说的，即"社会生产总能力"的提升，是通过对共同活动方式的"调整"和"改革"来实现的。如果我们再进一步追问如何对共同活动方式的"调整"和"改革"这一问题的话，就立刻与所有制形式问题结合起来了。如前所述，所有制是人们在社会经济活动过程中对劳动对象、劳动资料和劳动产品的占有、使用和处置等一系列行为权利的总和，它决定了人们在社会生产与社会交往中的地位。因此，对共同活动方式的"调整"和"改革"，实际上，就是对劳动对象、劳动资料和劳动产品的占有，即对所有制关系的调整而实现的。可见，对于所有制关系的调整是提升生产力的内在要求。

---

① 《马克思恩格斯文集》第 1 卷，人民出版社 2009 年版，第 532—533 页。

综上所述，从生产工具革新方式来提升生产力，与从所有制关系调整来提升生产力，它们之间并非是并行不悖的。从人类社会发展史来看，私有制是生产工具革新带来的结果，同时，生产工具在私有制范围内也发生了巨大的发展和变革。也就是说，在高度发展的大工业面前，生产工具与私有制之间的对抗矛盾不是因为农业和小手工业，只有高度发达的大工业才具备了其基本经济条件。马克思、恩格斯在《德意志意识形态》中就指出："到现在为止我们都是以生产工具为出发点，这里已经表明，对于工业发展的一定阶段来说，私有制是必要的。在采掘工业中私有制和劳动还是完全一致的；在小工业以及到目前为止的整个农业中，所有制是现存生产工具的必然结果；在大工业中，生产工具和私有制之间的矛盾才是大工业的产物，这种矛盾只有在大工业高度发达的情况下才会产生。因此，只有随着大工业的发展才有可能消灭私有制。"① 因为高度发达的大工业不仅打破了生产地域性，而且还打破了交往地域性，进而形成了世界市场。当过去那种分散的、彼此孤立的小生产发展到了集中的、彼此联系的社会化大生产之后，从所有制关系的调整来提升生产力，才能使单个企业生产真正成为社会生产。

（二）生产资料的占有方式是生产关系的基础与核心，它决定了生产方式、交往方式以及一个社会的阶级关系和阶级结构，并由此决定了整个上层建筑的性质

马克思在《雇佣劳动与资本》中明确指出："各个人借以进行生产的社会关系，即社会生产关系，是随着物质生产资料、生产力的变化和发展而变化和改变的。生产关系总合起来就构成所谓社会关系，构成所谓社会，并且是构成一个处于一定历史发展阶段上的社会，具有独特的特征的社会。"② 在这里，马克思对生产力与生产关系以及社会关系和社会形态等之间的关系进行了深刻论述。

从私有制的发展阶段来看，尽管每个阶段都集中对劳动材料、劳

① 《马克思恩格斯文集》第1卷，人民出版社2009年版，第556页。
② 《马克思恩格斯文集》第1卷，人民出版社2009年版，第724页。

动工具和劳动产品的"占有"，但是，其占有的内容和方式是不断发展变化的。在部落所有制中，是指在"狩猎、捕鱼和畜牧"劳动过程中的"占有"。在古典古代的公社所有制和国家所有制中，主要是公社所有制。在封建的或等级的所有制中，"占有"主要是指土地所有制。而在现代的资产阶级私有制中，"占有"主要是指对生产资料的私人占有，它通过"资本"占有的这一简化形式以及观念、制度、法律等保障体系，实现了资产阶级对生产资料的私人占有的制度化和合法化。

马克思、恩格斯在《共产党宣言》中指出："现代的资产阶级私有制是建立在阶级对立上面、建立在一些人对另外一些人的剥削上面的产品生产和占有的最后而又最完备的表现。"① 可以说，这一"最后而又最完备的表现"，是现代的资产阶级私有制和资本主义社会现状与特点的集中概括，其中，包含了什么样的逻辑关系和内在规律，需要结合马克思、恩格斯的相关论述作进一步深化理解。

从"最后的表现"这个角度来看，资本主义私有制从过去的私有制中对劳动资料、劳动工具和劳动产品的强权私人占有，发展到了少数资本家以资本的形式对生产资料的私人占有，并以普遍性的观念、制度和法律等体系加以保障，是造成资本与劳动之间矛盾的根本原因。从"最完备的表现"这个角度来看，在现代资本主义国家中，围绕着生产资料的资本主义私人占有这一核心内容，逐渐形成了其特有的生产方式、交往方式以及整个社会的阶级关系和阶级结构，并在此基础上建构了一套法律的、政治的上层建筑以及思想观念体系。换句话说，就是资本主义的物质生活的生产方式制约了整个社会生活、政治生活和精神生活，资产阶级对生产资料的私人占有在法律上、制度上和观念上得到了全面贯彻。

在1859年《〈政治经济学批判〉序言》中，马克思将自己对资本主义社会，尤其是对人类社会发展规律的研究工作的总的结果，做了一番

---

① 《马克思恩格斯文集》第2卷，人民出版社2009年版，第45页。

简要概括。他指出："人们在自己生活的社会生产中发生一定的、必然的、不以他们的意志为转移的关系，即同他们的物质生产力的一定发展阶段相适合的生产关系。这些生产关系的总和构成社会的经济结构，即有法律的和政治的上层建筑竖立其上并有一定的社会意识形式与之相适应的现实基础。物质生活的生产方式制约着整个社会生活、政治生活和精神生活的过程。……社会的物质生产力发展到一定阶段，便同它们一直在其中运动的现存生产关系或财产关系（这只是生产关系的法律用语）发生矛盾。于是这些关系便由生产力的发展形式变成生产力的桎梏……随着经济基础的变更，全部庞大的上层建筑也或慢或快地发生变革。"① 可以说，马克思之所以能够揭示出唯物史观的基本规律，其主要原因是资本主义时代使唯物史观基本规律充分暴露出来。从根本上说，生产力"决定"生产关系、经济基础"决定"上层建筑，这是在"物的依赖性社会"中资本逻辑充分展开的产物和标志。

新中国成立后，到1956年底，我国完成了农业、手工业和资本主义工商业的"三大改造"而建立的社会主义制度，为中国特色社会主义道路的探索、开辟和形成，以及为社会主义现代化建设取得的伟大成就奠定了根本制度保障。1978年党的十一届三中全会以来，围绕经济建设这一党和国家的中心任务，在坚持四项基本原则和坚持改革开放的过程中，开启了引领和规范资本健康发展的新探索，成功走出了一条超越资本逻辑的中国式现代化新道路，中国社会呈现出一幅人类文明的新样态。这一"新样态"，从根本上说，就是在根本制度上，我们通过中国共产党的领导和马克思主义的指导，实现了对"资本逻辑"的超越。换句话说，在中国式现代化新道路的探索和开辟过程中，我们始终坚持了社会主义的政治的、法律的和观念的上层建筑和社会主义基本经济制度，在澄清资本逻辑和划定资本界限的前提下，进一步激发了资本等各类生产要素的活力，充分发挥了资本在资源配置中的决定性作用和更好地发挥了政府的宏观调控作用。

---

① 《马克思恩格斯文集》第2卷，人民出版社2009年版，第591—592页。

（三）根据所有制形式不同所划分的社会"五形态说"以及人的存在状况所划分的"三形态说"，其共同目的是通过消灭资本主义私有制而最终实现全人类解放

马克思、恩格斯在《德意志意识形态》中，根据"所有制形式"把西欧历史发展划分为"部落所有制""古代的公社所有制和国家所有制""封建的或等级的所有制""资本主义所有制""共产主义所有制"，提出了人类社会发展的"五形态说"。通过五种所有制演进规律的揭示，马克思展示了西欧社会形态演变总趋势，从低级社会形态走入更高一级社会形态的过程。其中，"部落所有制""古代的公社所有制和国家所有制"与"封建的或等级的所有制"是前资本主义所有制，具有对抗性。"资本主义所有制"是最后一个对抗性形式，"共产主义所有制"是一种对私有制积极扬弃的生产资料归全体社会成员共同占有的所有制形式。

从马克思社会形态理论产生、形成和发展的过程来看，它是马克思深入考察西欧各国社会发展的历史过程，尤其是阅读和研究了大量历史资料、包括人类史前史资料之后才确立起来的。可以说，它完全不是马克思个人的主观臆断，而是经过长期研究得出的科学结论，是对西欧社会历史发展客观规律的科学揭示。然而，即便如此，马克思在1877年10—11月《给〈祖国纪事〉杂志编辑部的信》中指出，我的批评家"一定要把我关于西欧资本主义起源的历史概述彻底变成一般发展道路的历史哲学理论，一切民族，不管它们所处的历史环境如何，都注定要走这条道路，——以便最后都达到在保证社会劳动生产力极高度发展的同时又保证每个生产者个人最全面的发展的这样一种经济形态。但是我要请他原谅（他这样做，会给我过多的荣誉，同时也会给我过多的侮辱。）"①。在1881年2、3月期间，马克思在《给维·伊·查苏利奇的复信》中，在论述俄国农村公社的历史命运和俄国资本主义发展前景时，又进一步指出："在分析资本主义生产的起源时"，"在资本主义制度的基础上，生产者和生产资料彻底分离了……全部过程的基础是对农民的

---

①　《马克思恩格斯文集》第3卷，人民出版社2009年版，第466页。

剥夺。这种剥夺只是在英国才彻底完成了……但是，西欧的其他一切国家都正在经历着同样的运动"，"可见，这一运动的'历史必然性'明确地限制在西欧各国的范围内"①，这些都表明了马克思对待历史科学的态度。

细加分析，我们发现，马克思五种社会形态划分是依据生产方式，即生产力与生产关系结合为标准的，其中，最核心的要素是决定生产关系性质的生产资料归属。马克思之所以能够创立其社会形态理论，主要是通过对人类社会的横向剖析，从一切社会关系中找出了生产关系这个决定其他一切关系最基本和最重要的因素，将生产关系更替归结于生产力发展的必然趋势，揭示出社会形态的性质及其矛盾运动规律，同时将社会历史进程理解为生产力推动下，生产关系的不断生成和不断被取代的历史过程。从马克思最早表述社会形态思想时使用的是"所有制形式"，一直到后来通过研究"亚细亚的所有制""东方式的所有制"和"西方式的所有制"概念，都充分说明了这一点。生产关系中生产资料归属具有相对稳定性，它既是生产力发展的最终结果，也是生产得以进行的前提条件，是区分不同社会形态的质的规定性。因此，我们完全可以通过它来区分不同的社会形态。

此外，在《1857—1858年经济学手稿》中，马克思第一次从人的发展的角度出发，提出了社会发展的"三形态说"。马克思指出："人的依赖关系（起初完全是自然发生的），是最初的社会形式，在这种形式下，人的生产能力只是在狭小的范围内和孤立的地点上发展着。以物的依赖性为基础的人的独立性，是第二大形式，在这种形式下，才形成普遍的社会物质交换、全面的关系、多方面的需要以及全面的能力的体系。建立在个人全面发展和他们共同的、社会的生产能力成为从属于他们的社会财富这一基础上的自由个性，是第三个阶段。第二个阶段为第三个阶段创造条件。"② 这三个阶段都有各自不同的发展特征，但都以生产力和

---

① 《马克思恩格斯文集》第3卷，人民出版社2009年版，第589页。
② 《马克思恩格斯文集》第8卷，人民出版社2009年版，第52页。

生产关系为基础，都随着这二者关系的发展而发展，推动着社会历史的进步。

其中，人与人之间的依赖关系，是马克思提出的最初社会形态，这一社会形态经历了三个发展阶段，分别是原始社会阶段、古典古代社会阶段、封建社会阶段。在这一阶段，生产力的落后，个人缺少独立生产能力，离开社会团体，个体无法开展劳动，人和人的关系只能在以自然为关系纽带的社会团体中建立，人的依赖关系成为社会关系的本质。在这样的社会形态中，人们只能被动地接受大自然的支配，一旦离开自然，人就会失去生存能力，其发展也将会陷入停滞。

以物的依赖性为基础的人的独立性，是马克思提出的第二大社会形态，最典型的社会形式就是资产阶级社会，是基于商品经济所形成的社会形态。在商品经济条件下，人们基于自由和平等的前提实现商品交换，以物作为载体的平等、自由的社会交往关系，社会的形成依托于交换价值，使自然经济自然而然地被商品经济所取代。人类从人身依附关系中解脱出来，不再过度依赖自然和共同体。

人的自由全面发展，是马克思所提到的第三大社会形态。与前两大社会形态的更替一样，第三大社会形态是在第二大社会形态发展的前提下实现的，实现人的自由全面发展，最典型的社会形态就是共产主义社会。在这个社会中，人们的劳动活动不再是谋生的手段，而成了实现个人的自由而全面发展的第一需要。

综上所述，无论是"五形态说"，还是"三形态说"，都分别揭示了人类社会从低级向高级的历史发展规律。其中，"五形态说"是从所有制关系角度，"三形态说"是从人的发展这个角度，来划分社会阶段和社会形态的。就今天来看，"五形态说"揭示了所有制变迁，尤其是西欧各国所有制变迁的历史规律，其根本目的是消灭生产资料的资本主义私人占有，而"三形态说"揭示了人的本质的发展规律，其根本目的是消除人的本质"异化"的现象。它们归结到一点，就是通过消灭生产资料的资本主义私人占有而最终实现全人类的解放。

### 三　关于资本主义私有制与社会主义公有制之间的关系的论述

在批判旧世界中发现新世界。这是马克思、恩格斯对所有制关系问题研究的基本方法。在《共产党宣言》中，马克思、恩格斯把共产党人的理论概括为一句话——消灭私有制。长期以来，尤其是在战争与革命的时代背景中，学术界从这一"对立的方法论"出发，对马克思、恩格斯的这一"论断"做出了大量而又有说服力的论证，从而使人们更加坚定了对社会主义公有制必然"替代"资本主义私有制这一科学结论的理解和认识。然而，当我们把这一"替代性"看成是一个逐步过渡和长期完善的过程时，尤其是面对社会主义公有制与资本主义私有制在世界范围内，甚至在一国范围内"长期共存"的客观事实的背景下，深化研究资本主义私有制与社会主义公有制之间的"继承性"关系，对于如何在继承人类创造的一切文明成果基础上，进行社会主义现代化建设，有着重大的理论和现实意义。

（一）社会化大生产与生产资料的资本主义私人占有之间的矛盾是资本主义生产方式的基本矛盾，资本主义经济危机周期性爆发是资本主义基本矛盾的集中表现

19世纪上半叶，以英国为代表的自由资本主义进入了鼎盛发展时期，资本主义在创造了比过去一切时代还要多、还要大的生产力的同时，其内在矛盾也充分暴露了出来：一方面，周期性的经济危机频繁爆发，另一方面，工人阶级因为生产的生活资料过多而自己却缺乏必要的生活资料，反而迫使其联合起来为争取生存权而斗争。为了科学回答这"两大问题"，马克思、恩格斯对"资本主义生产方式以及和它相适应的生产关系和交换关系"① 进行了系统而又深入的研究。

在马克思看来，资本主义生产方式占统治地位的社会的财富，表现为"庞大的商品堆积"，单个的商品表现为这种财富的元素形式。"因

---

① 《马克思恩格斯文集》第5卷，人民出版社2009年版，第8页。

此，我们的研究就从分析商品开始"①。那么，什么是商品呢？在马克思看来，"商品首先是一个外界的对象，一个靠自己的属性来满足人的某种需要的物"②。或者说，商品是用以满足他人需要的劳动产品，它具有使用价值和价值两个因素。那么，对于这样的一个"财富的元素"来说，其中究竟蕴藏着什么样的矛盾和秘密呢？

首先，从商品的"二因素"来看，使用价值与价值是对立和统一的。具体劳动生产出了各种商品的使用价值，而凝结在商品中的一般的、无差别的抽象劳动却形成了商品的价值。从统一性来看，只有同时具备使用价值和价值"二因素"的产品，才能称得上是"商品"；从对立性来看，无论是商品生产者，还是商品消费者，都不能同时拥有这一"二因素"。即商品消费者要拥有商品的使用价值，就必须以货币等形式将商品的价值让渡出去；商品生产者想将商品的价值转换为货币等形式并实现对其拥有，就必须将商品的使用价值让渡出去。

其次，从商品生产的动机和目的来看，商品生产者为了使自己的商品的价值能够实现，就必须不断地提高劳动生产率、减低单个商品的成本，从而促使商品的生产与科学技术、现代管理等内在联系在一起。但从全社会范围来看，单个商品生产的有组织性、有计划性和整个社会生产的无序竞争性、无计划性形成了鲜明的对照和反差，从而使这种生产效率不能很好地转换为社会总生产力。

最后，从商品的价值实现过程来看，商品只有"销售"出去了，即交换成功了，商品退出流通领域而进入到消费领域了，商品的私人劳动才能有效地转化为社会劳动，商品的价值与使用价值之间的矛盾才能得到化解。马克思在《资本论》中指出："商品价值从商品体跳到金体上，像我在别处说过的，是商品的惊险的跳跃。这个跳跃如果不成功，摔坏的不是商品，但一定是商品占有者。"③

在揭示了商品生产的上述矛盾之后，马克思又进一步揭示了资本总

---

① 《马克思恩格斯文集》第 5 卷，人民出版社 2009 年版，第 47 页。
② 《马克思恩格斯文集》第 5 卷，人民出版社 2009 年版，第 47 页。
③ 《马克思恩格斯文集》第 5 卷，人民出版社 2009 年版，第 127 页。

公式及其内在矛盾，即 $G-W-G'$。这一总公式给人造成的假象是，资本家在商品的流通过程中实现了价值增殖。为此，马克思从等价交换的原则出发，充分论证了商品在流通领域中是不可能实现价值增殖的。他指出，当且仅当一种情况下，那就是资本家在流通领域中购买到了一个特殊商品（劳动力），并且在生产领域对这一特殊商品的使用（劳动）过程中，才能真正实现价值增殖，即工人劳动创造的价值要远远大于工人的劳动力价格，即马克思从资本总公式的矛盾中，科学揭示了剩余价值的来源。而在工人的劳动产品以及剩余价值进一步转化为资本，即资本积累和资本集中的过程中，资本家进一步加深了对工人的剥削。与此同时，在资本主义再生产的过程中，又生产出供这种剥削的生产关系。除此之外，在产业资本家、商业资本家、借贷资本家以及农业资本家之间的竞争中，形成了全社会资本家对整个工人阶级所创造的剩余价值的"平均分割化"趋势，等等。

综上所述，在资本主义生产方式中，私人劳动与社会劳动在简单商品经济中的这一基本矛盾，在大工业和社会化大生产的过程中越来越尖锐地、对立地表现为社会化大生产与生产资料的资本主义私人占有之间的矛盾，而周期性的资本主义经济危机就是资本主义基本矛盾的集中表现。与此同时，这一基本矛盾在社会领域中表现为无产阶级与资产阶级的这一对抗性社会主要矛盾，而无产阶级的斗争和革命运动就是社会主要矛盾激化的表现。这样一来，马克思、恩格斯不仅科学揭示了资本主义社会"两大问题"产生的根源，而且还进一步得出了"资产阶级的灭亡和无产阶级的胜利是同样不可避免的"[①]"两个必然"的科学结论。

（二）消灭资本主义私有制将经历一个极其艰难而漫长的发展过程，社会主义公有制需建立"在资本主义时代的成就的基础上"，是对资本主义私有制的积极扬弃

马克思、恩格斯在《共产党宣言》中指出："要扬弃私有财产的思想，有思想上的共产主义就完全够了。而要扬弃现实的私有财产，则必

---

① 《马克思恩格斯文集》第 2 卷，人民出版社 2009 年版，第 43 页。

须有现实的共产主义行动。历史将会带来这种共产主义行动，而我们在思想中已经认识到的那正在进行自我扬弃的运动，在现实中将经历一个极其艰难而漫长的过程。"① 马克思无论是在《1844 年经济学哲学手稿》中指出的"共产主义是对私有财产即人的自我异化的积极的扬弃"②，还是在《资本论》第一卷中指出的"否定的否定"，即否定或代替资本主义社会的所有制不是"重新建立私有制，而是在资本主义时代的成就的基础上"③。可以说，消灭资本主义私有制必将经历一个极其艰难而漫长的、积极的扬弃过程，这个观点在马克思、恩格斯的著作中是一以贯之的。

那么，如何理解"在现实中将经历一个极其艰难而漫长的过程"？如何理解这一"积极的扬弃"？如何建立"在资本主义时代的成就的基础上"呢？对于这些问题的理解，是弄清社会主义公有制与资本主义私有制之间关系的关键。

从"在现实中将经历一个极其艰难而漫长的过程"这个角度来看，马克思、恩格斯在《共产党宣言》中指出，工人革命的第一步就是使无产阶级上升为统治阶级，并利用自己的政治统治，一步一步地夺取资产阶级的全部资本。为此，他们在剥夺地产、征收高额累进税、废除继承权、银行、运输、教育等关系到国计民生和国家经济基础等重要领域和重大问题上提出了一些具体措施。换句话说，社会主义公有制建立的过程就是一步一步地夺取资产阶级全部资本的过程。

从"积极的扬弃"和"在资本主义时代的成就的基础上"这个角度来看，就必须要对资本主义的生产方式作出辩证分析，其核心就是对资本作出公正客观的评价，既要从微观领域看到它在推动科技进步、提升现代管理和满足人们多样化需求等方面的积极作用，又要从宏观领域看到它带来的贫富两极分化、相对过剩性生产带来的资源浪费以及人性的扭曲和异化等方面的严重问题。因此，在建立社会主义公有制过程中，就需要无产阶

① 《马克思恩格斯文集》第 1 卷，人民出版社 2009 年版，第 231—232 页。
② 《马克思恩格斯文集》第 1 卷，人民出版社 2009 年版，第 185 页。
③ 《马克思恩格斯文集》第 5 卷，人民出版社 2009 年版，第 874 页。

级利用自己的政治统治对商品、资本和市场等进行规范、制约和引领，防止这一资本逻辑控制国民经济命脉、渗透到政治上层建筑中和控制了思想意识形态领域。也就是说，既要在思想上建立起共产主义，又要在现实中不断创造物质条件，一步步地夺取资产阶级的全部资本。

总而言之，从结果上来看，社会主义公有制与资本主义私有制之间是彻底决裂的，但从过程上来看，社会主义公有制最终战胜资本主义私有制是一个长期的发展过程，而这一过程就必须建立在资本主义时代的成就的基础上。

（三）"两个必然"思想深刻揭示了社会主义公有制代替资本主义私有制的客观趋势，"两个绝不会"思想进一步揭示了这种"替代"的长期性、复杂性和阶段性

1848 年，马克思和恩格斯在《共产党宣言》中明确指出"资产阶级的灭亡和无产阶级的胜利是同样不可避免的"①，这就是人们所说的"两个必然"思想。关于马克思的"两个必然"思想的重要历史地位的讨论，事实上，"两个必然"思想的提出对于科学社会主义的确立具有极其重要的历史意义。因此，对于马克思"两个必然"思想的研究始终处于重要课题的地位，学术界对于"两个必然"思想的研究层次也较为丰富，可以说是著述颇丰，所取得的理论研究成果具有十分鲜明的时代特色与理论视野。但总体而言，对于"两个必然"思想与马克思所有制关系理论研究仍具有一定的研究空间，尤其是在马克思所有制外部关系理论体系下，对资产阶级所有制关系历史过渡性的论述中，马克思充分论述了"两个必然"思想与其所有制关系理论的关联。后来，马克思在1859 年又提出了"两个绝不会"的思想，更是进一步对马克思所有制的外部关系理论进行了理论研究的深化与发展。相比马克思在《哲学的贫困》中以历史的维度对所有制关系以及所有制相关范畴的论述，在 1848 年的著作《共产党宣言》中，马克思对所有制关系理论的研究则是深入到资本主义生产方式的内部去，在进一步探索了资本主义生产方式的内

---

① 《马克思恩格斯文集》第 2 卷，人民出版社 2009 年版，第 43 页。

在矛盾以及资本主义现实运动，通过唯物史观的运用，深刻地论述了资产阶级所有制关系发生发展的历史进程，也鲜明地揭示了资产阶级所有制关系的过渡性，同时指明了整个无产阶级的伟大历史使命，初步勾画出了未来共产主义社会的基本蓝图。因此，"两个必然"的思想是马克思关于所有制外部关系理论中对资产阶级所有制关系历史过渡性论述的理论延展。

在对资产阶级所有制关系的历史过渡性的论述中，马克思首先指出的是，所谓的资产阶级所有制并不是历来就有，而是产生于封建社会，对整个资产阶级所有制关系的物质基础来说，封建社会都是其产生和发展的底层物质基础。后来，这种封建所有制关系的物质基础发生了变化，并且生产资料也有了大幅度的发展，这种封建所有制关系逐渐成为了生产力发展的阻碍因素，由此，在社会发展的过程中新的社会生产和物质基础相对应的新的所有制关系，也就是以资产阶级为代表的所有制关系，这种所有制的取代关系在马克思看来，是不以人的意志为转移的客观规律。资产阶级所有制取代封建所有制是历史的进步，也正是由于这一新的所有制关系在不断地适应社会生产力发展的需要，所以对于整个社会生产力的提高具有重要的意义。正如马克思曾对资产阶级所有制的巨大进步性所做的评价一样，资产阶级从提高人类社会生产力的角度而言，无意识取得了前所未有的巨大进步。与此同时，资产阶级所有制还彻底打破了传统意义上那种民族的地方的闭关自守的封闭状态，从而促进了世界各民族的互相往来与文化经济交流。

马克思在关于资产阶级所有制关系的历史过渡性的论述上，自始至终都贯穿着唯物史观的思想。马克思指出，就像封建所有制关系必然被资产阶级所有制关系所取代、资产阶级所有制关系被新的更高的所有制关系所取代一样，同样是不以人的意志为转移的客观规律。与此同时，马克思还一针见血地指出，在整个资产阶级社会中，伴随着劳动者和生产资料的完全分离，整个社会日益分裂为两大直接相互对立的阶级，即资产阶级和无产阶级，从封建社会里产生出来的现代资本主义社会并没有消灭资产阶级矛盾，而不过是用新的阶级矛盾代替旧的阶级矛盾、用新的压迫条件代替旧的压迫条件、用新的斗争形式代替旧的斗争形式罢了，马克思同样进一步指出，整个资产阶级所有制关系在其产生之初的确极大地促进了社会生产力的飞速发展，但是，整体而言，与其他一切剥削阶级的所有制一样，资产阶级所有制本质上亦是以剥削他人的劳动为基础的，并没有从根本上改变其自身的剥削本质。另外，资产阶级赖以生存的基本条件就是资本的形成与增殖过程，因此当资本主义社会的生产力与生产关系产生尖锐的矛盾时，它"所拥有的生产力已经不能再促进资产阶级文明和资产阶级所有制关系的发展；相反，生产力已经强大到这种生产关系所不能适应的地步，它已经受到这种关系的阻碍"，即"资产阶级用来推翻封建制度的武器，现在却对准资产阶级自己了"①。生产工具的不断变革，一方面促进了生产力的发展，但同时也在改变着整个资产阶级所有制赖以存在的物质基础，如此一来，随着整个社会大工业的发展，资产阶级借以生产和占有产品的基础本身，也就从它的脚底下抽掉了。因此，随着生产力的飞速发展，马克思明确指出"资产阶级的生产关系和交换关系，资产阶级的所有制关系，这个曾经仿佛用法术创造了如此庞大的生产资料和交换手段的现代资产阶级社会，现在像一个魔法师一样不能再支配自己用法术呼唤出来的魔鬼了"②。这是因为，生产力已经发展到资产阶级所有制关系所不能容纳的地步了，整个资产阶级所有制关系逐渐由生产力的加速助力变成了束缚生产力的羁绊，严重阻碍了生产力的发展。最后，资产阶级所有制与生产力的矛盾就表现为周期性的经济危机的爆发。不断发展的生产力要求突破资产阶级所有制关系的束缚。实际上，一旦开始这种突破，就会使资产阶级所有制的存在受到威胁，从而使整个资产阶级社会陷入混乱状态。因此，资产阶级所有制与生产力的矛盾是不可能在资产阶级生产方式的内部得到彻底解决的，与此相反，资产阶级所有制的痼疾只有通过变更现有的资产阶级所有制关系方可获得解决。正因如此，马克思在所有制关系理

---

① 《马克思恩格斯文集》第 2 卷，人民出版社 2009 年版，第 37 页。
② 《马克思恩格斯文集》第 2 卷，人民出版社 2009 年版，第 37 页。

论的研究过程中，就此明确提出了"两个必然"思想。

然而，1859 年马克思在《〈政治经济学批判〉序言》中又进一步指出："无论哪一个社会形态，在它所能容纳的全部生产力发挥出来以前，是决不会灭亡的；而新的更高的生产关系，在它的物质存在条件在旧社会的胎胞里成熟以前，是决不会出现的。"① 这就是通常人们所说的"两个绝不会"思想。马克思提出"两个绝不会"思想绝非一种偶然，它是马克思在充分运用唯物史观基本原理，深入研究所有制关系变迁规律的重要观点，同时，更是在总结 1848 年《共产党宣言》发表之后的无产阶级革命斗争实践的基础上，对以往提出的关于无产阶级革命形势和革命结果乐观性的反思与发展。因此，"两个绝不会"的思想是继马克思1848 年提出"两个必然"思想的理论深化。从这个角度来说，马克思"两个绝不会"思想在马克思的理论研究中具有极其重要的现实意义和理论意义。马克思在"两个绝不会"思想中科学地指出了人类社会的发展和社会形态的演进，从本质上来讲都是以社会生产力的发展为基础的，正如马克思所论述的那样，对一种社会形态的发生发展过程而言，在其生产关系还能容纳生产力的发展且还发挥着促进生产力发展的作用时，这种社会形态是不会灭亡的。同样，对于一种全新的生产关系，在其生产力的发展还未发展到与之相适应的水平前，这种新的生产关系是绝不可能建立起来的。因此，从马克思所有制关系外部理论的逻辑框架来看，"两个必然"以及"两个绝不会"的科学论断，二者都表明了资产阶级所有制的消亡是一个漫长的历史过程，也只有在历史的进程中，我们对于马克思所有制关系理论的认识也才能不断深入和发展，正如"两个绝不会"思想唯物史观原理分析下的科学揭示一样，一个社会的形态更替具有一定的条件性、长期性甚至是曲折性，同样告诉我们无产阶级在领导以社会形态更替为目标的社会革命时，必须要有无比坚定的革命意志力和耐力，同时要不断为实现革命的目标而积蓄力量并且积极主动地创造条件，始终如一地将无产阶级革命进行到底。

① 《马克思恩格斯文集》第 2 卷，人民出版社 2009 年版，第 592 页。

综上所述，对于马克思所有制外部关系理论而言，同样也是一个长期的理论探究过程。在这一过程中对于资产阶级所有制关系的过渡性，不仅要在所有制的外部关系理论上澄清其与"两个必然"与"两个绝不会"思想的内在关联，同时要在现实的社会所有制变革中切实去践行其思想内涵，真正做到让理论的张力在现实的社会中生根发芽，这正是马克思所有制关系理论的现实意义之所在。

（四）"跨越卡夫丁峡谷"思想是马克思对史前社会和东方社会探索的重要成果，它进一步完善和补充了所有制关系变迁规律以及生产力决定生产关系思想

如果说"两个必然"与"两个绝不会"思想深刻揭示了在现代资本主义社会中社会主义公有制究竟如何替代资本主义私有制这一客观规律的话，那么对于前资本主义国家来说，它们是不是也必须要经过资本主义这一发展阶段，即是否能够跨越这一资本主义的"卡夫丁峡谷"，才能过渡到社会主义社会中去？马克思晚年通过对经济和文化比较落后的俄国以及与俄国基本国情大致相同的国家的深入探索，提出了从资本主义初期阶段或前资本主义初期阶段直接进入社会主义社会，从而可以避免资本主义发展带来的痛苦的观点和论断。可以说，马克思对于这一问题的回答所形成的"跨越卡夫丁峡谷"思想，从本质上来看，是对所有制关系的变迁规律、生产力"决定"生产关系思想的进一步完善和补充。

如前所述，马克思深入研究了以英国为代表的现代资本主义国家的所有制变迁规律，从生产力"决定"生产关系的角度，深刻揭示了资本主义私有制必然被社会主义公有制所代替的规律，是人类社会发展总的一般发展规律。然而，在 1877 年马克思《给〈祖国纪事〉杂志编辑部的信》、1881 年马克思《给维·伊·查苏利奇的复信》及其草稿、1875 年恩格斯《俄国社会问题》、1894 年恩格斯《〈俄国社会问题〉跋》以及 1882 年恩格斯和马克思《〈共产党宣言〉俄文版序言》等文献中，他们又进一步提出了俄国这一落后国家是可以利用欧美资本主义发展的时代成就，走跨越资本主义制度的"卡夫丁峡谷"发展道路的。也就是

说，对于俄国这样一个特殊的、具体的国家来说，它是不是可以不通过资本主义发展阶段或者不通过资本主义充分而完整的发展阶段，而径直开启共产主义建设阶段。

关于马克思晚年提出的"跨越卡夫丁峡谷"的思想，从整个马克思所有制关系理论研究来看，其直接相关的文献不算太多，但将"跨越卡夫丁峡谷"的思想置于整个马克思所有制外部关系理论的框架下去探讨，其反映出的马克思和恩格斯对于落后国家社会发展道路问题的科学认识，这不仅在马克思所有制关系理论研究中占有重要地位，尤其是对于中国特色社会主义现代化建设具有重要的现实指导意义。实际上，马克思在"跨越卡夫丁峡谷"问题上反映了对落后国家社会发展道路的科学认识和理解，其中涉及的问题主要有：其一，关于东方社会的深入探索以及对社会经济形态演进理论的进一步深化；其二，关于落后国家跨越资本主义"卡夫丁峡谷"后面临的落后的社会生产力与先进的社会制度的矛盾问题；其三，关于落后国家建设社会主义必须充分吸收西方资本主义的积极成果问题。

首先，"跨越卡夫丁峡谷"思想是马克思所有制关系理论研究对史前社会和东方社会的深入探索以及对经济形态演进理论的进一步深化。在进入 19 世纪 70 年代以来，随着当时一些新情况和新问题的出现，马克思开始思考并有必要对所有制的理论做出进一步的深入研究。从当时的客观环境来看，一方面，资本主义私有制在整个社会范围内不断地适应生产力的发展，在不改变其是资本主义私有制的实质上进行了一系列的改良和调节举措，这些举措不仅使资本主义有了长足的发展，而且还出现了新的繁荣的景象，这在一定程度上对马克思"两个必然"的科学论断提出了严峻挑战。从国际社会来看，在世界共产主义运动中出现了各种改良主义和机会主义的挑衅，时代要求与其进行斗争也成为了一种必然，更亟待马克思从理论上去做出科学回应。面对当时社会出现的这些新问题新情况，马克思和恩格斯并没有回避问题，而是以一个理论家的敏锐度去抓住这些问题，并且进行了深入的分析和研究，正是马克思对这些新出现的问题与情况做出了科学的回答，从而使得马克思所有制外部关系理论得到了进一步的发展与完善。

在19世纪70年代以后，这一时期的考古学和人类学等相关学科研究取得了重大突破性进步，与此相关的著述和论说也层出不穷，尤其值得一提的是以摩尔根为代表的史前社会的研究，不仅为当时的人们提供了诸多关于史前社会的研究史料和独特的观点，而且就在这些新的史料和研究出现之后，也使得马克思和恩格斯的学术研究视野极大开阔和丰富，为他们对于史前社会研究提供了一种新的可能和思路。可以说，马克思在大量的阅读关于东方农村公社土地所有制和史前社会的相关史料及其著作之后，吸收了其中大量的合理思想观点，并且在对东方社会和史前社会的研究中，得出了关于亚细亚所有制的新的观点，这就为进一步探索整个人类社会经济形态的历史演进奠定了重要的理论基础。

在马克思看来，农村公社并非俄国所独有，在历史长河中回望遥远的过去，人们就会发现西欧各地都存在不同程度的古代类型的公社所有制。因此，如何从世界范围内认清这种农村公社的历史方位及其发展趋势，就成了马克思晚年提出的"跨越卡夫丁峡谷"思想的真实意图。马克思和恩格斯在《共产党宣言》1882年俄文版序中明确指出："《共产主义宣言》的任务，是宣告现代资产阶级所有制必然灭亡。但是在俄国，我们看见，除了迅速盛行起来的资本主义狂热和刚开始发展的资产阶级土地所有制外，大半土地仍归农民公共占有。"① 为此，马克思和恩格斯进一步提出，俄国"是能够直接过渡到高级的共产主义的公共占有形式呢？或者相反，它还必须先经历西方的历史发展所经历的那个瓦解过程呢"②？对于这个问题，马克思和恩格斯给出了唯一可能的答复，那就是："假如俄国革命将成为西方无产阶级革命的信号而双方互相补充的话，那么现今的俄国土地公有制便能成为共产主义发展的起点。"③ 可以说，马克思和恩格斯的这一答复，不仅再一次向世人明确了对于自己研究成果的鲜明态度，也指明了《共产党宣言》的任务及其结论的使用

① 《马克思恩格斯文集》第2卷，人民出版社2009年版，第8页。
② 《马克思恩格斯文集》第2卷，人民出版社2009年版，第8页。
③ 《马克思恩格斯文集》第2卷，人民出版社2009年版，第8页。

范围，更是为落后国家提出了一条新的道路的可能性。

其次，关于落后国家跨越资本主义"卡夫丁峡谷"后面临的落后的社会生产力与先进的社会制度的矛盾问题。经济文化落后的国家在实现了比较特殊的社会阶段跨越之后，就会面临先进社会制度和落后社会生产力不相匹配的矛盾和问题。尽管马克思和恩格斯未对这一问题作出直接回应，但我们仔细研究马克思跨越思想的相关论述，仍然可以找到解决该问题的部分答案。实际上，马克思和恩格斯一直在强调的，俄国对内要对其农业进行现代化的改造，同时俄国对外要不断吸收西方资本主义文明所创造的一切文明成果，如果要用一句话来概括，即大力发展现代化的生产力。针对这一问题的解决，列宁在俄国十月革命获得胜利之后，便对俄国的社会主义建设中存在的问题，有了进一步的认识。列宁解决本国社会主义问题的措施主要是大力发展生产力和调整生产关系，即用资本主义发展社会主义。在列宁之后，社会主义国家的领导人也积极进行了探索，从斯大林和毛泽东的社会主义探索来看，这一过程既有经验也有教训。社会主义建设的历史表明，发展社会生产力是需要一个过程的，同样，在所有制的发展问题上也需要一个循序渐进的过程，不能生搬硬套也不能急于求成，从中国的改革开放的实践来看，马克思在晚年提出的"跨越卡夫丁峡谷"思想，在邓小平重新肯定了列宁的思路基础上，提出社会主义的本质问题和改革实践，无疑是对破解落后的社会生产力与先进的社会制度之间的矛盾的历史课题提供了一种可行的思路。

最后，关于落后国家建设社会主义必须充分吸收西方资本主义的积极成果问题。马克思指出，经济文化落后的俄国之所以有可能跨越资本主义"卡夫丁峡谷"，关键在于俄国的发展与整个资本主义生产统治下的世界市场紧密联系在一起，即把资本主义所有制的肯定的成果应用到俄国公社中。列宁在领导俄国的经济建设过程中，就深刻地认识到要使俄国先天不足的社会主义建设得到后期弥补，就必须要向西方资本主义发达国家学习先进的技术和管理经验，包括整个中国的改革开放实践也是以学习和引进西方发达国家的资金技术来发展社会生产力，并且不断推进改革使得社会主义建设充满活力。由此可见，在经济文化相对落后的国家建设社会主义，就必须充分吸收和利用资本主义的一切积极成果，这是马克思"跨越卡夫丁峡谷"思想的重要思路。因此，马克思"跨越卡夫丁峡谷"思想的提出，不仅为落后国家如何对待资本主义积极成果做出了思路指引，同时也是对马克思所有制外部关系理论的一次深化，即在关于马克思所有制中所有者和非所有者的关系的理论研究中，也应当是遵循历史与逻辑统一的思路，都应当是在大胆吸收和借鉴人类一切文明成果的基础上，不断去深化和延伸相关理论研究。

综上所述，马克思主义既不是脱离现实实践的教条和空想，也不是离开人类社会文明大道而故步自封的思想，相反，它既是对现实社会所处的时代思想文化中先进有价值的文明成果的积极吸收和运用，同时又始终坚持一种在批判现实世界的革命实践中去创造一个新世界的革命方法，并且随着不同的社会实践的阶段发展而不断完善和发展。马克思所有制外部关系理论，一方面，它对人类社会历史发展规律和整个资本主义社会生产方式的内部矛盾现实运动进行了科学的预见和总结，另一方面又无时无刻不在关注人类思想文化发展的文明成果，以及资本主义生产方式矛盾发展的最新问题和世界无产阶级革命运动发展的最新实践动向，在这样既有现实观照又有理论回应的过程中不断走向丰富与发展。

## 第三节　对马克思所有制外部关系理论的继承与发展

在共产党人反对现存的社会制度和政治制度的革命运动中，"所有制问题是运动的基本问题"[①]。马克思和恩格斯关于所有制问题的论述，在马克思主义理论体系中占据着十分重要的地位。可以说，它不仅在国际共产主义运动中产生了广泛而深远的影响，而且伴随着这一运动还得到了进一步的丰富和发展。

---

① 《马克思恩格斯文集》第 2 卷，人民出版社 2009 年版，第 66 页。

### 一　苏联革命建设时期对马克思所有制外部关系理论的继承与发展

马克思在批判现代资本主义私有制的过程中，采用了"联合起来的生产者的财产""联合起来的社会个人所有制""重建个人所有制"等形式对未来社会所有制进行了描绘。实际上，这些提法就是"全体社会成员共同占有"的同义语。然而，当人们进一步思考究竟如何实现这一"共同占有"时，马克思主义经典作家只提出了这一原则高度规定，却没有给出明确的、具体的答案。这样一来，对于社会主义公有制具体内涵及其实现形式，只能留给后人去不断探索回答。

恩格斯在《反杜林论》中指出："无产阶级将取得国家政权，并且首先把生产资料变为国家财产。……国家真正作为整个社会的代表所采取的第一个行动，即以社会的名义占有生产资料，同时也是它作为国家所采取的最后一个独立行动。"① 也就是说，在无产阶级夺取政权后，首先要做的是以社会的名义占有资产阶级的全部财产，使他们的全部资产归无产阶级支配，从而在此基础上直接过渡到社会主义社会。就俄国革命而言，新生的苏维埃政权刚一成立，便受到世界各帝国主义国家包围，试图将新生政权扼杀在摇篮之中。在这一特殊情况下，苏俄大力推行了废除土地私有制、实行土地国有化、实行余粮征集制、没收全部社会资本归国有等"战时共产主义"政策。事实证明，在这种政策的指引下，苏俄集中了全国的人力、物力和财力，它对于粉碎国外武装干涉、赢得战争的胜利，起到了至关重要的作用。然而，在社会生产力发展水平还没有得到极大提高和人们的思想文化水平还没有得到极大发展的前提下，这种"超前的"国有化政策一旦失去"外部环境"，它的局限性便立刻暴露出来，即它既无法解决物质资料匮乏时代人们对于物质资料的依赖性问题，也无法将"国有经济"更好地反馈给全体社会成员，从而使人们能够真实地感受到"国有经济"优越性等问题。正是在这种情况下，列宁果断地用"新经济政策"取代

---

① 《马克思恩格斯文集》第9卷，人民出版社2009年版，第297页。

了"战时共产主义"政策。在列宁看来，"'战时共产主义'是战争和经济破坏迫使我们实行的。它不是而且也不能是一项适应无产阶级经济任务的政策。它是一种临时的办法"①。列宁曾明确指出，"没有建筑在现代科学最新成就基础上的大资本主义技术，没有一个使千百万人在产品的生产和分配中严格遵守统一标准的有计划的国家组织，社会主义就无从设想"②。由此可见，马克思关于未来社会的美好构想，只是做了原则高度的预想，其必须以生产力的高度发展为必要前提，如果违背了这一客观规律，而试图直接跨越到社会主义，只会事与愿违，只能给事业发展带来严重挫折。

在深刻反思战时共产主义政策付出的巨大代价后，苏联领导人逐步意识到实现向社会主义过渡是一个漫长而又充满曲折的历史过程，忽视本国的具体国情，照搬照抄马克思主义经典作家的现成结论，只会将苏联社会主义事业引向歧路。但与此同时，"所有制形式的变革是否会带来国家政权的变更？同一社会形态下是否能容纳多种所有制关系共同存在？所有制改革如何保持无产阶级专政的国家性质不动摇？"等一系列问题一直阻碍着苏联改革的步伐。直到 1921 年，苏联实行了新经济政策，种种疑惑最终被历史实践所解答。首先，在土地关系上，确认了农民作为土地经营者的合法地位与获得物质利益的正当权利，同时在一定条件下允许土地流转与雇佣经营，并采用"合作社"的形式引导农民走向社会主义农业集体化，使得农民的生产经营自主权和积极性被进一步释放，生产关系与社会关系逐步实现由单一的公有制向多种所有制实现形式转变，极大地促进了农业的恢复和农业生产力的提高。其次，在企业改革方面，扩大企业自主经营权，逐步实行"租赁制"，相继颁布《租让法令》《租借条例》等政策法规，鼓励私人资本经营，盘活国有资产。最后，加大引进外资力度。鼓励外资通过独资、合资、技术援助等形式参与社会资本运行，不断引进外资及先进技术、管理经验，运用多

---

① 《列宁选集》第 4 卷，人民出版社 2012 年版，第 502 页。
② 《列宁选集》第 4 卷，人民出版社 2012 年版，第 493 页。

种手段激活社会经济活力。新经济政策所探索出的公有制多种实现形式，既坚持了国有化的基本原则不变，又结合苏联实际，开创出多种所有制形式多元共存的良好局面，为调动生产积极性、进一步恢复社会经济做出了巨大贡献。

然而，好景不长，1924年1月，列宁在莫斯科因病逝世，新经济政策也被迫中止。列宁逝世后，党内争论焦点主要集中在要不要继续执行新经济政策，该采取何种所有制形式建设社会主义。在斯大林执政早期，新经济政策还是受到肯定的，但是在短暂肯定后，他认为社会主义社会中不可能同时容纳公有制和私有制两种不同经济制度，多种所有制必然会影响到国家政权的性质，因而在短暂肯定后便转向全盘否定新经济政策，主张实行彻底的公有制。20世纪20年代末，苏联开启了大规模的国有化和农业集体化运动，在各个领域内挤兑、剔除非公有性质经济成分，试图建立单一的公有制经济，在这场声势浩大的国有化运动中，国有经济最终在国民经济中占据主导地位，统治与支配着其他经济成分。随着公有制经济快速发展，原先的盲动冒进、大搞群众运动的不良风气也在布尔什维克党中逐渐蔓延开来。1936年前后，苏联完成了社会主义工业化，基本建立起中央集权、高度统一的单一公有制经济制度。这是依照马克思主义经典作家所设想的未来社会所有制为基本框架的，在苏联历史上曾经起过积极的作用，但随着客观实际的不断变化，高度集权的发展模式就无法适应发展变化中的世界经济政治形势，因而其历史作用逐渐由积极转变为消极。尤其在第二次世界大战结束后，斯大林模式最终走向僵化，苏联经济由高速增长转向连年衰退，人民生活水平急速下降，这也使得人们开始重新反思所有制模式的有效性与着手改革苏联经济体制。

针对斯大林模式出现的种种弊端，赫鲁晓夫、勃列日涅夫都尝试开展经济体制改革，试图挽救苏联经济的颓势。但由于没有认识到问题的深层次原因以及"左"的思想在党内持续泛滥，改革不仅没有从根本上解决问题，反而使社会矛盾不断加深，国民经济进入"停滞时期"。20世纪80年代，随着世界经济改革浪潮的推进，苏联开始探索所有制改革，并在认识上较以往有了进一步深化。首先，抛弃了以公有化为绝对标准的生产力观，确立以是否能够调动生产积极性、促进发展为判断所有制形式符合国情的科学标准；其次，国有企业实行"两权分离"并不会改变国有企业的所有权性质；最后，社会的经济成分应该多样化，由多种所有制形式所组成的所有制结构才是最佳方案。不可否认，在当时发展多种所有制经济是十分大胆、创新的想法，在一定程度上丰富了马克思所有制思想的内涵与外延，创造性地提出了社会主义条件下发展多种所有制的设想，虽然最后的改革不够彻底，甚至走上了全盘私有化的道路，但这种设想至今仍然是具有启发价值的，它对中国以及世界社会主义国家的改革提供了一定的借鉴与反思。

**二 中国革命建设改革时期对马克思所有制外部关系理论的继承与发展**

中国在革命、建设和改革的不同历史时期，把马克思所有制外部关系理论与中国具体实际相结合，分别采取了不同所有制政策，赢得了绝大多数人的拥护和支持，从而取得了革命建设改革的一个又一个伟大胜利。同时，也正是在这一实践过程中，中国共产党进一步丰富和发展了马克思所有制外部关系理论。

**（一）新民主主义革命时期对马克思所有制外部关系理论的继承与发展**

新民主主义革命时期包括了国民大革命、土地革命、抗日战争、解放战争等几个重要历史阶段。对于马克思所有制关系的继承与发展，最早可以追溯到建党前后。李大钊、陈独秀、胡适等人对此都发表过十分具有洞见性的观点，如李大钊在《劳动问题的祸源》一书中直指工银制度这一导致社会不平等的起源，并揭露了资本剥削劳动者的残酷事实；陈独秀则认为中国社会深受帝国主义、封建主义、官僚资本主义"三座大山"的沉重压迫，这就决定了中国经济绝不可能同已经发展起来的国外大工业经济相竞争，中国革命势必要经历一个"两步走"的阶段。中国共产党成立后在很大程度上沿用了这些主张，中共一大将"消灭资本家私有制，没收机器、土地、厂房和半成品等生产资料，归社会公有"①载入政治纲领。1922 年 6 月，中共中央发表的《中共中央第一次对于时局的主张》，明确提出了取消列强在华经济特权、没收军阀官僚的财产等经济原则。可以说，这一时期党对所有制问题已经十分重视，但还未能构建出一个符合中国需要的所有制理论，但是从所有制创新理论的准备来看，这无疑还是具有进步意义的。

大革命时期，中国共产党对社会经济状况有了进一步认识，并对所有制问题进行了深入思考。1924 年，毛泽东在《中国社会各阶级分析》一文中，深刻分析了中国社会各阶级的经济地位及对革命的态度，进一步明确了工业无产阶级是革命的领导阶级、农民是革命的同盟军、一切勾结帝国主义的阶级都是我们的敌人，这一思想奠定了整个新民主主义理论的基础。大革命失败后，毛泽东对历史错误进行分析，系统剖析了中国革命的前途、道路、领导力量等问题，决定在农村开辟革命根据地，开展了土地革命与经济建设。土地革命时期，中国共产党在总结实践经验基础上提出了许多创新理论成果。以 1940 年《新民主主义论》为主要代表，开始了探索中国自己的经济建设道路，对新民主主义社会经济关系做了具体阐述，提出"大银行、大工业、大商业，归这个共和国的国家所有。'凡本国人及外国人之企业，或有独占的性质，或规模过大为私人之力所不能办者，如银行、铁道、航路之属，由国家经营管理之，使私有资本制度不能操纵国民之生计，此则节制资本之要旨也'"②，重申了公有制经济占支配地位的基本原则。在这一时期，变革所有制关系既同无产阶级革命任务紧密联系在一起，又同社会发展紧密联系在一起，充分展现了变革所有制关系对发展生产力的积极作用，有效推进了革命根据地政权建设，极大地丰富与发展了马克思所有制关系理论。

1937 年 7 月 7 日，"七七事变"爆发，中国人民吹响了抗日战争的

① 《中共中央文献选集（1921—1925）》，中共中央党校出版社 1982 年版，第 5 页。
② 《毛泽东选集》第 2 卷，人民出版社 1991 年版，第 678 页。

冲锋号。抗日战争时期，中华民族与帝国主义之间的矛盾上升为中国社会主要矛盾，为了集中力量抵抗外国侵略者，中国共产党适时调整经济政策，停止没收地主土地政策，实行"地主减租减息、农民交租交息"，从而凝聚了抗日力量，保证了反帝反封建民主革命任务的顺利完成。1945年，毛泽东在中共七大报告《论联合政府》中指出："有些人怀疑中国共产党人不赞成发展个性，不赞成发展私人资本主义，不赞成保护私有财产，其实是不对的。""在现阶段上，中国的经济，必须是由国家经营、私人经营和合作社经营三者组成的。"① 针对"有些人不了解共产党人为什么不但不怕资本主义，反而在一定的条件下提倡它的发展"，毛泽东指出："我们的回答是这样简单：拿资本主义的某种发展去代替外国帝国主义和本国封建主义的压迫，不但是一个进步，而且是一个不可避免的过程。它不但有利于资产阶级，同时也有利于无产阶级，或者说更有利于无产阶级。"② 由此可见，中国的具体国情和抗日战争时期的历史任务，决定了新民主主义经济组成与社会主义条件下发展私人资本的历史合理性，从而获得了抗日民众的支持。

解放战争时期，毛泽东对新中国成立后的所有制问题做了通盘考虑，新民主主义经济政策不断完善并趋向成熟。在这个阶段，毛泽东作了题为《目前形势和我们的任务》的报告，明确提出新民主主义革命时期"三大经济纲领"，即"没收封建阶级的土地归农民所有，没收蒋介石、宋子文、孔祥熙、陈立夫为首的垄断资本归新民主主义的国家所有，保护民族工商业"③。关于在对四大家族资本的没收中，事实上体现了当时新民主主义革命的特征，又同时体现了社会主义革命的性质，从而重新确立起公有制的主导地位，制定了工作重心由农村向城市转移的战略决策，在解放区开展了广泛而又具有鲜明新民主主义性质的经济建设，为

---

① 《建党以来重要文献选编（一九二一——一九四九）》第二十二册，中央文献出版社2011年版，第156页。

② 《建党以来重要文献选编（一九二一——一九四九）》第二十二册，中央文献出版社2011年版，第158页。

③ 《毛泽东选集》第4卷，人民出版社1991年版，第1253页。

新中国建立后经济政策与经济发展战略做了理论准备和经验积累，是我们党经济建设史上的一个重要转折点。

在新民主主义时期，中国共产党重点围绕变革"半殖民地、半封建"性质的旧式的经济关系，试图探索建立一种新民主主义的经济结构，为建立一个经济独立、国家富强的新中国打下坚实的经济基础。这个时期党创造性地提出了许多具有预见性的政策方针，如"新民主主义革命所要消灭的对象，只是封建主义和垄断资本主义……而不是一般地消灭资本主义"①。在这一时期，中国共产党进一步厘清了所有制革命的对象，提出了新民主主义经济并不是一味地排斥资本主义的重要观点；明确了新民主主义的指导方针，"新民主主义国民经济的指导方针，必须紧紧地追随着发展生产、繁荣经济、公私兼顾、劳资两利这个总目标。一切离开这个总目标的方针、政策、办法，都是错误的"②。这一切，为新中国的经济建设指明了发展方向。总而言之，党在新民主主义时期的所有制理论与实践符合了当时的历史实际，符合马克思和恩格斯的一贯思想，很好地继承与发展了所有制关系理论，尤其是拓宽了尚未实现独立的经济落后国家走向经济独立解放的发展道路。

（二）社会主义革命和建设时期对马克思所有制外部关系理论的继承与发展

1949 年 10 月 1 日，新中国成立，彻底结束了帝国主义列强侵略压迫中国、欺凌奴役中国人民的屈辱历史，中国人民真正实现了"站起来"，扫清一切阻碍发展的社会条件，建立根本的政治前提。如果依照马克思主义经典作家设想的那样，社会主义需要在资本主义高度发展的条件下才能达到，那么中国在完成新民主主义革命后，就应先发展资本主义，再经由社会主义革命实现资本主义社会向社会主义社会的转变。对此，毛泽东则早在《新民主主义论》中就客观分析了中国所处的形势与科学指明了未来方向，"在第一次帝国主义世界大战和俄国十月革命

---

① 《毛泽东选集》第 4 卷，人民出版社 1991 年版，第 1254 页。
② 《毛泽东选集》第 4 卷，人民出版社 1991 年版，第 1256 页。

胜利之后，中国反帝反封建的资产阶级民主革命已经属于世界无产阶级社会主义革命的一部分；因而在革命胜利之后，再搞资产阶级专政是行不通的：一是帝国主义不容许，因为它只允许中国变为其殖民地；二是社会主义不容许，如果中国走资本主义道路，就会失去社会主义国家和国际无产阶级的援助，就不可能成为独立自主的国家，而只能是帝国主义国家的附庸国；三是工人、农民和其他小资产阶级不容许资产阶级独占民主革命的胜利果实"①。同时，中国民族资产阶级的妥协性、软弱性就决定了其无法带领人民完成历史使命，因而所有制问题在此时便与社会形态转变、生产关系变革紧密地联系在一起，历史性地带有新民主主义性质，成为实现由新民主主义社会向社会主义社会转变的根本问题。

中国共产党在成立之初就鲜明地将实现共产主义写在了自己的旗帜上，并确立为最高目标，这就决定了在所有制问题上，与马克思的态度始终保持一致——与私有制实行"最彻底的决裂"。新中国成立之后不久，中国共产党便开始着手变革资本主义生产关系，没收买办、官僚资本，废除资本主义私有制，并逐步建立起社会主义国营经济，控制国家经济命脉，为党执行一系列经济改革措施打下了良好基础；在全国范围内推行土地改革，组织农民加入农业生产合作社，走互助合作的社会主义集体化道路；到1952年，我国国民经济得以恢复，民主革命遗留任务已经完成，经济、政治及社会面貌发生巨大变化，毛泽东和党的其他领导人重新思考向社会主义过渡的时间和步骤问题，认为在农村和城市开始逐步进行社会主义改造已经成为必要并有了实现的可能。1953年12月，毛泽东在《革命的转变和党在过渡时期的总路线》中指出："从中华人民共和国成立，到社会主义改造基本完成，这是一个过渡时期。党在这个过渡时期的总路线和总任务，是要在一个相当长的时期内，逐步实现国家的社会主义工业化，并逐步实现国家对农业、对手工业和资本主义工商业的社会主义改造"，"党在过渡时期的总路线的实质，就是使

① 《毛泽东选集》第2卷，人民出版社1991年版，第679—683页。

生产资料的社会主义所有制成为我国国家和社会的唯一的经济基础"①。在毛泽东看来，"只有完成了由生产资料的私人所有制到社会主义所有制的过渡，才利于社会生产力的迅速向前发展，才利于在技术上起一个革命"②，使用各类机器直至最先进的机器去工作。可以说，"一化三改"的总路线，提出了建设与改造同时并举的方针，旨在废除私有制和资本主义经济关系，实现了发展生产力与变革生产关系的统一。邓小平曾经评价道："资本主义工商业社会主义改造的胜利完成，是我国和世界社会主义历史上最光辉的胜利之一。"③

　　1956 年底，我国社会主义改造基本完成，建立了社会主义基本制度，从根本上改变了中国人民的命运。但在改造的过程中，我国不可避免地产生了要求过高、工作过粗和形式过于单一的问题，阻碍了社会生产力的发展，这也暴露出单一的公有制结构无法完全适应我国的地区、城乡、产业之间发展不平衡的实际情况，所有制领域亟待变革。1956 年召开的中共八大，及时对新中国成立以来的经济建设经验进行了全面梳理和反思，为我国社会主义建设提供了良好的思路。陈云针对单一公有制经济效率不高的问题，提出了"三个主体、三个补充"的重要思想，允许公有制经济之外发展一定的私有制经济作为补充，正确处理了计划经济与市场经济、公有制经济和个体经济之间的关系，是社会主义改造后对所有制改革的重要探索，在具体实践中取得了很大成效。虽然，在中共八大以后，我国推行的一系列改革措施在一定程度上突破了传统的苏联模式，但在对于所有制这一问题的理解和认识上，并没有从根本上实现突破，即还未离开单一公有制结构的窠臼，"允许少数个体经济甚至私营经济的存在，也只是暂时的策略，并不意味着多种经济成分长期并存发展"④。尤其是在 1957 年后的二十年内，党内"左"的路线占了统治地位，阶级斗争取代了经济社会建设成为社会的首要矛盾，不间断

---

① 《毛泽东文集》第 6 卷，人民出版社 1999 年版，第 316 页。
② 《毛泽东文集》第 6 卷，人民出版社 1999 年版，第 316 页。
③ 《邓小平文选》第 2 卷，人民出版社 1994 年版，第 186 页。
④ 武力：《中华人民共和国经济史》，中国时代经济出版社 2010 年版，第 309 页。

的政治运动使得单一公有制进一步巩固，所有制结构趋于僵化。因此，在这二十多年间，所有制问题并未得到新的突破，直到党的十一届三中全会的召开。

（三）改革开放新时期对马克思所有制客体外部理论的继承与发展

1978 年，"文化大革命"结束不久，"左"的思想依旧在党内有着重要影响，"两个凡是"的错误思想严重制约着党和国家事业的发展。为此，在邓小平支持并推动的"真理标准大讨论"中，重新确立了党的解放思想、实事求是的思想路线，从而使全党摆脱了"两个凡是"错误思想路线的束缚，实现了思想路线上的拨乱反正，提出了"一个中心，两个基本点"的基本路线。在党的十一届三中全会公报中，明确提出了个体经济与私营经济是社会主义经济的必要补充，不应该乱加干涉[①]。从此，个体经济、私营经济等非公有制经济重新活跃起来。随着农村逐步实行家庭联产承包责任制以及知识青年"上山下乡"运动的结束，农村剩余劳动力和知识青年的去处问题成为亟待解决的社会问题。在这样的背景下，许多地方就试图通过变革所有制来解决就业问题，在一定范围内允许集体经济与个体经济的发展，鼓励待业人员自主就业与自谋职业。正因如此，1980 年中共中央转发全国劳动就业会议议定的文件《进一步做好城镇劳动就业工作》的指导意见，对于鼓励发展个体经济自主解决就业问题，给予了一定便利条件。

随着国家政策的不断宽松，越来越多的待业人员加入到了个体经济从业者当中，一些规模较大、雇佣较多的个体经营者"大户"便逐渐发展成为私营经济。例如，私营经济第一户安徽芜湖"傻子瓜子"由最初 10 人两年内发展到 100 人，规模不断扩大。"傻子瓜子"的迅速扩张被很多人指责是走资本主义道路，在当时引发了极大争议。对此，邓小平明确指出，一个"傻子瓜子"并不能够伤害社会主义，营造了宽松的政策环境，使人民卸下了思想包袱敢于尝试从事个体经营或企业私营，由此私营经济便迅速发展起来。与非公有制经济快速发展相对应的是国有

---

① 《三中全会以来重要文献汇编》（上），中央文献出版社 2011 年版，第 7 页。

企业改革。在高度集中的计划经济体制下，国有企业是一种政企合一的特殊时代产物，完全依靠政府下达的指令进行企业的生产、销售和管理，企业没有任何自主权，这也使得企业同社会需求之间完全脱节。传统体制下的国有企业遵循着收支由国家调控的方式进行经营，职工的工资只和工龄、职级相关，与企业的效益无关，干多干少一个样，干好干坏一个样，职工的积极性、主动性严重缺失。计划经济体制下国有企业暴露出来的管理僵化、脱离市场、效率过低等弊端严重制约了社会经济的发展，国有企业内部亟待一场改革激发其活力。

1978年底召开的十一届三中全会，已经明确提出要逐步下放企业自主管理权，改革现有的国有企业管理体制。在之后一段时间内的国有企业改革，主要包含两个方面的内容：一方面是"放权"，要求政府机构适当放松对国有企业的指令性管理，下放一部分原本属于政府控制的管理权力，扩大国有企业的自主经营空间。另一方面是"让利"，改变原先所有企业利润上缴国家的分利方式，允许企业留存一部分利润，成立企业基金，用于支付职工分红和绩效激励等，试图进一步调动国企职工的积极性。通过改革，企业虽然获得了一定的自主经营权和自主发展空间，激发企业经营主体活力，使国有企业真正成为一个具有内在发展动力的利益主体，职工参与生产、管理的积极性、主动性得到调动，经济效益获得明显提升。但同时，我们必须看到，国有企业改革并没有从根本上改变国有企业处于政府控制下的地位，仍然还不是一个独立的市场主体，企业经营权依旧受到国家所有权的绝对支配，改革还未触动深层的国有企业制度，以上种种问题都说明目前的改革措施还不足以解决根本问题，国有企业改革仍任重道远。

社会主义市场经济体制的建立才是解决问题的关键。1992年春，邓小平在南方谈话中提出"计划和市场都是经济手段"的科学论断，消除了一直以来阻碍经济体制改革向前发展的姓"资"姓"社"疑惑，极大地解放了思想，开拓了视野，为后来探索建立社会主义市场经济体制奠定了思想基础。1992年在党的十四大中正式将建立社会主义市场经济体制作为发展目标，并且强调市场在资源配置中的基础性作用。随后 1993 年党的十四届三中全会中明确了市场经济的基本框架，意味着我国全方位开始了市场经济体制的建设之路。再到 1997 年我国确立了"公有制为主体多种所有制经济共同发展"的基本经济制度。2001 年底，我国正式加入世界贸易组织，标志着我国对外开放迈上了新的台阶。2002 年召开的党的十六大，宣告了我国已经初步建立起社会主义市场经济体制，同时提出了股份制和混合所有制等所有制变革新形式，为进一步完善我国所有制结构探索了新模式新途径。可以说，社会主义市场经济体制的逐步探索与建立，是我国在所有制关系领域的一大创举。社会主义市场经济体制将社会主义与市场经济有机结合在一起，弱化了计划与市场这两种调控手段的制度属性，开创出在社会主义条件下发展市场经济的体制模型，使得社会主义的制度优势不断彰显，我国经济体制更加完善、更具有活力。在这一阶段，中国共产党探索建立社会主义市场经济体制改革的理论与实践，极大丰富了马克思所有制外部关系理论。

（四）新时代对马克思所有制外部关系理论的继承与发展

党的十八大以来，我国持续推进全面深化改革开放，将经济体制改革作为改革发展的突破口，进一步解放和发展社会生产力，所有制理论取得了一系列重大进展。进入新时代，我国发展的条件和基础发生了重大变化。我国进入新发展阶段，已经由高速增长阶段转向高质量发展阶段，社会主要矛盾已经演化为人民日益增长的美好生活需要和不平衡不充分发展之间的矛盾；经济联系更加紧密，社会分工更加细化，科技的发展促使经济社会的更新换代不断加快，经济发展越来越依靠科技创新与生产效率的提高；日益加强对生态环境保护的重视，传统的高污染、高耗能的粗放型发展方式难以为继，社会生产亟待一场动力变革；消费者的消费需求日益个性化、多样化、精细化，更加注重产品质量、环保等级、安全系数，需求端呈现出需求增大、消费升级的基本特点。党的十九届四中全会通过的《中共中央关于坚持和完善中国特色社会主义制度 推进国家治理体系和治理能力现代化若干重大问题的决定》指出："公有制为主体、多种所有制经济共同发展，按劳分配为主体、多种分配方式并存，社会主义市场经济体制等社会主义基本经济制度，既体现了社会主义制度优越性，又同我国社会主义初级阶段社会生产力发展水平相适应，是党和人民的伟大创造。"① 社会主义基本经济制度的重大创新，是新时代以来我国在发展所有制理论方面的标志性成果，对发展具有中国特色的所有制理论、完善中国特色社会主义制度都具有十分重要的意义。

自党的十六大确立"两个毫不动摇"的政策方针以来，中国共产党始终坚持巩固与发展公有制经济的主体地位与鼓励、支持和引导非公有制经济发展，在二者的统一中不断推动中国特色社会主义经济建设与深化经济体制改革。但一直以来，将公有制经济与非公有制经济对立起来的观点依然普遍存在，并制约着当前的经济改革的实践。其中，有许多问题需要我们进一步澄清，如国有企业与私营企业之间是否能保持平等的竞争地位，如何看待"民营经济退场论"与"国有经济退场论"二者是否相矛盾，在一些非公有制经济占据主要经济指标的背景下我们还应如何理解公有制经济的主体地位与国有经济主导作用，等等。这些问题都需要我们在理论与实践上给予回应。事实上，以上问题都有一个共同点，就是把公有制经济与非公有制经济之间看成是相互矛盾、斗争和对立的，即一种非此即彼、非彼即此的关系。如果无法理解二者之间相互对立、相互促进的辩证关系，就无法理解中国特色社会主义对马克思所有制关系理论的继承与发展。

一方面，坚持公有制的主体地位与各种不同所有制经济平等竞争，二者并不是矛盾的。公有制经济占主体地位应该从"质"的角度来理解，而不能简单从"量"的角度理解。早在党的十五大报告中，中国共产党就已回答了关于公有制主体地位的理解偏差问题，其主要观点是："公有制的主体地位主要体现在公有资产在社会总资产中占优势，国有经济控制国民经济命脉，对经济发展起主导作用；而公有资产占优势，

---

① 《中共中央关于坚持和完善中国特色社会主义制度 推进国家治理体系和治理能力现代化若干重大问题的决定》，人民出版社 2019 年版，第 18 页。

要有量的优势，更要注重质的提高，不同行业、不同地区可以有所差别。"① 因此，一个社会的经济成分并不是单一的，而应该是由多种经济成分共同组成的，过分关注非公有制经济的相关指标则必然会忽视公有制的作用，而过分关注"量"的指标则必然会忽视"质"的存在。因此，公有制经济和非公有制经济，二者在社会经济结构中发挥的作用是完全不同的，可以并行不悖。马克思在理解资本主义经济关系时，曾提出"普照的光"的理论，"在一切社会形式中都有一种一定的生产决定其他一切生产的地位和影响，因而它的关系也决定其他一切关系的地位和影响。这是一种普照的光"②。而在我国所有制结构中，公有制就是那"普照的光"，决定着社会主义经济制度的性质，决定着其他一切经济关系的地位和影响。简单地用数量的多少来套用中国的实践，将公有制经济为主体、非公有制经济共同发展等同于私有制经济，是完全错误的。

另一方面，公有制经济与非公有制经济在社会主义社会中发挥的经济作用各不相同，这就决定了我们依然要坚持"两个毫不动摇"。具体来说：第一，党对经济工作的集中统一领导就体现为公有制经济在社会生产中占据优势地位，相当数量的公有资产是社会主义制度发挥其制度优势的前提基础。可以说。只有有了这个重要前提，党的领导才能有物质基础和物质保证，社会主义的优越性才能最终显现出来。第二，非公有制经济依托其资本的进步作用，在我国得到了迅速发展，明显推动了生产效率的提升、社会生产力的发展，使先进的科学技术和管理经验在我国逐步推广开来，对促进创新、增加就业、提高人民生活水平具有十分重要的作用，是支撑我国经济社会发展的重要力量。第三，当前我国仍处于社会主义初级阶段，社会发展水平依旧不高，同时我国发展还面临着复杂严峻的内部外部挑战。从国内来看，经济转型压力仍然十分巨大、改革进入攻坚克难期，从国际上看，百年未有之大变局与新冠疫情相互交织，外部风险与挑战日益增多，发展的不稳定性不确定性十分突

---

① 胡家勇：《论新时代所有制理论的创新发展》，《江海学刊》2018 年第 5 期。
② 《马克思恩格斯文集》第 8 卷，人民出版社 2009 年版，第 31 页。

出。因此，当前我国面临的首要任务依旧是抓紧机遇搞生产、一心一意谋发展，集中力量办好自己的事，着力解决好发展不平衡不充分的问题，这就需要调动一切有利于生产力发展的积极因素，使各种所有制经济在市场竞争中各尽其能，相互促进，充分激发各类市场主体活力。

社会主义基本经济制度的重大理论创新，科学认识所有制、生产关系、经济体制之间的相互关系，进一步重申所有制在经济制度中的基础地位与公有制的主体地位，使得公有制与非公有制之间实现优势互补、相互促进、相互融合、共同发展，丰富与发展了马克思的所有制理论和中国特色社会主义经济理论。

### 三　马克思所有制外部关系理论的发展前景

马克思所有制外部关系理论博大精深。通过对马克思、恩格斯的经典文本和马克思、恩格斯的实践活动，以及马克思所有制外部关系理论在苏联和中国实践历程的深化研究，我们大体上可以把马克思所有制外部关系理论概括为三个层面的内容：第一个层面，它不仅深刻揭示了所有制关系在生产方式、交往方式中的基础性地位，而且决定了资本主义国家的政治制度、法律制度、意识形态等一切上层建筑的性质和属性；第二个层面，它深刻揭示了所有制关系的变迁规律，尤其是社会主义公有制替代资本主义私有制的历史必然性；第三个层面，所有制关系的变更并非是一个线性发展规律，每个国家和每个民族因为历史、文化和国情的差异，完全可以有自己本国家、本民族的独特的所有制关系变迁道路。从第一个层面来看，要想变革一个社会的生产方式、交往方式，以及变革一个国家的政治制度、法律制度、意识形态等，就必须要从变革这个社会和国家现存的或者已有的所有制关系开始，因为所有制关系的变革是一切社会变革的前提和基础，是整个运动和变革中的一个核心和基本问题。从第二个层面来看，任何社会的所有制形式都不是一成不变的，换句话说，私有制也不是从来就有的、永恒不变的。它本身就有一个产生、发展和灭亡的过程。无论是从社会化大生产，还是从人类的解放来看，资本主义私有制是人类社会最后的也是最为完备的一种私有制，它必然会被社会主义公有制所代替。从第三个层面来看，尽管只有在社会主义公有制社会中，才能最终消灭"阶级对立的存在条件"和"阶级本身的存在条件"，从而最终实现了"每个人的自由发展是一切人的自由发展的条件"①，但是每个国家和民族在实现社会主义公有制的道路上，却是不完全相同的，它们必须根据自己本国家、本民族的历史、文化和国情来选择自己的独特道路。

中国的革命、建设和改革，创新开拓出来一条独具中国特色的社会主义经济发展理论，并且丰富发展了马克思的所有制理论，不断在中国的社会主义事业中取得了一个又一个的重大成就，在其根本上来说，就是在坚持了马克思所有制外部关系理论的科学指导下，中国走出了具有中国特色的所有制关系道路。时至今天，随着中国特色社会主义进入新时代的发展新征程，随着我国经济社会的发展，以及在发展进程中出现的新形势、新情况、新问题，给我们带来了许多具有新的历史特点的伟大斗争，尤其是世界面临着百年未有之大变局，中国社会所有制关系的变革将会走向何处？马克思所有制外部关系理论将会在哪些方面需要进一步的丰富和发展？等等。这些是我们必须进一步深入思考的重大问题。

首先，从马克思所有制外部关系理论的第一个层面来看，随着我国社会物质财富的不断积累和社会主义现代化强国建设的不断深入推进，尤其是在我国社会主义公有制经济的做优、做大、做强的过程中，公有资产的功能将会极大地拓展和充分地发挥出来，主要有三个方面：一是从国家性质层面上看，要求公有资产在社会总资产中占优势和国有经济控制国民经济命脉的主导作用。通过国有经济的控制力和竞争力的提升，确保社会主义国家的经济安全和高质量发展，不断提高整体素质和生产要素的配置效率，优化产业结构和规模经济效益，增大社会总生产力，为中国共产党长期执政提供强大的物质保障，确保中国经济社会发展始终沿着社会主义的方向不动摇；二是从社会进步层

① 《马克思恩格斯文集》第2卷，人民出版社2009年版，第53页。

面上看，要求公有资产在提高教育质量均衡、提升就业容量质量、优化收入分配结构、提升社会保障水平、建设健康中国等方面提供更加坚实的物质基础，尤其是在缩小城乡差距、地区差距和收入差距推动共同富裕等方面，充分发挥其稳定器和调节器的作用；三是从个人发展层面上看，要求公有资产在提升公民在生产过程、交往过程和生活过程中的主体性、自由性和选择性上发挥引领作用，做到有劳动能力的人通过自己的劳动能过上体面和有尊严的生活，无劳动能力的人也能够活得精彩。

为了达到和实现公有资产的上述功能，我们就必须进一步加强国家的政治制度、法律制度、意识形态等社会主义性质的上层建筑建设，通过党的全面领导体系、规章制度体系和道德规范体系来鼓励、支持和引导非公有经济健康发展，做到进一步划清非公有制经济的范围和界限，坚决斩断非公有制经济向上层建筑领域渗透的"资本逻辑"，给资本设置红绿灯，规范和引导资本的健康发展，充分发挥资本在资源配置中的决定性作用和更好地发挥政府的宏观调控作用。

其次，从马克思所有制外部关系理论的第二个层面来看，既要看清资本主义私有制的发展限度，又要坚定社会主义公有制必然代替资本主义私有制的信念信心，还要充分认识到这"两种制度"在世界范围乃至一国范围内"长期共存"的客观事实。只有这样，才能根据"两种制度"的斗争性与统一性这两个方面有针对性地采取相应的对策和措施。从世界范围内来看，随着第二次世界大战以来国际社会建立以资本强权逻辑为核心的旧的国际政治经济秩序，被越来越多的热爱和平、要求独立自主地发展的国家及其人民认清后，一种以独立自主、平等参与和互利合作为特征的、超越资本逻辑的新型国际关系，必将会受到世界各国及其人民的普遍欢迎，尤其是社会主义中国倡导构建的持久和平、普遍安全、共同繁荣、开放包容、清洁美丽的"人类命运共同体"，顺应了世界历史发展的趋势和要求。在这种情况下，要看清这两种全球治理理念和治理方式的斗争性与冲突性，还要看清提升社会主义治理理念和治理方式国际认同的必要性和紧迫性，同时还要充分吸收人类社会包括资本主义社会所创造的一切人类文明成果来进一步完善自己。从国内范围来看，随着"一国两制"在香港、澳门的成功实践以及解决台湾问题的正确主张的贯彻实施，尤其是在对坚持以公有制为主体、多种所有制经济共同发展等实践经验和相关理论作出深刻总结和提炼的基础上，进一步深化对马克思主义所有制结构理论与实践研究、深化对所有制好坏的评价标准的认识以及在两种制度和谐共处、共同促进的体制机制的构建上创新，为铸牢中华民族命运共同体、为实现中华民族伟大复兴和社会主义现代化强国这一伟大目标服务。

最后，从马克思所有制外部关系理论的第三个层面来看，既要看清消灭资本主义私有制是一个长期的历史过程，也要看清建设一个符合本国历史、文化和国情的社会主义公有制也是一个长期的历史过程。就今天而言，我们需要在所有权与所有制、所有权与经营权、劳动生产率与社会生产力等区别和联系中，努力寻求社会主义公有制与资本主义私有制之间的交点与共性，依据本国的历史、文化和国情来选择符合本国实际的社会主义公有制建设道路。从所有权与所有制之间的关系来看，所有权是一个法律术语，在人类总体上还处于"物的依赖性社会"中，在一定范围内承认劳动者对自己劳动产品或对某物的所有权，既是对劳动者个人劳动的尊重，也是社会崇尚劳动、崇尚科学、崇尚创造的价值选择。而所有制是一个政治术语，如何防止少数人通过对生产资料的占有而无偿占有绝大多数人的劳动，是社会主义公有制的本质要求。因此，从这个角度上来说，承认公民合法的所有权与坚持社会主义基本经济制度之间不仅没有冲突，而且还符合当前我国的国情和具体实际。从所有权和经营权之间的关系来看，所有权尽管包含了占有权、使用权、经营权和处置权等，但是，所有权毕竟不能简单等同于经营权，一方面，我们完全可以通过所有权与经营权的分离，建立现代企业制度把国有企业推向市场；另一方面，我们必须加强体制机制建设，加强监督与管理，防止国有企业经营权推向市场的过程中，出现国有资产流失等现象。从劳动生产率与社会生产力之间的关系来看，资本主义私有制之所以创造了比过去一切时代还要多、还要大的生产力，其根本原因在于资本主义私人占有使资本与科学技术、现代管理之间的逻辑打通了，从而使资本和各类生产要素的活力激发出来，极大地提升了劳动生产率；而资本主义社会为什么会出现周期性经济危机、为什么会使社会的矛盾变得愈加尖锐、对立，其根本原因在于资本主义私人占有所创造的生产力与社会总生产力不相容、生产资料资本主义私人占有与社会化大生产不相容、资本主义极端个人主义价值观与人类社会的公平公正的价值要求不相容。为此，在一个生产力相对落后并且发展不平衡、不充分的大国，在社会主义公有制建设与发展的过程中，既要考虑如何充分学习西方发达资本主义国家所创造的现代科学技术和现代管理经验，又要考虑如何避免资本主义所有制的种种弊端。

总而言之，随着中国特色社会主义进入新时代，在中华民族伟大复兴和社会主义现代化强国逐步实现的过程中，对社会主义公有制建设问题，必将是一个长久的讨论话题。为了沿着社会主义方向进一步深化对于这一问题的讨论，我们必须做到：一是要联系马克思、恩格斯时代来加强对马克思、恩格斯的经典文本的研究，尤其是要注重对马克思所有制关系理论的整体性解读；二是要联系中国革命、建设和改革的伟大实践，尤其是改革开放四十多年来中国特色社会主义建设中取得的伟大成就来研究，充分肯定中国特色社会主义所有制理论与实践中的建设成果；三是既要防止将马克思主义所有制关系理论教条化，又要防止将中国特色社会主义所有制实践经验化。在不断推动马克思主义中国化时代化的进程中，理解马克思主义所有制关系理论，推动中国特色社会主义实践发展。

# 第三章  马克思所有制内部关系理论

所有制内部关系理论是马克思所有制关系理论的重要组成部分。它涉及对所有制内部所蕴藏的所有权、占有权、支配权和使用权等不同经济行为及其权利的规范和调整。在以个体劳动为基础的私有制社会中，人们对于所有制内部关系问题的讨论，主要集中在对占有权（使用权）与所有权之间的先后关系的论述进而聚焦到个体或共同体的所有权获得的合理性和合法性这一问题之上。然而，随着资本主义生产方式的快速发展，尤其是随着信用、法律等制度的完善，个体或共同体的所有权与占有权、支配权、使用权出现了分离态势。这样一来，如何处理好它们之间的关系，便成了所有制关系理论必须要回答的一个现实问题。马克思和恩格斯之所以对所有制内部关系进行关注和研究，是因为在资本主义社会中除了和产业工人直接打交道的产业资本家外，还存在着大量的商业资本家、农业资本家、大土地所有者、借贷资本家以及金融资本家等特殊的阶级和阶层，尤其是在股份制公司中的股民、董事会以及经理层等，它们之间的关系究竟如何理解？所有权、占有权、支配权和使用权的分离和统一，分别在社会阶层和企业经营中是如何实现的？它们之间的内在机理如何？其中又隐藏了什么秘密？等等。

## 第一节  马克思所有制内部关系理论的逻辑起点

一切科学研究都是从问题开始的。没有问题或问题意识，就谈不上有科学研究。从这个角度来说，对于一个问题的提出及对于这一问题的分析并试图解决的基本原则或思路框架，便构成了科学研究的逻辑起点。换言之，逻辑起点指一种理论或学说中蕴藏的最初规定和原则，从这个最初规定和原则中可以渐次拓展出这一思想理论体系的全部内容和全部规定。因此，澄清马克思和恩格斯对所有制内部关系理论的逻辑起点，是深化理解马克思所有制内部关系理论的内在要求。

恩格斯在《卡尔·马克思〈政治经济学批判·第一分册〉》中，对马克思政治经济学研究方法，即"逻辑方法与历史方法辩证统一"思想阐述时，提出了经济范畴的逻辑起点问题。他指出："经济范畴出现的顺序同它们在逻辑发展中的顺序也是一样的"，"历史从哪里开始，思想进程也应当从哪里开始"。可见，马克思所有制内部关系理论的逻辑起点，应该置于历史发展逻辑中来揭示，即"从历史上和实际上摆在我们面前的、最初的和最简单的关系"① 中来寻找答案。

马克思所有制内部关系理论的问题意识和逻辑起点，与资本主义生产方式发展变化密切相关。在马克思、恩格斯时代，从工人阶级的劳动与劳动对象、生产资料、劳动产品等的分离，到大土地所有者、农业资本家与农业工人的分离，再到借贷资本家、商业资本家、产业资本家等的分离，这些"分离"在资本主义生产过程中呈现出一种普遍现象。此外，随着资本主义股份公司的出现，也出现了股民、董事会以及经理层等对于公司经营中职权分离的现象。在这种情况下，如何深入理解资本主义社会中出现的大量关于所有权、占有权、支配权和使用权相分离的各类经济现象与经济利益关系，以及如何认清建立在这一"分离"基础上的各类复杂的社会关系等，是马克思所有制内部关系理论要回答的核心问题。

回溯马克思研究所有制关系问题的思想历程，我们发现马克思在所有制关系问题的研究上，首先是突破了所有制作为"法权关系"的传统观点，揭示了所有制这一范畴作为"经济关系"的根本性质。马克思关

---

① 《马克思恩格斯文集》第 2 卷，人民出版社 2009 年版，第 603 页。

于所有制关系的认识发端于其担任《莱茵报》主编期间。在这一时期，他对所有制关系的认识还停留在自然法财产权的视野中，在其撰写的《关于林木盗窃法的辩论》可以一窥此时他对所有制关系认识的概貌。在这篇文章中，马克思表达了对莱茵省议会关于林木盗窃案处理结果的强烈愤慨，并从法权关系的论证角度驳斥了莱茵省议会的荒唐逻辑。可以说，也是因为这一次辩论，让马克思开始意识到复杂多样的政治法律现象实际上潜藏着经济利益纷争，特别是当面对私人利益关系时，原本看似神圣的国家和法，就变成了为特定私人谋取自身利益而提供相关服务的工具，这一洞察促使马克思展开了对康德和黑格尔的政治哲学与国家哲学的重新认识与审视。

在《黑格尔法哲学批判》中，马克思对黑格尔的法哲学进行了彻底的清算，深刻揭示了国家决定于市民社会中的物质利益等财产关系。在《1844 年经济学哲学手稿》中，马克思从国民经济学家的劳动、分工、私有财产等概念及其揭示的经济现象出发，从人的自由自觉的劳动这一人的本质需要高度，进一步揭示了资本主义社会中的"异化劳动"现象，剖析了私有财产与"异化劳动"之间的关系及其演变趋势，从资本和劳动的关系初步论证了资本主义经济关系的历史变化过程，以及共产主义社会对私有财产的积极扬弃和人性的复归。在《德意志意识形态》中，马克思和恩格斯第一次明确揭示了所有制关系作为"经济关系"的本质，强调"所有制是对他人劳动力的支配"[1]。这些表明，此时的马克思已经不仅仅在"法权关系"上，而是在"经济关系"和"社会关系"上认识所有制，即人们在物质生产活动中对生产条件和劳动产品等占有方式与社会关系等。

正是从"经济关系"这一逻辑起点出发，马克思在之后的著作中不断阐发作为"经济关系"的所有制范畴。在《哲学的贫困》中，马克思批判了蒲鲁东执着于从"法权范畴"理解所有制，把所有制固化为一种既无起源又无历史发展的永恒观念的错误，阐明了他关于所有制的"经

---

① 《马克思恩格斯文集》第 1 卷，人民出版社 2009 年版，第 536 页。

济内容"决定所有制的"法权形态"的观点。在《共产党宣言》中，马克思和恩格斯提出共产主义的目标就是要"废除资产阶级的所有制"①。这里作为"经济关系"的所有制已经不是《德意志意识形态》中一般意义上的所有制，而是特指"资产阶级私有制"这一特殊形态。在《资本论》及其手稿中，马克思将作为"经济关系"的所有制分析思路运用在资本主义生产过程的研究中，剖析了资本主义生产方式的"秘密"、矛盾及其外化为社会主要矛盾，从而揭示了资本主义所有制的产生、发展和灭亡的客观趋势。

　　从"经济关系"这一基本分析框架出发，马克思在《政治经济学批判》《资本论》等著作中立足整个资本主义生产过程，系统探讨了所有制这一客观经济范畴的内在结构、组成要素及其相互关系。马克思在《资本论》第一卷中指出："掠夺教会地产，欺骗性地出让国有土地，盗窃公有地，用剥夺方法、用残暴的恐怖手段把封建财产和克兰财产转化为现代私有财产——这就是原始积累的各种田园诗式的方法。这些方法为资本主义农业夺得了地盘，使土地与资本合并，为城市工业造成了不受法律保护的无产阶级的必要供给。"② 在这里，马克思运用历史与逻辑相一致的方法深刻揭示了大土地所有者是如何在"对农村居民的剥夺"这一基础上得以产生的。然而，这些大土地所有者虽然占有了土地，但是他们往往不是亲自来使用和经营这些土地，而是由租地农场主来经营，租地农场主"靠使用雇佣工人来增殖自己的资本，并把剩余产品的一部分以货币或实物的形式作为地租交给地主"③。这样一来，土地和劳动之间的分离就发生了全新的变化，也就是说，在封建社会中封建地主享有土地的占有权、封建农奴拥有土地的使用权这一权属关系分离的基础上，发展成为在资本主义社会中大土地所有者享有土地的占有权、租地农场主享有土地的经营权和雇佣工人通过劳动实现了土地使用权的分离。马克思通过这三者的分离，分析了大土地所有者、农业资本家以及农业工

　　① 《马克思恩格斯文集》第 2 卷，人民出版社 2009 年版，第 45 页。
　　② 《马克思恩格斯文集》第 5 卷，人民出版社 2009 年版，第 842 页。
　　③ 《马克思恩格斯文集》第 5 卷，人民出版社 2009 年版，第 852 页。

人之间的关系，从而揭示了农业部门生产关系实质及其剥削秘密。除此之外，马克思、恩格斯还对于借贷资本家、工业资本家、商业资本家和产业工人等之间社会职权的分离，股民、董事会以及经理层等对于公司经营中的内部职权的分离，进行了深入的探讨和深刻的揭示。由此可见，马克思、恩格斯从所有权、占有权、支配权和使用权的分离和统一的"复杂的经济关系"中，全面阐述了整个资产阶级对工人阶级进行剥削的内涵丰富、体系严密的所有制内部关系理论。

综上所述，马克思、恩格斯摆脱了过去仅仅在"法权关系"上认识所有制的思想束缚，从"经济关系"乃至"社会关系"的视角对资本主义生产方式中的所有权、占有权、支配权和使用权相分离的经济事实展开了深入研究，并在此基础上进一步揭示了资本家剥削工人的"秘密"及资本主义生产方式的内在矛盾。

## 第二节　马克思所有制内部关系理论的主要内容

所有制内部的"四权"，从"统一"走向"分离"，经历了一个长期的历史发展过程。从严格意义上来说，只有在高度发达的资本主义市场经济下，"四权"才算得上是真正"分离"开来了，与此同时，也正是在"分离"的过程中，又带来了一个如何"统一"的问题。所有制内部"四权"的"分离"与"统一"，是随着市场经济发展而深入发展的。它们是一枚硬币的两个方面，缺一不可。就今天来看，所有制内部"四权"的"分离"与"统一"，为股份制企业改革和建立现代企业管理制度，奠定了科学的理论基础，也为我国农村经济体制改革和国有企业改革提供了一定的经验和启示。深化这一理论研究，对正确认识当前我国公有制经济及其实现形式，更好地推进社会主义与市场经济相融合等具有重要意义。

### 一　所有、占有、支配、使用的科学内涵及其相互关系

所有制这一范畴从其历史发展来看，最先是一个法律范畴，古希腊

哲学家和近代西方资产经济学家主要从财产权角度来认识这一范畴。马克思站在历史唯物主义的高度，揭示了所有制作为客观"经济关系"的内在实质及其历史性质，第一次确立了科学的所有制范畴，打开了从政治经济学角度全新理解不同社会形态及其内在结构的突破口。因此，研究马克思所有制内部关系理论，必须首先揭示作为"经济实质"的所有制内部各构成要素的基本内涵及其在所有制体系中所担负的职能，在此基础上深入把握各要素的相互关系及其历史发展变化规律。

（一）所有、占有、支配、使用的基本内涵

从总体上来看，所有制涉及的是从国家制度层面来确认和保护主体（所有者）对某一客观对象（既可以是物质形态的，也可以是行为形态的，还可以是精神形态的）的权利归属问题。研究所有制的内部关系，必须首先弄清作为客观"经济关系"中所有制内部结构的基本要素、功能定位及其实现形式。所有制内部关系主要是研究直接生产过程中不同主体对生产条件的不同作用所形成的主体间的经济利益关系。如果从客观现实的"经济关系"这一规定性进行考察，在所有制内部至少存在着所有、占有、支配、使用四种相互作用的经济利益关系。

所有关系，是指主体凭借对客体的排他性归属而形成的经济关系。关于所有关系的属性，首先是一个客观的经济关系，而不是法律关系。马克思在论述超额利润转化为地租时指出所有关系"经济性质"之于"法律观念"的时间先在性和决定性意义，"土地的这种使用，完全取决于不以他们的意志为转移的经济条件"。"关于土地自由私有权的法律观念，在古代世界只是在有机的社会秩序解体的时期才出现。"① 与此同时，从不同主体在生产过程中的职能来看，所有者与实际经营管理者具有不同的职能。马克思在分析地租的性质时指出土地所有者、产业资本家、雇佣工人在资本主义生产方式中的不同作用，土地所有者由于对土地拥有垄断权，从而能够将土地出租给产业资本家来获得相应的地租，这是生产活动得以开展的前提，土地所有者可以不参与生产活动而获得

---

① 《马克思恩格斯文集》第 7 卷，人民出版社 2009 年版，第 695—696 页。

地租，意味着这种经济关系不是存在于生产过程之中，而是存在于生产过程之外，正如马克思所言，"在苏格兰拥有土地所有权的土地所有者，可以在君士坦丁堡度过他的一生"①。

占有关系，是指主体在事实上掌握、控制并支配了生产过程中生产条件等方面的职能，它体现的是在现实中关于人与物之间的一种客观的状态，以及在基于人与物的关系上延伸并产生的人与人之间的特定关系。通常而言，占有关系的本质属性意味着，它首先也是一种现实的、具体的"经济关系"，占有表明了一种不可忽视的事实状态，而并非是一种特定的权利关系。"实际的占有，从一开始就不是发生在对这些条件的想象的关系中，而是发生在对这些条件的能动的、现实的关系中。"② 就占有关系在生产过程中所具备的职能而言，占有关系体现为主体与客体之间的实际作用，存在于实际的生产过程中，"一块地方只是由于部落在那里打猎才成为狩猎地区；土地只是由于耕作才成为个人身体的延伸"③。狩猎地区和土地只有通过主体的实际劳动才能建立起占有这种经济关系。因此，一旦没有生产过程中主体对客体的实际作用，就不存在经济意义上的占有关系。

支配关系，是指主体在实际生产中按照一定的要求或目标，对客体施加作用和影响的一种关系。这种关系毫无疑问首先也是一种现实的经济关系，主要表现为在生产过程中对生产或消费的方向与方式进行的宏观决策和战略指导。从支配关系在生产过程中的职能来看，支配关系表现为一种主体直接决策性的作用。例如，一块土地，是用来开展种植业还是畜牧业抑或是进行工业生产，或者说，一个企业发展目标、一个城市各功能区的整体安排乃至一个国家的发展战略和发展规划，等等。这种宏观的决策和处置意见，直接支配了整个生产过程，并在这一过程中形成了复杂的经济关系，这就是典型的支配关系。随着生产力的发展以及货币信用等制度的完善，支配关系除了可以由主体自身直接进行安排

---

① 《马克思恩格斯文集》第7卷，人民出版社2009年版，第697页。
② 《马克思恩格斯文集》第8卷，人民出版社2009年版，第144页。
③ 《马克思恩格斯文集》第8卷，人民出版社2009年版，第144页。

处置、安排生产资料和消费资料外，还可以对生产资料和消费资料进行让渡、租赁或赠送，委托他人对客体对象进行处置和安排，即不直接参与客体的具体使用过程。

使用关系，是指主体根据客体的自身属性和对应目标，与客体之间在现实状态中形成的一种直接的、客观的作用关系，以及在此基础上结成的人与人之间的经济关系。实际上，使用关系是支配关系内涵的拓展和具体的实现形式，它从支配关系中延伸出来并从属于支配关系，它体现了人与物之间最直接、最现实的联系，没有这种经济关系，一切经济活动和经济职能都无法展开。从使用关系在生产过程中的职能来看，主要包括生产性使用和消费性使用两个方面，前者主要指以生产资料为主要对象，以物质产品创造为主要目标的活动，例如原始社会的人群进行捕猎打鱼活动，现代社会的工人进行工业生产活动；后者主要指以消费资料为对象，以满足自身需要为主要目标的作用关系，例如人们在吃、穿、住、用方面所进行的直接消费。生产性使用的水平决定消费性使用的水平，随着社会生产力的发展与进步，生产性使用和消费性使用广度和深度都得以大大拓展。

（二）所有、占有、支配、使用的相互关系

厘清所有关系、占有关系、支配关系、使用关系的基本内涵及其性质是研究所有制内部关系的前提。在此基础上，还需要进一步阐明各经济关系之间的相互作用、相互影响和相互制约，揭示所有制在不同历史形态演变过程中内部各经济关系的形成、发展和变化过程，以此构建一个所有制内部完整的理解框架。

首先，所有关系和占有关系之间具有辩证统一的关系。从二者在社会历史发展中产生的先后顺序来看，是具有先后之分的。可以说，占有关系存在于所有关系之前。人类社会出现的最初的占有，可能是自然垄断的结果，也可能是劳动占有或者暴力夺取的结果。随着商品交换关系的发展，"占有物"之间在商品交换中形成了由法律保障的社会契约关系，"占有物"才开始具有交换价值，从而"占有物"就转化为占有者的财产，进而发生了生产资料的"所有"问题，因而所有是以事实上的占有为基础，以社会契约关系或法律关系反映和确认已经存在的占有事实的一种经济关系。黑格尔在《法哲学原理》中指出："我把某物置于我自己外部力量的支配之下，这样就构成占有；同样，我由于自然需要、冲动和任性而把某物变为我的东西，这一特殊方面就是占有的特殊利益。但是，我作为自由意志在占有中成为我自己的对象，从而我初次成为现实的意志，这一方面则构成占有的真实而合法的因素，即构成所有权的规定。"① 也就是说，通过合法确认的占有就是所有。接着，黑格尔又进一步指出："物属于时间上偶然最先占有它的那个人所有，这是毋待烦言的自明的规定，因为第二个人不能占有已经属于他人所有的东西。"② 由此可以说，"最先占有者就是所有人"成了资本主义社会一个普遍的法则。从二者在生产过程中的作用来看，占有关系主要存在于直接生产过程之中，是社会物质生产力直接作用的对象，它体现的是一种物质生产或价值形成关系，而对于经济关系意义上的所有关系则存在于直接生产过程之外，是一种由法权关系和国家政权力量保障的社会关系，既体现为一种资本获取收益的权力，它在交换过程中表现为一种使用价值的转让即等价交换的商品交换关系。可见，"所有关系"和"占有关系"是辩证统一的，占有关系是所有关系的核心内容和基本前提，所有关系是占有关系被法律关系和国家强制力确认的形式，是对占有关系的国家确认与保护。只有占有关系而没有所有关系，就没有社会关系意义上的价值；而没有实际占有为前提的所有关系，更是一种空中楼阁。

其次，支配关系和使用关系之间是既相互区别又内在统一的关系。如前所述，支配关系，是指主体在实际生产中按照一定的要求或目标，对客体施加作用和影响的一种关系，即实际支配生产过程的权力。主体的这种支配权的取得有两个基本渠道：其一，由"占有权"和"使用权"的自然延伸而取得；其二，通过一定的契约或法律关系，由占有者或所有者转让而来。使用关系是所有制内部体系中最为简单的职能和形

---

① ［德］黑格尔：《法哲学原理》，范扬等译，商务印书馆2011年版，第61页。
② ［德］黑格尔：《法哲学原理》，范扬等译，商务印书馆2011年版，第67页。

式，使用作为人与物相互作用的直接的经济活动，是主体与客体之间建立的直接关系，这种直接联系是一切经济活动、经济关系和经济职能开展的前提。从支配关系和使用关系在所有制内部体系中的作用来看，支配关系就是对生产资料和生产产品的使用方向与方式的管理、组织、调度与决策，支配关系决定使用关系的方向和性质，使用关系是支配关系的具体内容和实现形式，是支配关系得以最终落地的基本经济形式，二者具有内在统一关系。

最后，所有关系、占有关系、支配关系和使用关系这四种关系之间的辩证统一关系。在所有制关系内部，四种经济关系相互影响、相互依赖。其中，所有关系和占有关系占据着核心的、关键的地位，对支配关系和使用关系的性质与形成具有决定性意义。支配关系和使用关系的方向和目标需要体现所有者和占有者的意志，支配关系和使用关系在获取利益的同时不能违背所有者认可和追求的根本利益；支配关系和使用关系反过来又对所有关系和占有关系的客观存在与具体实现具有能动作用，两者是占有关系和所有关系的实现形式，支配方式和使用方式的进步程度对所有关系和占有关系的最终实现程度具有重要影响。从历史过程来看，在自给自足的自然经济生产过程中，尤其是在个体农业和个体手工业这种生产方式中，这"四种关系"往往是统一在一起的。只有到了商品经济高度发达的阶段，尤其是资本主义国家法律和信任制度进一步完善了，这"四个关系"依据其各自的功能的发挥以及历史原因等情况而相互剥离出来。总的来说，这种"剥离"既提升了管理的精细化、专业化水平，又调动了不同职业群体的积极性、主动性，同时，还进一步模糊了整个资产阶级对于无产阶级进行剥削的事实。

## 二　所有权、占有权、支配权、使用权的基本内涵及其相互关系

区分"经济关系"上的所有制和"法律形式"上的所有权，是马克思批判蒲鲁东抽象法权观念、建构政治经济学理论体系中的一个重要维度。从社会结构的整体角度来看，具有上层建筑属性的法律意义上的所有权是具有经济制度属性的所有制的反映，在现实社会经济运动中，二

者具有内在的辩证统一关系，相辅相成，不可分割。因此，在厘清作为"经济实质"的所有制内部各构成要素的内涵及其相互关系的基础上，必须揭示所有制内部各种经济关系在法律领域的表现形式，并进一步阐明经济意义上的所有制与法律意义上的所有权的内在关系。

（一）所有权、占有权、支配权、使用权的基本内涵

作为"法权形式"所有权内部结构中的各要素，是作为"经济关系"所有制内部各要素在一定的法律领域内对这些关系进行的本质规定性。所有制内部包括所有关系、占有关系、支配关系和使用关系这四种相互作用、辩证统一的经济利益归属关系，这就意味着所有权内部也包括对应的狭义的所有权、占有权、支配权、使用权这四种通过法律赋予的特定权能归属关系。因此，了解所有权、占有权、支配权和使用权等概念的基本内涵，是厘清所有制内部结构的前提。

广义的所有权，指所有人依法对自己的财产或对象性存在所享的有占有、支配、使用、收益和分配等一系列的综合权利。这里讨论的作为所有权结构体系要素之一的所有权，实际上是指狭义上的所有权，它与包括所有、占有、支配和使用等一系列综合权利关系的"广义所有权"存在明显区别，其仅仅表示生产资料与所有者之间的归属关系，这种特定的归属关系通过社会的和法律的某种规定或制度得到承认或确认，即所有者只保留获得法律承认的、确定的作为"物主"享有的权利这样一种权利关系，这种权利关系又可称为"单纯的所有权"。关于"单纯的所有权"的概念和性质，马克思在论述生息资本时指出："利息，而不是利润，表现为从资本本身，因而从单纯的资本所有权中产生的资本的价值创造；因此利息表现为由资本本能地创造出来的收入。……这种形态之所以必然产生，是由于资本的法律上的所有权同它的经济上的所有权分离，由于一部分利润在利息的名义下被完全离开生产过程的资本自身或资本所有者所占有。"① 从这里我们完全可以看出，"利息是资本的单纯所有权所提供的剩余价值，是资本自身提供的剩余价值，虽然资本

---

① 《马克思恩格斯全集》第26卷第3册，人民出版社1974年版，第511页。

的所有者一直处在再生产过程之外"①。总而言之，虽然"单纯的所有权"并不在生产过程之中，但依然能够对具体的、现实的某种经济生产过程起到决定性的作用，"这种所有权使他有权不让别人去使用他的土地，直到经济关系能使土地的利用给他提供一个余额"②。这也就表明了，这种"单纯的所有权"虽然脱离了并处于社会生产过程之外，但是它对现实生产活动中经济关系却有着直接的影响，是在法律范畴内被承认和赋予的所有关系。马克思指出："土地只要提供利息，就是土地资本，而作为土地资本，它不提供租，不构成土地所有权。租是土地经营赖以进行的社会关系产生的结果。它不可能是土地所具有的多少是稳固的持续的本性的结果。租来自社会，而不是来自土壤。"③

占有权，是指社会经济生产过程中对于某一物或对象的占有关系在国家法律形态上的表现和确认，具体指主体事实上、经济上掌握、控制、支配生产条件的职能，以及在这种职能基础上所形成的人与人之间的特定关系的法律表现。占有关系不仅具有经济意义上的社会关系或生产关系的反映，也是具有法律意义的法学范畴，"在实行货币地租时，占有并耕种一部分土地的隶属农民和土地所有者之间的传统的合乎习惯法的关系，必然转化为一种由契约规定的、按实在法的固定规则确定的纯粹的货币关系"④。毋庸置疑，占有首先体现的是一个经济关系上的事实存在，但同样也需要得到法律范畴内的承认和确定，才能保障这种关系的稳定与可靠。需要指出的是，并不是每一种占有行为或事实都可以形成对应的法律权利关系，"只是由于社会赋予实际占有以法律规定，实际占有才具有合法占有的性质，才具有私有财产的性质"⑤。从占有权的类型上看，占有权有实际占有权和名义占有权的区别，其划分依据是占有权是否属于所有权主体，实际占有权是由所有权主体所拥有和行使，而

---

①　《马克思恩格斯文集》第 7 卷，人民出版社 2009 年版，第 423 页。
②　《马克思恩格斯文集》第 7 卷，人民出版社 2009 年版，第 856 页。
③　《马克思恩格斯文集》第 1 卷，人民出版社 2009 年版，第 648 页。
④　《马克思恩格斯文集》第 7 卷，人民出版社 2009 年版，第 902 页。
⑤　《马克思恩格斯全集》第 3 卷，人民出版社 2002 年版，第 137 页。

名义占有权则是由非所有者拥有和行使。

支配权，是指在一定的社会经济生产活动中支配关系在国家法律形态上的表现和确认，具体指在生产过程中权利人对于生产或消费的方向与方式进行决策安排的权利。列宁在论述土地国有化问题时，曾谈到了土地支配权的基本含义和职能，"国家土地所有制丝毫不排斥在全国性法律允许的范围内把土地转交地方和区域自治机关支配"①。这里讨论的土地支配权，指的是地方自治机关作为具体的实施者代替土地所有权的拥有者——国家，来实际行使关于土地的直接使用和分配等各项事宜涉及的权力。支配权的类型也随着支配关系的内容和形式的发展变化而逐步发展变化，支配权除了包括一般意义上的决定生产什么和怎样生产的权利，即生产型的支配权利关系外，还包括了对生产资料和消费资料进行让渡、租赁或赠送，委托他人对客体对象进行处置安排的非生产型支配权利关系。

使用权，是社会经济生产活动中的使用关系在国家法律形态上的表现和确认，具体指的是得到了法律承认和保护的主体与客体之间的直接作用关系。作为经济关系中的"使用关系"，在社会生产活动中包括了生产性使用和消费性使用这两类职能，作为法律关系的使用权也包括生产性使用权和消费使用权两类，前者指的是以生产资料为主要对象，以物质产品创造为主要目标而使用物的权利，后者指的是以消费资料为对象，以满足自身需要为主要目标而使用物的权利。

（二）所有权、占有权、支配权、使用权的相互关系

从某种意义上来说，澄清了所有权内部各要素的基本内涵，是我们厘清所有权结构的基础。但是，要想弄清楚所有权内部结构体系，还必须对各个构成要素在所有权内部结构体系中的地位、作用及其相互关系作进一步阐释和说明。

首先，所有权和占有权之间的内在关系。从包括所有、占有、支配、使用权利的这一完整的所有权体系来看，占有权是所有权内部结构中的

_____

① 《列宁全集》第16卷，人民出版社2017年版，第302页。

一个要素，占有首先是一个经济事实，随着社会发展赋予这一经济事实以法律规定，这种经济关系上升为法律关系，"实际占有"上升为"合法占有"，占有关系才变为"占有权"，从而成为所有权结构体系中的一项权能。从作为所有权结构要素之一的"单纯的所有权"与占有权之间的关系来看，二者既有联系，也具有明显区别。在关于土地所有权的分析时，马克思曾指出，土地所有者是依靠自身对土地享有的垄断权，由此才可以从产业资本家那里获得相应的地租，"这样，土地所有权就取得了纯粹经济的形式"①，而产业资本家获得了包括土地占有权在内的土地经营权，"直接生产者不是所有者，而只是占有者，并且他的全部剩余劳动实际上依照法律都属于土地所有者"②，"支付地租的人都被假定是土地的实际耕作者和实际占有者，他们的无酬剩余劳动直接落入土地所有者手里"③。由此形成了具有"单纯的所有权"的土地所有者和实际经营的产业资本家的区隔。与此同时，这种占有权关系要体现所有权人的意志，并且所有者对生产资料其他权能的转让也是暂时的，有条件的。马克思在分析生息资本的流通时指出，资本所有者把货币让渡给第三方以获取剩余价值，但是这种货币的让渡，只"不过暂时由它的所有者的占有物变为执行职能的资本家的占有物，这就是说，它既不是被付出，也不是被卖出，而只是被贷出"④。这就意味着，仅仅从所有权者那里受让的客体的占有权不是永久的，真正的所有者随时可以凭借双方签订的让渡契约的规定，将让渡出来的对客体的占有权收回。

其次，支配权和使用权之间的联系与区别。在马克思主义的理论视野中，"支配"和"使用"有时是可以交替使用的，但不能因此否定二者之间的区别。支配关系包括使用关系，而使用的各种类型是支配的具体形式。产业资本家获得了资本的支配权，其经济活动并非经过支配关系而宣告完结，必须在支配资本后落实对资本的使用关系，只有具体使

---

① 《马克思恩格斯文集》第 7 卷，人民出版社 2009 年版，第 697 页。
② 《马克思恩格斯文集》第 7 卷，人民出版社 2009 年版，第 896 页。
③ 《马克思恩格斯文集》第 7 卷，人民出版社 2009 年版，第 907 页。
④ 《马克思恩格斯文集》第 7 卷，人民出版社 2009 年版，第 384 页。

用资本才能获取相应的剩余价值，进而才能达到实现其经济活动的最终目的。因而，支配权和使用权是两个有着密切联系的权能关系，产业资本家在使用资本前，必然要对资本的投向进行决策与安排，而产业资本家对于资本的使用的过程，则意味着资本家已经行使了资本的支配权。

最后，所有权和占有权、支配权、使用权的辩证统一关系。一般认为，当所有者在生产过程中发挥了其全部职能，即所有者拥有的所有权是统一的，即包括所有、占有、支配、使用四项权能在内的完整的所有权体系。这种情况在个体农业和个体手工业的生产方式中是较为普遍的现象。然而，当所有者把生产条件的占有、支配、使用职能让渡出去，不参与社会直接生产过程，只保留作为物主的权利时，"单纯的所有权"与其他权能相分离，这样就形成了"单纯的所有权"与占有权、支配权和使用权这三种不同权利关系之间的特定关系。对于"单纯的所有权"和其他三权的关系，马克思有过很多论述。例如，关于"单纯的所有权"与支配权之间的关系，马克思在分析产业资本家与货币资本家的关系中有过论述，"所有权留在贷款人手中，而对货币的支配则转到产业资本家手中"①。关于所有权者与占有权者、支配权者、使用权者之间的关系，马克思曾在讨论土地所有权相关问题时就作出了分析，认为土地所有权的形成离不开土地同土地所有者关系的分离，是两者之间完全分离产生的结果，土地所有者就是因为拥有着土地的垄断权，才能够顺理成章地从产业资本家即租地农场主那里获得对应的地租，产业资本家再雇佣工人、支配生产资料开展生产活动，由此形成了所有权者与其他权能拥有者之间的关系，即"构成现代社会骨架的三个并存的而又互相对立的阶级——雇佣工人、产业资本家、土地所有者"②。在所有权的完整体系中，"单纯的所有权"对其他权能关系具有决定性意义，只有经过所有权者的认可并为他提供一定的相关利益，其他权能拥有者才能在此前提下使用相应的生产资料开展实际的生产活动，"这种所有权使他有

---

① 《马克思恩格斯全集》第26卷第3册，人民出版社1974年版，第506页。
② 《马克思恩格斯文集》第7卷，人民出版社2009年版，第698页。

权不让别人去使用他的土地，直到经济关系能使土地的利用给他提供一个余额"①。"单纯的所有权"虽然同社会生产过程相分离，但通过参与分割剩余价值，从而也就同直接生产过程发生着关系，从而使货币资本的单纯所有权"具有资本主义所有权性质"②。这些情况都表明，"单纯的所有权"虽然脱离了直接的生产过程，但仍在客观现实地发挥着重要作用，对实际生产过程中的各种经济关系都产生着间接的影响，各种经济职能都要在一定程度上体现所有权的本质要求和特征。

（三）所有制经济实质及其法权形式的辩证统一关系

马克思所有制内部关系理论，在厘清了作为"经济关系"的所有制与作为"法权形式"的所有权之间的关系及其各构成要素的基本内涵及其相互作用关系的基础上，还对于作为整体的所有制与所有权的关系进行了深刻的阐释。马克思在明确区分了法律上的所有权与经济关系意义上的所有制的基础上，深刻批判了蒲鲁东形而上学的法学观念，实现了由政治哲学批判转向政治经济学批判的转向。与此同时，马克思在深刻揭示政治经济学范畴的社会历史性过程中，创立了唯物史观并逐步构建了历史唯物主义理论体系。也可以说，马克思主义政治经济学既是对唯物史观的科学印证，也是理解和认识唯物史观的一把钥匙。由此可见，阐明作为"经济实质"的所有制与作为"法权形式"的所有权之间的内在关系，对于深入把握马克思所有制内部关系的结构体系及其整体性质具有重要意义。

首先，作为"经济关系"的所有制，它最终决定了通过"法权形式"确定的所有权的基本内容和性质。马克思在《资本论》中关于商品交换过程的论述时指出，商品交换之所以能够在不同的商品所有者之间展开，其前提是要承认对方是进行交换的商品的唯一所有者，"这种具有契约形式的（不管这种契约是不是用法律固定下来的）法的关系，是一种反映着经济关系的意志关系。这种法的关系或意志关系的内容是由这种经济关系本身决定的"③。从所有制体系中具体的经济利益关系和所

① 《马克思恩格斯文集》第 7 卷，人民出版社 2009 年版，第 856 页。
② 《马克思恩格斯全集》第 26 卷第 3 册，人民出版社 1974 年版，第 511 页。
③ 《马克思恩格斯文集》第 5 卷，人民出版社 2009 年版，第 103 页。

有权体系中具体的法律表现形式之间的历史起源关系来看，也是先有社会生产活动中具体的、现实的主体与客体之间产生的所有关系、占有关系、支配关系和使用关系及其背后人与人的经济利益关系，再有社会和法律为了确认和保护这些经济利益关系，才把这些经济利益关系以国家和法律的强制力量确定下来，由此在法律领域被概括为所有权、占有权、支配权、使用权。因此，从本质上看，法律范畴内确定的所有权、占有权、支配权和使用权，实际上就是经济生产活动中所有、占有、支配、使用关系在法律领域中相对应的规定而已，因为法律的规定实际上是以现实的经济关系为前提和基础的，并且是受到现实的经济关系所决定的，正如马克思所揭示的，财产关系的基本内涵和性质，"只能通过对'政治经济学'的批判性分析来回答，这种批判性分析对财产关系的总和，不是从它们的法律表现上即作为意志关系来把握，而是从它们的现实形态上即作为生产关系来把握"①。

其次，作为"法权形式"的所有权对作为"经济关系"的所有制具有能动的反作用。可以说，前者是对后者的确认与保护。所有权内部的组成要素是所有制内部各种经济关系在法律领域的规定，所有制内部各种经济关系被社会契约关系或法权关系等超经济强制力量所反映、确认和保护以后，就对各种已经发生的经济关系具有重要的能动作用。一方面，凭借社会契约关系或法律关系的确认和保护，各种经济关系在一定范围内得到普遍的、国家层面的确认，社会生产活动中的各种主体之间的权、责、利关系有了更加完整、清晰的利益边界，主体间凭借相应法律权利关系获取自身经济利益的能力得到了进一步的保障与强化，正如马克思和恩格斯早在《德意志意识形态》中就深刻阐述过的那样，"直到现在存在着的个人的生产关系也必须表现为法律的和政治的关系"②。与此同时，所有权对所有制的能动作用，还表现在由于法律关系的确认与规定，从而使所有制内部诸要素之间的具体形式和相互之间的关系发

———————————

① 《马克思恩格斯文集》第3卷，人民出版社2009年版，第18页。
② 《马克思恩格斯全集》第3卷，人民出版社1960年版，第421页。

生变化。例如，占有关系最初只是一种事实上占取、使用自然产品的关系，随着国家和法律对这种经济关系进行确认从而形成了"占有权"。可以说，"占有权"一旦形成和得到了法律确认，各种非所有者就可以根据社会契约和法律的形式在一定时期内像所有者一样获得支配和使用客体的权利。这就意味着当所有制内部结构的构成要素得到法律关系的保护和确认后，可以同所有制主体发生不同程度的分离，进而可以结合形成不同的组合和利益关系。由此可见，所有权关系之于所有制关系的重要价值和作用。

最后，从社会总体结构角度审视二者关系，作为"法权形式"的所有权与作为"经济关系"的所有制又具有内在统一关系。具体而言，作为"经济关系"的所有制体现了经济制度基础的基本性质，而作为"法权形式"的所有权则意味着上层建筑的特定性质。换言之，我们可以认为，作为上层建筑的"法权形式"的所有权，实际上是作为经济制度基础所有制在特定社会关系中的具体反映和外在形式，而所有制则是所有权的本质属性。自国家和法律诞生以来，既不存在一种没有法律意义上作为表层结构所有权为保障和确认的纯粹经济关系意义上的所有制，更没有纯粹脱离经济事实和生产过程，脱离深层结构所有制关系的所有权，二者在现实的社会经济运动中相辅相成，不可分开，具有内在的辩证统一关系。实际上，马克思并非拒斥法律意义上的所有权关系，而是拒斥一种形而上学的、脱离了经济事实和经济关系的纯粹的法律关系和意志关系的演绎。历史唯物主义和政治经济学的批判功能要求剥离资产阶级经济学天然性、永恒性、非历史性的外衣，要求把法律意义上的所有权运动置于历史的、现实的与物质生产的一定发展阶段相适应的经济运动过程中，置于经济基础和上层建筑的辩证统一关系中去研究。正是从所有制与所有权的区分及这些经济范畴的构成要素及其形成的社会整体结构的分析中，马克思和恩格斯拨开了资产阶级经济学领域遮盖的意识形态面纱，并在此基础上探索构建了全新视角的历史唯物主义和政治经济学批判的理论范式。

### 三 "所有权"与"经营管理权"的分离

前述的分析已经表明，所有制中的各种经济关系是先于其相应的法权关系出现的，这是历史的原因造成的。换句话说，人类历史上，先有经济关系，后有法权关系。因为，法权关系总是在调整和顺应经济关系的基础之上发展起来的。可以说，当这些经济关系在得到了社会契约关系或法权关系等超经济的国家强制力量所反映、确认和保护以后，所有关系的主体就可以在法权关系的保护下，从自身利益最大化的角度出发，在保留"单纯的所有权"的基础上，将所有权体系中的如占有、支配、使用等其他权能转让给其他人行使，各种非所有者也可以根据法律关系在一定时期内像所有者一样获得支配和使用客体的权利，进而根据社会生产现实需要结合形成不同的组合和利益关系，由此就有了"单纯的所有权"与其他权能的分离形态，这时就形成了"单纯的所有权者"与其他权能所有者之间的关系。可以说，"单纯的所有权"与其他权能相分离的理论，是马克思所有制内部关系理论的重要组成部分，也为社会主义现代化建设实践中"公有制的实现形式"理论的提出及社会主义经济体制改革提供了重要的理论支撑。

（一）"所有权"与"经营管理权"分离的一般原理

这里所说的"所有权"与"经营管理权"相分离的原理，其中提到的"所有权"指的是"单纯的所有权"，这种"单纯的所有权"与"完整所有权"是有区别的，它指的是那种脱离于生产过程之中，只表示生产资料的归属关系，这种归属关系得到国家法律的确认和保护，所有者在保留了法律承认他的物主的权利的前提下，通过契约等形式将"经营管理权"让渡给了他者，而"经营管理权"则是指从所有者那里通过契约等形式获得的并直接作用于生产过程之中，以实际管理和经营为主要活动，包括了占有权、支配权、使用权在内的权利总和。

在马克思主义的理论视野中，所有权与其他权能关系在不同的社会历史发展阶段出现了相互分离、重新组合的不同形式，进而反映出不同的经济关系和历史特征。历史地看，这四种权能关系之间的分离组合主要包括三种形式：

其一，所有、占有、支配、使用权利由同一主体行使，其代表性形式是以个人劳动为基础的小生产者所有制，以小土地所有者和个体手工业者为典型形式。它的基本特征是四种权能关系集结于同一主体，"所有权"与"经营管理权"没有发生分离，自己的劳动就是对生产条件的实际占有、支配和使用过程。比如在小土地所有制关系中，以家庭为经济单位的农户是所有、占有、支配和使用生产条件的唯一主体，他直接从事农业生产，生产中的全部环节包括耕种何种作物，采取什么形式进行耕种以及生产劳动成果如何处理分配都由农户自己决定。

其二，所有权与占有权、支配权和使用权等权能关系由不同主体分别行使，其典型代表是资本主义私有制。它的特征是所有制内部经济关系趋于复杂化，不同主体凭借在所有制内部的相应权能获取不同的利益，所有权与其他权能关系发生分离。例如在充分发达的资本主义生产关系中，土地所有者、产业资本家、雇佣工人是不同权能关系的拥有者，土地所有者凭借对土地的所有关系（在法律关系上表现为对土地的垄断权）获得地租，地租是土地所有权的经济实现形式，产业资本家即租地农场主在租约规定的时间内缴纳一定的租金从而获得土地的占有权和支配权，雇佣工人通常按照占有者和支配者的意志行使使用权，以此获取相应的报酬。又如，产业资本家和银行资本家的关系也体现了所有权内部权能的分离，产业资本家以支付利息的形式从银行资本家手里借得资本，并在一定期限内，通过契约形式将货币资本的占有权、支配权和使用权从银行资本家转移到产业资本家手中，而所有权在法律上仍然属于银行资本家，并且在约定期限过了以后，货币资本必须将所有获得的权力包括利息返还给所有权者即货币资本家手里。此外，在现代社会最成熟的股份制公司中，"所有权"与"经营管理权"的分离特征最为明显。提供出资的资本家完全退出生产领域变为股东之一，只拥有投票权和按股份所有的资产收益权，董事会是股东大会的执行机构，具有最高支配权和经济所有权，经理由董事会授权，具有部分决策权和支配权，而使用权则由负责具体事物的工作人员拥有，同时经营收益分配也呈现多主体分享趋势。

其三，所有权、占有权、支配权、使用权的行使是同一所有制主体的不同部分，其典型形式是公有制。在这一情况下，其鲜明特征是所有制主体不是某个单个的、孤立的个人，相应的生产条件属于一个具有某种联系的统一的联合体，在这个联合体中，个体与这个统一体的根本利益是一致的。比如在国家所有制企业中，全体人民赋予国家代表人民行使了对公有资产的所有关系，并将公有资产的占有、使用、分配等经济职能及其相应权利委托给董事会经理层经营，国家代表全体人民以所有权的归属者身份从经营者那里获得权益。在家庭联产承包责任制中，在保证集体对土地所有权不变的前提下，将部分的土地、收益和转让权能由集体转移到农户本身，农户承包获得了对自己劳动力的支配权，可以根据农业生产特点灵活安排劳动时间和劳动种类，并拥有了大部分土地劳动的收益，农村集体经济组织凭借所有权也获取相应的收益。农村集体经济依据自身条件的差异和经营需要，形成了"农户＋农户""公司＋农户""公司＋专业合作社""公司＋专业合作社＋农户"等多种组合形态的合作经营方式，不同经营方式的组合体现了"所有权"与"经营管理权"在个体与统一体根本利益一致前提下的某种程度的分离。

总的来说，"所有权"与"经营管理权"的分离是一个随着市场经济的发展而不断发展完善的过程。在这一"分离"过程中，科学化、专业化、节约化管理是直接原因，国家法律制度和信任制度的完善是重要保障，生产经营效率的提高是内在动力，人们的利益关系、生产关系和社会关系的复杂化是必然结果。

（二）所有制实现形式理论：所有权与经营管理权相分离理论的现实应用

"所有权"与"经营管理权"相分离的理论表明，所有关系的主体可以在保留"单纯的所有权"的基础上，将所有权体系中的占有、支配、使用等权能转让给其他人行使，并通过契约的形式以获取相应的经济收益，而其他权能的转让也不会影响所有权本身的性质。虽然保留了

"单纯的所有权"的所有关系主体处于生产过程之外，但其对实际生产过程中的各种经济职能都产生间接的影响，各种经济职能都要在一定程度上体现所有权的本质要求和特征。经典作家关于"所有权"与"经营管理权"相分离的理论，一方面构成了马克思所有制内部关系理论体系的重要组成部分，另一方面为社会主义改革实践中探索形成的"所有制实现形式"理论创新与成果提供了重要的学理依据，这无疑对社会主义所有制关系的改革发展具有极为重要的理论指导和实践指引意义。

经典作家关于"所有权"与"经营管理权"相分离的理论为社会主义国家探索符合自身条件的社会主义所有制形式提供了可能性。苏联作为世界上第一个社会主义国家，在社会主义建设实践中发展了马克思关于未来社会所有制形态的理论，提出了国家所有制和集体所有制这两种公有制经济形式，并以此来巩固和保障社会主义建设的方向，但是由于其在理论与实践的发展中忽视了生产力水平对生产关系变革的决定作用，一味追求公有制的纯度和国家所有权的完整性，未能找到既保持社会主义公有制性质不变，又能调动各方面积极性，富有经济活力的有效形式，最终不可避免地窒息和僵化了公有制经济。中国在社会主义经济制度特别是所有制改革探索中也曾走过弯路把苏联二元公有制模式奉为社会主义公有制的圭臬，把国家所有国家经营理解为发展公有制的唯一模式。改革开放以来，中国共产党系统总结并发展了经典作家关于所有制内部体系及所有权体系各项权能可分的理论，在此基础上提出了"公有制的实现形式"理论，厘清了公有制本身及其实现形式之间的辩证统一关系，在保证国家和集体所有权主体性质不变的前提下，在国有企业和农村集体经济发展中创造了诸多灵活多样的运作形式，为公有制经济与市场机制的融合开辟了现实道路，创新发展了马克思所有制内部关系理论，激发了公有制经济的潜在优势，推动了公有制经济高质量发展。

所谓的"公有制的实现形式"理论是指在所有制主体不发生改变的前提下，通过分离所有权与其他权能关系，使所有制体系中包括出资关系、占有关系、使用关系等经济关系及其法权形式发生转移和重新组合，形成既符合所有制主体经济利益和要求目的，又能激活其他经济主体的积极性，从而符合了市场经济的需要和生产力发展的要求的组织形式和经营方式。就所有制本身和所有制实现形式之间的关系而言，二者是内容和形式的辩证统一关系。所有制体现的是事物的本质规定，具有长期性和稳定性。所有制实现形式则是所有制中的"内容要素的结构、组织方式和功能运作的具体路径、手段、形态"①。同一种性质的所有制完全可以根据发展的需要和功能目标而采取不同的实现形式，如在国有企业的实际经营过程中，既可以采取所有权和经营管理权"两权统一"的国有国营经营形式，也可以采取所有权和经营管理权"两权分离"的组织经营形式；同时，对其他性质不同的所有制企业而言，尽管具体的所有权存在不同的归属关系，但也可以采取与之类似的组织经营模式，如不论是资本主义私有制的企业，还是社会主义公有制的企业，在"所有制实现形式"的具体操作过程中，都可以采取股份制的组织经营方式，通过建立现代企业制度来规范管理。之所以同一种所有制要采取不同的所有制形式，主要是为了适应不同层次生产力发展要求以及实现不同的社会功能目标，探索多样化的具体实现形式，有利于实现不同组织经营形式之间的优势互补，满足多样化的生产需求，更好促进生产力发展。

在马克思所有制内部关系理论的指导下，中国在所有制关系的改革与实践中进一步就"公有制实现形式"的理论与实践问题进行了卓有成效的探索。通常而言，我们认为社会主义公有制是指集体、国家或社会全体劳动者作为特定联合体共同占有生产资料，其劳动产品归属于这个联合体中的全体人民共同支配的所有制形式。具体而言，在苏联的实践探索历史上和我国现阶段的创新实践中，"公有制"的主要存在形态体现为国有经济和集体经济，在其发展过程中还包括了混合所有制中的国有成分和集体成分。与之相适应的是，公有制实现形式则是指在坚持生产资料公有制的性质不变的前提下，即保持全体人民或集体组织能够掌握住生产资料所有权的基本前提下，在国有经济或集体所有制经济的内部为实现公有制而采取的具体治理制度和经营形式，比如国家、集体独

---

① 杨承训：《公有制实现形式的实践和理论创新》，《马克思主义研究》2021 年第 2 期。

资并直接经营以及承包制、租赁制、股份制等具体的所有制实现形式。就公有制和公有制实现形式之间的关系而言，前者是后者存在的前提，离开了生产资料归属于全体人民或集体本身，其内部各种权能分离组合所构成的新的经营组织形式就无从谈起，而公有制实现形式则是公有制本身的价值实现途径，没有适应生产力发展要求的具体经营组织形式，公有资产也无法发挥其潜在优势，无法真正实现服务于全体国民福祉的理念和原则。因此，二者虽可以分离，但绝不能割裂，公有制决定公有制实现形式，公有制实现形式能否符合生产力发展要求，能否满足人民对公有资产收益的期待则直接影响着公有制本身的存续和兴衰。

我国对公有制实现形式理论的认识及其实践有一个逐步深入的历史发展过程。"三大改造"后，公有制逐渐成为我国居于绝对支配地位的所有制形式，国有经济只存在国家所有国家经营的单一类型，而集体经济集体所有集体劳动，在法律形式上所有权与其他权能之间的关系没有发生分离，即所有权和经营管理权由同一个主体行使。同时在资源配置方面实行计划经济体制，公有制经济的生产过程及其分配过程受国家的统一计划和调配，这就意味着国有国营的公有制经济与计划经济体制相辅相成："只有实行国家所有制，社会主义国家才有权按照统一计划调节生产，配置经济资源。"① 因此，从新中国成立到改革开放前的 30 年左右时间里，我们虽然在所有制形式上确立了公有制的制度内容和方向，但由于实行计划经济体制，公有制及其实现形式界分的必要性不大，所有权内部各项权能并没有分离，公有制实现形式理论也就没有进入党和国家的研究视野。

改革开放以来，我国开启了所有制关系问题的历史性反思。随着所有权与承包权这"两权分离"的农村家庭联产承包责任制的推行，特别是市场经济体制建设要求的提出，党和国家开启了探索公有制的实现形式的历史进程。改革开放之初，我们党在审议通过的《关于建国以来党

---

① 陈湘舸：《对公有制及其实现形式关系的再认识——兼论社会主义经济改革的三大任务》，《西南大学学报》（社会科学版）2002 年第 6 期。

的若干历史问题的决议》，明确提出了为适应推动生产力不断发展的现实要求，需要探索形成多样化的生产关系具体形式的设想："社会主义生产关系的发展并不存在一套固定的模式，我们的任务是根据我国生产力发展的要求，在每一个阶段上创造出与之相适应和便于继续前进的生产关系的具体形式。"① 到了党的十五大，我们党正式提出了公有制的实现形式多样化发展的理论思想，并进一步深入阐释了股份制的基本性质和重要作用："公有制实现形式可以而且应当多样化。一切反映社会化生产规律的经营方式和组织形式都可以大胆利用。要努力寻找能够极大促进生产力发展的公有制实现形式。股份制是现代企业的一种资本组织形式，有利于所有权和经营权的分离，有利于提高企业和资本的运作效率，资本主义可以用，社会主义也可以用。"② 这就为找到适合市场经济发展要求的、能够极大促进生产力发展的公有制实现形式打开了广阔空间，拓展了国有企业和集体企业改革的路径。党的十六届三中全会提出，"使股份制成为公有制的主要实现形式"③，党的十七大提出"探索集体经济有效实现形式"，"以现代产权制度为基础，发展混合所有制经济"④。这些都表明，探索公有制的有效实现形式一直是公有制企业改革的重要目标，也是推动公有制企业持续改革发展的主要路径。

党的十八大以来，党和国家对公有制的实现形式的探索进入新的历史阶段。在国有企业改革层面，进一步细化了公有制的实现形式的内容，从混合所有、国资运营、国企分类、党的领导等方面，进一步完善了国有企业的内部制度和经营方式，为提升驾驭资本能力和引导资本健康发展，以做大、做优、做强国有资本和国有企业为主要目标的国有企业改革提供了重要保障。在农村集体经济改革层面，则是通过农村土地的"三权分置"改革，在保证集体对土地所有权不变的前提下，将部分的土地、收益和转让权能由集体转移到农户本身，实现了农村土地使用过

---

① 《十一届三中全会以来重要文献选编》上，人民出版社1987年版，第347页。
② 《十五大以来重要文献选编》上，人民出版社2000年版，第21—22页。
③ 《十六大以来重要文献选编》上，人民出版社2005年版，第466页。
④ 《十七大以来重要文献选编》上，人民出版社2009年版，第18—20页。

程中承包主体和经营主体的有效分离，并基于此形成了集体土地所有权、土地承包权、土地经营权能够按照相应的制度设计保持各自独立，从而能够分属于不同主体的"三权分置"格局。可以说，这一土地基本经营制度的"三权分置"是"两权分离"制度改革逻辑的延续，进一步细化了农地的占有、使用、收益、处分等各项权益，在集体组织对土地拥有最终所有权，即拥有土地发包、收回、调整、监督等权利基础上，赋予农户更加完整和灵活调节的土地自主生产经营、流转、入股、处置产品等权能，成为新时代探索集体经济有效实现形式的重要理论与实践创新，有利于引导土地适度规模经营，提升农业经营效率，对提升农村内生发展动能，完成农业现代化转型，实现乡村振兴具有重要意义。

上述的分析表明，"所有制实现形式"理论的提出及其实践是对马克思所有制内部关系理论特别是"所有权"与"经营管理权"相分离理论的具体应用，是马克思主义基本理论与中国具体实际相结合的一大创新，对理顺不同经济主体之间的经济利益关系，做大做强做优公有制经济具有重要的理论和现实意义。

### 四　"所有权"与"经营管理权"的统一及其实践路径

"所有权"与"经营管理权"的适度分离，有助于在社会生产活动中使各种主体之间的权、责、利关系形成更加完整、清晰的利益边界，从而也就有利于激活不同利益主体的积极性、主动性和创造性。然而，在"所有权"与"经营管理权"相分离的基础上，我们还必须进一步探寻"两权"在分离过程中的内在统一性，特别是对于社会主义市场经济条件下的所有制经济改革而言，"两权"分离之后各个不同利益主体必然会存在着各自的经济利益诉求，但在社会主义制度前提下，不同经济关系主体也存在共同的目标，即发展社会主义经济，推动共同富裕，以满足人民日益增长的美好生活需要为落脚点。因此，深入研究"所有权"与"经营管理权"相统一的理论，对于正确认识和调整国家、企业、个人之间的关系，正确处理公有制企业与市场经济结合等问题具有极为重要的意义。

（一）"所有权"与"经营管理权"相统一的一般原理

前述分析四种权能关系之间分离组合的第三种典型形式是公有制经济。从本质上看，公有制经济是属于全体人民或特定集体所共同占有的财产，即所有制主体不是单个孤立的个人，其生产条件属于一个统一联合体，个体与这个统一联合体的根本利益是相一致的。然而，从经营管理的角度来看，这种国家的或集体的公有制经济，其经营管理权终究需要落实到一个更小的、有着专业化的、懂管理的集体或个人身上，并明确各自的权利与责任，才能将这个公有制企业管理经营好。也就是说，在公有制经济中，"所有权"与"经营管理权"事实上一直是相分离的。因此，究竟如何才能使这两种权力相统一，保持公有制经济的共有属性，防止出现国有资产的流失等现象，这是公有制经济中的一个重大问题。

在公有制经济发展中，要实现企业的"所有权"与"经营管理权"的内在统一，需要满足两个基本条件。一是企业"所有权"的行使主体需要根据社会生产力、社会经济生产发展条件、具体经营状况以及自身经济价值实现的需要，在保留"单纯的所有权"的基础上，决定是否以及如何将所有权体系中的如占有、支配、使用等权能转让给他人行使以获取收益。这意味着，企业"所有权"与"经营管理权"的分离是所有权在经济价值上得以实现的必然要求，也是二者在新的更高水平上的统一的必要环节。二是在二者分离的基础上，社会生产过程中的占有关系、支配关系、使用关系必须体现所有者的意志和影响，"经营管理权"的各项权能在行使过程中必须要得到严格的规范和约束，不能只谋求企业的局部利益或经营管理者个人利益而违背或侵犯企业所有权者的根本利益，尤其是在社会产品的分配与处置上必须协调好不同经济职能主体的利益。因此，"所有权"与"经营管理权"的统一既要通过不同权能的分离与组合，发挥不同经济利益主体的积极性，又要从机制和制度的角度使不同经济利益主体的利益得到保障，从而使不同权利拥有者的权责分明、利益一致进而在更高水平上实现有效统一。

从历史实践来看，苏联和中国都曾建立起以"公有制经济"和"计划经济"为基本经济制度框架的社会主义经济。这一经济制度框架曾发挥重要作用，使苏联从一个经济落后的农业国在较短时间内崛起为世界一流的工业强国，而中国则在这一制度框架下建立起相对完整的工业体系和国民经济体系。然而计划经济下的国有企业在其发展中，也曾经出现了以下难以克服的困难：一是政企不分，在国有企业"国家所有，国家经营"的具体运行中，国有企业的内部权能并没有得到有效分离，企业的生产经营活动受到政府的直接安排与干预，企业难以综合生产经营过程中的各种信息进行自主决策自主生产；二是国有国营的企业制度需要政府兼顾国有企业的所有者身份和经营者身份，难以有效对数量庞大的国有企业进行经济核算，对企业的生产、管理、运营、监督中各环节也缺乏有效约束激励机制，导致国有资产运营成本高昂，浪费严重，效率低下；三是在国有企业内部权能没有分离的前提下，国有企业资产缺乏流动机制，无法在关系国计民生的行业动态调整而发挥作用，制约其影响力发挥。显然，传统经济发展方式下企业管理制度是没能完全体现"所有权"与"经营管理权"相统一的内在要求的。

因此，探讨社会主义市场经济条件下的公有制企业改革问题，首先必须处理好国有企业所有权和经营管理权的关系，只有实现两者的有效分离，才能使公有制企业具备能够面向市场的经营自主权，能及时对市场发出的各种信号作出反应，做到自主决策、自负盈亏，使其满足市场经济有效运行的一般条件。在此基础上，还需通过一系列体制、机制和制度保障，协调好不同权利主体之间的物质利益关系，特别是需要通过制度保障国有企业所有者即全体人民的根本利益。从这个角度来看，公有制企业改革的根本问题是如何利用企业经营机制的转变，提升经济效益和社会发展效益，更好地体现其服务国家战略目标、服务人民、发展成果人民共享的性质和要求。

（二）"所有权"与"经营管理权"相统一的国有企业改革实践

可以说，"所有权"与"经营管理权"相统一的基本原理，为社会主义公有制企业改革与完善提供了重要理论依据。改革开放以来，我国的国有企业改革实践正是遵循了二者相统一的内在逻辑：一方面，国有企业遵循着"放权让利"到"两权分离"再到"建立现代企业制度"的改革逻辑，不断完善企业内部法人治理结构，致力于成长为适应市场经济要求的、产权明晰的具有独立性和竞争性的市场主体，在此基础上逐步做优做大做强；另一方面，党和国家通过完善一系列顶层设计和制度安排，协调好不同利益主体之间的根本利益，致力于使国有企业真正成为公有制目标的实现载体，使其充分体现国有企业为全体人民所共有。

从第一个层面来看，国有企业通过改革传统的国有国营体制，建立起满足市场机制要求的现代企业制度。具体而言，国有企业通过转换计划经济时期的国家所有国家直接经营的企业制度，建立起公共职能与国有资产出资人职能能够分开的国有资产管理机构，并由其代表国家行使国有企业的所有权对应的相关职能，在具体的经营管理过程中明确所有者、经营者、职工三者之间的权利、责任和利益关系，实行政企分开、政资分开，同时要充分发挥好党委会、股东大会、董事会、监事会、职工代表大会和职工民主监督等的积极作用，以此建构起协调运转、有效制衡的公司法人治理机制。从实践成效来看，自 1993 年中国共产党首次提出要建立现代企业制度以来，经过了近 30 年的发展，截至 2021 年底，我国国有企业公司制改革已经基本完成，中央国有企业改制面达到97.7%，地方国有企业改制面达到 99.9%，① 96.9% 的中央企业集团公司、98.5% 的地方一级企业建立了董事会向经理层授权的管理制度。② 这些改革成果，推动了国有企业发展质量效益的明显提升，竞争力持续增强。2021 年，全国国资系统监管企业资产总计 259.3 万亿元，营业总收入为 71.7 万亿元，利润总额 4.5 万亿元，净利润 3.3 万亿元，相较于2012 年，增幅分别达到 158.8%、65.2%、73.1%、73.7%。③ 2021 年度进入《财富》世界 500 强的中国企业共 143 家，连续两年居世界首位，其中国有企业 95 家占上榜中国企业总数的 66.4%，国家电网、中

---

① 《历史性突破！国有企业公司制改革基本完成》，新华网（http：//www.xinhuanet.com/2022-01/17/c_ 1128271839.htm），2022 年 1 月 17 日。
② 《国资委：央企集团公司对子企业要合理授权放权》，中国经济新闻网（https://www.cet.com.cn/cjpd/qwjd/3145917.shtml），2022 年 3 月 31 日。
③ 《国企改革三年行动成效明显》，《经济日报》2022 年 6 月 16 日。

国石油、中国石化连续多年稳居世界 500 强前五，中核集团、航空工业、国药集团、中国电科等国有企业在高端装备、信息技术、新材料等关键领域和重点行业加快布局，创新能力和国际竞争力持续增强。① 这些数据都表明，国有企业面向市场"建设具有全球竞争力的世界一流"企业成效明显，充分发挥了在国民经济发展中的"主力军"和"压舱石"作用，有力推动了中国经济强劲发展。

从第二个层面来看，国有企业在体现市场化企业的一般属性自主经营、做大做强做优的同时，还需通过一系列制度安排和机制优化协调不同权利主体之间的利益关系，特别是需要彰显出国有企业"全民所有、为民服务"的根本目标：其一，要进一步完善企业法人治理结构，明确所有者、经营者、职工三者之间的权责利关系，充分发挥职工代表大会和职工民主监督作用，完善员工持股制度。其二，国有企业作为国家和社会主义制度，要实现公共利益的重要经济基础和政治基础，必须通过一系列战略性重组和布局优化，在服务国家发展战略、引领前瞻性产业创新、维护产业链供应链稳定、保障国家安全等方面发挥"主力军"和"压舱石"的作用。其三，国有资本的利润扣除利税、企业扩大再生产资金后的剩余应该归属全国人民，特别是要处理好如何在现实发展中稳妥提高国有资本的经营收益与上缴比例，并通过划转部分国有资本推动公共建设和充实社保基金等形式，使其能够不断保障、促进和改善民生，这也是国有企业通过利润转化实现全民共享的内在要求。在划转国有资本充实社保基金方面，截至 2020 年末，中央企业和中央金融机构的划转工作已经全部完成，共有 93 家央企和金融机构划转 1.68 万亿元充实社保基金，② 为充实和扩大社保基金规模，体现国有企业发展成果全民共享做出了重要贡献。其四，国有企业中建立起的现代化企业管理经营制度，具有鲜明的中国特色社会主义底色与优势，主要体现在国有企业的

① 《国资报告独家解析 2021 年度〈财富〉世界五百强上榜国企名单》，光明网（https：//m.gmw.cn/baijia/2021-08/02/35047779.html），2021 年 8 月 2 日。
② 《中央层面划转部分国资充实社保基金完成共划转国有资本总额 1.68 万亿元》，《经济日报》2021 年 1 月 13 日第 2 版。

经营管理过程中，始终把党的领导贯彻落实到各个方面、各个环节。坚持党的领导、加强党的建设是中国特色现代国有企业制度的本质特征。党的十八大以来，中共中央颁布了一系列意见条例，旨在通过加强党的建设确保国有企业坚持正确发展方向，提高国有企业的治理能力，进而服务于"全民所有，为民服务"的价值目标。

上述的分析表明，要想实现公有制企业的"所有权"和"经营管理权"的高质量统一，必须满足两个条件：一是市场主体要符合市场经济有效运行的基本条件，即公有制企业必须权责清晰、面向市场、自负盈亏，这是实现二者相统一的一般要求；二是公有制企业的目标价值能够通过市场经济体制下组织经营形式的创新得到实现，即能够通过不断发展和提升公有制经济体量与质量，保持好公有制经济在社会发展中的关键地位和主导作用，并通过制度设计和宏观统筹等方式，消除生产社会化与生产资料私人占有之间的矛盾，为服务国家战略，满足社会成员共同利益，实现人的全面发展和社会共同富裕目标奠定制度和经济基础。

总而言之，国有企业的"所有权"与"经营管理权"能否做到在权责利中得到有效的分离与统一，就在于能否把市场机制下企业组织经营形式的创新和社会主义的制度优势更好结合起来，能否利用市场机制实现社会主义的目标。

## 第三节　对马克思所有制内部关系理论的继承与发展

任何科学理论都必须通过实践加以检验才能展现出伟大的理论力量。马克思所有制内部关系理论，随着世界上第一个社会主义国家——苏维埃社会主义共和国联盟的成立，迎来了从理论到实践的伟大历史转折。但是，由于没有任何实践经验可供借鉴，以及苏联在具体实践中又存在片面、僵化理解马克思所有制内部关系理论等因素影响下，苏联关于马克思所有制内部关系理论的改革和实践探索结果最终遭遇了惨痛失败。新中国成立后，在学习和借鉴苏联社会主义所有制形式的基础上，也独立自主地进行了中国特色社会主义道路的探索。直到改革开放以来，从

"所有权"与"经营权"相分离的农村家庭联产承包责任制改革中，进一步明确了国有企业改革方向，坚定推进了马克思所有制关系理论在中国的实践道路与模式的探索，取得了一系列举世瞩目的成就和宝贵经验。

**一 苏联革命建设时期对马克思所有制内部关系理论的继承与发展**

马克思所有制内部关系理论，着重探讨了不同所有制中的所有权、占有权、支配权和使用权之间的关系问题，尤其是揭示了资本主义私有制经济中"四权"分离之后所带来的复杂的经济社会关系背后的剥削秘密。这一理论不仅指导了俄国十月革命的胜利，并在苏俄向社会主义社会过渡及后来社会主义建设实践中，在发挥了重要理论指导作用的同时，还得到了进一步的丰富与发展。

1848 年 3 月，马克思在《共产党在德国要求》中指出"国家掌握一切运输工具：铁路、运河、轮船、道路、邮局等。它们全部归国家所有，并且无偿地由无产阶级支配。"① 等建设社会主义所有制设想，这无疑对列宁在十月革命前后和苏联社会主义建设中的探索产生了重要影响。十月革命爆发前，列宁就已经深刻认识到资本主义所有制和私有经济关系必然要被消灭，认为必须"建立社会主义制度，就是说：剥夺大地主占有者的田产、厂主的工厂、银行家的货币资本，消灭他们的私有财产并把它转交给全国劳动人民"②。十月革命胜利后，在苏维埃政权的领导下，通过没收、赎买、改组等方式逐步推进社会主义生产资料公有制，并提出了"要造成使资产阶级既不能存在也不能再生产的条件"③ 这一要求。这表明了列宁等领导人对于马克思和恩格斯关于消灭私制、建立社会主义公有制等方面的重要论述的理解还不够全面，并试图严格按照这一理论设想尽快实现完全的社会主义公有制，从而摆脱资本主义私有制带来的尖锐矛盾与巨大危机，实现从资本主义私有制到社会主义公有制的跨越。但是随着苏联社会主义公有制的探索推进，列宁很快就在

① 《马克思恩格斯文集》第 4 卷，人民出版社 2009 年版，第 238 页。
② 《列宁全集》第 7 卷，人民出版社 1986 年版，第 123 页。
③ 《列宁全集》第 34 卷，人民出版社 1986 年版，第 157 页。

实施"战时共产主义"的过程中发现，"把生产资料和流通资料变为苏维埃共和国的财产，即变为全体劳动者的公共财产"这一目标的达成，还存在诸多现实的困难。比如，实际操作过程面临明显阻碍、全面公有制后极大影响劳动者的积极性、社会生产力还远远不够发达等。

由于对马克思所有制关系理论的片面理解以及苏联本身处于落后的生产力发展阶段等一系列因素的综合影响，使得苏联在推进社会主义经济建设过程中不仅面临诸多挑战，尤其是如何通过"所有权"与"经营管理权"的分离与统一来调动广大人民的积极性、主动性和创造性，推动国家经济发展等问题。列宁在一定程度上意识到了这些问题的原因并提出了"新经济政策"，以期调动人民积极性来促进经济社会发展，巩固苏维埃政权。列宁指出："新经济政策就是以实物税代替余粮收集制，就是在很大程度上转而恢复资本主义。究竟到什么程度，我们不知道。同外国资本家签订租让合同（诚然，已经签订的合同还很少，特别是同我们提出的建议相比），把企业租给私人资本家，这些都是直接恢复资本主义，是从新经济政策的根上萌发出来的。因为废除余粮收集制就意味着农民可以自由买卖完税后的剩余农产品，而实物税征收的只是他们产品中的一小部分。农民在全国人口和整个经济中占极大的比重，因此在这种自由贸易的土壤上不可能不滋长资本主义。"[1] 从这些论述中，我们完全可以看出，"新经济政策"实际上已经涉及了"所有权"与"经营管理权"分离与统一的问题了，但遗憾的是，列宁此时不仅没有明确表达出来，而且把"企业租给私人资本家""自由贸易"等经营管理方式问题简单等同于"恢复资本主义"这一制度问题了。

尽管如此，在"新经济政策"的探索过程中，列宁等领导人不仅客观地认识到了在社会主义的过渡阶段中无法避免多种经济成分共存的局面，并明确提出了在形式多样、相互影响的经济成分（如宗法式、小商品生产、私人资本主义、国家资本主义和社会主义等）中，必须明确落实好以国有化工业等为重要基础的社会主义经济成分，并使其成为国民

---

① 《列宁选集》第 4 卷，人民出版社 2012 年版，第 576—577 页。

经济的主要组成部分。同时，列宁还深刻指出，在当时无产阶级国家实现国家资本主义是苏联必须要经历的一个过程，既能实现无产阶级国家对生产资料的统一组织和调配，扩大社会化大生产的生命力，又能加强对国家资本主义的限制和约束，努力消除其可能存在的剥削现象等负面作用。可以说，这些问题认识，对于正确理解社会主义公有制与资本主义私有制之间的关系以及建设社会主义经济意义重大。

尽管对于像苏联这样直接跨过资本主义进入社会主义的国家，在一定时期内允许多种经济成分和个体经济存在的探索符合了当时国家落后社会生产力的实际情况，但是，这同样不可避免地引发了共产主义者对马克思所有制关系理论到底应该如何实践产生了不同认知甚至争论与分歧。斯大林对于列宁关于马克思所有制理论既有一定的继承，也有不同的拓展。斯大林认为，单一的社会主义公有制才是社会主义国家的最终的所有制目标，他在短暂坚持了列宁的"新经济政策"后，认为这一所有制模式已经不能服务于社会主义事业，便于1929年底放弃了列宁这一"权宜之计"，转而走向了全面单一化公有制的社会主义所有制的探索实践。随后，斯大林采用了一系列有利于社会主义公有制经济而制约资本主义私有制经济的经济政策，迅速、全面地推进了列宁曾提出却并未实际完成的关于以工业国有化为基础的社会主义所有制设想，并在很大程度上快速消灭了工业领域中的私人资本主义经济，实现了工业公有化的社会主义所有制目标。

与此同时，斯大林还对相对分散落后的农业生产和农民小商品经济进行了所有制改造，希望通过农村合作化、集体农庄运动等形式迅速实现农业集体化，不仅要提升社会化大生产的效率，还要为服务社会主义工业化大改造提供有力支持和基础条件。可以看出，不论是工业国有化，还是农业集体化，斯大林在对苏联的社会主义所有制改造过程中都表现出了快速实现全面公有制的迫切心理和强制性操作。其根本原因就在于，斯大林认为只有单一的公有制，才是社会主义所有制和社会主义经济的基本特征，公有制和私有制是两种对立的所有制关系，两者在社会主义国家中不应该也不可能长期并存。可以说，在斯大林模式的社会主义所有制探索中，公有制成为了基本涵盖所有领域的单一所有制模式。这一模式在较短时间内奠定了苏联从落后农业国向先进工业国转型的社会主义物质基础，为苏联在短期内快速形成强劲的社会生产力，特别是重工业、国防军事、科学技术等领域的快速发展注入了动力，使得在短短十余年内就发展成为可以在当时与美国相抗衡的社会主义大国。但是，这种单一的公有制模式过于高估了国有化在生产力不够发达条件下的优势，低估了其对劳动人民积极性、主动性和创造性的打击力。由此可以看出，斯大林经济模式过分强调了"所有权"与"经营管理权"的绝对统一，从而使社会主义公有制变得僵化而失去了活力。

对于社会主义公有制及其实现形式究竟该怎么样，苏联在社会主义建设实践中进行了长期的探索，尽管也取得了一定的理论与实践成果，但终究没有形成一套完备的理论体系。尤其是自 20 世纪 80 年代以来，在戈尔巴乔夫的直接领导下，苏联的国有企业"私有化"改革逐渐偏离了社会主义方向，从而最终以苏联解体而宣告失败。现在看来，其根本问题在于，苏联领导人长期以来没有从理论上澄清"社会主义公有制"与"公有制的实现形式"之间的关系，即把"社会主义公有制"简单地等同于"公有制的实现形式"。这样一来，当现实社会中公有制经济管理和运行中出现问题了，就把它们归结为公有制本身的问题，于是，改革就只有在社会主义公有制和资本主义私有制这一简单的对立中选择出路了。

总体而言，列宁和斯大林等结合苏联的具体实际，在一定程度上对马克思所有制关系理论进行了继承与发展。列宁在一段时期内的探索与实践，特别是关于"新经济政策"的提出和探索等方面，尽管未能最终形成关于如何处理社会主义所有制内部关系方面的系统理论与政策，但实际上已经触摸到了在社会主义初级阶段或在社会生产力相对落后的社会主义国家如何利用"所有权"与"经营管理权"的分离与统一来发展社会主义事业理论突破的边缘。斯大林对于马克思所有制内部关系理论的探索实践，在一定程度上背离了马克思所有制理论的基本原理，存在着僵化和静态理解的错误，在取得发展成就的同时也暴露出严重的缺陷，如大批不享有国有企业所有权但拥有实际占有权的官员、厂长等利用权力为个人谋取巨大不当利益，破坏了社会主义公平正义，也极大阻碍了苏联劳动人民的积极性和经济社会发展的可持续性。然而，需要进一步指出的是，苏联在马克思所有制内部关系理论与实践中，并没能和经济社会发展实际来区分"公有制"与"公有制的实现形式"，因而也就没有对所有制内部关系中的所有、占有、支配和使用的内涵以及相互关系作出进一步深入探索，同时，对于相应的所有权、占有权、支配权和使用权等相关法律制度也尚未得到很好的构建。

## 二　中国革命建设改革时期对马克思所有制内部关系理论的继承与发展

中国在革命、建设和改革的进程中，中国共产党人坚持并进一步丰富和发展了马克思所有制内部关系理论。尤其是在 40 多年的改革开放和中国特色社会主义的伟大实践中，中国共产党人清晰地区分出了社会主义公有制经济中的"公有制"与"公有制的实现形式"这两个"基本概念"，并在此基础上，进一步探索并构建了所有权、占有权、使用权与经营权的"分离"与"统一"的体制机制，从而克服了在理论和实践上的诸多障碍和挑战，顺利地将社会主义公有制推向了市场，特别是破除了关于社会主义公有制和资本主义私有制之间存在的简单的对立思维，使得社会主义与市场经济的兼容性得到有效拓展，成功实现了两者的创新融合。

（一）新民主主义革命时期对马克思所有制内部关系理论的继承与发展

在新民主主义革命时期，我们党深刻洞察了旧中国面临着"三座大山"的侵略、压迫和剥削的悲惨现实，准确把握住了人民群众对于迫切渴望改变悲惨命运、过上有尊严的生活、赢得民族独立等强烈愿望，通过积极传播和宣扬马克思主义真理的精神力量，不断增强和扩大人民群众对于马克思主义真理的选择与信仰，为最终实现人民解放、民族独立凝聚了无比强大的社会主义力量。

毛泽东是马克思所有制理论在中国革命和社会主义建设中的重要代表人物，他对于这一思想的中国化探索始终与中国的具体实际相结合，贯穿了新民主主义革命时期和社会主义革命与建设时期，并结合当时的经济社会发展实际情况等形成了早期中国社会主义所有制思想。1934年1月，毛泽东在《我们的经济政策》中，对当时的国有经济和私人经济的作用与关系进行了阐述，认为面对国民党反动派的封锁和破坏，必须建立国有运营的产品生产和流通，同时积极发挥私人经济在合法范围内对社会经济发展的促进作用。"因为目前私人经济的发展，是国家的利益和人民的利益所需要的。私人经济，不待说，现时是占着绝对的优势，并且在相当长的期间内也必然还是优势。……合作社经济和国营经济配合起来，经过长期的发展，将成为经济方面的巨大力量，将对私人经济逐渐占优势并取得领导的地位。"[1] 这是毛泽东第一次阐述了国营经济、私人经济的概念及相应作用关系，对当时积极探索如何在解放区发展国有经济和合作社经济，进而促进解放区经济社会发展和革命进程提供了重要的所有制理论武器和指导思想。

随着1937年7月抗日战争的爆发，血腥野蛮侵略的阴云笼罩着中国大地，当时国内的主要矛盾自然也就开始发生转变，整个中华民族与日本帝国主义侵略者之间的尖锐矛盾日益凸显，成为当时中国面临的主要矛盾问题。在这一背景下，如何才能联合最广泛的抗日民族力量，最终实现有力驱逐日本侵略者的目标，成为当时整个中华民族面对的核心任务。为了实现这一目标，毛泽东明确提出了"团结一切可以团结的力量"这一重要思想，进一步发挥私人经济和国营经济的重要联合作用，为彻底打败日本帝国主义的侵略不断凝聚了强大的民族合力。毛泽东在《新民主主义论》中，讨论了国营经济这一社会主义公有制与"不能操纵国民生计"的资本主义生产之间的关系，明确指出由于中国经济社会发展还处在十分落后的状态下，尽管"在无产阶级领导下的新民主主义共和国的国营经济是社会主义的性质，是整个国民经济的领导力量"，

---

① 《毛泽东选集》第1卷，人民出版社1991年版，第133—134页。

但是"这个共和国并不没收其他资本主义的私有财产，并不禁止'不能操纵国民生计'的资本主义生产的发展"①。1942 年 12 月、1945 年 1 月，毛泽东先后在《抗日时期的经济问题和财政问题》报告和《必须学会做经济工作》中就当时的经济建设和经济制度等进行了分析阐述，特别是论述了民营经济与国营经济、合作社经济等的相互关系以及对当时国家经济社会发展的积极作用，特别是在关于驱逐日本帝国主义后将如何建设国家经济社会制度时，提出了国家经济成分必须包括国家、私人、合作社组成的设想，"拿资本主义的某种发展去代替外国帝国主义和本国封建主义的压迫，不但是一个进步，而且是一个不可避免的过程"②。

解放战争后期，如何建立一个全新的中国政治经济体系，成为中国共产党需要面对和处理的一个重大现实问题。1947 年 12 月，毛泽东就当时的经济体系建设作出了重要指示，他明确指出新民主主义革命所要消灭的对象不是宽泛性的，并着重强调了所要消灭的只是封建主义和垄断资本主义，只是地主阶级和官僚资产阶级（大资产阶级），这与一般地消灭资本主义的范畴和目标是有着明显区分的，更不是要简单地消灭上层小资产阶级和中等资产阶级。这一论述再次清晰地表明，毛泽东关于马克思所有制关系理论的传承创新保持了与中国具体实际的探索结合，符合了当时旧中国经济社会发展落后的现实状况，对取得全国性革命胜利后依旧将在坚持国营经济领导地位的前提下，允许一般的中小资产阶级经济成分在一个较长时期内存在并发挥应有作用的探索方向。1948 年，毛泽东又先后对不同地区出现的对中农、中小工商业者等私人经济成分进行打击的行为进行了批评，强调了"保护并奖励一切于国民经济有益的私人工商业发展的政策是正确的，今后仍应继续"③。1949 年 3 月，毛泽东在党的七届二中全会上进一步明确指出，新中国成立后将存在国营经济、合作社经济、私人资本主义、个体经济和国家资本主义等多种经济成分及其相应制度，并对不同类型的经济成分的地位、领域和

---

① 《毛泽东选集》第 2 卷，人民出版社 1991 年版，第 678 页。
② 《毛泽东选集》第 3 卷，人民出版社 1991 年版，第 1060 页。
③ 《毛泽东选集》第 4 卷，人民出版社 1991 年版，第 1269 页。

限制等方面作出了分析，提出了"谨慎地、逐步地"引导私有制转向公有制的针对性的理论指导思想。

总而言之，新民主主义革命时期，毛泽东不仅进一步明确了国营经济等社会主义性质及其在"整个国民经济的领导力量"的重要地位，还结合当时中国具体实际充分认识和肯定了私人经济、资本主义生产等多种经济成分在一定时期内存在的必要性与合理性。由此可见，在这一时期，毛泽东关于马克思所有制关系理论的传承和创新，是符合了当时中国处于新民主主义革命时期的具体实际和马克思所有制关系理论的基本原理的。但是，由于当时处在革命斗争和内忧外患之中，毛泽东对于马克思所有制关系理论的探索创新更多是基于如何更好地服务革命的胜利和人民的解放等具体的现实目标，还没有从社会主义社会建设的统领地位和视角进行更为具体的社会主义所有制内部关系理论的创新探索与实践。

（二）社会主义革命和建设时期对马克思所有制内部关系理论的继承与发展

1947 年 12 月，毛泽东在《目前形势和我们的任务》中，进一步明确提出了"没收封建阶级的土地归农民所有，没收蒋介石、宋子文、孔祥熙、陈立夫为首的垄断资本归新民主主义的国家所有，保护民族工商业。这就是新民主主义革命的三大经济纲领"①。可以说，通过没收官僚资产阶级的垄断资本进行所有权的重新确认，使其归属于新民主主义的国家这个联合体所有，这也意味着它具有了新民主主义和社会主义的双重革命性质：一方面，在这一历史时期，官僚资产阶级本身也是新民主主义革命的对象之一，因而具有新民主主义革命性质；另一方面，"没收"了这一垄断资本之后并没有"分"给广大劳动者，而"归新民主主义的国家所有"，这就为建立社会主义建设时期建立国营经济打下了物质基础，因而又具有了社会主义革命的性质。也就是说，要通过没收等方式，一方面，促进和发展了社会主义国营经济，另一方面，积累了实

---

① 《毛泽东选集》第 4 卷，人民出版社 1991 年版，第 1253 页。

现农村土地集体所有制的前提条件。新中国成立初期，面临的是一穷二白、贫穷落后的社会现实，如何掌握好推进社会主义建设与促进国民经济恢复之间的平衡节奏，是我们党必须慎重思考的重大问题。

结合新中国生产力极度落后的现状，在 1949 年到 1952 年期间，毛泽东明确批评了一部分人提出的"提前消灭资本主义，实行社会主义"的错误思想，深刻指出这种论调脱离了中国的具体实际。这一时期实行的是"公私兼顾、劳资两利、城乡互助、内外交流"的基本经济政策，以保障国民经济能够得到有效的恢复和发展。在此期间，既不断凸显了国营经济成分的领导地位、主体地位，也兼顾了不同经济成分在此前提下实现"分工合作、各得其所"的良性局面，到 1952 年底就顺利实现了以国营、合营经济为主的公有制经济成分占比超过了整个国民经济一半以上的目标。但是，这一趋势在国内主要矛盾发生转变后，没有能够继续得以推进，而不得不转移到关于国家所有制的选择的根本性问题上来。

在国民经济的恢复和快速发展的过程中，资本主义属性经济成分也得到了同步发展，国内资产阶级与无产阶级的矛盾不断激化，局部地区两极分化现象不断凸显，甚至出现了全国政局面临不稳定等极端危险的影响因素。毛泽东不得不对此加以重新审视，改变了之前提出的要经过较长时期的"民主主义"社会阶段才能进入"社会主义"社会阶段的正确判断，认为必须在城市和农村通过限制资本主义经济和扩大集体合作等方式，对生产资料私有制进行社会主义改造的具体进程也不得不提上具体议程。1952 年 9 月到 1953 年 6 月期间，毛泽东先后提出了要用 10—15 年时间基本建成社会主义和推动社会主义建设"一化三改"的过渡时期总路线的具体目标和任务，即"逐步实现国家的社会主义工业化，并逐步实现国家对农业、对手工业和对资本主义工商业的社会主义改造"①。

从一定意义上而言，新中国成立之初"对农业、对手工业和对资本

---

① 中共中央文献研究室：《建国以来重要文献选编》第 4 册，中央文献出版社 1993 年版，第 701 页。

主义工商业"这三大领域进行社会主义改造，既是因为当时新中国面临着贫穷落后的经济社会发展困难和挑战，也是因为通过对这些领域的"三改"能够为实现"国家的社会主义工业化"这"一化"提供重要基础和具体支撑，没有对前者的社会主义改造的顺利实现和积累，就不可能支撑后者去实现社会主义工业化的目标。毛泽东认为，"单有国营经济而没有合作社经济，我们就不可能领导劳动人民的个体经济逐步地走向集体化，就不可能由新民主主义社会发展到将来的社会主义社会，就不可能巩固无产阶级在国家政权中的领导权"①。在对农业和手工业的社会主义改造过程中，不可避免地会面临来自被改造领域群体的担忧、怀疑甚至排斥现象，毛泽东针对这些现实问题提出了"自愿互利、典型示范"的基本原则。具体而言，结合农业和手工业领域的实际情况和改造目标，分别创新探索出了"互助组—初级农业生产合作社—高级农业生产合作"和"生产小组—供销生产合作社—生产合作社"等各具特点和针对性的逐步过渡、由初级到高级的社会主义性质生产资料所有制道路。对资本主义工商业的改造，主要是利用赎买的方式实现国家资本主义的形式，并通过探索委托加工、统购统销、委托经销代销等不同的经营形式来尝试区分生产资料所有权和实际经营权的某种所有制内部关系的构建。

到1956年底，通过"三改"基本实现了全国范围内对生产资料私有制的改造目标，已经初步具备社会主义集体所有制与全民所有制过渡的可能条件。但在随后的人民公社化运动中，中国共产党又探索并形成了生产资料在不同程度上归属于人民公社、生产大队和生产队的农村集体所有制形式。但是，由于思想认识上的局限和束缚，对"一大二公"追求在很大程度上脱离了当时农业生产的实际情况，导致一些地区盲目追求公社大集体、急于宣称"全民所有"，反而极大地损害了向社会主义公有制逐步递进的成效。毛泽东对此曾指出，"现在人民公社集体所有制，实际上是公社集体所有一小部分，生产队集体所有大部分，也就是

---

① 《毛泽东选集》第4卷，人民出版社1991年版，第1432页。

基本上是生产队的集体所有制"①。但是，到了20世纪六七十年代，单一的公有制模式逐渐暴露出了明显的弊端，如计划与需求矛盾激化、政府与企业关系混乱、经济发展明显受阻等，这些问题经过改革尝试后没能得到有效解决。

总体而言，在这一历史时期，我国的社会主义所有制探索实践中，既有参照苏联单一公有制和计划经济等模式的"以苏为范"的学习跟进部分，也有结合中国具体实际与苏共二十大后暴露的政治经济危机等"以苏为鉴"的自我探索改进部分，并开辟了一条适合中国实际的社会主义改造道路，基本实现了从落后农业国到社会主义工业化发展这一跃升的前瞻性整体布局和支撑，以及对社会生产资料的社会主义改造，并对如何处理好在社会主义过渡时期关于公有制与私有制之间的关系有了一些符合中国实际的思考与经验。这些都是我们党对于马克思所有制关系理论的中国化创新探索理论与实践成果。但是，这一进程在随后由于国际国内一系列因素的影响下，没能继续按照正确的方向探索前进。"文化大革命"期间的"十年动荡"，可以说在很大程度上中断了我们党关于马克思所有制关系理论的探索，在以阶级斗争为纲的大背景下，片面错误地追求又单又纯的"一大二公"模式的公有制形式。毛泽东关于国内主要矛盾的错误判断，以及阶级斗争的激化使得公有制成为纯粹批斗资本主义私有制的工具，严重偏离了党的八大提出的以经济建设为中心的任务目标，我们党对于马克思所有制关系理论的探索与创新陷入了停滞甚至倒退的境遇。

（三）改革开放新时期对马克思所有制内部关系理论的继承与发展

"文化大革命"时期，在社会主义建设初期探索出来的较长一段时期内允许一部分私有经济作为共有经济的补充的正确思路被抛弃，绝大多数曾经对国民经济恢复起到过积极作用的私人经济和个体经济成为"割资本主义尾巴"的对象被打倒、被消灭，严重阻碍和创伤了我国国民经济的发展，从而中断了中国共产党人关于马克思所有制内部关系理

① 《毛泽东年谱》第3卷（1949—1976），中央文献出版社2013年版，第597页。

论的创新与探索。这一现象直到党的十一届三中全会的召开，随着党的中心工作回归到党的八大就提出过的"以经济建设为中心"上来，我们党关于马克思所有制内部关系理论的创新才迎来了历史性转机。

长期以来，国内思想界和学术界关于"姓资姓社"的争论就一直没有停止过，特别是在关于社会主义公有制与资本主义私有制之间能否共存、如何共存等现实问题的讨论上分歧较大，这最终难免上升到关于中国到底要向何处去、到底应该走什么样的道路等核心问题上来。邓小平深刻认识到马克思所说的"消灭私有制"是一个历史过程，是马克思在基于资本主义高度发达的社会生产力这一社会条件下提出的理论，尚处于落后的社会生产力发展阶段的中国必然需要较长的一段历史过程才能完成这样的跨越。在党的十一届三中全会上，我们党不仅坚定地阐明了中国必然也必须继续走社会主义这条伟大道路，更是鲜明提出了党的中心工作转移到"以经济建设为中心"上来。但是如何对马克思所有制关系理论进行传承与创新，依然是我们党长期尚未解决、仍需探索的重大历史课题。

苏联的失败教训和新中国成立早期的曲折探索表明，我国只能走以公有制为主体的社会主义所有制道路，迫切需要解决的理论和现实难题就是如何从根本性回应社会主义与资本主义、公有制与私有制、公有制与市场经济的关系等。在传统的马克思主义政治经济学理论中，人们把社会分工和私有制看成资本主义市场经济的基本要素，也就意味着如果坚持以社会主义公有制为主体，在理论上就必然与市场经济不相容。为此，邓小平从客观实际出发进行理论创新，关于社会主义、公有制与市场经济的关系等作出过深刻论述，"社会主义为什么不可以搞市场经济，这个不能说是资本主义。我们是计划经济为主，也结合市场经济，但这是社会主义的市场经济"[①]。基于此，我们党创新性地探索将公有制的内部关系中的所有与占有、支配和使用及其相应法权关系进行区分，即将全民所有、国家所有或集体所有的生产资料的所有权始终归属于"公有

---

① 《邓小平文选》第 2 卷，人民出版社 1994 年版，第 236 页。

制"这一范畴,但相应的经营权对应的占有权、支配权和使用权等则可以为归属为不同的经济利益主体,这一创新从理论上突破了公有制所属生产资料与市场经济不相容的思想枷锁,为开创中国特色社会主义市场经济体制奠定了坚实的理论基础。

事实上,中国共产党对于马克思所有制关系理论的创新探索,是一个在实践摸索与理论探索相结合的过程中完成的。邓小平认为,要想改变传统社会主义所有制的基本形式,首先要从农村集体所有制的改革着手,必须对早期探索的"一大二公"等过于强调"公"的不切合农村具体实际的所有制形式进行改革。1978年底,在党的十一届三中全会召开前夕,安徽省凤阳县小岗村18位农民带头签下的关于土地"承包"经营的"契约",就可以认为是对公有制背景下的所有权与承包经营权相分离的一次"冒险"探索。而这一"农村家庭联产承包责任制"的农村土地所有制形式的探索,也被认为是拉开我国改革开放序幕的标志性实践。邓小平指出,"农业搞承包大户我赞成,现在放得还不够"[①]。正是在此背景下,广大农民对于所有制改革的信心得到了进一步增强,劳动的积极性极大提升,农业生产效率也明显提高,农村经济得到了快速的恢复和发展。

随着社会主义与市场经济的壁垒被成功打破,我们党关于马克思所有制内部关系理论的创新实践也不断深入。在坚持公有制为主体地位的前提下,个体经济、私营经济和合资经济等不同成分的所有制经济得到了认可与支持,并作为公有制经济的补充而取得了共同发展。在农村所有制改革推动了农村社会发展并不断获得了广大人民的满意成效后,邓小平对于全面推动工业等所有制改革又提出了进一步的探索思考,"工业有工业的特点,农业有农业的特点,具体经验不能搬用,但基本原则是搞责任制,这点是肯定的"[②]。正是在这一思想的指导下,国有企业、集体企业等社会主义公有制属性的经济利益主体通过承包责任制、改变经营机制和建立现代化管理制度、健全财产法律制度等方式,既能够始

---

① 《邓小平文选》第3卷,人民出版社1993年版,第23页。
② 《邓小平文选》第3卷,人民出版社1993年版,第29页。

终保持所有权始终属于国家或集体的社会主义所有制属性要求，又能够通过经营权分离实现以公有制属性的生产资料生产的产品能够进入市场流通的要素要求，具有中国特色的社会主义市场经济体制才得以在理论和实践中被人民所认知和接纳。特别是在1984年，党的十二届三中全会提出了"公有制基础上有计划的商品经济"的论断，这一理论思想与创新探索的突破进展，同样也意味着在实践中以公有制为主体的社会主义所有制，是完全能够将商品经济与计划经济兼容起来的，而绝非完全对立的、互不相容的。

面对改革发展过程中出现的"彻底私有化"错误倾向和杂音，邓小平进一步明确提出了社会主义初级阶段基本路线、制定了"三步走"发展战略、阐明了"三个有利于"标准等一系列事关中国特色社会主义事业的核心问题。在南方谈话中，邓小平明确指出，"计划多一点还是市场多一点，不是社会主义与资本主义的本质区别。计划经济不等于社会主义，资本主义也有计划；市场经济不等于资本主义，社会主义也有市场。计划和市场都是经济手段"①。可以说，这些关于马克思所有制关系理论的创新探索，不仅从理论上、主观上避免了"姓资"还是"姓社"的无谓争论，确保了坚持以公有制为主体地位毫不动摇的社会主义所有制发展方向，也使得在实践中、客观上为推进中国特色社会主义市场经济体制的改革目标与任务的不断达成提供了坚实基础，进而持续解放和发展了社会生产力，促进了社会主义经济发展、满足了人民日益增长的物质和精神文化需要。

总体而言，在改革开放和社会主义现代化建设新时期，邓小平关于马克思所有制内部关系理论的传承与创新，既充分坚持和体现了以公有制为主体地位的社会主义所有制的一脉相承，确保了坚持公有制占主体和实现共同富裕目标的社会主义航向毫不动摇，又彻底突破了公有制与市场经济不相容的理论枷锁，实现了所有制内部关系相分离的理论支撑和顶层设计，巩固了私有经济等多种经济成分作为服务社会主义事业发

---

① 《邓小平文选》第3卷，人民出版社1993年版，第373页。

展的必要的有益补充的共识，成功开创了中国特色社会主义市场经济体制的前提条件与崭新局面。江泽民、胡锦涛等在坚持和巩固马克思所有制关系理论的中国化创新成果基础上，继续坚持将党和国家的工作中心聚焦在经济建设上，通过完善混合所有制、建立现代产权制度等，进一步确立了社会主义初级阶段公有制为主体、多种所有制经济共同发展的基本经济制度和按劳分配为主体、多种分配方式并存的分配制度，持续保障和改善人民群众的物质和精神文化水平，实现了马克思所有制思想中国化的理论与实践新飞跃。

（四）新时代对马克思所有制内部关系理论的继承与发展

党的十八大以来，中国共产党在深刻总结我国社会主义所有制关系的改革和伟大实践的历史经验、把握历史规律的基础上，及时准确地研判当今世界面临百年未有之大变局这一历史演变趋势，统筹把握实现中华民族伟大复兴战略全局和建设社会主义现代化强国目标追求明确了"承前启后、继往开来、在新的历史条件下继续夺取中国特色社会主义伟大胜利的时代"的时代定位，进一步深化马克思所有制关系理论中国化的理论与实践成果，继续团结和带领广大中国人民为实现第一个百年奋斗目标、开启实现第二个百年奋斗目标新征程，在经济社会高质量发展中朝着实现中华民族伟大复兴的宏伟目标继续前进。

中国特色社会主义进入新时代后，我国经济社会发展取得了一系列举世瞩目的成效，实现了从经济落后的农业国向国家经济总量位居世界第二的现代化工业国的伟大跃升，迎来了从站起来、富起来到强起来的伟大飞跃。与此同时，我们党关于马克思所有制关系理论中国化的探索，也迎来了全面深化改革的发展时期。习近平多次强调，"实行公有制为主体、多种所有制经济共同发展的基本经济制度，是中国共产党确立的一项大政方针，是中国特色社会主义制度的重要组成部分，也是完善社会主义市场经济体制的必然要求"[①]，"我们强调把公有制经济巩固好、发展好，同鼓励、

---

① 《习近平谈治国理政》第 2 卷，外文出版社 2017 年版，第 258 页。

支持、引导非公有制经济发展不是对立的，而是有机统一的"①，并进一步用"两个毫不动摇"明确了在新时代坚持、巩固和发展公有制主体地位与鼓励、支持和引导非公有制经济发展的统一关系。

2013 年，党的十八届三中全会通过的《中共中央关于全面深化改革若干重大问题的决定》，进一步明确了"积极发展混合所有制经济"的宏观定位，充分肯定了"国有资本、集体资本、非公有资本等交叉持股、相互融合的混合所有制经济"是我国社会主义基本经济制度的重要实现方式②，并对非公经济参与国有项目以及进一步扩大混合所有制经济的内涵等指明了方向。为了深化新时代产权保护制度建设以及全面深化混合所有制改革提供重要的理论依据。此后，中国共产党在 2014 年召开的党的十八届四中全会上通过的《中共中央关于全面推进依法治国若干重大问题的决定》中，就进一步明确指出，"创新适应公有制多种实现形式的产权保护制度，加强对国有、集体资产所有权、经营权和各类企业法人财产权的保护"③。2015 年 11 月，习近平在十八届中央政治局第二十八次集体学习时指出，"推动各种所有制取长补短、相互促进、共同发展"。这些论述表明了中国共产党人对中国特色社会主义所有制关系理论有了更为清晰的认识，它意味着从加强法治建设层面来加强，即通过对所有制内部关系中的所有权以及经营权等相关权能，从法律制度的层面来进行立法保障，促进和发展混合所有制经济，特别是不同经济利益主体对于自身权益的保护有了更大信心和动力。

2016 年，习近平在参加全国政协十二届四次会议民建、工商联界委员联组会时指出，"公有制经济、非公有制经济应该相辅相成、相得益彰，而不是相互排斥、相互抵消"④。无论是一些人想把公有制经济否定掉，还是一些人想把非公有制经济否定掉，这样的观点都是不可取也不符合客观实际的，既不符合我们党不断满足最广大人民根本利益的追求，

① 《习近平谈治国理政》第 2 卷，外文出版社 2017 年版，第 260 页。
② 《十八大以来重要文献选编》上，中央文献出版社 2014 年版，第 515 页。
③ 《十八大以来重要文献选编》中，中央文献出版社 2016 年版，第 162 页。
④ 《习近平谈治国理政》第 2 卷，外文出版社 2017 年版，第 260 页。

也不符合我国继续深化改革发展的历史趋势。2018 年，习近平在庆祝改革开放 40 周年大会上的讲话中，回顾了我们党自改革开放以来对马克思所有制理论的传承创新探索，并指出我国已经进入"从以经济体制改革为主到全面深化经济、政治、文化、社会、生态文明体制和党的建设制度改革"的新时代。同年 12 月，十三届全国人大常委会第七次会议表决通过了关于修改农村土地承包法的决定，对农村土地改革中面临的所有权、承包权和经营权等具体关系与要求进行了法制化规定，特别是在确保所有权依旧归集体所有的前提下，进一步将土地承包经营权分为承包权和经营权，为激发农村土地所有制活力、明晰所有制内部关系和促进土地资源合理利用提供了重要前提。2019 年 10 月，党的十九届四中全会第二次全体会议审议通过了《中共中央关于坚持和完善中国特色社会主义制度、推进国家治理体系和治理能力现代化若干重大问题的决定》，强调了充分认识和彰显社会主义制度优势的重要性，并指出既要充分认识中国特色社会主义制度的本质特征和优越性，又要继续完善和发展我国国家制度和国家治理体系，为新时代持续深化社会主义所有制内部关系制度指明了方向。2021 年 8 月，习近平在中央财经委员会第十次会议上讲话时，进一步强调了要坚持"两个毫不动摇"，并特别指出了"坚持公有制为主体、多种所有制经济共同发展"对促进共同富裕具有极为重要的作用。2022 年 4 月 29 日，习近平在中央政治局第三十八次集体学习时明确指出，"在社会主义市场经济条件下规范和引导资本发展，既是一个重大经济问题、也是一个重大政治问题，既是一个重大实践问题、也是一个重大理论问题，关系坚持社会主义基本经济制度，关系改革开放基本国策，关系高质量发展和共同富裕，关系国家安全和社会稳定。……我们党在百年奋斗历程中坚持马克思主义基本原理，从我国国情和不同时期主要任务出发，不断深化对资本的认识，不断探索规范和引导资本健康发展的方针政策"①。

---

① 习近平：《依法规范和引导我国资本健康发展发挥资本作为重要生产要素的积极作用》，《人民日报》2022 年 5 月 1 日第 1 版。

总体而言，进入新时代以来，我们党聚焦混合所有制全面深化改革这一核心目标任务，着手从推进国有企业混合所有制改革和激发非公有制企业经济活力与动力等方面，进一步明确提出了"深化国有企业改革"与"促进民营企业发展"相关的具体部署，开启了新时代混合所有制经济改革的新局面。一方面，进一步从更加全面系统的高度，对发展和完善社会主义所有制内部关系进行了统筹设计。既注重从经济形式上对国有、集体和非公等性质的不同利益主体和资本之间的交叉持股、融合转化进行产权结构优化改进，又注重从内部关系理论和实践维度对混合所有制不同经济成分的双向流动加强创新探索，持续推进新时代经济体制改革取得新的成效。另一方面，进一步从法律层面明晰了对不同所有制经济的产权保护。"国家保护各种所有制经济产权和合法利益，保证各种所有制经济依法平等使用生产要素、公开公平公正参与市场竞争、同等受到法律保护，依法监管各种所有制经济。"① 也就是说，既从顶层设计上明确了对不同经济利益主体可能涉及的所有权与其他权利的分离与统一的制度保障与要求，又从法律法规的具体规定中细化对于各类权属关系与利益分配之间的法律规定与细则，为不断完善中国特色社会主义市场经济提供了坚实的理论基础和最根本的制度性保障。

### 三 马克思所有制内部关系理论的发展前景

马克思所有制内部关系理论是马克思所有制关系理论体系大厦的重要组成部分，这一理论运用结构性的视角，揭示了所有制内部结构复杂的经济关系及其相互作用，深入剖析了作为"经济关系"的所有制与作为"法权范畴"的所有权之间的联系与区别，对于中国特色社会主义具有重要的理论价值与实践意义。对比研究苏联社会主义建设与中国特色社会主义建设历史进程，贯穿其中的一个极为重要的基本经验就是，在区分"公有制"与"公有制的实现形式"中，将公有制经济中的"所有权"与"经营管理权"区分开来，在毫不动摇地坚持"公有制"及其

---

① 《十八大以来重要文献选编》上，中央文献出版社 2014 年版，第 515 页。

"所有权"这个社会主义根本性质的前提下，积极探索多种多样的"公有制的实现形式"，并进一步推动"经营管理权"在市场经济中的规范运行。

马克思所有制内部关系理论主要包括以下几个方面论域：第一，作为"经济范畴"的所有制内部组成要素的基本内涵、性质及其相互关系。厘清作为"经济范畴"的所有制内部结构的构成要素，厘清这些构成要素的基本内涵，在所有制结构中的职能及其地位，以及这些构成要素之间的相互作用。第二，作为"法权形式"的所有权内部结构的组成要素的基本内涵、历史性质及其相互关系。从"法权关系"的角度认识所有制关系是西方经济学理论的传统和基础，而马克思所有制关系理论正是在对传统所有权理论的继承与批判基础上形成的。第三，作为"经济范畴"的所有制与作为"法权形式"的所有权是两个既相互区别又相互联系的范畴，二者是辩证统一的关系。如何从社会生产总体结构的层次，从经济关系和法律表现结合的整体要求认识二者的区别与联系。第四，"四权"关系分离与组合的历史特征及其具体实现路径。换言之，所有制问题涉及的内涵和范畴，并非简单地分析生产资料归谁所有的问题，还包括"经济关系"层面中的生产资料的占有关系、支配关系和使用关系，而这些经济利益关系通过法律得到确认后，在法权结构上的对应表现就是所有权、占有权、支配权和使用权。这些所有权内部不同权能的分离与组合，为中国社会主义所有制关系改革开辟了全新的思路。

中国特色社会主义进入新时代。在未来一段时间内，实现中华民族伟大复兴和社会主义现代化强国是中国共产党领导和团结全国各族人民的共同奋斗目标。在实现这一目标的过程中，随着中国的物质财富和综合国力等方面的不断跃升，人民群众对美好生活的期待和诉求也将会越来越高，尤其是对于社会主义核心价值观在经济、政治、文化、社会、生态等各个领域中的贯彻落实提出了更高、更具体和更为现实的要求。在这种情况下，理论界和学术界对于国际、国内范围内存在的各种复杂问题的争论的焦点，又将会回归到对马克思所有制关系理论的理解和应用上来，而马克思所有制内部关系理论又是破解把社会主义公有制与市场经济简单对立化的核心理论，因此，进一步深化研究马克思所有制内部关系理论中国化历史进程及其实践成果，是坚定中国特色社会主义道路的内在要求。

第一，深化马克思所有制内部关系理论研究，是马克思和恩格斯从政治经济学角度全新理解社会形态历史发展及其内在结构的重要突破口。在新征程上，研究马克思所有制内部关系理论，特别是揭示生产过程中不同主体间对生产条件的不同作用及其相互关联性质，梳理所有、占有、支配、使用等现实经济关系之间相互分离、重新组合表现出的不同经济形态和历史特征，有利于避免把所有制问题仅理解为生产资料归谁所有这一简单化倾向，有利于从所有制内部权能结构的变化来深刻理解人类社会历史的发展变迁以及中国创造的人类文明新形态，更有利于深入剖析资本主义私有制的权能结构变化、内在矛盾及其未来发展方向。

第二，深入剖析作为"经济关系"的所有制与作为"法权范畴"的所有权之间的联系与区别，有利于彻底与所有制研究领域中存在的唯心主义、形而上学和法学的幻想划清界限。近代西方产权理论从资源稀缺性出发，抛开历史分析，仅仅从"成本—收益"的比较中认识所有权关系，把资本主义私有权视为一般私有权，这就掩盖了资本主义私有权的性质，难以揭示资本主义私有制的内在矛盾及其发展方向。因此，深化研究马克思所有制内部关系理论，对站在历史唯物主义和政治经济学批判的视野中现实地讨论所有制问题，深刻把握马克思对资本主义经济运动规律、未来共产主义社会基本原则和价值观念具有重要理论价值。

第三，深化马克思所有制内部关系理论研究，对社会主义市场经济下国有企业改革具有深刻的现实意义。一方面，改革开放以来，党和国家推动国有企业管理经营模式改革创新，探索实现所有权和经营管理权相分离，由此使国有企业成为具有独立性和自主性的市场主体，实现了公有制企业与市场机制相结合。另一方面，人民赋予国家行使国有企业的所有权，国有企业所有权和经营管理权的分离，应以人民群众的福祉为宗旨，通过制度的顶层设计和具体安排，使国有企业成为为人民谋幸福的物质基础。

第四，深化马克思所有制内部关系理论研究，为我国农村土地经营制度改革创新实践提供理论依据。改革开放以来，"两权分离"的家庭联产承包责任制是对人民公社时期"集体所有、集体经营"制度安排的突破，极大增强了农户生产的自主性。随着农业进入现代化发展阶段，以集体土地所有权、土地承包权、土地经营权各自独立分属不同主体的"三权分置"改革，将成为我国农村经营制度改革的新的发展方向。这一改革是"两权分离"改革逻辑的深化和延续，它进一步细化了农地占有、使用、收益、处分等权益，集体组织对土地拥有所有权，即在拥有对土地发包、收回、调整、监督等权利基础上，赋予了农户更加完整和灵活调节的自主生产经营、流转、入股、处置产品等权能，有利于引导土地适度规模经营，提升农业经营效率，从而为农业现代化转型之路和乡村振兴战略提供制度基础。

面向未来，我们既需要充分总结马克思私有制内部关系理论在中国的发展进程，从中找到可供未来发展借鉴的基本经验；又需要结合新的时代条件在不断解决实际问题中推动创新，在21世纪下坚持与发展这一科学理论。具体有：

第一，将进一步深化对中国特色社会主义市场经济体制的理论研究。

习近平指出，社会主义条件下发展市场经济，是我们党的一个伟大创举。面临世界百年未有之大变局与中华民族伟大复兴的战略全局"两个大局"相互交织的复杂局面，向实现第二个百年奋斗目标进军，我们更加需要推进全面深化改革、完善经济运行体制，努力构建中国特色的市场经济体制，为实现中华民族伟大复兴提供坚实经济保障。《中共中央国务院关于新时代加快完善社会主义市场经济体制的意见》指出，"构建更加系统完备、更加成熟稳定型的高水平市场经济体制"，为新时代进一步发展和完善社会主义市场经济体制锚定了新任务、新目标。从改革开放至今，社会主义市场经济体制发展实践已经走过四十余年，经历了探索、发展、成熟和完善四个阶段，并逐渐形成了社会主义与市场经济相结合的经济体系，为中国的繁荣稳定发展奠定了体制机制基础。

经济体制是指一国经济运行的制度安排与机制设计。从宏观上看，包括土地、资本、劳动、技术、信息等一系列生产要素在国民经济中的配置方式，市场中商品的供给、需求以及保持市场各要素之间基本平衡的调节机制等；从微观上看，又包括某一商品在市场中的供需状况与商品在生产者、消费者之间的流转。经济体制是由无数根"线"所织成的一张大网，而商品就是这大网上的交汇点。马克思所考察的资本主义经济运行机制，从本质上而言就是以资本主义生产关系与资本主义市场条件为考察背景和重要依据，由此对处于其中的商品生产、分配、交换、消费之间的相互关系展开深入剖析，四者之间相互联系、相互作用，共同构成一个有机整体，这是人类文明发展史上的一大进步。

在马克思所有制关系理论的科学指引下，我国逐步建立与完善社会主义市场经济体制，使社会主义与市场经济在广袤的中国大地上实现了有效结合，这一创新探索也极大地促进了社会生产力的发展与提高。同时，党的十九届四中全会将"社会主义市场经济体制"纳入社会主义基本经济制度中，进一步明确和巩固了社会主义市场经济的作用地位，更是对社会主义市场经济体制认识的又一重大突破。通常而言，所有制关系、分配关系与经济体制三者密切关联，是共同构成基本经济制度的关键要素：所有制关系处于支配地位，对分配关系与经济体制起着主导作用，而分配关系承担着保障功能，对所有制关系与经济体制起着保障作用，经济体制又影响着所有制关系与分配关系，三者协调发展使国民经济在正确轨道上健康发展。社会主义基本经济制度的重大创新，正确处理公有制经济与非公有制经济、按劳分配与按生产要素分配、政府宏观调控与市场调节之间的辩证关系，使得各种促进生产力发展的积极因素被充分激发，是马克思所有制关系理论的当代创新成果，书写了所有制理论在21世纪中国发展的新篇章。

社会主义市场经济体制是社会主义公有制在中国探索实践形成的重要成果，也彰显了中国特色社会主义制度的优势所在。中国特色社会主义制度的其中一个重要制度优势，就在于我们能够始终坚持和发展社会主义基本经济制度，既充分发挥公有制优势，又充分调动非公有制经济因素，使各类市场主体活力进一步激发，制度优势转化为经济发展动能，充分激活全面建设社会主义现代化强国的强大动能。首先，社会主义市场经济体制遵循了社会主义公有制的基本原则，符合马克思所有制理论中关于"重建个人所有制"的要求，始终坚持以公有制为主体，发展壮大国有经济，充分发挥国有经济的抗风险作用与稳民生作用，使公有制的制度效能进一步扩大。其次，高度重视各种非公有制经济因素在支撑经济发展、促进科技创新、鼓励市场竞争、加强民生保障等方面的重要作用，构建公平法治环境，破除各类资本进入壁垒，营造平等竞争市场环境，创造出各种所有制经济平等竞争、共同发展的良好局面，使市场机制更加健全、法治氛围更加浓厚、要素配置更加合理高效。最后，社会主义市场经济体制坚持辩证统一的原则，始终注重正确处理好政府与市场之间的关系，充分发挥中国特色社会主义制度的优势，调动各方面的积极性，既实现市场机制有效，又实现政府宏观调控有为，达到公平与效率的有机统一。

建立现代化经济体系要求兼顾好规范性与灵活度，努力构建高水平的开放型社会主义市场经济体制。习近平总书记深刻指出："要坚持社会主义市场经济改革方向，坚持辩证法、两点论，继续在社会主义基本经济制度与市场经济结合上下功夫，把两方面优势都发挥好。"面对国际国内经济社会发展的新形势、新任务、新挑战，我们要有构建高水平、开放型社会主义市场经济的新眼光、新境界、新方法。既要坚持党对经济工作的集中统一领导，又要充分发挥人民群众主体作用；既要让市场在各类社会资源的配置中起到决定性作用，又要充分发挥政府从战略布局的高度进行的科学宏观调控作用；既要立足于国内，搞好国内大循环，又要面向国际，推动更高层次对外开放，让中国特色社会主义的制度优势不断彰显、国家现代化治理的能力不断提升，推进我国经济高质量发展。

第二，将进一步深化对国有企业改革和国有企业"所有权"与"经营管理权"分离与统一的体制机制研究，为做强做优做大国有企业提供制度保障。

实际上，国有企业改革问题一直是经济体制改革中的核心问题。依据马克思的所有制理论，社会主义国家的公有制经济必须控制国民经济命脉，为实现无产阶级专政提供经济保障。同样地，在我国社会主义制度建立之初，就坚定不移地将公有制经济作为唯一的所有制形式，党的十五大我国又进一步明确了公有制的主体地位与国有经济的主导作用，社会主义原则再一次被突出强调。党的十八届三中全会通过的《中共中央关于全面深化改革若干重大问题的决定》中明确提出政府的职责就是"加强和优化公共服务、推动可持续发展、促进共同富裕、弥补市场失灵"。这一论述从本质上说，就是明确了政府需要运用国有资本来发挥相应职能，并为其努力方向和目标任务指明了具体要求。为了能够有效履行政府的职能，具备鲜明的公有制属性的国有经济就必须牢牢控制国民经济命脉，国有企业就必须承担相应的公共管理、民生保障、实施重大战略、引领经济发展等职能，弥补市场机制调节的弊端，使国有经济更好地服务于社会主义经济建设。公有制经济的主体地位主要表现在国有经济在国民经济中发挥的主导作用上。

自 20 世纪 70 年代末我国实行改革开放的战略决策以来，就一直在探索对国有企业进行体制改革，且在实践中取得了一定的成效。其主要内容有：第一，推行股份制改革，发展混合所有制经济，将一部分社会资本引入国有企业内部，通过改善国有企业资本组成结构、吸取社会资本优势来发展壮大国有资本，达到"为我所用"。第二，完善现代产权结构，通过明晰产权归属、保护合法产权、推动产权要素流动、承认产权收益合法等手段完善现有产权安排，努力构建"归属清晰、权责明确、保护严格、流转顺畅"的现代产权制度。第三，建立现代企业制度，完善公司治理体系和组织架构，将所有权与经营权相分离，破除制约企业发展的政企合一模式，引入以"董事会—职业经理人—监事会"为基本架构的现代企业管理体制，相互配合、相互制约，保证了国有企业作为独立市场主体的正常运行。第四，通过试点员工持股、效益分红、技术入股等激励机制进一步调动员工生产积极性，使企业效益与员工福利直接挂钩，充分发挥企业员工在发展生产、推进变革、增加效益等方面的重要作用，让企业员工真正成为企业主人翁。

新时代以来，我国在国企改革方面明显发力，但实际发展中依然存在一些问题短板。主要表现为：首先，国有企业的经济布局与结构调整进度缓慢，由于国有企业肩负着支撑当地经济发展、保障社会供应、稳定民生等多种社会职能，因此其在布局调整中必须考虑到社会问题，自身发展容易受阻；其次，国有企业内部激励与约束机制不够完善，尽管已经试行了员工持股、股权激励等政策，但国企内部依然存在治理结构不完善、权力过于集中、监督机制无法发挥作用等问题，缺乏有效的制约与监督机制；再次，国有资本监管制度尚未完全健全，从"管企业"到"管资本"尚未有效转变，国有资本流失的现象依旧突出，国资监管体制还并未充分完善；最后，国有企业活力还未有效激活，自主发展动力依旧不足，在市场竞争日益加剧的新形势下，国有企业内部体制机制不灵活、运行效率不高、创新能力不强等弊端逐渐暴露出来，长此以往必然会造成企业竞争力不强、发展后劲不足等问题，难以真正担负起推进经济高质量发展"领头羊"的重担。

党的十九届四中全会提出，"探索公有制多种实现形式，推进国有经济布局优化和结构调整，发展混合所有制经济，增强国有经济竞争力、创新力、控制力、影响力、抗风险能力，做强做优做大国有资本"①。未来我们要继续以马克思所有制内部关系理论为指引，充分发挥所有制内部权属关系的分离与统一的体制机制对推动生产力发展和社会形态演变的积极作用，大力推动公有制为主体、多种所有制共同发展，不断夯实公有制经济主体地位，更好发挥国有经济主导作用，鼓励与支持非公有制经济发展，使各类资本在我国取长补短、共同发展。

第三，将进一步深化对中国共产党的全面领导和推动社会主义的本质要求的研究，坚定走共享发展的中国式现代化道路，最终实现全体人民共同富裕。

共同富裕是我们党全心全意为人民服务的核心价值归旨，是中国特

---

① 《十九大以来重要文献选编》中，中央文献出版社 2021 年版，第 281 页。

色社会主义的本质要求与奋斗目标，同时也是中国特色社会主义的制度优势之一，体现社会主义的根本原则。习近平强调，"我们推动经济社会发展，归根结底是要实现全体人民共同富裕"①。党的十九届五中全会要求，在我们党的坚强领导下，通过全体人民的共同奋斗，到 2035 年基本实现社会主义现代化，全体人民共同富裕要"取得更为明显的实质性进展"。为了顺利推进共同富裕，就要构建与之相适应的制度体系，其中经济所有制又是居于基础地位。走中国式现代化新道路，就是要坚持走"全体人民共同富裕"的中国式现代化道路，即在坚持中国共产党在经济社会发展各领域的全面领导下，充分发挥不同所有制在促进生产力发展、提高人民生活水平等方面的积极作用，为实现全体人民共同富裕奠定坚实制度基础与物质保障。

所有制形式是社会主义基本经济制度的根本内容，对分配制度及社会主义市场经济体制具有决定性意义。所有制形式对实现共同富裕的积极作用主要体现在三个方面：其一，社会主义性质的国有经济必须让公有制经济占主体地位，这是毋庸置疑的，离开了这一点，社会主义便不再是社会主义；其二，实现共同富裕的首要前提是社会生产的快速发展和社会财富的极大丰富，没有了生产力这一前提，共同富裕就是空谈，而所有制实现形式对生产力的发展则是基础性的，通过变革所有制实现形式能够调动生产积极性、激发生产活力，为实现全体人民共同富裕奠定物质基础；其三，在公有制形式下的分配关系与经济体制也必须是公有性质的，因此我国所实行的按劳分配为主体的分配制度与社会主义制度下的市场经济体制也是符合社会主义本质要求的，都能很好地同社会主义相适应。

坚持多种所有制共同发展，是实现共同富裕的动力所在。习近平强调："公有制经济和非公有制经济都是社会主义市场经济的重要组成部分，都是我国经济社会发展的重要基础。"② 促进多种所有制共同发展，

---

① 习近平：《关于〈中共中央关于制定国民经济和社会发展第十四个五年规划和二〇三五年远景目标的建议〉的说明》，《人民日报》2020 年 11 月 4 日第 2 版。

② 《习近平谈治国理政》第 1 卷，外文出版社 2018 年版，第 79 页。

扎实推进全体人民共同富裕，就必须要始终坚持"两个毫不动摇"，正确处理好公有制经济与非公有制经济之间的关系，既要巩固和加强公有制经济的主体地位，又要激发非公有制经济的活力与创造力，使得一切劳动、土地、资本、知识、管理等促进生产力发展的经济要素充分迸发，不断提高社会主义生产力的质量、效率和水平，夯实共同富裕的现实根基。在社会主义初级阶段，社会生产力还处于相对欠发达的阶段，历史和实践已经表明依靠单一的公有制经济发展是无法实现共同富裕的。换言之，在这一较长时期的阶段中，坚持公有制经济为主体、多种所有制经济共同发展，才能够更好地解放和发展生产力，释放经济社会发展活力，为人民群众提供更加充裕的物质产品。

# 第四章　马克思所有制主体关系理论

　　所有制关系作为生产关系中的核心内容，它表征的是超越人与物外在关系的人与人之间的社会关系，这种社会关系是在产品生产过程中所创造的，生产资料的所有者与生产者之间所形成的经济关系。恩格斯指出，"关于现实的人及其历史发展的科学"，彻底超越了费尔巴哈以及德国古典哲学"抽象的人"① 的学说。可以说，马克思主义理论是从"现实的人"这个基本前提出发的，而实现无产阶级及全人类的解放则是马克思主义理论的落脚点。马克思所有制关系理论本质是揭露资本家与工人间对立冲突的根源，实现主体人的解放和发展。因此，从主体关系的维度出发，结合全人类的解放这一人类的历史主题和主线，对马克思所有制关系理论进行全面系统考察，可以将研究引向深入。

## 第一节　马克思所有制主体关系的逻辑起点

　　任何社会的生产都具有双重性质：一是物质资料的再生产，二是生产关系的再生产。一个社会的经济关系和经济制度的性质，都是以生产资料所有制状况为基础的，要探求人类发展、社会性质、社会生产的动因等，必然要从经济所有制中人与人结成的经济关系入手，即对所有制主体关系的考察。有学者曾指出："生产是为占有生产资料的人服务的，

---

① 《马克思恩格斯文集》第 4 卷，人民出版社 2009 年版，第 295 页。

生产资料所有制决定了生产的目的，也决定了劳动过程中和分配过程中
人与人之间经济关系的性质。一个社会的性质，从经济上说，正是取决
于生产资料所有制的形式。离开所有制，就无法认识经济关系的本质，
也就无法判断社会的性质。"① 可见，弄清所有制主体之间关系及其发展
演变的规律，既是判定一个经济关系性质的需要，也是判定一个社会性
质及其发展的需要。

马克思和恩格斯之所以深入研究一个社会的经济关系，其根本原因
是要改变现实社会中人与人之间的压迫和剥削关系的现状，改变资本主
义社会中的工人阶级处于被压迫、被剥削的境况。可以说，马克思和恩
格斯以"现实人的生产活动"为起点，深刻探求了资本主义社会中纷繁
复杂的经济现象与经济关系，通过剖析资本主义社会生产过程中的"异
化劳动"，深刻揭露了资本家与工人、资本与雇佣劳动之间不可调和的
对立矛盾，并由此揭示了资本主义社会周期性经济危机和工人运动的深
刻根源。在此基础之上，马克思和恩格斯强调要"在协作和对土地及靠
劳动本身生产的生产资料的共同占有的基础上，重新建立个人所有
制②"，其所有制主体关系理论也是在研究这一对立矛盾的过程中逐渐形
成和确立起来的。

1844 年，德国西里西亚的纺织工人发起了大规模的工人起义，这是
一场反对资本家剥削和压迫的自发起义，是德国资产阶级与无产阶级之
间第一次爆发的大规模冲突。一方面，社会各阶级、各阶层对这一起义
持不同的态度；另一方面，迫切需要梳理理论和现实上的混乱，给德国
工人提供理论和思想上的启迪。正是在这一背景和基础上，马克思和恩
格斯阐明了"现实人的生产活动"，即"现实的、活生生的人"的物质
生产是社会历史发展的真正动因。在马克思和恩格斯看来，"一切人类
生存的第一个前提，也就是一切历史的第一个前提，这个前提是：人们

---

① 《科学理解马克思主义所有制理论——访中国人民大学周新城教授》，《马克思主义研
究》2018 年第 4 期。

② 《马克思恩格斯文集》第 5 卷，人民出版社 2009 年版，第 874 页。

为了能够‘创造历史’，必须能够生活”①，人们为了生活就必须进行物质生活资料生产，从而也就必须和其所处的自然界和人类社会发生各种联系，前者构成了生产力，后者构成了生产关系。在马克思和恩格斯看来，人们所进行的一切生产生活活动，首先必须要有满足进行这些历史活动所必备的物质生产资料，而要得到物质生产资料就必须以生产活动为前提，不是"自我意识"或者其他别的什么东西，而是物质生产，物质生产方式决定了社会历史的发展，而人与人在物质的生产过程中必然产生与他人之间的直接或间接的联系，而这种联系确是生产活动所必需的，财富不是自发实现的。

人们生产物质资料的过程不是单独的、孤立的，而是共同进行的，人民群众是历史的创造者，正是人与人之间结成的生产关系、创造的生产活动推动着历史不断向前，当我们考察人类社会历史的发展时，就必然要考察人们在物质生产中结成的关系。按照唯物史观的基本观点来说，生产是首要的。物质资料的生产是人类生存与发展的根本前提，离开了这一点，人类就无法现实地存在着。但同时，在生产活动展开的过程中，也必然包括着劳动者与生产资料的有机结合，以及在这种结合基础之上建立起来的经济联系。仅仅从物的层面，而忽视了人与人之间客观存在着的经济关系，因而是无法得出社会经济现象背后的本质属性的，只能得到抽象的所有权概念，而这种抽象的概念形式表达的仅仅是生产资料的归属问题，不足以理解所有制表现出来的社会经济关系，以及这种经济关系背后所暗藏的因果关系。抽象、空洞地理解社会经济关系所得出的最终结果就是从法律上确证所有权的存在，而生产资料所有制及其背后更为深层次的本质内涵就被抛诸脑后了。因此，理解所有制内涵的真正秘密就在于从唯物史观出发，运用生产资料与劳动者相结合的社会方式展开剖析。随着马克思唯物史观基本观点的形成，其研究不断深入到人与人之间的生产关系上。在人类社会发展的历程中，人与人之间的相

---

① 《马克思恩格斯文集》第 1 卷，人民出版社 2009 年版，第 531 页。

互关系会随着"个人在劳动材料、劳动工具和劳动产品方面的相互关系"① 而发生改变，尽管马克思没有十分明确地表述这是何种关系，但已经潜在地揭示了劳动与资本之间的现实关系，即生产资料占有者直接或间接地决定着其与劳动力所有者之间的关系。

在以往的资产阶级经济学中，人们总是将生产过程中人与物的关系放在首位，强调社会物质财富的积累，却忽视了财富价值的真正来源，忽视了人与人之间的主体关系，并掩盖了与之相关的占有、剥削等不平等的人与人关系。而马克思却将所有制看作经济关系中最为核心和基础的关系，是一种反映生产活动中所形成的经济关系的经济范畴。马克思在批判德国意识形态时强调，政治的解放和宗教的解放都不能代表人的真正解放，而要实现人的解放就必须否定现实社会的财产关系，在宗教的虚伪本质被无情揭开后，斗争的矛盾就必然要指向世俗国家、政权，再经由无产阶级去破除那样一个使自己完全失去自我的市民社会。无产阶级正是在资产阶级这样的压迫和剥削下一贫如洗的，要挣脱锁链并获得自由，革命的任务就历史地落到无产者肩上。以资本主义制度为例，拥有包括工厂厂房、机器、原材料等在内的生产资料的所有权并拥有生活资料的所有者阶级即资本家，以及进行劳动但却与生产资料分离、被迫出卖劳动力的劳动阶级即工人。但同时，资本家占有生产资料、使用机器设备和原材料，也不是任意的，必须在一定的限度内，这个限度就是必须按照资本主义生产方式，使资本与雇佣劳动结合生产出所需的社会产品。脱离这个限度，只能将生产资料所有制简单地理解为人对物的归属，而忽略了更加深层次的意思。马克思在批判古典政治经济学家时强调，把私有财产的主体本质理解为人、理解为劳动，这无疑实现了从"物"到"人"的重大转变。可以说"时代具有人道精神了"，正因为如此，恩格斯称亚当·斯密为"经济学的路德"②。但是，当他们进一步去理解劳动时，却把劳动看成人的谋生手段，而没有看到劳动是人的自由

---

① 《马克思恩格斯文集》第 1 卷，人民出版社 2009 年版，第 521 页。
② 《马克思恩格斯文集》第 1 卷，人民出版社 2009 年版，第 61 页。

自觉的活动，没有看成人的类本质和人的需要。因此，马克思指出，国民经济学家从私有财产的事实出发，但是他们不了解私有财产的运动规律。他们对于私有财产的主体本质的揭示，还没有超越"私有制范围"，即没有从私有财产的运动中"说明劳动和资本分离以及资本和土地分离的原因"①。

人作为类存在物，在改造着自然界的同时，也创造了人类社会。人的劳动活动通常也就是人的生产实践活动，劳动本身就是推动社会发展和人类进步的伟大实践活动。也就是说，人的劳动与人类的进步应该是相向而行的。然而，在资本主义社会生产过程中为什么会造成社会两极分化现象？在马克思和恩格斯看来，资产阶级与无产阶级之间不可调和的矛盾，根源在于生产资料的占有主体之间关系产生了异化。人越是参与劳动，他就越是和无产阶级相对立，就越是和自己的类本质相分离，这一点在人与物的关系和人与人的关系方面表现得尤为显著。马克思从现实的社会矛盾出发，以生产劳动为起点，揭示了资本主义生产过程中资本家与工人之间的剥削关系，资本主义生产过程中劳动条件异化，在资本主义社会中，生产资料以资本的形式存在，劳动者作为劳动力商品出卖者，以雇佣劳动的形式与生产资料相结合，在雇佣劳动制度中生产资料完成了和劳动者的结合，这种结合所创造出来的结果就是被资本家无偿占有剩余价值。因此，无产阶级在工业劳动中只能为资产阶级劳动，资产阶级成为统治无产阶级的力量，其结果就是劳动者靠本身的劳动而获得微薄的工资来维持异化现实下非现实性而存在的客观事实，这是造成无产阶级灾难般生活的根源。

在1848年《共产党宣言》中，马克思和恩格斯把共产党人的理论概括为"消灭私有制"②。马克思和恩格斯强调指出，"共产主义革命就是同传统的所有制关系实行最彻底的决裂"和"同传统的观念实行最彻底的决裂"③。他们强调所有制是革命的核心问题，号召无产阶级把所有制

---

① 《马克思恩格斯文集》第1卷，人民出版社2009年版，第155页。
② 《马克思恩格斯文集》第2卷，人民出版社2009年版，第45页。
③ 《马克思恩格斯文集》第2卷，人民出版社2009年版，第52页。

问题作为运动的基本问题。从现实的物质利益关系出发，就必然要求对生产资料的占有关系进行深刻考察，进而他们得出了生产资料的资本主义私人占有制度，是造成资本主义社会一切矛盾对立的根源，因此，就必然要扬弃私有制，才能消灭导致这一切灾难的根源，从而才能把劳动力所有者从私有财产的统治中解放出来。未来的共产主义社会，就是要实现生产资料全体社会成员的共同占有，即"重建个人所有制"，消灭阶级对立的存在条件，从而消灭了阶级本身的存在条件。可以说，"重建个人所有制"是对所有制主体关系探究的逻辑必然，消灭了私有制——消灭了无产阶级身上的锁链和压迫，从而实现人的自由自觉的活动，消灭私有制的最终对象在于消灭那种以劳动力与生产资料相分离为特征的私有制，而代之以社会公有制，使劳动力与生产资料实现充分的自由结合，由此达到人的自由与解放。

　　总而言之，马克思所有制主体关系理论正是围绕现实社会中工人阶级的状况，以"现实的人的生产活动"为起点，按照"现实的人的生产活动"—"生产活动中人的异化"—"重建个人所有制以实现人的解放"这样一个逻辑展开的。"现实的、活生生的人"必然要通过生产劳动获得以供吃穿住行才得以生存下去的物质资料，但是资本的原始积累使得劳动力所有者与生产资料相分离，在这种条件下，劳动力所有者要实现与生产资料的结合，必然就要与拥有生产资料的资本家结成关系，但这就必然使得逐利的资本家对无产者进行剥削和压榨，资产阶级越富有，无产阶级越成为"赤贫者"，这样一来，资本家与工人之间的结合是异化的结合、"非人化"的结合，而要实现工人与生产资料的真正意义上的结合必然是要在生产资料共同占有的合作中实现，即通过重建个人所有制。

## 第二节　马克思所有制主体关系理论的主要内容

　　马克思在《政治经济学批判（1857—1858 年手稿)》中指出："财产意味着：个人属于某一部落（共同体）（意味着在其中有着主客体的

存在），并以这个共同体把土地看做是它的无机体这种关系为中介，个人把土地，把外在的原始生产条件（因为土地同时既是原料，又是工具，又是果实）看做是属于他的个体的前提，看做是他的个体的存在方式。我们把这种财产归结为对生产条件的关系。"① 马克思这一论断虽然是就原始共同体的所有制而言的，但足以证明所有制是一种关系。主体与客体（生产资料）和主体与主体之间的关系，是所有制关系的两个不同方面。其中，主体与主体之间的关系又通过主体与客体之间的关系表现出来。可以说，主体通过客体而形成的相互关系，在不同社会形态里也表现出相互统一的两个方面。这就是说，所有者主体与非所有者主体之间的内部关系和不同所有者主体之间的外部关系，它们共同构成了马克思所有制主体关系理论。

## 一 关于"个体"与"共同体"对立统一关系以及"自由人联合体"

在马克思关于所有制关系理论的整个理论视域中，搞清楚马克思所有制主体关系理论中对"个体"与"共同体"关系的论述，是深入研究马克思所有制主体关系理论的一个重要问题。马克思认为，所有者对非所有者的关系，一开始就存在于部落所有制这一特殊的社会形态中。他指出："某一个共同体，在它把生产的自然条件——土地（如果我们立即来考察定居的民族）——当做自己的东西来对待时，会碰到的唯一障碍，就是业已把这些条件当做自己的无机体而加以占据的另一共同体。"② 这种借由共同体形式来实现占有状态的所有制关系，就是战争的根源所在。随着生产力的发展，这就必然影响公社内部各成员之间的关系。换句话说，凡是公社成员作为私有者而脱离了公社，那也就出现单个人丧失自己的财产的条件，"也就是丧失使他既成为平等公民即共同体成员，又成为所有者的那种双重关系"③。对所有者来说，是他与所有物的关系，实际上是他在排斥别人的侵占而与社会发生关系。

---

① 《马克思恩格斯文集》第 8 卷，人民出版社 2009 年版，第 143 页。
② 《马克思恩格斯文集》第 8 卷，人民出版社 2009 年版，第 141 页。
③ 《马克思恩格斯文集》第 8 卷，人民出版社 2009 年版，第 145 页。

从小生产所有制看，各私有者都占有自己的生产条件，从事生产经营，产品归自己。这似乎是生产者自己与自然的关系。但实际上，所有者占有生产资料是以排斥别人对生产条件的占有为前提的。马克思说："人只是在历史过程中才孤立化的。人最初表现为类存在物，部落体，群居动物"①，交换本身就是造成这种孤立化的一种主要手段，它"使群的存在成为不必要，并使之解体"，"人作为孤立的个人只和自己发生关系，那么使自己确立为一个孤立的个人所需要的手段，就又变成使自己普遍化和共同化的东西。在这种共同体里，单个人作为所有者（比如说作为土地所有者）的客观存在就是前提，而且这又是发生在一定的条件之下，这些条件把单个的人锁在这个共同体上，或者更确切些说，使之成为共同体锁链上的一环"②。马克思这里说的共同体是指一定的社会或社会生产关系（而不是原始共同体）。小生产方式下独立私有所表现出的所有制关系，从孤立的人与自然的角度出发是无法理解的，而应该通过生产条件的占有所形成的人与人的关系去理解。这种关系以排斥他人占有自己垄断的土地为前提。即不排斥其他所有者，自己就不能成为所有者。小生产只有在这种对立的关系中，并且得到社会承认的前提下才是现实的。

从导致社会剥削加剧的所有制表现形式上看，这时的生产资料所有者同非所有者之间存在着激烈的阶级利益对立。在奴隶主所有制和封建所有制条件下，所有制关系已经不是什么亲身劳动的个人对客观的劳动条件的关系了。奴隶主占有生产资料同时占有奴隶，因此，此时的奴隶已经脱离于自身劳动的客观条件之外了，并且没有任何关系，它连同生产资料一起被奴隶主当作无机的自然生产条件来看待。因此，这里的所有者和非所有者表现为绝对的统治关系。封建主占有生产资料，也把作为农奴的非所有者本身包括在生产条件之内。农奴依附于土地从而依附于所有者。因此，在封建所有制下，所有者和非所有者是人身依附的隶属关系。在资本主义条件下，资本家占有生产资料的过程是非所有者的

---

① 《马克思恩格斯文集》第8卷，人民出版社2009年版，第147页。
② 《马克思恩格斯文集》第8卷，人民出版社2009年版，第147页。

劳动者完全摆脱那种依附于土地从而隶属于所有者的过程。所有者占有全部生产资料和非所有者与生产资料完全分离可以说是同义反复。它表明资本主义条件下所有者和非所有者对生产条件的不同关系，通过这种对立关系，我们才能说谁是资本家，谁是工人。如马克思所说的，"他所以是一个资本家，能完成对劳动的剥削过程，也只是因为他作为劳动条件的所有者同只是作为劳动力的占有者的工人相对立。……正是非劳动者对这种生产资料的占有，使劳动者转化为雇佣工人，使非劳动者转化为资本家"①。

从上面的论述中，我们可以看出，关于"个体"和"共同体"的关系认识以及"自由人联合体"论述，在马克思所有制关系理论的框架下，马克思是站在思考人们生活在社会中的"社会关系"如何发展演变这样的维度研究，因此针对黑格尔"伦理共同体"中的"国家意志至上性"并没有摆脱"个体"与"共同体"之间的分裂与对峙局面，马克思从私有财产的积极扬弃的视角出发，站在"个体和类之间矛盾的真正解决"的原则高度，提出了"自由人联合体"这一共同体思想，在马克思看来，针对资本主义所有制关系变革是化解"个体"与"共同体"之间矛盾的现实路径。这也正是关于马克思所有制主体关系理论所要最终回答的时代问题，即马克思通过从私有财产扬弃视角，深刻剖析了资本主义社会的内在矛盾，揭示了人类社会发展的客观规律，使人类走向"一切自由人的联合体"的解放道路不断显现，激励着无数后继者为之努力奋斗。事实上，对个体与共同体及其关系的论述贯穿于马克思对社会历史发展思考的始终，其中在马克思关于所有制关系理论的研究框架下，所谓"共同体"和"个体"的概念范畴，马克思就指出人们的社会历史始终只是他们的个体发展的历史，而个体的存在并不是"抽象的蛰居于世界之外的存在物"②。因为归根结底来说，人的本质在其现实性上是"一切社会关系的总和"③，这也就意味着个体只有身处共同体中才能获

---

① 《马克思恩格斯文集》第 7 卷，人民出版社 2009 年版，第 49—50 页。
② 《马克思恩格斯文集》第 1 卷，人民出版社 2009 年版，第 3 页。
③ 《马克思恩格斯文集》第 1 卷，人民出版社 2009 年版，第 505 页。

得全面而自由的发展。显然，在马克思的理论视域中，个体与共同体是阐释社会历史发展的一对基本范畴，可以说关于"个体"与共同体关系的深入探讨，随之延展出了关于"自由人联合体"的理论诉求。

关于"个体"与"共同体"之间如何得出对立统一关系的理论逻辑，在马克思看来，切入资本主义社会的私有制视角是马克思的独特理论视角，这也正是马克思关于所有制主体关系理论研究的深层次逻辑。马克思首先以批判的理论视角看到了黑格尔提出的所谓"伦理共同体"的建构思路，虽然黑格尔看到了"契约共同体"的形式来实现"个体"的自由意志的进步性，但是黑格尔也看到了社会契约论之下的内在局限性，即在极端利己主义或者原子式的个人主义必然是要与"物质利益"相勾连，这样的"契约共同体"显然最终的结果就是"利益共同体"，人与人之间最后只能是赤裸裸的金钱利益关系，因此，在黑格尔那里，他试图通过个体的自由意志"只有在与整体的联系中才能演绎出来"①，也就是"个体"和"共同体"在黑格尔提出的"抽象法""道德""伦理"三个环节去实现，很显然黑格尔主张在"伦理共同体"中尝试解决"个体"与"共同体"二者之间的矛盾，即黑格尔通过"抽象法"（正命题）—"道德"（反命题）—"伦理"（合命题）的逻辑演绎，提出了作为伦理精神的"国家"对"个体"的至高无上性，从而将国家这一"客观精神"给绝对化了。因此，从马克思关于所有制关系理论的视角切入来看马克思对于"个体"与"共同体"这对范畴的关系，马克思尖锐地批判了黑格尔的"伦理共同体"思想，在他看来，黑格尔所构想出来的"现代国家"就是一种不切实际的幻想，这种幻想抛弃了"现实的人"这一根本立足点，而通过虚构出一个"现代国家"来解决"个体"与"共同体"之间的矛盾。再到后来，马克思在对黑格尔唯心主义观点以及德国现实的批判中，找到了从私有财产积极扬弃的角度，逐步建构起来一个对"个体"与"共同体"之间矛盾彻底和解的"原则高度"，即马克思所有制关于主体关系理论中对于"个体"与"共同体"对立统

① ［德］黑格尔：《法哲学原理》，范扬等译，商务印书馆2011年版，第12页。

一关系的研究以及"自由人联合体"思想的提出。当然，在马克思关于所有制关系理论研究的历程中，对于"个体"和"共同体"这对范畴对立统一关系的认识，同样是建立在"批判旧世界中发现新世界"的基础上，在这样的思路下，马克思发现在资本主义社会发展过程中，随着人与自然之间以及人与人之间的矛盾日趋激化，客观现实上就内在要求从它们内在的对立面中寻求和解。因此，马克思指出"真正的共同体"也就是"共产主义"是"对私有财产即人的自我异化的积极的扬弃，……是人和自然界之间、人和人之间的矛盾的真正解决，是存在和本质、对象化和自我确证、自由和必然、个体和类之间的斗争的真正解决"①。即从所有制关系视角，马克思提出了其理论批判和实践斗争的主题，即实现"全人类解放"也就是最终在世界性的"共同体"中去实现"个体"的自由解放，这也是马克思、恩格斯反复在对私有制批判基础上的理论洞见，最终要实现"自由人联合体"的理想目标。

在马克思关于所有制主体关系理论框架下，首先要明确的一对关系就是"个体"与"共同体"这对范畴，并且最终这二者是在走向"自由人联合体"中达到对立统一的关系。在马克思关于所有制理论关系的研究中，深刻的批判精神贯穿马克思理论研究的始终，在对"旧世界"的批判中建立一个"新世界"，并且在这种深刻批判背后马克思揭示了通往"新世界"的现实道路，即对资本主义所有制关系的变革。得出的结论就是要想对社会结构进行调整或者改变，就必须对其背后的所有制关系进行变革。因此，基于理论批判的视角，马克思在关于所有制主体关系的理论研究中，是在考察了不同历史阶段的基本特征之上。在马克思看来：首先，前资本主义时期，个体的存在是具有"依附性"的不完全独立的个体，共同体则是以"自然联系"为基础构建起来的共同体，因此此时的个体与共同体的关系是直接统一的关系，还远未达到深层次的统一关系；其次，资本主义时期，此时的个体是具有"抽象性"意义的个体存在，这里的共同体则是以"货币—资本"为纽带勾连起来的共同

---

① 《马克思恩格斯文集》第 1 卷，人民出版社 2009 年版，第 185 页。

体，本质上而言，二者还是属于一种利益勾连的相互对立关系；共产主义时期，个体最终将是"全面而自由的发展"的个体，这里的共同体则是以"自由人联合"为基础构建起的共同体，个体与共同体的关系就是一种辩证统一的关系。具体而言，"个体"是在一定历史条件下从事现实的生产活动中的人，而"共同体"则是指社会个体之间所凭借联结的属性和方式，指向个体的社会属性与社会系统的整体性，二者之间相互对应。"真正的共同体"即共产主义社会，是马克思以"人的自由联合"为基础所提出来的未来社会形式，它是马克思基于对资本主义社会的批判而对未来社会所做的预想。在"真正的共同体"中，"各个人在自己的联合中并通过这种联合获得自己的自由"①，个体将重新占有异化的或物化的社会性与普遍性，成为"全面而自由发展的个体"。换言之，"只有在共同体中，个人才能获得全面发展其才能的手段"②。因此，"代替那存在着阶级和阶级对立的资产阶级旧社会的，将是这样一个联合体，在那里，每个人的自由发展是一切人的自由发展的条件"③。到那时，个体自由以共同体自由为条件，共同体自由以个体自由为前提，个体与共同体共在共存。

## 二　关于生产资料的"共同占有"与"个人所有"对立统一关系

在马克思所有制主体关系理论中，关于生产资料的"共同占有"与"个人所有"二者的对立统一关系的论述，有着极其丰富的内涵。马克思在《政治经济学批判（1857—1858 年手稿）》中，从研究人类社会发展历史的角度提出了社会形态发展学说，尤其是在第三种理想的社会形态发展阶段对二者的关系进行了深入的阐述。马克思指出，第一种是从最初的社会形态"人的依赖关系"阶段，在这种形态下，"人的生产能力只是在狭窄的范围内和孤立的地点上发展着"，第二种社会形态是"以物的依赖性为基础的人的独立性"阶段，这一阶段"才形成普遍的

---

① 《马克思恩格斯文集》第 1 卷，人民出版社 2009 年版，第 571 页。
② 《马克思恩格斯文集》第 1 卷，人民出版社 2009 年版，第 571 页。
③ 《马克思恩格斯文集》第 2 卷，人民出版社 2009 年版，第 53 页。

物质变换，全面的关系，多方面的需求以及全面的能力的体系"。第三大社会形态是"建立在个人全面发展和他们共同的、社会的生产能力成为从属于他们的社会财富这一基础上的自由个性"阶段①。可以说，马克思通过这个社会发展的"三个形态说"，高度概括了人类历史发展的整个进程。我们可以看出，马克思关于人类解放的第三个阶段是未来理想的一种社会形态，也就是实现了生产资料的"共同占有"与"个人所有"的对立统一。但是，在这个自由个性的阶段需要具备两个前提条件，一是"个人全面发展"的需要，二是"他们共同的社会生产能力成为他们的社会财富"的需要。这在马克思关于所有制主体关系理论的研究中，就表现为关于生产资料的"共同占有"和"个人所有"对立统一关系。

马克思、恩格斯在《共产党宣言》中提出："共产党人可以把自己的理论概括为一句话：消灭私有制。"② 无产阶级要"利用自己的政治统治，一步一步地夺取资产阶级的全部资本，把一切生产工具集中在国家即组织成为统治阶级的无产阶级手里，并且尽可能快地增加生产力的总量"③。社会主义经济是无产阶级政党获得政权后，为了实现共产主义目标，根据生产力发展需要所构建的经济体系，是在最大限度地消灭封建特权、官僚特权、人身依附、资本主义剥削之后，"联合起来的个人对全部生产力的占有"④。这里有两个要点：一是社会成员的自主联合，即形成比资本主义民主制度更高级、更具代表性的社会主义民主制度；二是占有方式必须是所有人的共同占有，而不是每一个个人的个别占有。⑤

在这里，我们需要注意的是，就"个人所有"与"共同占有"之间的关系而言，个人所有制的前提条件是社会的、非孤立的单个人联合起来的个人所有。个人所有制所追求的是在完成公有即共同占有的基础上

---

① 《马克思恩格斯文集》第 8 卷，人民出版社 2009 年版，第 52 页。
② 《马克思恩格斯文集》第 2 卷，人民出版社 2009 年版，第 45 页。
③ 《马克思恩格斯文集》第 2 卷，人民出版社 2009 年版，第 52 页。
④ 《马克思恩格斯文集》第 1 卷，人民出版社 2009 年版，第 582 页。
⑤ 顾钰民：《中国化马克思主义所有制理论的创新与发展》，《江苏行政学院学报》2011年第 2 期。

实现的个人所有，个人的所有表现为公共的占有。也就是说，马克思、恩格斯所说的"重建个人所有制"并非是要开历史的倒车，即简单地回归到个体农业、小手工业时代的个人所有。在"共同占有"与"个人所有"二者关系中，它们既相互联系又有所区别，一方面，"共同占有"与"个人所有"具有同一性的特征。因为在马克思、恩格斯看来，人不是单个的原子式的人，而是社会化的人，即人是一切社会关系的总和。人的生活与发展是依赖社会来进行的，人也只有在社会发展的进程中才能逐步实现自由而全面的个人发展需要。同样，如果要实现"个人所有"，那么"共同占有"的完成就是其前提和基础，在这里"共同占有"指的就是联合的个人所有，是个人所有的社会性与整体性的展现。另一方面，"共同占有"与"个人所有"处于一个各司其职、各取所需的状态。因而在实际的共同占有中，共同占有通常是指生产资料的占有，并非是生活资料的占有，同时，共同占有全部生产资料的目的是"供全体为了全体利益而共同利用"，而非其他的目的。"共同占有"是对生产资料的直接占有。而"个人所有"既是对生产资料的占有，也是对生活资料的占有。在个人所有制下的生产资料和"总的"劳动产品归"联合的个人"所有，而作为该社会内部成员的个人可分别占有个人的消费品。因此，"个人所有"强调的个人联合占有实则是对个人私有的否定、对公有的肯定。

　　总而言之，在马克思、恩格斯所阐释的"自由人联合体"中，个人和社会之间不是相互独立的，而是相互统一的。他们认为："在无产者的占有制下，许多生产工具必定归属于每一个个人，而财产则归属于全体个人。现代的普遍交往，除了归属于全体个人，不可能归属于各个人。"① 由此可见，社会财富、生产资料等属于社会中的每一个个人，即联合起来的个人，而就具体的个体而言，每个人又能切实地享有对财产的占有，从而使自己的自由全面发展成为可能。马克思提出的"联合起来的个人"的社会所有制有两个基本点：一是全体社会成员的共同占

---

① 《马克思恩格斯文集》第 1 卷，人民出版社 2009 年版，第 581 页。

有，二是个人所有生产资料，是社会所有制与个人所有制的统一形式。因此，马克思关于所有制关系理论框架下"共同占有"与"个人所有"的关系，我们可以认为生产资料的"共同占有"与"个人所有"是一种对立统一关系，且这种对立统一关系是内在的辩证统一。

### 三 关于生产资料所有者与劳动力所有者对立统一关系

在所有制的发展演变过程中，从奴隶社会的奴隶主对土地等生产资料以及对奴隶人身占有，到封建社会的封建主对土地以及部分农奴的占有，再到资本主义社会的资本家对生产资料的占有和工人除了拥有自己的劳动力以外的一无所有。从所有制主体关系这个角度来看，尽管在资本主义社会中劳动者没有摆脱对资本家的依赖性，但从过去的人身依附关系发展到物的依赖性关系，从总体上看也是一种历史的进步。在马克思、恩格斯看来，资本主义社会使这种"无产和有产的对立"不仅简单化、尖锐化了，而且把这种对立发展到了内在关系上的对立，即在资本和劳动的分离过程中形成了"资本和劳动"的矛盾的对立。作为这种矛盾的对立，它呈现出两个方面的辩证关系：一是从相互对立的这个角度来看，资本和劳动分属于不同的所有者，即资本家占有了生产资料与工人阶级只能拥有自己的劳动。"作为对财产的排除的劳动"和"作为对劳动的排除的资本"①，它们之间是尖锐对立的。二是从相互统一的这个角度来看，任何一个生产过程都是生产资料和劳动的结合过程，也就是说，只有资本家占有的生产资料与工人阶级拥有的劳动在生产过程中以雇佣等各种方式结合起来，才能最终生产出各种劳动产品来。因此，他们之间又是相互依存的关系。当然，这种依存关系也不是对等的依存关系，正如马克思指出的那样，在资本主义私有制社会中，资本家和工人之间的敌对的斗争，"胜利必定属于资本家。资本家没有工人能比工人没有资本家活得长久。资本家的联合是常见的和有效的，工人的

---

① 《马克思恩格斯文集》第 1 卷，人民出版社 2009 年版，第 182 页。

联合则遭到禁止并会给他们招来恶果"①。因此，"资本、地租和劳动的分离对工人来说是致命的"②。

劳动者是创造社会财富的主体，是从事生产活动的唯一主体，没有劳动者就没有劳动产品。而在阶级社会中，剥削代替劳动者成为支配劳动力的决定力量，劳动者只负责生产，而生产出来的产品却由不劳动的阶级支配，因此本应成为主体与目的的劳动者，却沦为了工具和手段。在资本主义私有制社会中，劳动者主要指工人，"工人日益完全依赖于劳动，依赖于一定的、极其片面的、机器般的劳动"③，"分工使工人越来越片面化和越来越有依赖性；分工不仅导致人的竞争，而且导致机器的竞争"④。在阶级社会中，劳动者被看作工具而不是人，他们所创造的财富并没有用于改善自己的生存条件，而是被用于一个阶级剥削另一个阶级，劳动者已经丧失了人的主体价值。在奴隶社会，奴隶仅仅能维持最低的生存标准。在封建社会，农民和农奴的劳动成果被地主无情地侵占。在资本主义社会，工人在表面上挣脱了人身依附，但依旧靠着出卖自己的劳动力谋求生活，即最低工资。此时的工人似乎可以离开资本家的控制，但由于自身没有任何生产资料，因此也不得不遭受资本家最为残酷的剥削。当生产力发展到一定高度，工人数量壮大到一定水平，这种状况会自己改变吗？答案显然是不会。资本家会将自己的所有时间精力全部用于控制、占有工人的劳动力与劳动产品，用于想方设法提高增加劳动时间、提高劳动效率以压榨更多的剩余价值。此时的工人已经没有任何的体面可言，时间被支配、成果被占有，就连参加自己感兴趣活动的权力也被严格限制，这已经不是一般意义上的人，而是工具与牲畜。

原始社会是迄今为止劳动者享有地位最高的一个阶段，在那时，氏族公社所有制下的个人享有对公有财产的支配权，因此个人作为劳动者是一种真正意义上的人的存在。而随着原始社会的衰败，奴隶社会、封

---

① 《马克思恩格斯文集》第 1 卷，人民出版社 2009 年版，第 115 页。
② 《马克思恩格斯文集》第 1 卷，人民出版社 2009 年版，第 115 页。
③ 《马克思恩格斯文集》第 1 卷，人民出版社 2009 年版，第 120 页。
④ 《马克思恩格斯文集》第 1 卷，人民出版社 2009 年版，第 121 页。

建社会等阶级社会代替了原始社会，个人也从土地的所有者沦为了土地所有者的附庸，同阶级社会相伴随的是不平等的所有制关系。而到了资本主义社会，这种不合理性暴露得更加直白、露骨，资本代替暴力统治成为无偿占有他人劳动的万恶之源，而这种占有比过去的奴隶社会、封建社会来得更加多、更加大。因此，未来我们所要建立的社会是一种人人劳动，人人占有自己劳动成果的和谐社会，"按劳分配"是其基本原则。马克思在1872年《论土地国有化》中指出："土地国有化将彻底改变劳动和资本的关系，并最终消灭工业和农业中的资本主义生产方式。只有到那时，阶级差别和各种特权才会随着它们赖以存在的经济基础一同消失。靠他人的劳动而生活将成为往事。与社会相对立的政府或国家政权将不复存在！农业、矿业、工业，总之，一切生产部门将用最合理的方式逐渐组织起来。生产资料的全国性的集中将成为由自由平等的生产者的各联合体所构成的社会的全国性的基础，这些生产者将按照共同的合理的计划进行社会劳动。这就是19世纪的伟大经济运动所追求的人道目标。"① 由此可见，"劳动和资本的关系"的改变，离不开"土地国有化"，离不开生产资料的全体劳动者共同占有。可以说，使劳动力支配权回归劳动者本身是实现人的自由全面发展的基本前提。生产资料的全体劳动者共同占有，是改变"劳动和资本的关系"，实现"重建个人所有制"的必经之路与现实抉择。综上所述，我们认为，正是因为生产资料与劳动者之间的分离导致了劳动者的困难处境，而消除这种困难处境的唯一办法便是变革资本主义所有制关系，重建个人所有制。

由于"它既排斥生产资料的积聚，也排斥协作，排斥同一生产过程内部的分工，排斥对自然的社会统治和社会调节，排斥社会生产力的自由发展"②。这种所有制关系必然走向灭亡，取而代之的则是"个人的分散的生产资料转化为社会的积聚的生产资料"以及"多数人的小财产"向"少数人的大财产"的转化③。一旦这种转化使旧社会在深度和

---

① 《马克思恩格斯文集》第3卷，人民出版社2009年版，第233页。
② 《马克思恩格斯文集》第5卷，人民出版社2009年版，第872页。
③ 《马克思恩格斯文集》第5卷，人民出版社2009年版，第873页。

广度上得到了充分瓦解，"劳动者转化为无产者，他们的劳动条件转化为资本"①，"劳动的进一步社会化，土地和其他生产资料的进一步转化为社会地使用的即公共的生产资料，从而对私有者的进一步剥夺，就会采取新的形式"②。在小生产者私有制向资本主义私有制的过渡中，劳动者逐渐丧失了对自身劳动力的所有权，这是这种生产方式的内部矛盾运动的必然结果。实际上，随着劳动力成为能够创造价值的特殊商品，货币就通过对雇佣劳动的占有完成了向资本的跳跃，资本就是增殖意义上的货币。而资本的增殖过程本质上就是资本与劳动之间的交换过程。一方面，工人通过交换自己的劳动力而获取一定的货币（工资）；另一方面，资本通过支付一定量的货币而拥有对工人劳动的支配权。在这种以货币为媒介的雇佣关系中，掌握资本的资本家通过占有生产资料和生活资料而占有工人通过劳动创造出的剩余价值，这是无酬劳动所创造的价值。这样，无酬劳动就通过生产剩余价值，变成了一种使资本增殖的力量。

　　总而言之，完成劳动力个人所有权的回归，实现生产资料所有者与劳动力所有者之间的对立统一，是劳动回归人的属性，摆脱"物的依赖性"，真正实现人的解放的关键所在。也正是在这个意义上，马克思指出："共产主义是对私有财产即人的自我异化的积极的扬弃，因而是通过人并且为了人而对人的本质的真正占有。"③ 马克思也同时指出劳动是人的类本质，正是在人的自觉劳动中，人才确证了自己之所以为人，劳动类本质的回归标志着人的自我价值的回归。在实现"对人的本质的真正占有"的过程中，不可避免地面临恢复个人占有自己劳动力的所有权，也正是这种劳动者自己对自己的占有，真正实现了对异化劳动的积极扬弃和向共产主义社会的过渡。也只有在这个维度上，我们对马克思关于所有制关系理论的"生产资料所有者"与"劳动力所有者"二者的对立统一关系有较为深刻的把握与理解。

---

① 《马克思恩格斯文集》第 5 卷，人民出版社 2009 年版，第 873 页。
② 《马克思恩格斯文集》第 5 卷，人民出版社 2009 年版，第 873 页。
③ 《马克思恩格斯文集》第 1 卷，人民出版社 2009 年版，第 185 页。

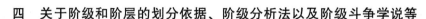

### 四 关于阶级和阶层的划分依据、阶级分析法以及阶级斗争学说等

马克思所有制主体关系理论，其中一个重要方面，就是通过阶级、阶层的划分，并通过阶级分析法和阶级斗争学说，从而开展了无产阶级革命运动。马克思主义的出发点是现实的个人，这些现实的个人在自己的生产过程中，总是会因为财产占有情况而存在着共同的利益诉求，从而结成了一个特殊的利益共同体。在马克思、恩格斯看来，现实的个人"可以发现自己的生活条件是预先确定的：各个人的社会地位，从而他们个人的发展是由阶级决定的，他们隶属于阶级"[①]。可以说，"这种现象只有通过消灭私有制和消灭劳动本身才能消除"[②]。换句话说，只要私有制还存在，只要劳动作为谋生手段的属性还存在，阶级就不会消失。他们指出："在那个除了反对统治阶级以外不需要维护任何特殊的阶级利益的阶级形成之前，是不可能消灭的。"[③] 正是基于这一认识，马克思和恩格斯确立并形成了其阶级立场、阶级分析法和阶级斗争学说。

在马克思所有制主体关系理论中，其中关于阶级、阶层的划分依据以及阶级立场、阶级分析法和阶级斗争学说而言，从其本质上来讲，是由马克思主义理论这一独特的使命和功能所决定的。既然现实的人隶属于一定的阶级和阶层，而不同的阶级和阶层之间存在着因所有制关系而产生的利益的根本对立。于是，如何消灭阶级、消灭剥削、消灭压迫等现象，达到人与人之间的矛盾和人与自然之间的矛盾的彻底和解，实现自由、平等和公正的"自由人联合体"，即实现每个人的幸福和全人类的解放，便成了马克思主义理论中的一个中心话题和终极目标。在马克思、恩格斯看来，无产阶级是现代大工业的产物，"在当前同资产阶级对立的一切阶级中，只有无产阶级是真正革命的阶级。其余的阶级都随着大工业的发展而日趋没落和灭亡，无产阶级却是大工业本身的产

---

① 《马克思恩格斯文集》第 1 卷，人民出版社 2009 年版，第 570 页。
② 《马克思恩格斯文集》第 1 卷，人民出版社 2009 年版，第 570 页。
③ 《马克思恩格斯文集》第 1 卷，人民出版社 2009 年版，第 570 页。

物"①。为此，他们指出："过去的一切运动都是少数人的，或者为少数人谋利益的运动。无产阶级的运动是绝大多数人的，为绝大多数人谋利益的独立的运动。"② 正因为如此，马克思、恩格斯明确指出："资产阶级的灭亡和无产阶级的胜利是同样不可避免的。"③

正是因为无产阶级的先进性、革命性和组织性，决定了马克思主义理论以及马克思主义政党具有鲜明的无产阶级性；同时，正是因为无产阶级的运动是"为绝大多数人谋利益的独立的运动"，这就决定了马克思主义理论以及马克思主义政党具有鲜明的人民大众的政治立场。只有坚持了以人民为中心的政治立场，才能获得越来越多人民的支持，从而才能真正实现无产阶级及全人类的解放事业。由此可见，马克思主义理论既具有鲜明阶级性，又具有鲜明的人民性，是阶级性和人民性、阶级立场和政治立场的有机统一。所谓马克思主义的"阶级性"就是其鲜明的无产阶级立场，无产阶级的阶级立场在马克思主义经典著作《共产党宣言》中就有重要表述，用最鲜明和最具代表性的一句话来概括就是："全世界无产者，联合起来！"④ 在马克思、恩格斯看来，随着大工业的发展，整个资本主义社会正日益分裂为资产阶级和无产阶级这两大敌对的"阵营"，同时，无产阶级与资产阶级之间的矛盾和对立也会因资本主义的私人占有而变得更加尖锐。在这一"分裂"和"对抗"的过程中，包括小工业家、小商人、手工业者、农民等在内的"中间等级"，他们同资产阶级作斗争，只不过是为了维护自身等级的生存，以免于灭亡。所以，他们不是革命的，而是保守的。对于无产阶级来说，由于"无产者只有废除自己的现存的占有方式，从而废除全部现存的占有方式，才能取得社会生产力。无产者没有什么自己的东西必须加以保护，他们必须摧毁至今保护和保障私有财产的一切"⑤。也就是说，无产阶级

---

① 《马克思恩格斯文集》第 2 卷，人民出版社 2009 年版，第 41 页。
② 《马克思恩格斯文集》第 2 卷，人民出版社 2009 年版，第 42 页。
③ 《马克思恩格斯文集》第 2 卷，人民出版社 2009 年版，第 43 页。
④ 《马克思恩格斯文集》第 2 卷，人民出版社 2009 年版，第 66 页。
⑤ 《马克思恩格斯文集》第 2 卷，人民出版社 2009 年版，第 42 页。

不消灭它本身的生活条件，使社会变成一个无阶级的社会，它就不能解放自身，即无产阶级只有解放了全人类，最后才能解放自己。因此，无产阶级革命是最彻底、最坚决的。进一步来讲，无产阶级解放与人类的解放之间的内在一致性，揭示了人类社会从必然王国走向自由王国的历史趋势，同时也为马克思、恩格斯坚定无产阶级立场和共产主义的远大理想提供了科学的理论支撑。因此，在马克思所有制主体关系理论中，由于资本主义社会中存在的阶级和阶层而带来的阶级分析法、阶级斗争学说，自然而然地落到坚持无产阶级立场，这才是马克思所有制关系理论的本质鲜明特性。

在马克思关于所有制的主体关系理论视角下，阶级是指在一定的生产关系中处于不同地位的利益群体，换句话说，阶级作为一个经济范畴，阶级从产生到发展都是同整个经济社会的发展有着紧密联系的存在。从所有制理论而言，尤其表现在：阶级是与一定的生产资料所有制关系紧密相连的。正因为如此，马克思认为，"阶级对立是建立在经济基础上的，是建立在迄今存在的物质生产方式和由这种方式所决定的交换关系上的"①。尤其值得注意的是，阶级也不能简简单单理解为一个单纯意义上的经济范畴，因为在马克思关于所有制理论中，无论是从外延来讲还是内涵来讲，阶级的概念是具有丰富内涵和外延的复杂社会历史范畴，因为在阶级刚刚形成，建立在一定的经济基础上的所有制关系之下，就会有各个阶级相应的政治立场、意识形态以及社会心理等，在特定的阶级社会中，把这些因素全部综合统一起来，才构成了阶级的完整内容。

从生产资料和劳动的占有关系来看，划分阶级的标准总是一定的，由于人们在社会经济中的地位、作用不同，占有生产资料的数量也不同，凭借自身劳动和生产资料参与社会分配的方式和收入不同，因此利益划分就成为划分阶级的首要方法。但就其本质属性，从马克思主义的无产阶级立场而言，在马克思关于所有制主体关系理论中，马克思所有制理论中特别强调的所有制下的生产资料关系，在阶级划分中是一个核心划

①《马克思恩格斯全集》第5卷，人民出版社1958年版，第533页。

分依据。而围绕着阶级的划分，在马克思所有制关系理论的发展过程中，实践基础上的变化也就随之出现了阶层的概念。事实上，从马克思所有制理论的角度而言，阶层的划分是与阶级紧密相关的，按照概念的划分来看阶层，狭义上的阶层的含义是指同一阶级中主要依据经济地位以及政治取向等一系列的不同来进行阶层的划分，就这一点而言，本质上阶层概念也就是对阶级的进一步深化；另外，从广义上来看阶层划分，是指"根据人们收入多少、职业类别、教育程度、社会声望等方面的差别，将社会成员划分成不同的阶层"①。与阶级和阶层相关的概念还有利益群体的划分。事实上，从马克思关于所有制主体关系理论的维度去看这三者的划分依据，在马克思的经典文本《共产党宣言》中与阶级相关的阐述，就可以看出马克思对社会的分析始终是指向现实问题，作为无产阶级解放斗争的理论，马克思主义主要是从社会阶级之间的冲突对立来剖析整个社会的现实问题，因此，在马克思和恩格斯经典作家那里，它们认为"至今一切社会的历史都是阶级斗争的历史"，其中重点对资产阶级和无产阶级两大对立阶级的矛盾进行了深入的分析和论述，从而提出无产阶级解放斗争理论。在马克思关于所有制关系理论框架下来看，马克思关于阶级、阶层以及利益群体的划分是从分析资本主义社会问题出发，从而创立了阶级斗争学说。因此，马克思关于所有制主体关系理论中对于阶级、阶层以及利益群体的划分依据，归根结底也是所有制的标准问题，即马克思是以指向资本主义社会的生产关系的变革为终极指向的。

所谓阶级分析法，在马克思关于所有制主体关系理论的研究范围内，通常意义上认为阶级分析法是指运用马克思主义关于阶级和阶级斗争的观点和理论，并且运用这些方法和理论去观察与分析阶级社会的运动和社会历史现象的一种方法。究其本质而言，阶级分析法仍然是马克思主义者看待人类社会历史的一种视角，这种视角尤其根植于人类经济社会

---

① 高占祥等：《中国文化大百科全书》（综合卷·上册），长春出版社1994年版，第307—308页。

的发展与进步，也就是说，阶级分析法涉及的阶级是属于经济关系的，因此，阶级分析法的实质也就是一种以经济利益为基础的分析方法。在马克思关于所有制关系理论的整体理论视域，阶级分析法是直接贯穿于马克思所有制理论研究始终的基本线索，正是在阶级、阶层和利益群体的划分中，运用阶级分析法的视角切中资本主义所有制关系的内部，最终找到全人类的解放之路，那就是要在"扬弃私有财产"的基础上去"消灭资本主义私有制"，即通过生产资料生产方式的生产关系变革，从而找到实现人类终极的解放之路。因此，在马克思关于所有制主体关系理论的框架下，阶级、阶层、利益群体的划分就构成了马克思主义阶级分析法和阶级斗争学说的基本要素。

马克思的阶级斗争学说，是一个系统的理论体系。马克思、恩格斯在《共产党宣言》中指出："至今一切社会的历史都是阶级斗争的历史。自由民和奴隶、贵族和平民、领主和农奴、行会师傅和帮工，一句话，压迫者和被压迫者，始终处于相互对立的地位，进行不断的、有时隐蔽有时公开的斗争，而每一次斗争的结局都是整个社会受到革命改造或者斗争的各阶级同归于尽。"① 可以说，在这个马克思主义纲领性文献中，贯彻在其中的理论主题就是，"宣告现代资产阶级所有制必然灭亡"②。马克思、恩格斯不仅科学地评价了资产阶级的历史作用，而且还揭示了资本主义的内在矛盾，论述了无产阶级作为资本主义掘墓人的伟大历史使命，并揭示了资本主义必然灭亡和共产主义必然胜利的历史规律。可以说，正是在这一过程中，马克思、恩格斯把他们自己的阶级斗争学说给系统化、理论化和科学化地呈现出来了。当然，关于阶级和阶级斗争学说，也并非是马克思个人的发现，在以前的资产阶级历史编纂学家和资产阶级经济学家那里，他们都曾经叙述过阶级斗争的历史，对各个阶级也作过经济上的分析。正如1952年3月5日《马克思致约瑟夫·魏德迈》的信中所说的那样，"无论是发现现代社会中有阶级存在或发现各阶级间的斗争，都不是我的功劳"，

---

① 《马克思恩格斯文集》第2卷，人民出版社2009年版，第31页。
② 《马克思恩格斯文集》第2卷，人民出版社2009年版，第8页。

"我所加上的新内容就是证明了以下几点：（1）阶级的存在仅仅同生产发展的一定历史阶段相联系；（2）阶级斗争必然导致无产阶级专政；（3）这个专政不过是达到消灭一切阶级和进入无阶级社会的过渡……"① 在这里，马克思明确指出了其阶级斗争学说的贡献。

### 五　关于不同性质所有制中的主体关系的论述

如前所述，所有制关系问题，不仅仅是一个人与物之间关系的问题，即物的归属权问题。实际上，它反映的是人与人之间关系的问题，是人的生产关系和交往方式等方面的问题，即所有制主体关系的问题。马克思在1857年《〈政治经济学批判〉序言》中指出："大体说来，亚细亚的、古希腊罗马的、封建的和现代资产阶级的生产方式可以看做是经济的社会形态演进的几个时代。"② 可以说，马克思、恩格斯通过对不同性质所有制主体关系的发展变化，深刻揭示了资本主义私有制的起源、实质以及人类社会的演进规律。在《资本论》第一卷中，马克思对爱·吉·韦克菲尔德的殖民理论进行了深刻评价，他指出："爱·吉·韦克菲尔德的巨大功绩，并不是他关于殖民地有什么新发现，而是他在殖民地发现了关于宗主国的资本主义关系的真理"，"他发现，资本不是一种物，而是一种以物为中介的人和人之间的社会关系"③。也就是说，对于人与物之间的关系，只有提升到人与人之间的关系的高度，才能真正揭示资本主义生产方式的实质。

（一）亚细亚的所有制形式中的主体关系

亚细亚的所有制形式是土地所有制的第一种形式，是自然形成的共同体。随着生产力发展，人类从游牧生活进入定居生活，从而有了以固定的土地作为共同的生产资料进行稳定的社会化活动。在这种情况下，长期聚集或定居在一个相对固定地区的人们，在共同的生产和生活过程中形成了共同的语言系统和生活习惯，并在部落成员内部实现了人口的

---

① 《马克思恩格斯文集》第10卷，人民出版社2009年版，第106页。
② 《马克思恩格斯文集》第2卷，人民出版社2009年版，第592页。
③ 《马克思恩格斯文集》第5卷，人民出版社2009年版，第877—878页。

再生产，长此以往形成了一定数量规模的部落或者集群，从而形成了原始的部落所有制。马克思指出："部落共同体，即天然的共同体，并不是共同占有（暂时的）和利用土地的结果，而是其前提。"①

这种原始共同体随着外界的自然条件，如气候、地理、物理等的变化而发生变化。其中，血缘、语言、习惯等是维系这种共同体的纽带；狩猎、捕鱼、畜牧或者最多靠耕作为生，这是他们共同的活动。由于土地既提供了劳动资料，又提供了劳动材料，还提供了共同体居住的地方，因此，"人类素朴天真地把土地当作共同体的财产，而且是在活劳动中产生并再生产自身的共同体的财产"②。

从所有制的主体关系来看，通过劳动过程而实现的实际占有是在这样一些条件下进行的，即在劳动的自然的前提下产生了"凌驾于所有这一切小的共同体之上的总合的统一体表现为更高的所有者或唯一的所有者，因而实际的公社只不过表现为世袭的占有者"③。"因此，剩余产品——其实，这在立法上被规定为通过劳动而实际占有的成果——不言而喻地属于这个最高的统一体。"④ 共同体只拥有土地的使用权，而所有权却归于共同体的整体形式，即国家所有。专制君主是至高无上的"统一体"，因此他就成为劳动产品的实际占有者，而其他共同体中的成员只能沦为专制君主的工具。对于个人来说，只有作为这个共同体中的一分子，他才能占有和使用土地，因而这种共同体对单个人来说是至关重要的。也就是说，"每一个单个的人，只有作为这个共同体的一个肢体，作为这个共同体的成员，才能把自己看成所有者或占有者"⑤。

总而言之，这种所有制与生产的不发达阶段相适应，以土地等自然条件为基础，单个的人则同自己的家庭一起，独立地在分配给他的份地上从事劳动。单个的人必须依附或者依赖于共同体，才能够生活和生存

---

① 《马克思恩格斯文集》第 8 卷，人民出版社 2009 年版，第 123 页。
② 《马克思恩格斯文集》第 8 卷，人民出版社 2009 年版，第 124 页。
③ 《马克思恩格斯文集》第 8 卷，人民出版社 2009 年版，第 124 页。
④ 《马克思恩格斯文集》第 8 卷，人民出版社 2009 年版，第 124 页。
⑤ 《马克思恩格斯文集》第 8 卷，人民出版社 2009 年版，第 124 页。

下去，一旦离开原始的共同体，他将会一无所有。正因为如此，马克思明确指出："共同体是实体，而个人则只不过是实体的偶然因素，或者是实体的纯粹自然形成的组成部分。"①

（二）古代的公社所有制形式中的主体关系

这种所有制是原始部落更为动荡的历史生活、各种遭遇以及变化的产物。它也是以共同体作为第一个前提，但与部落所有制不同的地方在于，不是以土地作为自己的基础，耕地表现为城市的领土，以城市作为土地所有者的居住地。这种所有制首先是由于几个部落通过契约或征服联合为一个城市而产生的。

在这种所有制下仍然保留了奴隶制。公民共同拥有支配自己那些做工的奴隶的权力。可以说，"这是积极公民的一种共同私有制，他们面对着奴隶不得不保存这种自然形成的联合方式"②。在这种所有制下的公社财产与私有财产是分开的。一方面，公社仍然保留了"公有地"这一"国有财产"；另一方面，动产私有制以及后来的不动产私有制已经发展起来了，尤其是出现了一些"归他和他的家庭单独耕作的那小块土地——单独的小块土地"③。城乡对立已经产生了。

从所有制的主体关系来看，公社是这些自由的和平等的私有者间的相互关系，是他们对抗外界的联合和保障。拥有小块土地的农民的独立性是作为公社成员关系来维持的。马克思指出："这种共同体继续存在的前提，是组成共同体的那些自由而自给自足的农民之间保持平等，以及作为他们的财产继续存在的条件的本人劳动。"④ 在这种共同体下，个人劳动的目的不是发财致富，而是自给自足。

总而言之，自给自足的农民因为有了一块耕地的所有权而实现了对自己劳动的所有权，而这种所有权的实现又是因为"公社的存在而得到保障的"。

① 《马克思恩格斯文集》第 8 卷，人民出版社 2009 年版，第 126 页。
② 《马克思恩格斯文集》第 1 卷，人民出版社 2009 年版，第 521 页。
③ 《马克思恩格斯文集》第 8 卷，人民出版社 2009 年版，第 127 页。
④ 《马克思恩格斯文集》第 8 卷，人民出版社 2009 年版，第 128 页。

（三）封建的或等级的所有制形式中的主体关系

这种所有制如同部落所有制和公社所有制，同样是建立在共同体基础之上的。封建时代的所有制的主要形式："一方面是土地所有制和束缚于土地所有制的农奴劳动，另一方面是拥有少量资本并支配着帮工劳动的自身劳动。这两种所有制的结构都是由狭隘的生产关系——小规模的粗陋的土地耕作和手工业式的工业——决定的。"① 在城市中，封建的土地占有结构则表现为同业公会制度，即手工业的封建组织，帮工制度和学徒制度发展起来，产生了一种等级制。乡村不同于城市，被划分得零散的小块土地严重限制了分工的发展，同时代表农民小生产力的家庭手工业也是在这一时期产生的。此时的占有方式发生了很大变革，大量奴隶从土地上分离出去，生产资料同劳动的结合路径被阻碍，封建地主不再直接占有农奴，而是代之以土地的方式限制、剥削农奴。从所有制的主体关系来看，封建社会无疑是历史进步的表现，人逐渐从外物的束缚中解放出来，人对自然的改造能力也有了很大提高，人的主体性、独立性也有了一定的增强，和奴隶相比，农奴也是一种历史的进步。然而，无论是奴隶制社会还是封建制社会，"自然联系等等使他成为一定的狭隘人群的附属物"②，个人仍旧"从属于一个较大的整体"③，在这个整体中无法实现个体的人的真正独立。

（四）资本主义所有制形式中的主体关系

在《哲学的贫困》中，马克思就指出"在每个历史时代中所有权是以各种不同的方式、在完全不同的社会关系下面发展起来的。因此，给资产阶级的所有权下定义不外是把资产阶级生产的全部社会关系描述一番"④。对资本主义所有制关系的分析，也表现为构成资本主义社会的三大阶级，即资本家、土地所有者和雇佣工人之间的经济社会关系的分析。首先，在资本主义社会中，资本家占有了生产资料，工人除了拥有自己

---

① 《马克思恩格斯文集》第1卷，人民出版社2009年版，第523页。
② 《马克思恩格斯文集》第8卷，人民出版社2009年版，第5页。
③ 《马克思恩格斯文集》第8卷，人民出版社2009年版，第6页。
④ 《马克思恩格斯文集》第1卷，人民出版社2009年版，第638页。

的劳动力之外而一无所有，这是资本主义私有制存在的前提和基础。正是在这一前提之下，马克思充分论述了资本主义社会中所体现出的资本家和工人之间的复杂的经济社会关系。马克思在《资本论》中曾经指出，货币所有者要把货币转化为资本，就必须在商品市场上找到自由的工人。并且，必须承认双方之间的相互关系为："一方是价值或货币的占有者，另一方是创造价值的实体的占有者；一方是生产资料和生活资料的占有者，另一方是除了劳动力以外一无所有的占有者。所以，劳动产品和劳动本身的分离，客观劳动条件和主观劳动力的分离，是资本主义生产过程事实上的基础或起点。"①

在农业部门，马克思重点揭示了资本主义的所有制关系表现为土地所有者、农业资本家和雇佣工人之间的关系。在农业中，资本主义生产方式"是以农业劳动者被剥夺土地并从属于一个为利润而经营农业的资本家为前提"②。为此，他进一步指出："土地所有权的前提是，一些人垄断一定量的土地，把它当做排斥其他一切人的、只服从自己私人意志的领域。"③ 在此基础之上，马克思论述了资本主义农业部门中，产业资本家靠租来的土地和雇佣工人的劳动力获得利润，土地所有者依靠产业资本家上交的地租生活，而雇佣工人则是靠出卖自己的劳动力获得微薄工资。然而，地租和利润都不过是雇佣工人的剩余劳动而已。

但是，值得注意的是，资本运动的秘密告诉我们，决定资本运动方向的是资本与劳动的关系，而这个关系是以资本支配劳动为基本逻辑的。在这个意义上，"资本也是一种社会生产关系。这是资产阶级的生产关系，是资产阶级社会的生产关系"④。资本主义社会中的资本借以增殖扩张的前提是雇佣劳动制度，在这对关系中，资本与雇佣劳动既是前提与结果，又是手段和归宿。在雇佣关系中，资本人格化为资本家，劳动人格化为工人，资本家是目的，而工人只是借以达到此种目的的工具。资

---

① 《马克思恩格斯文集》第5卷，人民出版社2009年版，第658页。
② 《马克思恩格斯文集》第7卷，人民出版社2009年版，第694页。
③ 《马克思恩格斯文集》第7卷，人民出版社2009年版，第695页。
④ 《马克思恩格斯文集》第1卷，人民出版社2009年版，第724页。

本家用工资这个名正言顺的幌子，遮盖资本对工人剩余劳动的无情压榨与剥削，试图将工人的剩余价值消耗殆尽，以谋求最大限度的资本增殖。看似是资本家在压榨工人，实质上是资本在压榨剩余劳动，资本家与工人只不过是资本与劳动的人格化罢了。正如马克思所指出的："在自由竞争中自由的并不是个人，而是资本。"在自由竞争中，一切人与人之间的关系都颠倒为物与物的关系，各种所谓的"共同体"混淆了原有的共同体概念，抽象的物代替现实的社会关系而统摄所有的抽象的个体。

（五）社会主义所有制形式中的主体关系

马克思、恩格斯在对于私有制形式尤其是资本主义私有制形式中的主体关系的研究和批判的基础上，提出并构建了社会主义所有制形式中的主体关系。马克思指出："我们越往前追溯历史，个人，从而也是进行生产的个人，就越表现为不独立，从属于一个较大的整体：最初还是十分自然地在家庭和扩大成为氏族的家庭中；后来是在由氏族间的冲突和融合而产生的各种形式的公社中"①，只有到了 18 世纪，对个人来说，社会联系的各种形式才表现为外在的必然性。也就是说，只有社会关系越发达，个人的独立性、自由个性才有可能得到发展。

在批判人与人之间关系被颠倒为物与物之间关系等资本主义私有制形式中主体关系的基础上，马克思对社会主义所有制形式中主体关系做出了一番阐述："有一个自由人联合体，他们用公共的生产资料进行劳动，并且自觉地把他们许多个人劳动力当做一个社会劳动力来使用。在那里，鲁滨逊的劳动的一切规定又重演了，不过不是在个人身上，而是在社会范围内重演。鲁滨逊的一切产品只是他个人的产品，因而直接是他的使用物品。这个联合体的总产品是一个社会产品。这个产品的一部分重新用做生产资料。这一部分依旧是社会的。而另一部分则作为生活资料由联合体成员消费。因此，这一部分要在他们之间进行分配。"②

马克思和恩格斯关于社会主义所有制的构想可以归结为以下三点：

---

① 《马克思恩格斯文集》第 8 卷，人民出版社 2009 年版，第 6 页。
② 《马克思恩格斯文集》第 5 卷，人民出版社 2009 年版，第 96 页。

第一，由全体社会成员共同占有全部生产资料，实现社会主义公有制；第二，国家作为全体社会成员的代表，占有全部生产资料，国家所有作为全民所有制的一种可能；第三，在国家依然存在的情况下，全部生产资料由组织起来的人民即无产阶级专政的国家来运营。社会主义所有制构想作为一种未来理想社会的框架构想，是有其时代限度的，必须在资本主义时代，并且是阶级矛盾十分尖锐的资本主义时代才能出现，并且是作为资本主义对立物出现的；社会主义所有制将劳动者、劳动条件、劳动权利统一起来，使生产资料置于全社会的集中控制之下，实现对全部生产资料的占有和使用；公有制没有地域、国别的差异，要在全世界范围内广泛建立公有制，实现个人的自由的联合的劳动，并达到劳动者的自由全面的发展。共产主义所要实现的最终目标是废除利用社会共同占有而剥夺他人获得自己劳动成果的权力，建立一个人人尽力、人人享有的美好世界。马克思、恩格斯指出："共产主义并不剥夺任何人占有社会产品的权力，它只剥夺利用这种占有去奴役他人劳动的权力。"① 也就是说，共产主义并不是要废除一般意义上的满足生命需要的财产权，而是要废除不合理的资产阶级的财产权，它克服了资本主义社会劳动与财产分离的状态。共产主义社会劳动与财产的重新统一意味着，一方面，联合起来的劳动者共同占有生产资料，共同控制生产过程和进行民主决策，消除了生产的盲目性；另一方面，生产的共同性一开始就使劳动产品成为社会的产品，单个人的劳动并不是通过交换得到社会的认可，而是一开始就被设定为社会劳动，个人通过自己劳动占有的不是一种交换价值，而是共同生产的一定份额。在共同生产的前提下，劳动直接被设定为一般劳动和社会劳动，人们参与劳动产品的分配并不是通过货币交换来实现的，而是以个人劳动与社会劳动的直接统一为前提的。不存在一部分人通过占有他人劳动的客观条件而在经济结构中处于有利地位，每个人都是通过自己劳动获得一定的社会产品。在共产主义这种社会形式中，个人不再是通过出售他们的劳动力或交换他们的劳动产品而发生

---

① 《马克思恩格斯文集》第 2 卷，人民出版社 2009 年版，第 47 页。

外在的、间接的社会关系；相反，他们的社会关系由于所有制形式的变革而都成为内在的、直接的，从而实现了每个人自由而全面的发展。

## 第三节　对马克思所有制主体关系理论的
## 继承与发展

马克思在其所有制理论中展现了所有制主体关系理论的深刻意蕴，从理论上看，马克思、恩格斯的理论是基于资本主义国家的现实而得出的，对于现实的贫困、落后的国家如何进行社会主义建设、对建立与变革所有制并没有给出现成的答案，但马克思所有制主体关系理论是发展着的实践着的理论，对于社会主义国家的发展依然具有一定的指导和借鉴意义，这一理论在现实的社会主义国家中得到了继承与发展。苏联社会主义建设时期，列宁、斯大林等围绕苏联社会主义发展的现实提出全民所有制、集体所有制，一定程度上推动了苏联社会主义经济的发展和壮大。中国的革命、建设和改革的各个时期的领导集体结合时代主题将马克思所有制主体关系理论运用于中国发展的实际，探索社会主义建设的成功道路与所有制经济的实现形式，推动中国实现了站起来、富起来、强起来。

### 一　苏联革命建设时期对马克思所有制主体关系理论的继承与发展

俄国十月革命的胜利标志着世界范围内第一个社会主义国家的诞生。以列宁、斯大林等为代表的领导集体围绕俄国社会的实际状况，运用了马克思所有制关系理论曾一度指导苏联社会主义建设取得了伟大成就，在一定程度上继承和发展了马克思所有制主体关系理论。令人遗憾的是，自 20 世纪 80 年代以来，苏联的经济社会改革，严重偏离了社会主义方向，偏离了马克思所有制主体关系理论。

列宁运用了马克思、恩格斯的阶级分析法和阶级斗争学说，对俄国十月革命前的社会阶级结构和阶级状况进行了深刻的揭示。他在《革命的任务》中指出："俄国是个小资产阶级国家。大多数居民都属于这个阶级。这个阶级必然动摇于资产阶级和无产阶级之间。只有当它同无产阶级联合起来的时候，才能保证革命的事业，和平、自由以及劳动群众争取土地的事业顺利、和平、迅速、稳妥地获得胜利。"① 为此，我们要向人们"解释我们的纲领，说明它的全民性质，说明它是绝对符合大多数居民的利益和要求的"②。此外，针对俄国的饥荒等灾难，列宁提出了"银行国有化""辛迪加国有化""取消商业秘密"等具体的措施。

十月革命胜利后，面对各帝国主义国家包围并试图将新生的苏维埃政权扼杀在摇篮中，列宁发出了"苏维埃社会主义共和国处在万分危急中"③ 的号召。在面对这种内忧外患的特殊情况下，苏俄从 1918 年至 1920 年期间实行了战时共产主义政策。其主要内容有：工业企业国有化、余粮收集制、消费品供给制以及普遍义务劳动制等。可以说，战时共产主义为集中国内一切人力、物力粉碎外国武装干涉，从而赢得国内战争胜利，起了重要作用。1921 年 4 月，列宁在《论粮食税》中指出，"那时我们四面被封锁，被包围，与全世界隔绝"，"我们不得不果断地实行'战时共产主义'"④。他指出："1921 年春天形成了这样的政治形势：要求必须立即采取迅速的、最坚决的、最紧急的办法来改善农民的生活状况和提高他们的生产力"⑤，而"粮食税是从战时共产主义到正常的社会主义产品交换的过渡"⑥。这样一来，农民按国家规定交纳一定的粮食税，超过税额的余粮完全归个人所有，这不仅大大减轻了农民的负担，而且肯定了产品交换。

由此可见，列宁关于所有制主体关系理论在继承了马克思生产资料实行"共同占有"的基础上，结合俄国当时国际国内环境和苏俄具体实际的发展变化，采取了相应的调整和发展。列宁认为："不经过国家资本主义和社会主义所共有的东西（全民的计算和监督），就不能从俄国

---

① 《列宁选集》第 3 卷，人民出版社 2012 年版，第 222 页。
② 《列宁选集》第 3 卷，人民出版社 2012 年版，第 223 页。
③ 《列宁选集》第 3 卷，人民出版社 2012 年版，第 418 页。
④ 《列宁选集》第 4 卷，人民出版社 2012 年版，第 511 页。
⑤ 《列宁选集》第 4 卷，人民出版社 2012 年版，第 500 页。
⑥ 《列宁选集》第 4 卷，人民出版社 2012 年版，第 524 页。

现时的经济情况前进。"① 由此，在列宁看来，马克思主义对资本主义进行了深刻分析和揭露，在批判现实资本主义社会矛盾冲突基础上，指出未来的社会主义要建立单一的社会所有制发展方向，而在当时复杂的国内国外形势下，无产阶级力量弱小、新生的苏维埃政权还不够稳固，俄国要立刻建立和实行这一所有制，无疑是和俄国的社会现实相脱节的。因而，要先向社会主义过渡准备充分的条件，即实行社会主义全民所有制。

列宁强调"社会主义就是消灭阶级"，这与马克思主义的阶级理论基本论断是一脉相承的。列宁进一步指出了社会主义的目标要义，无产阶级推翻资产阶级之后，要消除阶级和阶级差别，实行社会主义全民所有制，将劳动力所有者的劳动要普遍归于社会总劳动。十月革命胜利以后，列宁、斯大林领导苏联农民，逐步粉碎了富农及其在党内的代理人布哈林之流的阻挠和破坏，为实现社会主义全民所有制奠定了重要的现实基础。可以说，社会主义公有制的建立，为消灭以往社会劳动者同生产资料相分离的现象奠定了经济基础，使劳动的社会性质发生了根本的变化。工农劳动群众在政治和经济上也翻了身，成为了国家和生产资料的主人。社会主义全民所有制在遵循自愿原则的基础上逐步建立，以合作化的道路将原先分散的个体农业经济改造成了大规模的社会主义集体农庄，实现了对个体农业经济的社会主义改造，无产阶级与农民的政权逐步取代了资产阶级和地主阶级的政权，原先隶属于资产阶级的劳动工具、生产资料已经转化为工人阶级和劳动群众所有，国家既是全民所有制的代表和主体，又是经营管理的主体。

同时，在利用和限制资本层面，列宁提出要实行国家资本主义，国家作为实行和掌握这一社会生产资料的代表，通过签订协议的方式，将一部分企业、矿山、工厂租让给国内外资本家经营。国家通过制定相应法律法规，约定资本家交付产品给国家，利润则由资本家存留，到期国家自动收回租权。在推动农业发展的过程中，还开展了合作制，实行农

① 《列宁选集》第 4 卷，人民出版社 2012 年版，第 495 页。

业集体所有制，形成无产阶级与农民巩固的联盟，利用生产合作社的形式把农业引向社会主义道路。这些理论和实践既发展了小农经济，又在限制和发展资本主义过程中发展了大工业，奠定了社会主义所有制的良好基础，为苏俄过渡到社会主义国家奠定了坚实的物质基础。

1924年1月列宁逝世后，联共（布）党内围绕一国能否建成社会主义，以及如何进行社会主义建设等问题展开了激烈争论。斯大林先后击败L. D. 托洛茨基、G. Ye. 季诺维也夫、加米涅夫以及 N. I. 布哈林、A. I. 李可夫等人的反对。他采用计划命令和惩治手段，开展工业化和农业集体化运动，把苏联建成工业化强国。1936年，斯大林主持制定苏联宪法，宣告社会主义在苏联建成。在这一过程中，逐渐形成了斯大林模式，又称苏联模式。在所有制关系方面，苏联建立了全民所有制和集体所有制这两种形式的社会主义公有制，使之在国民经济中占统治地位，并在此基础上实行了按劳分配原则。可以说，苏联模式这一高度集中的计划经济和单一的社会主义公有制，使苏联社会主义建设取得了举世瞩目的成就，迅速成为欧洲第一，世界上唯一一个能够和美国抗衡的超级大国。

苏联模式强调优先发展重工业，从而使农业和轻工业长期处于落后状态，人民群众的生活水平没有得到大幅度提升，尤其是国家从农民手中拿走的东西太多，严重地损害了广大农民的利益，农民的生产积极性不高。除此之外，政治上的集权、外交上的大国沙文主义等问题严重。在斯大林去世以后，赫鲁晓夫对苏联社会主义经济制度进行了改革，废除了适应于社会主义全民所有制的某些经营、管理方针，代之以资本主义的经营、管理方针，把利润原则作为一切经济活动的指导原则，使追求利润成为生产的最终目的。勃列日涅夫上台以后，继承赫鲁晓夫"经济改革"的衣钵，于1965年明令推行以利润为核心的"新经济体制"，并制定了具体贯彻"新体制"。到20世纪80年代中期，苏联的政治、经济已处于危机前的困境。1985年3月，戈尔巴乔夫接任苏共中央总书记后，使苏联的经济改革逐渐走上了"私有化"道路，实行国有资产分散化和国营企业私有化，走发达资本主义国家"混合经济"的道路，从而最终导致所有制改革的失败。

总而言之，从所有制主体关系的角度来看，苏联在革命、建设时期曾一度坚持和发展了马克思公有制关系理论，在一定范围内调动了广大人民的积极性、主动性和创造性，从而使革命和建设取得了举世瞩目的成就。然而，自 20 世纪 80 年代以来，苏联的所有制关系改革又严重偏离了社会主义方向，从而导致苏联共产党丧失了群众基础，丧失了国家政权，从而使苏联最终走向了解体。由此可见，建立社会主义公有制也是一个长期的过程，它既需要按照马克思"消灭私有制"论断的基本要求，也需要结合不同时段人民群众的现实需求采取一些阶段性的政策和措施，以满足人民群众的美好生活需要为奋斗目标和价值导向。

**二 中国革命建设改革时期对马克思所有制主体关系理论的继承与发展**

马克思所有制主体关系理论与中国的革命、建设和改革休戚相关。1840 年鸦片战争以来，中国一步步地沦为半殖民地半封建社会，外无民族的独立，内无人民的民主，实现中华民族伟大复兴是中华民族和中国人民最伟大的梦想。1921 年中国共产党成立以来，便把"消灭私有制"写在了自己的旗帜和纲领上。在不同的历史时期，中国共产党人把马克思所有制主体关系理论与中国的具体实际结合起来，提出并采取了不同的所有制政策，赢得了最广大人民的支持和拥护，从而确保了中国共产党领导和团结全国各族人民取得了一个又一个伟大胜利，迎来了从站起来、富起来到强起来的伟大飞跃，中华民族和中国人民的生活水平、生存状态和精神面貌发生了翻天覆地的变化，人的发展指数得到了全面彰显。

（一）新民主主义革命时期对马克思所有制主体关系理论的继承与发展

近代以来，由于帝国主义的入侵打破了中国几千年来自给自足的小农经济，中国沦为半殖民地半封建社会，但是封建地主阶级的根基依然还在，地主阶级的剥削同买办资本、高利贷资本的剥削相结合，共同剥削着劳苦大众，封建剥削制度依然深刻地影响着中国社会各阶级的生活。十月革命一声炮响为中国送来了马克思列宁主义，先进知识分子看到了中国革命的曙光，中国沿着俄国十月革命的道路将迎来光明的前途，随着对马克思主义研究的深入和广泛传播，对马克思主义所有制关系理论等方面的研究也不断深入。但中国共产党人对马克思主义所有制的理论研究和现实实践并不是一帆风顺的，而是经历了曲折发展的过程。

在新民主主义革命时期，如何将马克思所有制关系理论与中国革命实际结合起来是中国共产党人所亟须解决的问题，以毛泽东为代表的中国共产党人在继承马克思所有制主体关系理论的基础上，结合了中国半殖民地半封建社会的基本国情，进一步深化了对中国现实的调查研究，客观分析了中国社会各阶级状况，提出新民主主义经济理论，团结带领人民群众进行新民主主义革命，在所有制层面强调"消灭土地剥削所有制"即地主土地所有制，对生产资料所有制进行了深刻变革，赢得了广大人民群众的拥护和支持，为革命的胜利奠定了重要基础。

就当时中国社会各阶级状况而言，封建地主阶级是帝国主义列强统治中国的支柱，同时又是两千多年封建专制的政治基础，地主阶级与帝国主义、军阀等勾结，剥削、压迫广大农民阶级。而农民人口占中国总人口的绝大多数，深受地主阶级的经济剥削和政治压迫，也是帝国主义最大的掠夺对象，具有强烈的反帝反封建的革命要求，农民问题是中国革命的基本问题，农民力量是中国革命的主要力量，中国革命的任务就是进行民族革命和民主革命，对外推翻帝国主义的压迫和对内推翻封建地主的压迫。土地为大地主所有，广大农民群体无法依靠自身获得土地，要动员广大农民与中国共产党一起进行社会变革，就必须解决困扰农民的土地问题，只有中国共产党将土地资源合理地分配给农民，团结广大农民并形成无产阶级的同盟，无产阶级的革命才有望取得胜利。实际上，毛泽东按照农民阶级内部经济地位的差异，将农民分为富农、中农、贫农阶层，富农占农村人口的5%左右，亦称农村资产阶级，"富农一般地在农民群众反对帝国主义的斗争中可能参加一分力量，在反对地主的土地革命斗争中也可能保持中立。因此，我们不应把富农看成和地主无分别的阶级，不应过早地采取消灭富农的政策"。而中农约占农村人口的20%，一般不剥削别人，在经济上能自给自足，但是受到帝国主义、地主阶级和资产阶级的剥削，没有政治权利。"中农不但能够参加反帝国主义革命和土地革命，并且能够接受社会主义。因此，全部中农都可以成为无产阶级的可靠的同盟者，是重要的革命动力的一部分。"贫农连同雇农在内，约占农村人口的70%，一般没有土地或者土地不足，贫农"是农村中的半无产阶级，是中国革命的最广大的动力，是无产阶级的天然的和最可靠的同盟者，是中国革命队伍的主力军"①。这一时期，毛泽东在革命根据地从农民的现实利益出发，抓住生产资料所属关系这一关键问题，与农民一起"打土豪、分田地"，对土地的分配原则作出重大调整，没收公共土地资源和大地主的土地，保障土地归农民所有。尽管由于当时理论和政策上的执行存在一定的偏差和局限性，但一定程度上调动了无产阶级参与革命的积极性和主动性。

抗日战争时期，中国共产党为了调动广大农民参与抗日的积极性，亦从农民的土地问题着手，土地政策在原有基础上有所调整以适应形势变化，地主减租减息以照顾农民的生活条件，农民交租交息以照顾富农的利益，很好地协调了所有制各主体的利益关系，调动了各方面参与抗日的积极性。1948年4月1日，毛泽东在晋绥干部会议上讲话提出：依靠贫农，团结中农，有步骤地、有分别地消灭封建剥削制度，发展农业生产，并确立为土地改革的总路线，这是顺应形势所作出的有利调整。这样，中国共产党在解放战争时期的土地政策、土地改革运动就更加完备。土地改革运动满足了农民的土地要求，激发了群众的革命热情，使解放战争获得了政治、经济和军事力量的源泉，有力地保证了人民解放战争的胜利。

（二）社会主义革命和建设时期对马克思所有制主体关系理论的继承与发展

新中国成立后，围绕如何实现从新民主主义经济到社会主义经济的

---

① 《毛泽东选集》第2卷，人民出版社1991年版，第638—643页。

转变，以毛泽东为代表的中国共产党人走出了一条适合中国实际的社会主义改造道路，实现了对农业、手工业和资本主义工商业的改造，确立了公有制的主体地位。

在社会主义革命和建设时期，毛泽东对所有制主体关系进行了深刻的思考和探索。新中国刚一成立，我国便颁布了《中华人民共和国土地改革法》，废除了封建剥削的土地所有制，改为农民的土地所有制，对富农从过去的征收多余土地和财产转变为保存富农经济，而半地主式富农出租大量土地，凡超过其自耕和雇人耕种的土地数量者，则征收其出租的土地，这些举措从根本上废除了封建地主所有制，一定程度上调动了广大农民的积极性，推动了社会生产力的发展，为社会主义改造的进行准备了条件。就当时的社会状况而言，中国新生的政权还不够稳固，中国的经济成分又是复杂多样的，迫切需要处理好中国国家这一主体同内部各阶级的关系，在奠定社会主义所有制经济发展和壮大的基础上进行社会主义改造。一方面，采用利用、限制、改造的方针，暂时不没收资本主义企业，建立资产阶级和工人阶级的同盟。另一方面，实行农业合作化，对农业进行社会主义改造，巩固工人同农民的同盟，调动一切力量进行社会主义建设。就如何对待资本主义私有制而言，马克思主义的一般观点是对该阶级进行剥夺，列宁在此基础上提出了"和平赎买政策"，但由于当时苏联各方面的状况未能付诸实践，毛泽东在借鉴列宁的"和平赎买"思想的基础上，结合了中国当时具体实际，即无产阶级力量弱小和资产阶级的两面性，对资本主义进行工商业改造。对于个体农业而言，虽然农民是私有者，但是农民又是劳动者，因而不能简单地对农民进行剥夺，而是要提高农民社会主义觉悟，有计划地引导农民走互助合作的道路。

围绕所有制主体关系，毛泽东提出了正确处理国家、集体、劳动者利益关系的思想。新中国成立不久，在一穷二白的旧中国基础上，我国主要采取了计划经济体制，在一定程度上巩固了当时的社会基础，推动了经济社会的稳定，但是由于经济管理过于集中，生产力水平低下，也束缚了当时的经济发展，毛泽东在《论十大关系》中明确指出："国家和工厂、合作社的关系，工厂、合作社和生产者个人的关系，这两种关系都要处理好。为此，就不能只顾一头，必须兼顾国家、集体和个人三个方面，也就是我们过去常说的'军民兼顾'、'公私兼顾'。"① 应当在巩固中央统一领导的前提下，扩大一点地方的权力，给地方更多的独立性，让地方办更多的事情。② 这就是说，就当时的合作经济社而言，既要有统一性，即在国家的统一领导和管理下，又要给他们一定的独立性，在计划管理、职工调配、福利设施等方面有适当的自治权力。就工人这一主体而言，其工资应该和其本人劳动生产率、国家经济发展状况相适应，当工人劳动生产率提高了，就应当就其劳动生产率适当提高劳动工资，改善劳动条件，同时，还要根据国家经济的发展状况对工人的工资进行适当的调整。就农民这一主体而言，农民付出了劳动，在合作社收入中，要适当规定国家、合作社以及农民的收入。要积极吸取苏联的经验教训，不能为了发展工业化就损害农民的利益，削弱农民生产的积极性。

三大改造完成之后，我国转变为实行单一公有制为基础的经济制度和高度集中的计划经济体制。在这一时期，我国全面实现了对私营工商业的全行业公私合营。原先资本家对生产资料的所有权只表现在按私股份额取得固定的股息上，资本家支配生产资料的权力已经完全属于国家和全体劳动人民，国家可以按照国民经济发展的需要，对合营企业进行管理或经济改组，这在一定程度上推动了我国工业化的发展，但政府以计划调配资源，国营企业、农村生产队都单纯以接受的订单和价格进行生产，企业主体没有独立的经营权，组织效率低下，农村生产队丧失独立性，农民积极性不高，农业发展缓慢。此后的 1966 年至 1976 年，由于"左"倾错误的影响，社会主义所有制再度步入封闭化、单一制的时期，完全排斥个体经济、私营经济，强调集体所有必须是集体经营、全民所有必须国家经营的错误观念，使所有制主体关系发生了错位，造成

---

① 《毛泽东文集》第 7 卷，人民出版社 1999 年版，第 28 页。
② 《毛泽东文集》第 7 卷，人民出版社 1999 年版，第 31 页。

了我国经济的严重损失。因此，围绕现实社会的发展状况，如何突破思想藩篱，探索出一条适合我国国情、更有效率的社会主义发展道路就成了摆在全党全国各族人民面前的重大历史课题。

（三）改革开放新时期对马克思所有制主体理论的继承与发展

1978 年召开的党的十一届三中全会，完成了思想上的拨乱反正，深刻总结了社会主义建设经验教训，及时将党和国家的工作重心转移到经济建设上来，同时作出改革开放的重大决策，从而拉开了社会主义所有制关系改革的序幕。

改革开放新时期，以邓小平为代表的中国共产党人坚持马克思主义所有制主体关系理论的基本观点，围绕中国当时的现实国情，从公有制和非公有制两个层面进行了探索，统筹国家、集体、个人等经济关系协调发展，并逐步确立起公有制为主体、多种所有制经济共同发展的基本经济制度，逐步解决了权力过于集中、忽视了商品价值规律、市场机制、束缚了企业及个人从事生产经营活动的积极性和主动性等一系列的由高度集中的计划经济体制带来的问题，顺应了解放和发展社会生产力的现实需要，从而使中国经济社会迎来了新的发展局面。

在国家、集体、个人等经济关系中，坚持统筹兼顾的基础上，对所有制主体关系进行了调整，形成了经济统筹协调发展理论。党的十一届三中全会提出，旧经济体制的严重缺点是权力过于集中，应当让地方和工农业企业在国家统一计划的指导下有更多的经营管理自主权，可以充分发挥中央部门、地方、企业和劳动者个人四个方面的主动性、积极性、创造性。这一时期，由农村形成、中央政策支持而成的家庭联产承包责任制改革实现了所有权与经营权的分离，所有权归集体所有，经营权由集体经济组织按户分给农户自主经营，虽然农村自发形成的家庭联产承包责任制打破了原来社会主义革命与建设时期所形成的人民公社体制下集体所有、集体经营的农耕模式，但集体的性质没有改变，经济的主体依然是"生产队"，进一步而言，这样一种灵活的统分结合的双层经营机制反而推动了农村生产发展的活力和农民积极参与的主动性和创新性。早在新中国成立之初，邓小平就提出："生产关系究竟以什么形式为最好，恐怕要采取这样一种态度，就是哪种形式在哪个地方能够比较容易比较快地恢复和发展农业生产，就采取哪种形式。"① 在所有制关系中，人民是社会主义的基本价值遵循社会主义与资本主义本质的不同就是社会主义"以人民为中心"。与此同时，城市改革也在进行中，城市国企改革围绕所有权和经营权可以适当分离的理论进行，将经营权和所有权适当分离，所有权仍然归国家所有，将经营权下放给企业，使企业成为市场经营的真正主体，有力地调动了企业和职工生产经营的积极性、主动性，增强了企业活力，为企业的快速健康发展、经济的平稳运行奠定了良好的基础。

总而言之，随着改革开放的逐步深入，中国共产党人逐步深化了对所有制评价标准的认识，所有制主体关系是否合理、是否有利于人民生活水平的提高、是否有利于中国经济的发展，必须要从本国的具体实际出发，以我们正在做的事情为中心，继续优化所有制主体关系，使之更好地适应生产力发展的要求。

（四）新时代对马克思所有制主体关系理论的继承与发展

党的十八大以来，我国经济建设取得了巨大成就，经济总量迈上新台阶，经济结构实现重大变革，与此同时，改革进入攻坚期、深水区，中国共产党对中国社会主义所有制主体关系进行了新的探索，逐步形成了习近平经济思想。

党的十八大以来，以习近平同志为核心的党中央不断强调要保证不同所有制经济主体在生产要素使用、市场参与、法律保护等方面的平等性，为各类市场主体营造了更加稳定、公平的发展环境，同时，围绕新时代所有制主体关系的深刻变革进行了一系列理论和实践的探索与发展。党的十八届三中全会提出要"积极发展混合所有制经济"。可以说，混合所有制改革是公有资本与非公有资本的双向混合，不仅有序推进国有企业分层次、分类别、分地区进行混合所有制的改革，而且鼓励国有资本发挥自身优势以多种方式积极入股其他所有制类型企业、鼓励除公有资本外其他类型资本以多种方式积极参与国有企业的改制重组，进而促

① 《邓小平文选》第 1 卷，人民出版社 1994 年版，第 323 页。

进国有经济和民营经济的互动发展和融合，这就是不同所有制资本相互融合、优势互补、共同发展的过程。并指出："允许混合所有制经济实行企业员工持股，形成资本所有者和劳动者利益共同体。"① 这是新时期探索所有制主体关系的重大变革，员工持股即员工通过持有股票而享有企业部分所有权及未来收益权的利益分享机制和拥有经营决策权的参与机制。员工不仅是劳动者，而且是所有者，通过以股权激励为核心的员工激励体系，让广大基层员工在混合所有制改革中能够拥有更多的幸福感、获得感和满足感，真正成为混合所有制的坚定支持者、参与者和获得者。同时，还能促进混合所有制企业生产效率和竞争力的提高，完善混合所有制企业的内部治理结构。尽管不同性质的所有制主体有不同的利益诉求，但究其根本，不同所有制主体，都是处在社会主义市场经济下的主体，都要遵循市场发展的根本规律，混合所有制改革顺应了社会主义市场经济的发展规律，能够协调各主体利益，从而推动了社会主义经济的健康、平稳、高质量发展。

就广大农村而言，新一轮农村土地改革必须通过集约化、规模化利用土地实现土地资源的合理利用，农村所有制主体关系理论围绕承包土地"所有权、承包权、经营权"的三权分置。以往征收农民的土地后，土地所有权都转为国有，征收集体土地对农民的补偿标准比较低，农民的权益没有得到很好的保障，基于这一社会状况，党的十八届三中全会通过的《中共中央关于全面深化改革若干重大问题的决定》提出了"建立城乡统一的建设用地市场"，要兼顾国家、集体与个人的利益，实现土地资源的合理利用。三权分置并不是简单机械地将土地承包权和经营权分离，实际上，这一举措，将承包权转变为农民集体所有权的份额，而将土地的实际占有使用权交给专业的农业经营者，使农民进一步摆脱了与土地之间的双向依附关系。即在市场化模式下，农业用地由村集体统一经营运作，农民集体可以以出让、租赁等方式创设土地的使用权利，

---

既可以承包给专业的农业合作社又可以出租或发包给农业公司、专业农户等经营使用，土地的经营者向农民集体支付土地使用费，农民集体扣除集体提留等项目后，按照农民承包权（所有权份额）分配给农民，这就使得擅长种地者取得土地的使用权，使得土地在实现市场化配置的过程中得到最有效的利用。改革开放伊始，家庭联产承包责任制实现了集体所有与个人承包经营之间的分离，土地权利仅仅在农民集体内部进行配置，农民按劳动所得分配成果，农民既要充当生产者，进行生产劳动，同时又要进行个体化的经营，使得土地难以流转，劳动效益的积极性和活力没有得到充分释放。在三权分置下，在实现土地资源的合理利用的过程中，统筹所有制主体关系，实现了所有制主体的最优化变革，为乡村振兴战略提供了制度保障。

总的来看，中国共产党结合我国革命、建设和改革的各个历史时期的基本国情，围绕调动所有制不同主体的积极性、主动性和创造性，推动经济社会发展和提高我国人民生活水平，坚持和发展了马克思所有制主体关系理论。中国共产党逐步认识到我国还处于社会主义初级阶段，不论是我国基本经济制度的确立、所有制结构的调整还是所有制主体关系的调整都必须要符合现阶段中国实际和发展需要，与我国初级阶段的社会生产力发展水平相适应。当前，在全党全国各族人民的努力下，我国已经实现第一个百年奋斗目标，正朝着实现第二个百年奋斗目标迈进，人民群众的幸福感和满意度正在不断地加强，中华民族和中国人民的科学文化素养及生活生存环境将得到全面的提高和持续的改善，人的自由而全面发展将全面展开，马克思所有制主体关系理论在实践中将不断丰富和完善。

### 三 马克思所有制主体关系理论的发展前景

马克思所有制主体关系理论，是通过对人类社会发展历史上不同所有制形式演进中的人对物的权利关系的研究，揭示了其背后的人与人之间的关系，并在此基础上进一步研究了人与人之间关系的发展脉络及其走向，从而为"自由人联合体"提供了学理支撑。在马克思、恩格斯那里，正是通过对资本主义现实社会中的生产资料占有者与劳动力的占有者之间的分离和对立，揭示了资本主义生产方式中的基本矛盾以及资本主义社会中的主要矛盾，从而得出了无产阶级的胜利与资产阶级的灭亡是同样不可避免的科学结论，并在此基础上还预测了一个没有阶级对立、阶级剥削和阶级压迫的"自由人联合体"。马克思、恩格斯指出："在那里，每个人的自由发展是一切人的自由发展的条件。"① 也就是说，在"自由人联合体"中的"人性"彻底摆脱了"物"的支配而得到了充分彰显，即"对私有财产的扬弃，是人的一切感觉和特性的彻底解放；……眼睛成为人的眼睛，正像眼睛的对象成为社会的、人的、由人并为了人创造出来的对象一样"②。因此，我们完全可以说"实现无产阶级以及全人类的解放"或者"合乎人性的人的复归"，是马克思主义理论的全部主题，也是马克思所有制主体关系理论的真实意蕴。

马克思所有制主体关系理论，在苏联革命、建设以及中国的革命、建设和改革的实践中得到了进一步的丰富和发展，尤其是在如下方面得到了展开：

其一，关于马克思主义的阶级、阶级分析法和阶级斗争学说。马克思、恩格斯通过由生产资料的占有方式所决定的人们在生产过程中的地位和作用，来理解和分析一个社会的阶级结构和阶级状况，并在此基础之上认清了阶级矛盾和阶级对立的根源以及化解阶级矛盾和阶级斗争的途径和方法，从而形成了其内涵极为丰富的阶级斗争学说。可以说，苏联共产党和中国共产党结合本国的国情，运用了马克思主义的阶级、阶级分析法和阶级斗争学说很好地指导了俄国和中国的无产阶级革命运动，为无产阶级夺取全国的政权，并最终建立社会主义制度。

其二，关于"个体"与"共同体"对立统一关系的阐述以及"自由人联合体"思想。马克思、恩格斯从人类历史发展进程中，尤其是私有制的演变进程中，探求了"个体"与"共同体"之间的关系。他们既看

---

① 《马克思恩格斯文集》第 2 卷，人民出版社 2009 年版，第 53 页。
② 《马克思恩格斯文集》第 1 卷，人民出版社 2009 年版，第 190 页。

到了人的社会性决定了"个体"离不开"共同体"，又看到了私有制社会中人的自私自利性决定了"个体"与"共同体"之间的对立。马克思、恩格斯指出："正是由于特殊利益和共同利益之间的这种矛盾，共同利益才采取国家这种与实际的单个利益和全体利益相脱离的独立形式，同时采取虚幻的共同体的形式。"① 可以说，这些与他们提出了对私有制进行积极的扬弃的思想是一脉相承的。无论是俄国的革命以及苏联的社会主义建设，还是中国的革命、建设和改革的伟大实践中，我们都试图通过所有制政策、马克思主义政党以及社会主义政权等方面的建设，来真实地代表全体人民的根本利益，从而将私有制社会中人的自私自利性带来的特殊利益限定在有限的范围内。然而，自 20 世纪 80 年代以来，在苏联的经济等方面的改革进程中，却严重偏离了这个方向，从而失去了政权并带来了苏联的解体。而几乎与此同时进行中国的改革开放，却始终坚持了这一方向不动摇，从而使中国社会经济的面貌焕然一新，中国人民的幸福和安康得到了基本保障，呈现出了一种人类文明的新形态。

其三，关于生产资料的"共同占有"与生活资料的"个人所有"的对立统一关系。马克思、恩格斯对于私有制的批判，尤其是在资本主义私有制的批判过程中，进一步区分了生产资料的"共同占有"与生活资料的"个人所有"之间的对立统一关系。从相互统一的角度来看，生活资料是人们进行物质生产的第一个前提和动力，即人们正是为了获取物质生活资料采取进行物质生产的。同时，人们也只有获得了必要的物质生活资料，才能维持自己的生命和人口的繁衍，从而社会再生产才能得以继续下去。从相互对立的角度来看，在人们的劳动生产的社会总产品中，生产生产资料部门尽管呈现出一种优先增长的规律，但这种优先增长也是有一定的限度的，即必须和生产生活资料部门的增长保持一定的张力关系，一旦比例关系出现了严重的失衡，不仅这种增长不能给劳动者个人带来物质生活条件的改善，而且还会使增长呈现出"只见物不见

① 《马克思恩格斯文集》第 1 卷，人民出版社 2009 年版，第 536 页。

人"的现象，从而使这种增长失去了人性的发展的一面，而被广大人民群众所抛弃。无论是俄国革命及苏联的社会主义建设，还是中国的革命、建设和改革的实践，都充分说明了这个道理。

今天，中国特色社会主义进入了新时代，中华民族迎来了从站起来、富起来到强起来的伟大飞跃。一方面，中国特色社会主义已经取得了极为丰富的物质财富和精神财富，另一方面，随着中国经济发展和中华民族的崛起，国际和国内环境也发生了深刻的变化，人民群众对于经济富裕、政治文明、文化引领、社会和谐、宜居环境、健康中国以及共同富裕等提出了更高层次的要求和期待，尤其是对如何摆脱物的依赖性基础上提升人与人之间交往过程中的信任度、安全感、幸福感和成就感等"人性"方面需求变得越来越突出。在这种情况下，马克思所有制主体关系理论在新的实践中将带来全新的发展机遇和广阔的发展空间。

第一，马克思所有制主体关系理论中关于"人的需要""人的发展"以及"人性的回归""社会文明程度"等"人性"方面的理论将得到进一步丰富和发展。

在马克思所有制主体关系理论中，生产资料所有制，具体而言就是指人们在生产过程中，通过对生产资料占有基础上所形成的一定社会经济关系范畴，在这里，关于马克思所有制主体关系理论研究涉及一个生产资料谁拥有的问题焦点，也就是马克思所有制主体关系理论框架下的"所有"问题，深究而言，马克思所有制主体关系理论是与马克思主义理论指导下的全世界无产阶级革命和全人类解放事业紧密相连的。生产资料所有制从本质上而言，首先是关系到一个社会生产力的发展状况，因为从根本上来说，生产力意味着社会物质财富的创造以及生产生活资料的生产与供给，因此，在马克思主义理论视角下，在符合生产力发展的所有制形式下，在整个生产关系的发展实践中才是进步的所有制形式。

马克思、恩格斯强调无产阶级革命运动要消灭资本主义私有制，这在本质上而言，就是马克思所有制主体关系理论框架下的生产资料所有制形式发展决定人的发展程度。正因为如此，马克思所有制主体关系理论只有在人的发展中才能使其真正的价值和意义得到彰显。人的需要及其发展程度最终只能是在以人为中心的维度上进行劳动的创造性活动，最终再通过劳动作为介质得以实现。因此，人作为劳动的主体性因素，在劳动过程中是否占有生产资料的过程，是劳动在生产过程中最终实现程度的基础前提，关联马克思关于全世界无产阶级革命和全人类解放理论，我们就可以发现，在马克思所有制关系理论的宏观理论视野下，马克思所有制主体关系理论的发展是在坚持马克思所有制思想的前提下进行的理论延展，因此，马克思所有制思想的重要当代价值，就体现在马克思所有制关系理论的发展与马克思关于全世界无产阶级革命和全人类解放的高度统一起来，探寻关于我们中国在当前新时代中如何去完善和满足人的发展需要以及自身的发展程度层面，进而通过理论视野延展乃至全世界无产阶级解放的伟大事业中去。

第二，马克思所有制主体关系理论中关于在"两制长期共存"的前提下如何促进市场经济公平有序发展等方面的理论将得到进一步丰富和发展。

当今世界，在全球范围内而言，社会主义制度与资本主义制度的关系上，虽然我们已然跨越了马克思、恩格斯提出在时间上的"替代性关系"，但是今天的两大社会制度已经发展为一种空间上的"长期共存关系"。随着现代科学技术革命的迅猛推进，以及新科技革命和经济全球化、信息全球化的共同作用下，社会主义国家和资本主义国家早已不是简单的你死我活的对立和斗争的关系，而是一种既有斗争又有合作、合作大于斗争的"综合国力较量"的新型大国关系。面对复杂多变的国际国内环境，我们必须以现实发展需要冷静分析国内外形势，冷静客观看待两种不同社会制度之间的关系，准确把握两种不同所有制共存发展中的现实问题。坚持马克思所有制主体关系理论，有助于我们从马克思所有制关系理论的框架下去更加准确把握和解决当前市场经济发展的现实问题，更好地推进市场经济公平有序的发展，不断为我们民族复兴的康庄大道夯实经济发展基础。

首先，从整个国际范围内来看，当前资本主义的生产方式仍然占据强势地位，因此经济文化相对落后的国家从社会主义现代化建设的现实处境上来说，仍然需要顺应世界历史经济发展的大趋势，要对资本主义制度所创造的一切文明成果进行吸收和借鉴，不断寻求国际化发展的接轨途径和渠道，充分利用国际国内两个市场两种资源，如此看来，我们在坚持马克思所有制主体关系理论的前提下，看清当前国际社会在整体上仍然处于市场经济的时代，且这一时代的长期性短时间内是不可能被全面超越的。因此，我们必须要打破这样一种将社会主义和市场经济简单对立起来的粗糙做法，而应当在理论上坚持对资本主义私有制的无情批判，同时也要认识到市场经济本质上是一种交换的经济，市场经济是需要有产权明晰的市场经济主体，也就是说按照马克思所有制主体关系理论来看，在社会主义维度下发展市场经济，经济运行的一个个微观的主体都需要相对独立性，也就是企业主体能够自主决策和自主经营，并且在市场经济运行过程中更为重要的是各个市场参与主体要能形成一种公平的竞争关系。对此，中国在坚持马克思所有制关系理论的基础上，采用了"所有权"与"经营权"相分离的方式，在市场主体的独立性上取得了一定的成果。基于此，我们坚持和发展马克思所有制主体关系理论，就是在理论上廓清关于社会主义维度上如何促进市场经济公平有序的发展，并且在实践上不断丰富和发展马克思所有制关系的实践视域。

其次，从马克思所有制主体关系理论的继承和发展来看，市场经济在苏联社会主义建设和中国社会主义建设的历史回溯中，我们看到了马克思所有制主体关系理论在中国不同的社会主义建设时期发挥了不同作用。在发展马克思所有制主体关系理论的历史过程中，其中在对如何促进市场经济公平有序发展的实践探索中，中国的改革开放的社会主义建设时期给出了实践答案。在改革开放之前，单一的所有制形式不但没有使生产力大幅提升，反倒阻碍了生产力的快速发展，但随着改革开放的不断深入，所有制改革进程的加快，改革的重点逐渐迁移到城市、工业与非公有制经济，并且在实践中探索形成了以公有制为主体、多种所有制经济共同发展的基本经济制度格局。从宏观的马克思所有制关系理论视野来看，中国的改革开放时期的社会主义建设中对所有制发展的探索和实践，主要集中在以家庭联产承包责任制形式为主的农村改革，以所有权和经营权相分离为主线的国有企业改革，以及鼓励、支持和引导非公有制经济发展的发展阶段。其中尤其是在非公经济发展受压制和约束的问题上，从坚持马克思所有制主体关系理论的视角来看，中国在改革开放以后，非公有制经济的发展也经历了一个逐步成长的过程，也就是中国对于如何有效推进社会主义市场经济发展的探索实践的过程，在这一历史过程中，我们看到在以马克思所有制主体关系理论为理论指导下的中国，在逐步展开的所有制改革实践，是在充分尊重社会主义建设的规律和人类社会发展的规律基础上，在所有制改革的过程中走出来独具中国特色的社会主义市场经济发展道路，因此，中国的所有制改革实践证明，在坚持和发展马克思所有制主体关系理论的过程中，创造出来中国特色社会主义市场经济发展的理论和实践成果。立足当前新时代的中国所有制发展实践要求，也必然要在继续坚持和发展马克思所有制主体关系理论的前提下，才能继续有效推进社会主义市场经济发展的公平有序运行，才能继续传承和创新马克思所有制主体关系的时代价值。

最后，马克思所有制主体关系理论在整个马克思、恩格斯的经典著作中，关于在资本主义社会被取代后的未来社会生产资料所有制问题的讨论中，我们很清楚地看到，在资本主义社会中，单个劳动者的狭隘生产力最终变成了建立在整个社会成员之间普遍联系的社会性生产力，这是资本主义所取得的巨大成就，但是资产阶级私有制下的私人占有生产资料，最终这种私人占有阻碍了社会化的生产力发展，同时在这种资本主义私有制的制度之下，导致强制性分工带来的人的异化从而阻碍了整个社会的发展和人的全面发展。因此，在马克思所有制主体关系理论的视域下，顺应时代生产力的发展趋势，将资产阶级私人占有变为联合起来的社会化生产者共同占有的生产资料所有制，这是马克思关于所有制关系理论论述的重要观点，而关于资本主义社会之后的未来社会生产资料所有制形式，马克思和恩格斯在其经典著作中，关于"社会所有制"以及"所有制"等概念都有相关讨论，也就是说，在马克思关于所有制主体关系理论探讨中，已经有了对于未来社会的生产资料所有制形式思考的整体性认识。因此，在今天我们坚持和发展马克思所有制主体关系理论，不仅是对马克思所有制关系理论的丰富发展，而且是在坚持马克思所有制思想理论基础上，在现实的生产资料所有制的批判中指向未来社会生产资料所有制形式的思考和实践。因此，审视和批判性地看待现有社会的生产资料所有制问题，在实践的批判性中达到理论的升华和实践成果，从而为我们当今时代更好发展马克思所有制关系理论提供批判性的思想力量。

第三，马克思所有制主体关系理论中关于社会主义公有制的丰富内涵、发展阶段、实现形式以及回报社会等方面的理论将得到进一步丰富和发展。

在马克思整个所有制关系理论中，坚持马克思所有制主体关系理论在推进中国社会主义公有制实践发展的历程中，中国所有制理论的实践创新就是对马克思所有制关系理论的丰富和发展。自新中国成立以来，中国始终坚持走社会主义道路，在坚持马克思主义所有制关系理论的实践过程中，不断推动社会生产关系适应社会生产力的发展，并且在坚持马克思所有制关系理论的前提下，以马克思所有制主体关系理论基础创新发展出了中国公有制实现形式多样化的实践成果和理论成果。在中国坚持马克思所有制关系理论的前提下，我们继承和创新发展了马克思所有制思想中的公有制发展理论，其中主要是在对公有制经济发展的认识问题得以深化，不断贯穿在整个中国社会主义经济建设过程中，形成了所有制关系理论创新下的公有制实现形式多样化，发展出了符合中国国情的马克思所有制关系理论体系，彰显了马克思所有制主体关系理论的时代价值。

首先，坚持马克思关于所有制主体关系理论，在实践过程中突破改革开放前"一大二公三纯"的公有制认识局限，从思想理论层面打破了认为公有制"越大越好、越公越好、越纯越好"的思维局限，这是从马克思所有制主体关系理论的关于生产资料"共同所有"和"个人所有"对立统一关系的深刻把握，从马克思所有制主体关系理论维度出发，在中国经济社会发展过程中逐步摆脱公有制发展单一化，以及不断增添社会主义经济发展实践的生机与活力。到改革开放后，中国的所有制结构转向，整体上从社会主义经济建设时期的单一公有制逐渐向着"公有制为主体，多种所有制经济共同发展"的大方向转变，随之中国的经济发展也在这一时期不断实现持续发展态势。并且在这一过程中，中国在坚持马克思所有制主体关系理论的基础上，在所有制领域的改革主要涵盖了三个方面：一是关于所有权和使用权分离；二是对非公经济的补充，提出"鲇鱼效应"激发市场活水；三是关于推进混合所有制改革问题。这些举措和尝试在马克思关于所有制主体关系理论的框架下，重点厘清了关于生产资料的"共同占有"与"个人占有"的对立统一关系，因而，在突破对公有制的认识局限后，中国的所有制改革实践充分显示出了马克思关于所有制主体关系理论的理论洞见，并且在不断完善和发展公有制的实现形式方面逐步显示出其当代价值。

其次，坚持马克思关于所有制主体关系理论，在社会主义经济建设过程中逐步打破公有制与计划经济相对，私有制和市场经济相对的刻板印象，在马克思所有制主体关系理论框架中，主要是遵循生产资料所有者与劳动力所有者的对立统一关系，逐步在中国的社会主义建设中显示出理论与实践相结合的力量。自从党的十二大以来，我们党和国家在对关于计划经济和市场经济认识不断深化，指出"实行计划经济同运用价值规律、发展商品经济，不是互相排斥的，而是统一的，把他们对立起来是错误的"①。由此，我们可以看出，在中国的所有制实践理论成果中，其中对于马克思所有制主体关系理论的发展也是一个逐步深化认识的过程，进而在推进马克思所有制关系理论的宏大理论视野下，坚持马克思所有制主体关系理论，中国的所有制实践开始打破社会主义公有制下只能实行计划经济的一系列错误认识，逐步将社会主义公有制下的公有制经济与现代化的经济个体（企业）和市场经济进行有机联系和整合，并且不断释放市场的活力，这也正是在马克思所有制主体关系理论在中国社会主义经济建设过程中的现实实践，即从理论和实践两个层面廓清了在发展社会主义经济建设的理论迷思，生产资料所有者与劳动者

---

① 《中共中央关于经济体制改革的决定》，人民出版社 1984 年版，第 17 页。

所有者对立统一关系的时代价值就体现为对计划和市场二者关系的深入认识，与此同时，中国在坚持和发展马克思所有制主体关系理论的过程中，关于公有制经济、市场经济以及现代企业这些经济建设过程中的主体关系理解，也为其他社会主义国家的理论与实践提供了中国的独特有益借鉴。

最后，坚持马克思关于所有制主体关系理论，打破通过"国有占比"来衡量公有制主体地位的认识，主要是在对公有制的主体地位的认识上不再强调所有制结构的单一性，同时在所有制实践过程中对公有制经济载体认识向公有资产转变。具体而言，就是在坚持马克思所有制关于主体关系理论的基础上，对个人所有制、集体所有制以及国家所有制的实现形式的深化认识以及实践，并因此将市场经济和公有制经济进行有机融合，将公有制经济置于市场的轨道进行接轨，中国在所有制的实践过程中，主要是依据不断强化公有制经济的市场主体地位，不断促进不同所有制的混合来实现市场和公有制经济的深度融合。一方面，坚持马克思所有制关于主体关系理论，充分发挥公有制经济在社会化大生产需要和体现社会发展公平，这是社会主义国家的本质属性的体现。另一方面，自整个中国的改革开放以来，中国在坚持马克思所有制关于主体关系理论的探索方面，主要是对于所有制实现形式的创新发展实践，具体而言，就是中国在激发国有企业活力的问题上进行了一系列探索，例如对国有企业的所有权和经营权进行成功分离。在中国的社会主义经济所有制发展实践过程中，我们可以看出，坚持马克思所有制关于主体关系理论的实践探索，在本质上厘清了关于马克思关于所有制主体关系中的主体不同所有制内涵以及实现形式的创新发展。因此，在当代中国，继续坚持和发展马克思所有制关于主体关系理论，是不断挖掘和阐明马克思和恩格斯经典作家们对于所有制理论时代价值的具体表现，也是在民族复兴的重要时代节点科学合理认识马克思关于所有制思想理论的实践要求。

# 第五章 马克思所有制客体关系理论

马克思关于所有制客体关系理论，是指从主体人这一所有者对于不同的客体物的占有而形成的复杂关系。人类社会发展过程中伴随着方方面面关于客体关系的问题，可以说，由客体关系带来的这一联系是与人类共生的。诚然，生产生活过程意义上的客体关系也是与人类社会发展相生相伴的，但是，所有制关系中的客体关系结构的产生却远远落后于生产生活过程中的客体关系，久远的原始社群社会中是不存在所有制关系的，当然也就不会存在客体关系结构，客体关系问题研究在所有制关系理论历史演进实证过程中是十分重要的，客体关系理论无论从古希腊哲学到现代西方马克思主义，始终是一个十分热门的话题，但在政治经济学领域的客体关系问题的分析却十分缺乏，特别是马克思是第一个将客体关系理论引入所有制关系中进行深入分析的，把对哲学的研究和政治经济学的研究进行融合分析，19 世纪 40 年代中期到后期，基于唯物史观的基础上，马克思所有制客体关系理论取得了一定的发展，这些观点也主要见诸于他的著作中。

## 第一节 马克思所有制客体关系理论的逻辑起点

从占有的客体来看，所有制可以分为：一是以劳动资料、生产工具等生产资料为对象划分形成的生产资料所有制；二是以交换活动、交换过程等交换资料为对象划分形成的交换资料所有制；三是以劳动产品等为对象对所有制进行划分形成的劳动产品所有制。如何理解这些不同所有制背后的现实意义？所有者对于不同客体的占有而形成的客体关系，在社会的生产和再生产以及在人们生活和交往过程中，所承载的人与人之间的主体关系的性质与作用是什么？它们有着怎样的发展趋势？等等。对于这些问题的回答，就是马克思所有制客体关系理论的逻辑起点。19世纪40年代中后期，马克思从占有的对象——客体这一视角，对所有制关系进行深入研究，把人类历史进程中所有制关系划分为不同形态，并揭示了不同客体背后呈现出的不同规律，从而形成了马克思所有制客体关系理论。

## 一　从客体占有关系对所有制形式的划分

任何社会中的生产活动都需要实现对自然客体的占有，但要注意的是，如果仅仅从客体关系的占有来划分所有制，就看不到特定历史阶段所有制的性质了。客体关系对所有制内容的划分，还是要通过一定主体关系的所有制形式来反映其自身的本质属性，正如马克思所说："土地所有权的正当性，和一定生产方式的一切其他所有权形式的正当性一样，要由生产方式本身的历史的暂时的必然性来说明，因而也要由那些由此产生的生产关系和交换关系的历史的暂时的必然性来说明。"[①] 因此，从客体视角划分所有制形式的意义来看，所有制的客体对象不同，所反映出的人与人之间关系，即生产关系也是不同的，土地的所有权和资本的占有是以两种本质上不同的生产资料为基础的、对别人劳动进行占有的权利。在整个生产活动过程中，不同领域都存在着由客体关系划分的所有制形式，而这些所有制形式的产生对生产的各领域发挥着不同的作用。

在生产过程的四个环节中，都存在着以客体关系划分的所有制形式，也就是说可以分别为生产资料所有制和生活资料所有制。马克思、恩格斯关于社会生产与再生产过程等方面的论述中所产生的所有制关系，就

---

① 《马克思恩格斯文集》第7卷，人民出版社2009年版，第702页。

是以这个划分为基础而进一步展开的，正如马克思在《哲学的贫困》中所设想的那样，简单的所有制关系的辩证运动会产生群组的运动发展，进而也影响了整个所有制关系体系的变化发展，其中，生产资料所有制的变化主要影响着生产关系的变化，生产关系的变革也决定着生产资料所有制和生活资料所有制，历史的进程和推动很大程度上要依靠所有制关系随着历史发展而产生的变更，所以一切阶级在他们取得政治统治权之后，都会在社会的发展中创造出一个为保障他们利益而服务的占有方式，因此，一切革命的归旨也是为了保障一种所有制的发展而反对另一种所有制的存在，所以说，重点对于生产资料所有制的变革影响着生产关系的根本变化，无产者要想获得稳定且长久推动社会进步的生产力，只有消灭自己现有的占有方式。

客体关系对所有制形式的划分固然是重要影响依据，但却不等于全部都以客体关系对所有制形式进行划分，就像对生产资料的占有不能完全决定生产关系的总和一样。从总体上看，生产资料所有制对于生产关系、交换关系、分配关系等而言，是生产和劳动过程中一切关系形成的前提和基础。生产作为社会生产总过程的第一个起始环节来讲，对财产的占有是生产的一个必要前提，生产由这种作为生产条件的所有制所决定，在这一环节起到了至关重要的作用。从生产资料所有制对于生产关系的总体发展而言，是一切关系变革的本质和重要内容，社会结构的形成是由阶级关系所决定的，客体关系对所有制形式的划分一定程度上也影响着阶级经济利益关系的变动，本质上决定着生产关系的物质内容。

马克思从客体关系的角度对所有制形式划分进行的考察，实际上是从生产资料的性质对所有制性质的判定，也是从生产力的发展水平的角度对所有制形式的发展的判断，因为劳动资料是人们用来判断劳动生产力发展的重要工具，也是反映劳动对社会发展推动程度的重要依据。从中我们足以看出，生产力的发展不仅对生产关系起到决定性的作用，生产力的发展水平同样对判定所有制类型、分析所有制形式、选择所有制性质有着至关重要的影响作用，所有制形式的划分没有好与坏之分，所有制形式的确定重点是要以是否符合社会生产力的发展需求为选择标准，认清了这一点，就能更清晰地认识到马克思对资本主义私有制的批判以及对未来共产主义社会经济制度的探索。马克思认为生产资料公有制就是在资本主义生产力高度发达的基础上形成的，彻底颠覆传统所有制关系的未来共产主义社会所有制形式，是区别于资本主义社会最根本意义上的特征，在理解这一思想时，不能简单地把马克思的结论原封不动照搬运用到社会发展过程中，而是要深入领会把握其科学方法，对理论的教条式理解必然引起认识的偏差和错误。

### 二　客体关系结构生成及主客体相互作用

所有制范畴客体关系结构的生成，顾名思义指的是在所有制关系中主体与客体、客体与客体之间相互作用而形成的一种关系结构，无论是从所有制主体还是所有制客体的角度来看，这种结构强调的不是其中一个要素的静态存在，而是彼此之间相互作用所产生的动态关系。马克思十分重视实践的物质性和社会性，并将自己对世界的认知建立在社会历史发展的客观基础上，在这一方面是超越了黑格尔和费尔巴哈的认识论的，之后马克思将这种哲学革命的观点运用到经济学领域，认为在生产过程中的劳动是指物质生产的劳动活动，主张对于劳动过程的整体把握需要从客体关系结构以及主体与客体的关系为线索。同样，在分析所有制关系时，马克思仍然强调所有制关系的主体和客体，只有在占有的基础作用上才能实现辩证的相互统一，客体关系结构以及主客体间的相互作用也必须要通过在劳动过程中的物质性和社会性表现出来。因此，对所有制的客体结构的深入分析，也要从社会物质生产过程中来看，通过它们之间的内在逻辑联系来研究。

无论从哪个领域哪个层面来理解客体，客体都是实践中的对象性存在物，客体关系结构中的劳动客体和所有制客体是紧密相关的一对主要客体关系，劳动客体中所包括的劳动资料和所有制客体中所包含的生产资料是有着相同特征属性的，在特定的条件下可以说是完全相同的。但是，劳动客体相较于所有制客体来说是更为单一的，所有制客体中有较多不同形态的派生客体，比如个人的日常生活资料和消费产品是不能直接成为社会再生产中的劳动客体的，但它们却可以作为所有制中所有者个人所占有的客体。因此，所有制客体存在着多样的形态，有产品形态、货币形态、劳动形态等，而劳动客体的形态仅限于实物。从外延范围来看，所有制客体包含了劳动客体，所有制客体中有劳动客体也有其他，但劳动客体一定是所有制客体，劳动客体中的生产资料的实物形态是所有制客体的基本表现形式，而其他所有制形式都是以这个形式为基础展开的。因此，准确来说，我们可以通过对劳动客体的深入考察来研究所有制客体结构的发展变化。

就所有制客体关系结构来说，它是在所有制主体和客体之间的相互作用中发展起来并逐渐形成的一种组织结构。可以说，这种组织结构是重点倾向于客体规定性的一种关系结构，在这样一种客体结构中，所有制客体关系的本质决定着关系结构的性质和类型，但这种影响作用又不是直接发挥、单向决定的，而是在主体和客体的相互作用下得以实现的，在所有制结构形式的展现上，客体对主体有着较大的制约，在客体结构的构建和具体体现上，主体对客体也有着较为重要的意志影响。因此，整个劳动生产过程就是一个不断需要客体主体化和主体客体化的转化过程，一方面，人们通过劳动来作用于客体，在劳动生产过程中使得劳动通过物质产品来表现出对象化和物化，另一方面，生产资料在经过人们的加工和使用也赋予了人们劳动的意义，成为了被劳动占有着的劳动对象，这样，原有的自然物质形态被劳动进行了改造，创造成了物质存在的新形态——劳动资料。总而言之，从对劳动过程的分析中来看，主客体相互作用是辩证统一的，而在这种相互作用的过程中，客体关系结构的性质变化对我们的分析更具有重要意义。

所有制客体关系结构的生成是通过主客体的相互作用的结果，主客体的相互作用是通过占有过程充分实现的，这里要注意的是，占有过程本身不是一个客体关系结构，而是一种存在形式和表现，是所有制客体关系结构的存在空间，一直以来占有过程都是马克思在研究所有制关系时的切入点，是所有制关系体系中的核心范畴和主导环节，在对占有关系进行深入研究时要注意占有的二重性，同时注意不能把生产过程中的劳动过程和所有制的占有过程相混淆了，这样就很容易陷入把劳动的客体关系和所有制的客体关系相混淆的误区，比如生产过程中生产的必要因素是劳动者和生产资料的结合，二者结合起来的相互作用是劳动的主体和客体之间的相互所用，因为生产过程中付出劳动的劳动者并不一定就是有着占有关系的所有者，而所有者对生产资料的结合方式也并不一定都采用的是直接作用的形式，而通过劳动者和生产资料的结合方式所展现出来的所有制关系才是直接对经济性质起到决定性作用的重要因素。因此，要想进一步揭示所有制客体关系的内部结构，既需要我们将物质生产中的劳动过程和所有制的占有过程区分开来，还需要将所有制的占有过程和劳动过程中主客体的相互作用区分开来。

### 三　基本客体关系结构和派生客体关系结构

以所有制客体关系本质为依据，可以把所有制形式划分为两种基本客体关系结构，即土地所有制和生产资料所有制，在对这两种基本客体关系结构进行分析之前，必须先搞清楚所有制客体关系中的自然及其相关关系概念以及社会及其相关关系概念、自然占有和社会占有的关系、派生客体关系结构的基本内容等。从生产资料不同本质出发，从自然本质和社会本质的二重性着手来对所有制基本客体结构进行不同层次的问题探析，通过本质结构分析对所有制客体关系进行深入研究，这也是为整体把握所有制关系理论提供了一个重要的理论维度。

（一）自然性基本客体关系结构

在自然经济运行过程中，人们的生产很大程度上是受到自然力支配的，人与自然的依赖关系是一种仅仅依靠人力或者运用简单的手工工具对自然产物的直接获取，这种产生于人与自然之间的单一的生产力是完全受到自然本身所制约的力量，社会生产方式也是主要依靠自然产生的条件，在这一条件下形成的基本经济形式也只能是基础的自然经济，以这种客观的自然经济为先决条件，客体对主体的作用体现出鲜明的自然性，作为自然产物的土地是主要的客体构成，自然客体对劳动主体的作用也表现为自然规律，在此基础上逐渐形成了土地所有制这种生产关系形式，所有制客体关系结构也表现出基本的自然联系的本质特征。

对于前资本主义社会发展形态中存在的所有制形式，人们把它概括为土地所有制，对土地所有制形式的研究也是层出不穷、屡见不鲜的，但以一般社会形态为基础对土地所有制结构的分析是极为少见的，综观世界各国、各地区的不同的历史时期的生产发展，可以发现，土地所有制的具体存在形式是纷繁复杂且多种多样的，但值得关注的是，无论这种不同种类土地所有制形式差别有多大，形式表现有多不同，它们在客体关系结构上却是大致相同的，其本质特性上都属于是自然性的基本客体关系结构。从人类社会历史发展的本质上来看，就是一个自然历史发展过程，一般我们把历史的考察会分为自然发展史和人类发展史两方面来看，但人类的发展史绝不是单纯的社会历史发展过程，只要有人类存在，就必然和自然是紧密联系、相互制约的。通过这个唯物史观的基本命题来分析所有制客体结构，从土地所有制中可以看出所有者对土地的依赖关系证明了土地所有者不是具有独立自由人格的所有者，而是具有依赖于土地的自然属性的，这一点马克思在社会发展第一形态也就是人的依赖关系形态中，已经阐述了劳动者和所有者之间不仅仅是简单的社会依附关系，更是具备着密不可分的自然联系性质。

实际上，马克思、恩格斯十分重视自然客体对所有制关系的影响作用，并针对这一问题提出过很多观点，比如以亚细亚生产方式为主的东方国家，以农村公社为基本社会组织；国家在社会生活中管理农村公社；国家指挥农村公社来进行大型工程的建设。亚细亚生产方式的重要特点是土地公有，不允许自由转让，这是土地私有制不可能在东方国家出现的主要原因。而对于资本主义国家来说，自然客体对所有制关系的影响力体现在：土壤等自然产品的多样性和差异性为社会分工的形成提供了自然基础，并随着自然环境的不断变化人们也在不断变更劳动方式，自然条件是影响着生产力性质的主要因素，在此基础上自然因素又主要作用于所有制关系，自然因素是所有制基本客体关系的主导因素，决定着基本客体关系的组织结构。总而言之，在土地等自然因素的影响下，人们对自然客体的直接依赖关系中形成的客体结构必然就是自然性基本客体关系结构，这种结构具备明显的自然经济特征，与现代所有制客体关系结构相比，有着十分鲜明的特色。

（二）社会性基本客体关系结构及派生的客体结构

资本主义生产方式在一定时期内与科学技术和现代管理结合起来，从而带来了生产力的发展，人对自然直接依赖关系为基础的自然经济逐渐被人对物间接依赖关系为基础的商品经济所取代，所有制客体关系结构也发生了质的转型，马克思对社会性基本客体关系结构的分析主要是以资本主义社会为对象展开的，自然性客体关系结构中的生产方式主要是通过自然的产物，而社会性客体关系结构的生产方式的根本不同点在于是通过人类的创造。虽然这个创造过程看起来也是一个自然历史过程，究其自身表现来看，却是一个社会历史的发展过程，在这个过程中作为客体的生产资料的形式不再是只有土地等自然客体，更主要的是人类通过劳动所创造的机器设备、工具、原料等多种形式的生产资料，所有制客体的性质也从自然性向社会性转变，人们的生产活动空间不再受自然环境或地域的限制，生产技术的不断推进，物质技术从根本上进行了变革，自然力对所有者的支配程度大大减弱，社会经济发展规律对生产力的支配大大增强，剩余价值规律成为激发所有者对生产资料占有的强大动力，所有制客体结构已经不是自然形成的组织构架，而完全成为了人为的具有社会属性的社会性基本客体关系结构。

与社会性基本客体关系结构不同的是，派生的社会性客体关系结构的内容更为广泛，形式也更为多样，但派生的社会性客体关系结构始终是被基本客体关系所决定，是以基本客体关系结构为主体衍生出来的结构形式，不能因为派生的客体关系结构的形式纷繁多样，就忽略了要想掌握其本质属性必须从深刻认识社会性基本客体关系结构上着手。具体来讲，派生的客体关系结构是围绕着具体的财产关系而展开的，财产的主体可以是任何独立具有财产占有权、支配权、使用权的个人或群体，而在生产过程中任何财产都能成为派生的客体关系结构的客体，比如，生产资料、劳动力、产品等，这里客体属性的划分方式也不仅局限于自然性和社会性之分，还可以按照物品的具体属性类别进行划分，比如，从物品使用的从属关系上可以划分为个人产品和公共产品，相对应的主体关系也可以进行多重的分解，例如，根据个人产品和公共产品分解为个人主体和国家主体等。派生的客体关系结构中构成多种多样的客体和主体的组合，也是值得广泛研究的。

## 第二节　马克思所有制客体关系理论的主要内容

马克思所有制客体主要可以分为生产资料与生活资料两种基本形式。其中，生产资料所有制客体居于主导地位，而生活资料所有制客体居于从属地位。通过生产资料与生活资料的划分，马克思不仅深刻地分析了资本主义社会扩大再生产的前提条件与实现条件，还发现了生产资料优先增长规律。具体研究内容有：

### 一　生产资料、生活资料的科学内涵及其相互依存、相互转化关系

马克思一向重视所有制客体关系问题，所有制客体关系影响着社会生产力的发展走向。从所有制关系的本质来看，所有制关系变革的起因是由于旧的所有制关系不能再适应新的生产力发展，那么生产资料和生活资料作为生产力的客体基本因素，必定是要十分重视起来的，特别是要真正搞清楚生产资料和生活资料的科学内涵、主要内容以及二者之间的关系究竟有哪些。

（一）生产资料的科学内涵及其特点

马克思对生产资料的考察贯穿在《资本论》及其手稿之中。生产资料理论不仅是马克思观察和思考人类社会生产活动、组织方式的重要理论基础，也是深刻地剖析、揭露、批判资本主义生产方式和资本主义制度，构建未来社会主义和共产主义的重要理论依据。

马克思对生产资料的考察贯穿在《资本论》及其各时期的经济学手稿之中，尤其是相对集中的论述主要体现在《资本论》第一卷第三篇《劳动过程和价值增殖过程》这一章。在传统的理解中，人们把马克思的生产力概念简单地等同于物质生产力，《〈资本论〉辞典》关于生产力

的解释是劳动者利用自然对象和自然力生产物质资料时所形成的物质力量。当然，就今天看来，这种对生产力概念的理解，还需要加一个限定性前提条件，即在自然界可持续发展和不破坏自然环境自身的平衡系统下，这里不再赘述。其中，生产力包括两个要素：一是生产活动的主体即劳动者；二是生产活动得以进行的"客观条件、物的因素"即生产资料。

马克思对生产资料的研究是以劳动过程为起点的，首先将劳动的过程看成一个"人和自然之间"的过程，他认为劳动过程就是"人和自然之间的过程，是人以自身的活动来中介、调整和控制人和自然之间的物质变换的过程。人自身作为一种自然力与自然物质相对立"①。这里的劳动过程实际上是从各种具体社会形式的劳动过程中抽象出来的、仅仅是人的物质生产和与自然"物质变换"的简单的物质劳动过程。正是在这一过程中，劳动的简单三要素是：有目的的活动或者劳动本身、劳动对象和劳动资料。生产资料则由劳动资料和劳动对象共同构成。

在《资本论》中，马克思指出："劳动资料是劳动者置于自己和劳动对象之间、用来把自己的活动传导到劳动对象上去的物或物的综合体。"②劳动者直接掌握的东西并不是劳动对象，而是劳动资料。马克思认为，"劳动对象是人类劳动的对象"，分为两种，一种是"未经人的协助、天然存在的"，比如土地、水、原始森林中的树木、地下矿藏中开采的矿石等自然界客观存在、未经过人类劳动的加工的自然物质或者资源；另一种被称作"原料"，指"已经被以前的劳动可以说滤过的劳动对象"。可以说，劳动过程的进行所需要的一切物质条件都算作劳动过程的资料。这里强调了那些尽管不直接加入劳动过程，但劳动过程不可或缺的物质资料如天然存在的土地，经过人类劳动改造的厂房、运河、道路等都属于劳动资料。在马克思看来，"各种经济时代的区别，不在于生产什么，而在于怎样生产，用什么劳动资料生产。劳动资料不仅是人类劳动力发展的测量器，而

---

① 《马克思恩格斯文集》第 5 卷，人民出版社 2009 年版，第 207—208 页。

② 《马克思恩格斯文集》第 5 卷，人民出版社 2009 年版，第 209 页。

且是劳动借以进行的社会关系的指示器"①。

从总体上看，马克思在《资本论》中对"生产资料"的论述，主要指的是物质生产资料。目前学术界对于马克思"生产资料"概念的理解基本认同于《〈资本论〉辞典》中对"生产资料"的解释，即生产资料是人们从事物质资料生产过程中所必需的一切物质条件，即劳动资料和劳动对象的总和，它包括了自然物和经过劳动加工的产品，如土地、森林、河流、矿藏……是构成生产力的物的要素，起决定性作用的是生产工具。可以说，这一定义也基本符合了马克思、恩格斯当初的原意。然而，在现代科学技术和信息技术革命的引领下，全球经济形态发生了巨大转变，科学技术不但成为商品而且不断产业化，科技知识密集型的高新产业不断涌现。科学技术突破了传统观念的只能应用于物质生产部门，其本身就能够迅速、直接转化为经济效益，科技人员本身高级的复杂劳动就能创造巨大价值。与其对应，这种高级的复杂劳动所运用的劳动资料，自然也不可能局限于传统意义上的物质资料。

在马克思所处的时代，工人的劳动与科技、经济与科技基本是分离、对立的关系，而当代科学技术与经济的关系日益密切，呈现出科技与经济、科技与生产一体化的趋势。传统的物质生产力正逐步向科技生产力转变，科技不再是游离于经济之外的"背景"因素，而表现为直接的生产力，甚至"第一生产力"。劳动者与科学技术也不再分离和对立，而是成为懂科技、有技能的劳动者。这种形势下与科技生产力相对应的生产资料系统，必然不能将劳动者直接掌握并占有的科学知识、技术排除在外。因此，传统的马克思物质生产资料的范畴不遭受挑战是不可能的。

在这种情况下，进一步丰富和发展"生产资料"的外延、将精神生产资料纳入其中是科技—经济一体化时代背景下发展的必要需要。与传统的物质形态的生产资料不同，精神生产资料即精神形态的生产资料，是指当代劳动者通过从事智力劳动而获得和掌握的，劳动者能够将其智力发挥之上，用来影响或改变劳动对象的现代科学知识、信息、技术等

① 《马克思恩格斯文集》第 5 卷，人民出版社 2009 年版，第 210 页。

"一般智能"性因素和条件。它包括精神劳动手段和精神劳动对象两部分。精神劳动手段主要是指劳动者（在知识经济时代主要是科技劳动者）在进行精神劳动（知识经济时代主要表现为科技劳动）时所运用的思维方法、方法论原则、创作方法等技术性手段，以及语言、概念等思维工具，各种形式的符号体系等。精神劳动对象是指劳动者运用精神劳动资料所"加工"和改造的对象，主要包括前人留下的为劳动者所认识和掌握的经验意识、知识等经验思想材料、情报材料以及劳动者运用自己的思维能力新创造的思想、观念和理论知识等。

一方面，精神生产资料的价值和使用价值具有特殊性。在当今社会，信息、技术能够创造巨大的生产力，具有巨大的使用价值，并且能够为使用者带来利润。在市场经济下，精神生产资料同样也具有价值和使用价值的特征，能够被社会所承认，可以作为商品进行买卖。其一，生产资料的价值的"质"具有特殊性。价值是凝结在商品中的无差别的、一般的人类的劳动。物质生产资料的价值是无差别的人类的体力劳动，而精神生产资料则是凝结在商品中的人类的脑力劳动。其二，生产资料的价值的"量"的评估具有复杂性和不确定性的特点。

马克思曾指出对科学的估价总是比它原本的价值低得多，这句话的意思是弄清楚一个科学原理背后所花的时间是漫长的，而学习这个科学原理所花的时间却又短得多。比如，在我国制造氢弹的时期，如果美国能将氢弹的原理告诉中国，那么我们花费的时间和精力会少很多，也会少走很多弯路，但是我国自主研发就会耗费很大的人力物力。同时，劳动者对于一个科学原理以及技能的熟练程度、外部环境等因素都会影响着精神生产资料的价值量。另外，使用价值的特殊性。一方面，精神生产资料在生产和再生产的过程中被广泛应用，个人独占的可能性降低，其消费过程中具有明显的非排他性和非独占性；另一方面，与物质生产资料具有损耗性不同，劳动者所拥有的精神生产资料可以被反复使用。劳动者将精神生产资料重复应用于生产过程，这不仅不会使科学知识等精神生产资料价值有任何"损耗"，反而会促使科学知识不断创新，使价值增大。比如牛顿的运动定律、阿基米德原理等经典科学理论，并不因后人对它的利用而使其价值减少，反而它的价值在每一次利用、参考和引证时得到体现，甚至后人对这些理论不断补充和完善，使其应用的范围更广，具有更多的价值。

另一方面，精神生产资料在生产过程中的投入具有较强的不确定性和不可测量性特征。在生产过程中，人们对于科学知识、信息等精神生产资料的投入无法准确地度量，这主要也是由精神生产资料的价值的不确定性造成的。一方面，精神生产资料投入的"量"无法确定。对于存在于劳动者头脑中的科学知识、信息等精神资料的量以及学习、掌握科学知识等水平因人而异，而以书籍、电子、磁物质为载体的科学知识的内容，尽管在质与量上都已确定，但对其学习与转换的程度又因人、因环境条件而异，因此生产过程中投入精神生产资料在量上是无法估计的。这是导致其价值转移不确定的原因。另一方面，精神生产资料投入的"质"无法确定。不同于物质生产部门投入使用的物质生产资料的"好坏"能够直接测定，存在于人脑中的精神生产资料其投入的"质"取决于劳动者掌握的知识水平和劳动的复杂程度，是无法测定和估计的。这也说明了以科学知识等精神生产资料投入为主的科技生产过程充满了风险，因为其投入具有较大的不确定。

（二）生活资料的科学内涵及其特点

生活资料理论是马克思所有制关系理论的重要组成部分，它与人们的生活息息相关。马克思关于生产资料方面的重要论述是一个完整的理论体系，它是中国改革开放过程中的分配理论基础。然而，学者们对于生活资料的科学内涵、本质特征、结构分类、基本属性、不同制度下的运行方式等方面的研究还较为缺乏，还存在着一定的研究空间。重视对于生活资料及其相关问题的研究并对其进行创新，是建设社会主义现代化强国，特别是满足人民对美好生活向往的现实需要。

生活资料，也称"消费资料"，其主要内容具有社会历史性特征。首先，按照人们的需求分类，人的生存发展需要不只是包括满足生理需求上的衣食住行等物质形态的生活资料，还包括了满足人类精神发展需要的知识形态或服务形态的生活资料。如马克思指出，"为改变一般人的本性，使它获得一定劳动部门的技能和技巧，成为发达的和专门的劳动力，就要有一定的教育或训练"①。其次，人的生存发展需要具有社会历史性，在不同发展阶段具有不同的特点。据此，生活资料可以分为基本生活资料和非基本生活资料。在资本主义社会中，基本生活资料的划定标准就是为资本家生产剩余价值而保持劳动力再生产所需要的最低生活资料。工人的生产费用就是为了使工人具有劳动能力，保持其劳动能力以及在他因年老、疾病或死亡而脱离生产时用新的工人来替代他，也就是使工人阶级能够以必要的数量保持和繁殖起来所平均必需的生活资料的数量，或这些生活资料的货币价格。最后，根据生活资料是进入个人领域还是进入社会领域，可以划分为日常生活资料和社会生活资料，如用于防止传染病的公共卫生基金。

生活资料具有生活属性和资本属性的二重性。从生活属性来看，生活资料是指用以满足人类生活需要的各种产品的统称。马克思在揭示作为生活资料本质特征时指出："劳动消费它自己的物质要素，即劳动对象和劳动资料，把它们吞食掉，因而是消费过程。这种生产消费与个人消费的区别在于：后者把产品当做活的个人的生活资料来消费，而前者把产品当做劳动即活的个人发挥作用的劳动力的生活资料来消费。因此，个人消费的产物是消费者本身，生产消费的结果是与消费者不同的产品。"② 从这里可以看出，马克思指出了生活资料与消费资料的本质区别，即它是满足人生存发展的物质需要，这也是生活资料的生活属性。

生活资料既具有生活属性，也具有资本属性。在资本主义社会中，生活资料资本属性是指生活资料转化为资本并为资本家带来剩余价值。生活资料转化为资本是资本主义生产方式的重要内容。资本主义生产方式产生的条件是劳动者与生产资料相分离的过程。一方面这个过程是生产资料和生活资料转化为资本，另一方面劳动者为获取维持正常生存的生活资料就要出卖劳动力到资本家所开的工厂中成为雇佣劳动者。恩格

---

① 《马克思恩格斯文集》第 5 卷，人民出版社 2009 年版，第 200 页。
② 《马克思恩格斯文集》第 5 卷，人民出版社 2009 年版，第 214 页。

斯说："生产资料和生活资料的资本属性的必然性，像幽灵一样横在这些资料和工人之间。唯独这个必然性阻碍着生产的物的杠杆和人的杠杆的结合；唯独它不允许生产资料发挥作用，不允许工人劳动和生活。因此，一方面，资本主义生产方式暴露出它没有能力继续驾驭这种生产力。另一方面，这种生产力本身以日益增长的威力要求消除这种矛盾，要求摆脱它作为资本的那种属性，要求在事实上承认它作为社会生产力的那种性质。（着重号原文如此）猛烈增长着的生产力对它的资本属性的这种反抗，要求承认它的社会本性的这种日益增长的必要性，迫使资本家阶级本身在资本关系内部一切可能的限度内，愈来愈把生产力当做社会生产力来看待。"① 由此可见，在资本主义制度下，生活资料既具有了维持生存发展的生活属性，也具有了给资本家带来剩余价值的资本属性。

在人类社会从资本主义社会向社会主义社会转变的过程中，在我国社会主义建设的不同发展阶段，生活资料的本质特征、运行方式也呈现了显著的变化。马克思关于生活资料的理论为解决我国社会发展中的难题、为我国社会主义现代化强国的建设提供了理论基础。在新中国成立后的一段时间内，我国社会发展的主要目标是建立完备的工业体系，加快建设先进的工业国。在我国贫穷落后的状况下，实现先进工业国的发展目标就要积累巨额的发展资金，而工业发展资金的积累就需要来自农民的生活资料转化为工业发展的生产资料。我国采取的形式：农产品由国家定价，从农民手中低价统购，又对城市居民和工业企业低价统销，用以维持大工业的低工资和低原料成本，提供不断产生超额工业利润的条件，最后又通过大工业利税上缴，集中起国家工业化的建设资金。为此，生活资料的价值形态是以产品形态而不是商品形态运行，直接由国家进行分配发放，进入个人消费领域的生活资料实行票证配给制，进入公共生活领域的社会生活资料则实行以城乡分割为特征的户籍分配制。因此，在新中国成立后，生活资料的生活属性是满足人民的基本生活需求，生活资料的资本属性是为国家工业化积累资金。

---

① 《马克思恩格斯文集》第 3 卷，人民出版社 2009 年版，第 557 页。

　　改革开放后，我国改革计划经济体制，逐步建立起公有制为主体、多种所有制经济共同发展的经济制度，生活资料不再以产品形态存在而是以商品形态而存在，并由市场交易方式运行。在市场经济体制下，生活资料的资本属性和生活属性发生了变化。在此阶段，人们的需求更加多元，因此生活资料的生活属性就表现为满足人民日益增长的物质文化需要。生活资料的资本属性表现为生产经营者带来利润。然而，这一转变虽然极大地提高了人们的生产积极性，但也给社会带来了住房贵、看病难、上学难等弊病。这些社会问题的根源就是市场经济体制所导致的只重视生活资料为生产经营者带来利润的资本属性，忽略了生产资料满足人民日益增长美好生活需求的生活属性，导致生活资料过度商品化、生产资料供给部门过度产业化、社会生活过度市场化。正因为如此，部分人民的基本生活资料曾经一度难以得到保障，出现了住房难贵与房屋闲置、受教育难与贵族教育、看病难与过度医疗等并存，这既损害了社会公平，又浪费了社会资源。城镇化是我国社会发展的必要阶段，大量农民离开了农村进入城市务工。农民工虽然在日常生活资料方面与城市居民无异，但是在找工作、医疗、孩子上学、住房等集体生活资料方面没有得到保障，难以共享城市发展成果。这一社会问题的根本原因是计划经济体制下城乡二元分割户籍分配制阻碍了生活资料的分配。

　　党的十八大以来，以习近平同志为核心的党中央围绕实现中华民族伟大复兴和实现社会主义现代化强国的奋斗目标，团结带领全国各族人民取得了一个又一个伟大胜利，尤其是坚持了以民生为重点并加强了社会建设，从而极大地提升了人民群众的生活水平，并实现了全面建成小康社会。社会主义现代化建设的伟大实践告诉我们，在社会主义市场经济条件下，必须统一生活资料的生活属性和资本属性。如果忽略生活资料为生产经营者带来利润的资本属性，则不利于激发人们生产生活资料的积极性；如果忽略生活资料的生活属性，则无法满足部分人群的基本生活需求，损害社会公平。要有效处理这一问题，就要承认在社会主义制度下生活资料的二重性，区分基本和非基本的两类生活需求，划分出经营性和公益性两类部门，建立健全市场满足多样化个性化的非基本需求和政府（投资或购买）保基本需求的两套机制。这样一来，既激发了生活资料的生产者和消费者的激情活力，又确保了社会成员在基本生活需求上的公平公正。

（三）生产资料与生活资料的相互依存、相互转化关系

马克思主义告诉我们，人类社会的第一个历史活动，就是生产生活资料。也就是说，人类要生活就必须进行生产，生产是为了更好地生活，说明了生产资料和生活资料是相互依存、相互转化的关系。

一方面，生产资料与生活资料之间是相互依存的关系，一方的发展以另一方的发展为条件。发展生活资料是发展生产资料的基础和目的，发展生产资料是发展生产资料的手段。正因为如此，马克思、恩格斯在《德意志意识形态》中明确指出："人们为了能够'创造历史'，必须能够生活。但是为了生活，首先就需要吃喝住穿以及其他一些东西。因此第一个历史活动就是生产满足这些需要的资料，即生产物质生活本身，而且，这是人们从几千年前直到今天单是为了维持生活就必须每日每时从事的历史活动，是一切历史的基本条件。"① 也就是说，人要自由而全面地发展必须掌握一定的资料，人类为了生活首先要解决吃喝住穿以及其他一些方面的需求。因此，生活资料就为人的自由而全面发展奠定了物质基础。在中国特色社会主义新时代，我国社会的主要矛盾是人民日益增长的美好生活需要和不平衡、不充分的发展之间的矛盾，因此要满足人民对美好生活的需要就要为人民提供充足的生活资料。在资本主义社会中，生产生产资料的最主要目的就是为资本家带来剩余价值，而在社会主义中国，生产资料的发展最终目的是生产出足够的生活资料，即满足人民对美好生活的需要。如果在社会主义建设中只注重生产资料的增长，忽视人民对生活资料的需求，把生产和消费对立起来，就会导致人民的需求得不到满足，挫伤人民参与社会主义建设的积极性，甚至会产生对共产党执政的不满，威胁国家安全。

另一方面，生产资料和生活资料之间是相互转化的关系。同一物品

---

① 《马克思恩格斯文集》第 1 卷，人民出版社 2009 年版，第 531 页。

往往可以用于生产和生活两个方面，究竟是生活资料还是生产资料，只能依据实际用途而定。此外，即便某一物品只能用于生产或者生活目的，通过一定形式的转化或功能的拓展，两者之间也可以相互转化，具有流动性。比如，当小汽车被用于运输赚钱时就是生产资料，当它被用于自驾游时就是生活资料。除此之外，随着改革开放以来，人民群众也逐渐积累了不少没有被立即消费掉的个人消费品，通过市场转化为货币之后，既可以直接投资到生产部门和流通部门中去，也可以存在银行里拿固定利息，从而承担起了产业资本、商业资本和借贷资本等功能。在高度发达的信用制度、法治环境和市场发达的现代社会中，当人民劳动获得的生活资料出现了剩余之后，这些剩余的生活资料就转换到生产领域中了，即当一切生产资料和消费资料在一般等价物货币面前可以自由地转换等市场经济高度发达的阶段，人民群众的剩余生活资料就转换到生产部门而带来了财产性收入。

### 二　社会扩大再生产的前提条件与实现条件

一个社会要继续存在和发展下去，就要连续不断地、周而复始地进行生产。社会生产可分为简单再生产和扩大再生产。资本主义社会再生产的实质是资本主义扩大再生产。资本主义社会扩大再生产的前提条件是在上一个过程中所消耗掉的生产资料和生活资料在实物上得到替换，并在价值上也要得到补偿。要使社会总产品在实物上得到补偿、在价值上得到替换的实现条件，即生产资料和生活资料两大部类内部各个产业部门之间和两大部类之间保持一定的比例关系。

资本主义扩大再生产是以简单再生产为基础的，要弄清资本主义社会扩大再生产前提条件和实现条件就必须分析简单再生产的特点。资本主义简单再生产是指资本家将雇佣工人所生产的剩余价值全部用于个人消费，生产只是在原有的规模上进行，并不扩大规模生产。比如，资本家共有200万资本，其中，150万用于购买厂房、机器、生产原料等不变资本，50万用于购买劳动力，从而获得了50万的剩余价值。资本家把这50万全部用于个人消费，之前价值上得到补偿的200万补偿不变资本和可变资本，那么这种生产就是资本主义简单再生产。

在上述情况下，资本家将 50 万的剩余价值中的 30 万用于个人消费，20 万用于购买追加的生产资料和劳动力，生产规模在原有基础上扩大，这种生产就叫作资本主义扩大再生产。资本主义扩大再生产是从物质形态上看的，从价值形态上看称作资本积累。资本积累和资本主义扩大再生产是同一事物的两个方面。

（一）社会扩大再生产的前提条件

社会扩大再生产的前提条件是社会总产品的实现问题，即社会总产品的价值补偿和实物替换。社会资本的再生产运动过程也就是社会总产品不断实现，以及它的各组成部分不断得到补偿的过程。所谓社会总产品，就是指社会各个物质生产部门在一定时期内（通常以年为单位）所生产出来的全部物质产品的总和。所谓社会总产品的实现，就是指社会商品资本到货币资本的转化，也就是社会总产品在价值上的补偿，即社会总产品各个组成部分的价值通过商品的出售以货币形式回流，用于补偿在生产中预付的不变资本和可变资本，并且取得剩余价值。同时，价值补偿完成以后，还有一个实物补偿问题，即社会总产品各个组成部分转化为货币以后，必须进一步转化为所需要的物质产品。其中，相当于不变资本价值的部分，重新取得所需要的生产资料；相当于可变资本价值的部分以及资本家用于个人消费的剩余价值部分，重新取得所需要的生活资料。社会总产品的价值补偿是物质补偿的前提，只有预付的不变资本和可变资本价值都得到补偿，同时获得剩余价值，才能重新购买再生产所需要的生产资料和劳动力，社会再生产才能重新进行。如果社会总产品全部不能或不能全部销售出去，生产这些产品所消耗的资本价值就不能或不能全部得到补偿，已经生产出来的剩余价值就不能或不能完全得到实现，这样社会再生产就无法正常进行。而社会总产品的物质补偿是社会资本运动正常进行的关键。社会资本再生产运动要正常进行，最起码的条件就是要保证上一个生产过程中所消耗掉的生产资料和消费资料能够得到补偿和替换，否则，社会再生产过程就会发生中断或者萎缩。可见，社会总产品的实现问题是社会资本再生产的核心问题。

（二）社会扩大再生产的实现条件

如同个别资本的扩大再生产一样，社会资本的扩大再生产同样以资本积累为前提。资本积累所形成的追加资本分为两部分：一部分作为追加不变资本，用于购买追加的生产资料；另一部分作为追加可变资本，用于购买追加的劳动力。资本主义产业后备军提供了现成的追加劳动力，其主要问题在于社会总产品能否为扩大再生产提供追加的生产资料和追加劳动力所需要的追加消费资料。

第一，第一部类原有可变资本的价值、追加的可变资本价值与本部类资本家用于个人消费的剩余价值三者之和，必须等于第二部类原有的不变资本价值与追加的不变资本价值之和。用公式表示为：

$$Ⅰ（v + \Delta v + m/x）= Ⅱ（c + \Delta c）$$

第二，第一部类全部产品的价值必须等于两大部类原有不变资本价值和追加的不变资本价值之和。用公式表示为：

$$Ⅰ（c + v + m）= Ⅰ（c + \Delta c）+ Ⅱ（c + \Delta c）$$

第三，第二部类全部产品的价值必须等于两大部类原有的可变资本价值、追加的可变资本价值，以及资本家用于个人消费的剩余价值之和。用公式表示为：

$$Ⅱ（c + v + m）= Ⅰ（v + \Delta v + m/x）+ Ⅱ（v + \Delta v + m/x）$$

在这三个实现条件中，第一个条件是基本条件，第二个条件和第三个条件则是由第一个条件派生而来的。社会资本扩大再生产的三个实现条件共同表明了保持两大部类适当比例关系的重要性。

### 三　生产资料优先增长规律及其在社会发展中的地位与作用

生产资料优先增长规律是马克思主义再生产理论的重要原理之一，正确认识和运用生产资料优先增长规律对于解决我国社会主要矛盾、建设社会主义现代化强国具有重要的理论和实践意义。

（一）生产资料优先增长规律的含义

社会生产连续不断、周而复始地进行下去的前提条件是生产资料和生活资料两大部类之间保持适当的比例关系。其中，在两大部类之间保持适当比例的情况下，生产资料具有优先增长的必然趋势。马克思虽然没在社会再生产理论中明确提出生产资料优先增长规律，但他曾对生产资料优于生活资料的增长作出深刻阐述，"随着机器生产在一个工业部门的扩大，给这个工业部门提供生产资料的那些部门的生产首先会增加"①。他进一步指出，"劳动生产率的增长，表现为劳动的量比它所推动的生产资料的量相对减少……资本技术构成的这一变化，即生产资料的量比推动它的劳动力的量相对增长，又反映在资本的价值构成上，即资本价值的不变组成部分靠减少它的可变组成部分而增加"②。列宁指出："资本发展的规律是不变资本比可变资本增长得快，也就是说，新形成的资本愈来愈多地转入制造生产资料的社会经济部门，因此，这一部门必然比制造消费品的那个部门增长得快，……"③ 列宁深入研究了资本有机构成的提高对生产两大部类增长速度的影响。他在《俄国资本主义的发展》中明确指出："制造生产资料的社会生产部类应该比制造消费品的社会生产部类增长得快。可见，资本主义国内市场的扩大，在某种程度上并'不依赖'个人消费的增长，而更多地靠生产消费。"④

综上所述，社会扩大再生产并不是简单的规模和数量上的扩张，其中生产资料优先增长规律是与技术进步相联系的。随着科学技术的变革与劳动生产率的提高，在资本总量不变的情况下，生产资料所占的比重增大，而劳动力所占的比例减小，因此，在技术提高的条件下，生产资料优先增长就成为客观规律。

然而，学术界也有不少学者对生产资料优先增长规律持怀疑态度。在他们看来，技术进步不仅会节约生产资料的使用数量，而且技术进步使得复杂劳动力的比例上升、工资提高，这两方面会导致资本有机构成下降，进而生产资料优先增长规律是不成立的。但事实情况并非如此，主要有以下原因：第一，虽然科学技术的进步确实会节约生产资料，但

---

① 《马克思恩格斯文集》第5卷，人民出版社2009年版，第510页。
② 《马克思恩格斯文集》第5卷，人民出版社2009年版，第718页。
③ 《列宁全集》第2卷，人民出版社1984年版，第126页。
④ 《列宁选集》第1卷，人民出版社2012年版，第180页。

是每个劳动者所推动的生产资料的总量也在不断增加；第二，科学技术的进步与人类需求的多样化会使社会产生出许多新的产业部门，而新的产业部门的发展又需要使用大量的生产资料，这也会引起生产资料的增长；第三，随着科技的发展，生产的复杂程度大大提高，复杂劳动者比简单劳动者在相同单位时间内能够创造更大的价值量，这在引起工人工资总量增长的同时，也会使所推动的生产资料的总量增长。技术进步是生产资料优先增长规律产生、存在和发生作用的客观经济条件。只有具备了这个经济条件，不论社会形态如何，生产资料优先增长总是不以人的意志为转移的客观经济规律。

（二）生产资料优先增长规律的适用范围

在 20 世纪 80 年代，学术界争论了关于生产资料优先增长规律的适应范围的问题，尤其是这一规律是否适用于社会主义经济建设。1979年，朱家桢提出马克思所研究的对象是资本主义社会，提出的原理并不能适用于社会主义国家。原因在于这一规律使生产资料的发展脱离了生活资料，与社会主义有计划地发展经济相违背。① 同年，鲁济典也撰文指出生产资料优先增长规律是不切实际的。②

概言之，学术界提出的对于生产资料优先增长规律在社会主义社会不成立这一论断，其理论依据主要有以下几点：第一，资本主义生产的根本目的是获取剩余价值，而资本家要获得超额剩余价值就要通过技术革新提高劳动生产率。这样一来，资本家就必然要将更多的资本投到生产资料部类，生产资料必然要优先增长。第二，由于资本家追逐超额剩余价值的目标，满足人生存和发展的需要就不再优先，资本主义就必然脱离第二部类生产，生产资料优先增长。第三，与资本主义的再生产不同，社会主义再生产的根本目的是满足人的生存发展需要，因此生产资料优先增长规律适用于资本主义制度，不适用于社会主义制度。

当然，在笔者看来，对于这种"不成立论断"是值得商榷的，生产

① 朱家桢：《生产资料生产优先增长是适用于社会主义经济的规律吗?》，《经济研究》1979 年第 12 期。

② 鲁济典：《生产资料生产优先增长是一个客观规律吗?》，《经济研究》1979 年第 11 期。

资料优先增长规律仍然是适用于社会主义经济建设的。其主要依据如下：

第一，在资本主义由机器操作代替手工操作的工业革命时期，资本家也没有把更多的积累投向第一部类的生产，而恰恰是投向了主要是第二部类的轻工业。如斯大林所说，"在资本主义国家，工业化通常都是从轻工业开始……只有经过一个长时期，轻工业积累了利润并把这些利润集中于银行，这才轮到重工业，积累才开始逐渐转到重工业中去，造成重工业发展的条件"①。

第二，依据剩余价值生产规律而得出生产资料优先增长是资本主义社会所特有经济规律的结论，无法成立。马克思在论述生产和消费的统一性时指出"没有生产，就没有消费；但是，没有消费，也就没有生产，因为如果没有消费，生产就没有目的"②。这是生产同消费的一般关系，它既适用于社会主义社会，也适用于包括资本主义在内的其他各种社会形态。尽管资本主义生产的唯一动机是剩余价值，但它不可能违背生产同消费的一般关系。如果脱离了消费，资本主义社会的产品就无法实现，剩余价值也就无法实现。如果否定了消费，也就否定了生产，否定了剩余价值本身。由此不难看出，从剩余价值规律出发来说明资本主义生产同消费的特殊关系，进而说明生产资料优先增长是它特有的经济规律是无法成立的。

第三，如果从资本主义基本经济规律同社会主义基本经济规律的区别上得出上面的结论，同样是不能成立的。在资本主义条件下，资本家为了更多地榨取剩余价值，特别是相对剩余价值和超额剩余价值，必然要不断地改进技术装备，提高劳动生产率，因而会引起有机构成提高和生产资料优先增长。然而，在社会主义条件下，为了最大限度地满足人民群众日益增长的物质文化需要，也要求不断提高劳动生产率，提高整个国民经济技术装备水平，同样会引起有机构成提高和生产资料优先增长。在这里，社会主义同资本主义的区别，不在于生产资料优先增长规

---

① 《斯大林文选》，人民出版社 1962 年版，第 449 页。
② 《马克思恩格斯文集》第 8 卷，人民出版社 2009 年版，第 15 页。

律是否适用于社会主义社会，而在于这两种社会形态生产的目的不同，因而规律发生作用的社会后果不同，在社会主义条件下，生产资料优先增长表现为最大限度地满足人民的需要，在资本主义条件下，表现为资本家对雇佣工人剥削的加重。

第四，生产资料优先增长规律之所以在资本主义社会和社会主义社会都发生作用，归根结底是由于两种社会形态都是以扩大再生产为特征的，都是在机器大工业条件下的社会化生产不论资本主义社会，还是社会主义社会，社会总产品从物质形态上都划分为两大部类，从价值形态上都由 c、v、m 构成，社会再生产实现的条件都是一样的图式，不论资本主义社会，还是社会主义社会，当用机器操作代替手工操作以及技术进步时，有机构成一般都曾不断提高的趋势。这就是生产资料优先增长规律既在资本主义社会又在社会主义社会发生作用的根据。

（三）生产资料优先增长规律在我国作用的具体特点

就今天看来，要使生产资料优先增长规律更好地服从并服务于我国社会主义经济现代化建设，不仅要掌握生产资料优先增长规律的内涵、适用范围和作用方式，还要弄清楚在既定条件下作用的具体形式和特点。总的来说，生产资料优先增长规律在我国作用的具体形式和特点取决于下列两类既矛盾又统一的因素。

目前我国生产力水平虽然已经大幅度提高，但是许多行业和领域的技术水平与世界发达国家相比还有较大差距，在未来我国仍然要投入较多的资金发展先进技术，因此生产资料也会优先增长。与此同时，由于我国社会地区之间的发展不平衡、城乡差距大现象还比较普遍，绝对贫困已经消除，但消除相对贫困还任重道远，因此在生活资料上的投入还较大，这是阻碍生产资料增长的最大因素。

由于以上两类因素的相互作用，生产资料优先增长规律在我国作用的具体形式显示出不是陡然和急剧上升的趋势和特点，也就是说，生产资料优先增长是比较缓慢的、是波浪式的。换言之，生产资料优先增长规律在社会主义现代化建设中作用的具体特点，是由既矛盾又统一、互相交错的两类因素所形成的合力决定的。第一类因素居于矛盾的主导方面，第二类因素居于矛盾的次要方面。在一般情况下，生产资料呈现出优先增长的趋势，但不排除一定条件下暂时相对稳定和不优先增长的可能性。在我国现代化经济建设中，在运用生产资料优先增长规律时，需要把握两个方面：一方面，要自觉地按生产资料优先增长规律办事；另一方面，又要切忌第一部类、主要是重工业发展过快过急。在这两方面中，忽视任何一方面都是不正确的，都是自觉或不自觉地违背客观经济规律。

（四）正确运用生产资料优先增长规律为建设社会主义现代化强国服务

到新中国成立一百周年时，我国发展的战略目标，是要建成富强、民主、文明、和谐、美丽的社会主义现代化强国。到那时，人民过上比较富裕的生活，对于美好生活的需要得到满足。而要实现这一目标，离不开生产资料优先增长。因此，在我国经济建设和改革开放中，必须根据生产资料优先增长规律的特点和要求，结合我国实际情况，正确运用它为我国社会主义现代化强国建设服务。

第一，正确处理生产资料增长和生活资料增长之间的关系，在发展生活资料的基础上实现生产资料优先增长。新中国成立初期，社会发展落后，人民贫困现状没有得到转变。为改变这种状况，我国依据生产资料优先增长规律，集中力量发展重工业，建立起独立完整的工业体系，为我国社会发展奠定了物质基础。然而，由于对生产资料优先增长规律的片面认识，虽然较快地发展了重工业，但却忽略了轻工业、农业的发展。这种发展导致国民经济发展失调，生产资料的增长并没有在满足人民生活资料的保障基础上进行，生产资料的发展严重脱离生活资料的负担能力。改革开放之后，党对生产资料优先发展规律的认识加深，意识到之前发展战略的不完善，对发展战略进行调整，降低了重工业的发展速度，适当提高农业和轻工业在国民经济中的比例，促使我国经济走上协调发展轨道。实践证明，生产资料的优先增长只有在生活资料充分发展的基础上才能实现。

第二，大力调整产业结构发展生产资料生产，不仅能促进国民经济持续稳定协调地发展，而且能保证我国社会主义现代化建设的需要。

产业结构是指国民经济各个物质生产部门之间、各个物质生产部门内部、各组成部分之间或第一二三产业之间的比例关系。产业结构是否合理，关系到整个国民经济能否在提高经济效益基础上持续稳定协调发展的关键。改革开放以后，我们对过去那种"以粮为纲""以钢为纲"等的不合理产业结构进行了改革。我国产业结构发生了明显变化。然而，在我国经济发展过程中又出现了一些新的问题和突出矛盾：农业还是很脆弱的；基础工业和基础设施发展滞后；加工工业总规模偏大，技术水平和专业化程度低；第三产业不能适应经济发展和人民生活的需要。对此，从我国实际情况出发，也就必须根据生产资料优先增长规律的特点和要求，进一步合理调整产业结构。首先，要集中力量发展农业，进一步改善农村产业结构。农业是国民经济的基础，特别是在人口众多的大国，显得尤其迫切和重要。由于我国农业生产条件落后，发展也不很稳定，这就严重制约着整个国民经济稳定协调地发展和社会主义现代化建设的进程。在此情况下，除了继续深化农村改革，增加对农业的投入，狠抓科技、教育兴农，改革和完善农产品流通体制、促进乡镇企业健康发展等措施以外，还要进一步改善农村产业结构，以促进农、林、牧、副、渔全面协调发展；种植业内部粮食作物和经济作物协调发展，其中特别是粮、油、棉等主要农产品的稳定增长。从而，保证增加有效供给和促进农村经济的全面发展。其次，要努力发展高技术的新兴产业，如电子技术、新型材料技术、能源技术等产业，不断促进我国产业结构合理化，并逐步走向现代化，带动整个国民经济迅速向前发展。由此可见，从大力调整产业结构入手发展生产资料生产，才能促进国民经济持续稳定协调地发展，并进一步保证我国现代化建设的需要。

总而言之，生产资料优先增长规律是社会扩大再生产的普遍规律，它既适用于资本主义，也适用于社会主义。就目前来看，只要我们全面认识这一规律，根据这一规律及其作用的特点和要求，自觉运用它为我国的产业结构调整和社会主义现代化建设服务，我国现阶段经济发展战略目标就一定能得到顺利实现。

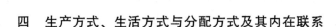

### 四 生产方式、生活方式与分配方式及其内在联系

生产方式、生活方式和分配方式是人类社会生产中的三种基本方式，人们通过多种多样的生产方式进行生产，生产出琳琅满目的商品流入市场，通过一定的交换形式和分配方式进行分配，用于满足人们各式各样的生活需求而产生了不同的生活方式。概括地说，从三者之间的关系来看，一个社会的生产方式从根本上决定了生活方式和分配方式，生活方式对生产方式也有着重要的主导和调节作用，而分配方式的形成和调整，对生产方式和生活方式有着重要的影响作用。

（一）生产方式和生活方式的内涵及其特征

生产方式是马克思主义政治经济学中的一个基本概念范畴，指社会生活所必需的物质资料的获得方式，在社会生产过程中形成的人与自然界之间和人与人之间的相互关系的体系。人们一般把物质资料生产中的物质内容称作生产力，把其社会形式称作生产关系。而生活方式的内涵范围会更为广泛一些，有广义和狭义两方面之分，狭义的生活方式是指每个人和各个群体日常生活的活动方式，包括衣、食、住、行和闲暇之余等。广义的生活方式是指在一定的生产方式和客观条件的制约下，有关人们一切生活活动的典型形式和特征总和。包括人们的劳动活动、社交活动等物质活动；价值观念、消费观念等精神活动；在社会生活中所塑造的日常生活习惯等。人是社会历史发展的主体，社会的历史发展过程是由人的活动所创造和推进的，而只要有人类的活动就必须有符合活动展开的活动方式。可以说，这些典型的活动展现出的一般特征就构成了人们的生活方式。

生产方式和生活方式这一对概念是伴随着历史唯物主义的发展而出现的，马克思也曾经说过，人们想要创造历史之前首先要能够满足衣食住行等生活需要，要第一步生产满足这些需要的物质生活本身，也就是说，物质生活资料的生产是人类生存的第一前提，也是一切历史活动的第一前提。可以说，人们通过什么样的生产方式进行生产，将会按照什么样的生活方式生活，这两个概念是伴随着人类社会的生产而同时存在

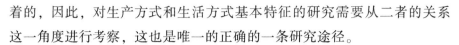

着的，因此，对生产方式和生活方式基本特征的研究需要从二者的关系这一角度进行考察，这也是唯一的正确的一条研究途径。

一方面，生产方式决定了生活方式，生活方式和生产方式具有一致性。从生产关系来看，生产方式是决定了消费方式的，而消费方式是反映人们生活方式的主要体现，进而生活方式也从根本上受到生产方式的制约。从现实生活中满足社会生活需要的人们的消费方式来看，特别是建立在温饱这一最基本的生活需要基础之上的消费方式，会清楚地发现一个现象，从满足最初的纯粹满足自身的物质性生活需要之后，越来越多的人们开始追求精神层面的生活需要，逐渐产生"享受奢侈型"等大大不同于以前的生活方式。社会学家马斯洛从社会生活需求的角度，把社会需要按照各种需求层次分为阶梯理论，生产方式作为人类社会向前推进的主要动力方式，理所当然地提供给人类社会生活不同类型的生活方式，而生产关系也根据生产资料的占有方式，直接决定了物质消费品、精神消费品量的社会分配。人类社会中一定生活方式的性质类型、发展走向等都是受一定的生产方式制约的。同样，一定的生活方式也影响着生产方式的改变，现实中具体的生活方式也会受到其他因素的影响，具体呈现出不同种类的特殊性，比如阶级之间的对立会通过阶级社会中不同阶级之间的生活方式的差异而直接体现出不同阶级的社会内容，这也是使得生活方式具有十分丰富且广泛的内容的主要原因。

另一方面，生产方式和生活方式的结构要素不仅有一致性，而且其中还存在着部分的从属性。对生产方式的考察，我们不能仅仅从它是个人存在活动的再生产这部分着手，从更大程度上来说，是要从这些个人一定的生活方式的表现形式中去研究，人们在活动中表现出自己怎样的生活方式，就能表现出他们进行生产的物质条件是怎样的，人们的活动方式从属于由活动构成的社会关系，在考察人们生活活动的内容、习惯、偏好等方面的差异中总体上把握人们的生活方式特点。而造成生活方式差异性的主要原因在于形成生活方式的主客观条件不同，现实生活中的个人总是生活在一个不完全根据自己个人主观意志为转移的社会关系中，在这个社会环境里，生产力的发展程度、社会制度的完善情况等各方面的因素都在影响着个人生活方式的形成，这也是在一定社会历史条件下既定的客观存在条件和逐渐形成的主观因素相互作用的结果，从而直接表现为人们形成一定的生活方式的意愿。由此可见，主客观条件的差异性为我们深入了解生活方式的特殊性提供了根源，为我们构建科学合理的生活方式提供了正确的途径。

（二）分配方式的内涵及其特征

分配方式主要是指对劳动力、资金或资本、生产资料等资源的分配。通常所讲的分配是指一个社会新创造的劳动产品的分配。它表现为劳动产品在国家、社会、集团、成员之间的占有和分割，是生产关系的一个环节内容，既要满足社会再生产的需要，又要满足社会成员的生活需要。在每一个社会历史发展阶段，劳动者为了能生活下去，都必须要获取他们自身所需要的消费资料，因此，生产出来的消费资料要通过一定方式分配到社会各成员手中。在资本主义社会中的分配方式是由资产阶级所决定的，生产资料和生产出来的产品都掌握在他们手中，不同的阶级所分配到的消费资料的数量也是不同的，对于消费产品的生产主要劳动力来说，资本家会按照劳动力的价值从中分配出来一小部分给劳动者用于维持生存和其家属的生活，以便于继续驱使他们进行劳动，这是资本主义条件下进行的初次分配方式，体现了资本家和无产者之间的分配关系。在社会主义条件下的分配方式是国营企业和集体企业的生产资料和生产出来的产品分别由全民所有和集体所有的形式，在国营企业和集体企业里的劳动者会按照按劳分配的原则获得他们自己应该得到的消费资料的分量，在这种分配方式下建立的分配关系是国家集体和劳动者个人之间的关系，不是直接的一部分人对另一部分人的占有。

从总体上看，分配是一定数量的社会产品或国民收入分别归于国家、社会集团和社会成员的过程。分配方式的客体对象是被分配到社会产品或国民收入。随着生产力的不断发展，可以被分配的产品数量大大增加，分配的对象也随着社会经济发展的不断变化发展为既可以采用实物的形式也可以使用货币形式。分配主体是拥有分配社会产品权利的个人或单位。在分配过程中，最核心的要素是分配依据，也就是分配活动所遵循的最基本的原则依据，在不同的社会经济形态中都存在着特定的生产方式，依据特有的生产方式会生成在分配过程中起到支配作用的分配依据。在资本主义社会中，个人或单位之间在实质上是不平等的，但必须要按照某种形式平等的原则进行分割，分配主体是建立在一定对生产资料的私人占有基础上的，对于一无所有的工人来说，就不具备财产分配的话语权和支配权，从而必然造成社会的两极分化，即资本主义社会中是以资本的数量和劳动力价值大小来进行分配的。然而，在社会主义市场经济条件下，分配依据是多元化的，包括劳动价值等。人民群众是通过分配方式在社会分配活动中的最终受益者，对获得的国民收入或者社会产品拥有最绝对的占有权、支配权和使用权。

（三）生产方式、生活方式与分配方式的内在联系

分配方式与生产方式、生活方式之间是辩证统一的关系。在马克思、恩格斯看来，一定社会的生产方式对分配方式的决定性作用主要体现在：（1）生产方式决定着一定分配关系的形成。生产力和生产关系统一通过生产方式表现出来，生产方式将人们在社会生产中所形成的相互关系作用于经济活动中，决定着人们以怎样的方式对社会产品进行分配及其性质。（2）生产方式的一般表现决定着分配方式的特定表达。生产主体以劳动者的身份将会获得工资形式的分配报酬；如果以雇佣劳动者的身份直接与生产资料相结合，将会获得工资形式的劳动力价格；如果以所有者身份进行生产，将会获得利润形式的剩余产品的分配。（3）分配方式总是以生产方式为起点。在每一种社会经济形态中，分配的内容只能是生产出来的结果，生产对分配有着天生的制约关系，所以在国民收入总量是已经既定的前提下，一些社会成员分配到的收入多必然会以另一些社会成员获得的少为代价。（4）生产方式结构决定着分配方式结构。不同产品在分配中占多大的比重，是由生产的结构所决定的，在一些物品还没有被生产出来的情况下，是不会成为分配的对象和消费的内容的。（5）生产出来的可供分配的产品数量也决定了分配方式。分配方式从本质上来看取决于可以分配的产品的数量，随着生产力发展水平的不同，社会发展组织结构也有所变化，这也直接决定着分配方式的改变。

从社会再生产的角度来看，分配方式对生产也有着不可忽视的反作用。分配的结果会直接影响着扩大再生产的发展，要想促进生产结构，推动产业结构不断向前推进，生产要素的分配情况为生产过程提供了前提，分配方式和分配机制对社会各方面的经济利益关系也有着十分重大的影响，分配方式直接牵动着社会成员的生产积极性从而进一步影响着生产效率，比如平均主义的分配方式虽然带来了分配结果上的均等化，可却导致劳动者的劳动积极性下降、生产速度缓慢等局面，实现劳动者个人的贡献程度与报酬水平相挂钩的分配方式，可以相对提高生产效率，推动社会生产的发展。不仅分配方式必须要在生产作为前提之下才能实现，生产方式也要通过分配方式来实现，比如实行按劳分配的必要前提是生产资料公有制，反过来看，按劳分配又是通过生产资料公有制才能实现的，可见，分配方式的实施对生产方式和生产力发展的影响是十分明显的；因此，社会的前进发展不仅要满足适应一定生产方式下的分配方式，还需要努力完善好分配方式的有效实施机制，才能充分挖掘和发挥好分配方式的更全面的功能和实效。

## 五 生产资料占有方式与阶级、阶层等划分标准及其内在关系

生产资料占有方式是一个社会中的生产主体对客体占有而导致的生产主体之间的一种相互关系，是决定着生产力的发展、生产关系的变革以及经济基础与上层建筑的核心构成要素。从总体上看，生产资料占有方式决定了人们在生产过程中的地位和作用，决定了一个社会的分配方式。同时，也是划分一个社会的阶级、阶层的标准。在这一关系的影响下，中国随着多种所有制经济制度和社会结构的不断变化，出现了十分令人关注的阶级阶层分化，不同阶级的划分、不同阶层的出现，给我们提出了一个如何协调各阶级阶层利益的重大历史难题。

（一）关于生产资料的占有方式的内涵及其意义

生产资料的占有方式主要是指生产过程中对生产资料的掌握和管理并使之受到实质的影响作用的方式。占有不是一开始就发生在符合一些条件或者是符合人们对发展的想象之中，而是随着发展条件在现

实中形成并发生变化的，也就是发生在生产主体将一些条件转化为有利于自身活动开展的条件之中。主体对客体的掌握和管理体现了一定的所有制关系，这种占有关系可以采用多种占有方式，在将自己的占有意志体现在实际活动过程中可以是由占有者本人去执行，也可以委托其代理人去完成。它足以说明，表现出占有关系的主体，即使没有直接对占有物进行占有，但仍然是拥有这个占有物的占有者。在理解生产资料占有方式这一问题上，首先要清楚的是占有和所有绝非同一个概念，马克思也经常对这两者之间的区别进行明确的说明，它们是代表着不同的所有制关系的，例如马克思在封建土地所有制关系中，对土地所有权和占有权分离问题上提出支付地租的人都被假定是土地的实际耕作者和占有者，他们的无酬剩余劳动直接落入土地所有者手里。也就是说，直接生产者只是占有者而不是所有者。占有和所有的具体区别表现在单纯的所有仅仅是通过承认法律和社会的规则中对客体的归属关系的约束条件，并不是直接通过法律等将客体掌握在自己手中，也就是说，占有和所有之间的这一个最主要的实质区别就在于是否实际掌握或者管理生产资料。

从社会历史发展角度来看，占有是先于所有而产生的，起初的占有是由于通过简单的劳动去占有甚至是凭借暴力手段而夺取，是一种自然垄断的行为而产生的固定化的事实性行为，最直接地表现在对于土地的占有上。而所有这一概念的产生，首先是建立在占有这一概念的基础之上的，形成了近似于社会契约的一种表现物的归属的一种关系，主要是用于维护占有主体对占有客体的占有现实的一种社会经济关系，在所有制关系结构中，二者有着明显的层次上的差别，占有是属于社会物质生产直接作用的最基本的经济关系，所有是处在较高层次水平的对于占有关系加以确认的一种方式。社会经济发展过程中是可能凭借一定的强制力量对所有性质进行改变，但却不能从本质上对占有的物质形式进行改变，从总体来看，占有关系是影响生产力发展水平作用于整个生产关系的重要力量关系。

（二）关于阶级、阶层的内涵及其划分标准

生产资料占有关系是阶级、阶层等划分的首要标准。随着社会生产的不断发展，生产出来的产品如何分配这一问题就变得越来越复杂，面临产品分配随之而来的就是社会中阶级阶层的划分及其不同阶级之间的矛盾。造成阶级出现的最根本的决定性因素是经济关系，经济关系中阶级表现形式是通过交换关系体现出来的，而交换关系是由生产关系决定的。因此，在研究阶级、阶层等问题时，要着重关注生产关系，特别是生产关系中生产资料的占有关系。在资本主义社会中，正是因为资产阶级对生产资料的占有并雇佣劳动来实现对劳动力和劳动产品的剥削，在此基础上形成了与之对抗的不得不依靠出卖劳动力来维持生活的无产阶级。人们对生产资料的占有情况决定了他们在社会关系中所处的地位不同，这也成了一个社会阶级差别的主要标志。可以说，阶级关系在阶级社会中直接决定了人和人之间的社会关系结构，不同的阶级代表着具有不同属性的经济关系，进而反映了由不同经济关系决定的不同的政治利益和意识形态内容。不同的阶级之间逐渐形成的阶级对立，也间接地推动着阶级社会的发展，以更加高级的社会形态取代低级的社会形态，又是以一种新的阶级关系代替原有的旧的阶级关系。

阶层的划分是以阶级划分为基础的。马克思主义阶级阶层理论认为，阶级内部也有着不同的层次，即阶层。因此，基于阶级划分基础上还存在着更加具体的阶层划分，阶层划分的标准是有着多样性特征的，比如，所有制关系、行业类别等，可以是其中的一个指标单独作为划分阶层的标准，也可以是同时具有多个指标作为划分阶层的综合指标。阶级关系和阶层关系之间还存在着一种差异性关系，这种差异性主要体现在社会资源在社会不同群体之中分配方式的差异，对立阶级的形成就是建立在这种差异关系发展到一定程度的基础上的，除了所有制关系对阶级、阶层的划分之外，以社会资料占有的不同情况为标准，划分阶层的影响因素还有很多，如地域之间的差别、文化程度的差别、职业的分化等，这些划分标准是对所有制关系划分标准的具体化表现。它们之间的差异性体现在阶级划分标准重点强调的是在对立的阶级中分清敌我，而阶层划分标准的重点强调的是根本利益上的一致性。无论是阶级还是阶层的划分，要想长期维护自身的利益，都要从一致性中看到矛盾，在相互对立中寻求维护共同利益的合作方式。

（三）生产资料占有方式与阶级、阶层等划分标准的内在关系

阶级、阶层不是从来就有的，是在一定的历史阶段，即随着社会生产力的高度发展而产生的。在原始社会末期，随着社会生产力的发展和生产工具的明显改进，人们生产出来的劳动产品除了满足自身需要外还出现了剩余，所有制关系初步显现，正如恩格斯所说的那样，"社会分裂为剥削阶级和被剥削阶级、统治阶级和被压迫阶级，是以前生产不大发展的必然结果。只要社会总劳动所提供的产品除了满足社会全体成员最起码的生活需要以外只有少量剩余，就是说，只要劳动还占去社会大多数成员的全部或几乎全部时间，这个社会就必然划分为阶级"①。

马克思在《1844 年经济学哲学手稿》中分析了生产资料占有方式与阶级、阶层等之间的关系。他认为，工资、地租等是生产资料占有方式表现形式引发阶级对立产生的基础，资本家利用工资这种工人阶级收入的形式获取工人远远超于工资等量的劳动力，工人在社会供求关系的影响下无疑是最大的受害者。另一个影响阶级、阶层等划分的重要原因是异化劳动，从生产资料占有角度来看，异化劳动体现出的第一个特征是工人和劳动产品的异化。工人生产的劳动产品数量越多，自身就越贫穷，社会价值和劳动力的价值是呈负相关的。第二个特征是工人和自身的生产活动的异化。劳动活动反而成为了增加自身生活贫困的主导因素，这使工人对自身的生产活动价值产生了怀疑，工人的身体和心理都遭受了来自劳动活动的折磨。第三个特征是工人与工人之间的异化。为了适应资本主义社会环境，劳动者逐渐沦为通过交易来实现自身需求的商品，劳动者之间为了体现一个更高的"价值"，彼此开始残酷地竞争，在这种不良竞争关系的影响下必然导致资产阶级和无产阶级之间的阶级斗争这一结果。在《德意志意识形态》中，马克思研究了生产资料占有方式

---

① 《马克思恩格斯文集》第 9 卷，人民出版社 2009 年版，第 298 页。

对阶级、阶层等划分的另一个关键因素——分工。分工的出现究其主要原因也是因为生产力发展导致的私有制出现，占有生产资料的统治阶级和失去生产资料从事体力劳动的被统治阶级就产生了阶级对立。

# 第三节　马克思所有制客体关系理论的继承与发展

当前世界上仍然在坚持践行马克思主义所有制关系理论的社会主义国家有中国、古巴、朝鲜、越南，但对马克思主义所有制关系理论发展贡献和产生影响较大的、积累理论和实践研究经验较多的是已经成为历史的苏联和保持蓬勃发展势头的中国，本节以苏联和中国为例，对马克思所有制客体关系理论在社会主义国家的运行和发展进行梳理，总结这一发展过程中的经验，为社会主义国家推进制度改革，稳定发展国家经济，最终实现共产主义理想目标提供参考。

## 一　苏联革命建设时期对马克思所有制客体关系理论的继承与发展

俄国十月革命的胜利开启了人类历史进程的新篇章，实现了科学社会主义从理论向实践的伟大转向。马克思主义所有制客体关系理论不仅是对资本主义剥削本质的揭露，更加为社会主义国家的经济发展建设指明了方向，与社会主义国家社会实践的各方面都紧密相连，尽管作为人类社会历史发展进程中的第一个社会主义国家的苏联已经不复存在了，但在苏联社会主义建设时期，列宁、斯大林等领导人一直致力于对马克思所有制客体关系理论的继承和发展，通过社会实践来推进苏联的所有制客体关系的发展，直到戈尔巴乔夫改革的全面失败而带来了苏联解体。在这之后，苏联学术界对所有制客体关系理论的研究也进行了深刻的反思，这在一定程度上继承和丰富了马克思所有制客体关系理论。

（一）整体把握社会生产过程是考察所有制客体关系理论的前提

苏联经济学者曾在所有制客体关系考察这一问题上出现过片面化认知，错误地把生产资料所有制简单地看作附属关系，没有从全部所有制生产关系的视角来整体考察社会主义所有制关系，后来苏联经济学家意识到这一点，开始摒弃这种简单化的研究方法，一些经济学家主张通过用"二位一体"的分析方法来科学认识社会主义所有制关系实现的这一复杂的发展过程，也就是说在论述经济发展问题和探讨社会主义所有制关系问题前，需要确认两个重要前提，一是社会主义公有制是生产关系的基础，不是简单附属于经济发展中的一个附带关系，是研究这一问题发展的专门关系。二是对社会主义公有制中的客体关系的研究，要通过整个生产关系来实现，而不仅仅是对生产关系中的某一环节关系之间的把握。作为这种具有专门的、特殊性质的财产关系的社会主义所有制关系是整个社会主体经济制度的基础，而对它的实现形式有着重要影响作用的所有制客体关系则增强了物质财富的生产和占有，有计划地优化结合生产力与生产资料，决定着占有共同生产成果的社会性，把一般的生产关系和生产资料所有制的形式进行明确的区分，确保生产资料通过生产关系体系的优化实现形式和途径的完善。

苏联著名经济学家阿巴尔金提出要通过系统论的方法来研究社会主义公有制的本质属性，对所有制客体关系发展过程的完整性把握以及对这一关系的基本结构要善于区分，因为无论研究任何一种所有制关系形式，都不能抽象地对这种关系形式下定义，那样注定会掉入纯粹的表象逻辑分析陷阱，无法对它的本质和社会类型有一个明确的判定，因此，必须要采用系统论方法，从整体上把握社会生产过程中的全部经济关系，综合判断所有制关系的社会属性，比如他认为判断一种所有制形式是否是具有社会主义性质的，要综合根据这一所有制形式关系一系列标准来看，才能够更准确地判定这一所有制形式的根本属性，如果劳动者和所有制分离，劳动群体和生产资料并不存在实际意义上真正的支配关系，那么这种所有制客体关系未必能够构成社会主义性质的所有制关系，这一判断公有制和社会主义所有制关系的新的科学标准，已经摆脱了过去孤立地、片面地考察所有制关系的方法，为苏联社会经济学研究开启了新的认知大门。

（二）客观把握政治体制是考察所有制客体关系理论的基础

阿巴尔金在考察所有制关系问题时，曾主张对所有制关系的分析是不能离开政治体制、社会关系等方面研究而独立地、孤立地进行，对于社会主义公有制在社会主义社会发展的全过程来说，政治体制等社会主义上层建筑关系到社会主义公有制本质属性的保持、巩固和发展，正因为社会主义经济实行的是国家所有制，相较以生产资料私有制为基础的国家来说，所要承担的经济职能是更为重要的，社会主义国家的上层建筑是由公有制经济所决定的，那么这样的国家制度是有着明显的社会主义公有制性质的管理体制色彩。可以说，所有制及其实现形式表现为上层建筑化，而上层建筑又有着浓郁的经济制度意味，经济和政治的相互交融的一体化态势必然要求要通过社会主义政治体制来分析所有制关系问题。

对社会主义政治体制改革问题的研究，对政治体制改革目标、措施等内容的把握，必须要和社会主义所有制客体关系密切联系，苏联经济学家亚戈德金在对社会主义所有制关系发展中的论述中强调，上层建筑关系的发展和改变对于我们正确考察所有制关系问题来说是至关重要的，社会主义所有制关系的矛盾不仅仅发生在经济体制中，还发端于政治上层建筑。比如一个国家制度不科学、不健全导致了国家管理机关出现各种各样的问题，进而在这种不完善制度的影响下，人们的劳动主动性被奴化，劳动主体成为社会生产中没有个性特征，甚至是没有感情的机器，这也为所有制关系矛盾的土壤提供了"养分"。亚戈德金和阿巴尔金的观点还是有所不同的，他在深入分析传统的社会主义所有制关系内在矛盾的根源时，更加直观地认识到社会主义所有制问题和政治体制之间，乃至和国家的上层建筑之间的密切联系，从而直接提出必须要客观地从上层建筑的角度去考察社会主义所有制关系，这也是苏联改革以来少有的深入而又全面地认识社会主义所有制矛盾及其解决办法的观点。过去往往在看待社会主义所有制关系矛盾的问题时，会从平均主义等分配方式的方面寻找原因，没有注意到的是，劳动者不仅仅是在经济上得不到等价的回报，在政治生活上也是缺乏了应当享有的民主权利，这也直接影响了劳动者的主体意识、劳动的主动性和积极性，由此可见，上层建筑领域的内容的客观把握，更有利于正确解决所有制客体关系的各类矛盾。

（三）加强研究所有制实现形式是考察所有制客体关系理论的核心

建立并且完善符合公有制经济发展的所有制实现形式，直接关系到对经济发展机制的建立和完善，阿巴尔金认为："社会主义所有制，在社会产品和收入的运动中，通过生产关系和经济联系的具体形式，通过生产和管理的组织机构，通过劳动人民参加生产管理来表现自己，并在经济上得到实现。"① 由此看出，深化研究所有制经济实现形式对于社会主义经济制度有着十分重要的意义，随着时间的不断推移，所有制客体关系理论内在具有的一些矛盾逐渐显现，所有制实现形式也和当代经济的发展现实出现了部分的不相容性，也逐渐变得更加明显，所有制客体关系是决定和制约其实现形式的基础，因此，经济形式一定需要同所有制的性质是相符合的，但从实际来看，现实的社会主义经济活动中的经济关系却出现了一些不相容的矛盾问题，而这种问题的出现，主要是要加强对社会主义所有制客体关系的经济表现形式的考察。对于如何完善公有制实现的经济形式问题，阿巴尔金也作出了回答，认为为了将完善所有制的经济实现形式的可能条件变成现实，根本因素取决于提升经济机制的质量以及对经济体制进行改革。在完善社会主义所有制实现的经济形式这一项工作时，必须要保证所有制客体关系的经济实现形式一定要符合全民占有的性质内容，还必须要保证符合国家发展当前阶段的社会再生产的性质特征，从本质上来看，任何与公有制背道而驰的经营管理形式，都将导致生产管理危机，引起社会的无政府状态和大量的失业，社会的阶级分化以及产生非劳动收入的一切形式的存在，都是公有制经济所不能适应的。无论是公有制还是私有制的存在和发展，其所有制具体实现形式如果发生转换，一定是由于它和生产力要素的性质不相适应，采取一种具体的新的所有制关系实现形式的目的，也正是为了缓和与解决所有制和生产力之间的矛盾，这也就意味着，一种所有制只有一种与其性质完全适合的具体实现形式。

就今天来看，苏联的所有制关系改革的实践及其失败教训为其理论

---

① ［苏］阿巴尔金：《生产关系和经济机制》，苏联东欧问题译丛编辑部译，《苏联东欧问题译丛》1987 年第 4 期。

研究提供了丰富的素材和资源，也正是在这一过程中，苏联也有不少学者对所有制客体关系进行研究，为我们的所有制关系改革提供了很好的研究视角和理论借鉴。

## 二 中国革命建设改革时期对马克思所有制客体关系理论的继承与发展

马克思所有制客体关系理论是一个不断丰富和发展的理论体系。在马克思主义中国化进程中，马克思所有制客体关系理论对于新民主主义革命时期的阶级结构分析和阶级斗争及其理论的发展，同时，对于社会主义革命与建设时期、改革开放新时期以及新时代的产业布局和产业结构等提供了重要的理论基础。

（一）新民主主义革命时期对马克思所有制客体关系理论的继承与发展

马克思主义所有制客体关系理论中国化的第一次历史性飞跃是在新民主主义革命时期的毛泽东思想中所有制关系理论。新民主主义革命胜利后中国社会的发展蓝图是建立一个以无产阶级为领导，各个革命阶级联合专政的新民主主义共和国，毛泽东先后在《中国革命和中国共产党》《新民主主义论》《论联合政府》等著作中全面阐述了对新民主主义的经济形态和所有制关系结构的构想。

在对新民主主义经济形态和所有制结构的基础上，结合解放战争时期国内政治形势和各种经济成分对中国社会发展的作用，1947 年 12 月 25 日毛泽东在《目前的形势和我们的任务》中提出了新民主主义革命的三大经济纲领，即："没收封建阶级的土地归农民所有，没收蒋介石、宋子文、孔祥熙、陈立夫为首的垄断资本归新民主主义的国家所有，保护民族工商业。"[①] 第一，没收封建阶级的土地归农民所有。毛泽东很早就认清了中国国民革命的实质是农民革命，而土地问题是这一发展问题的核心，实行土地革命是要一以贯之的一个改革，这一改革必须要随着

① 《毛泽东选集》第 4 卷，人民出版社 1991 年版，第 1253 页。

革命的深入不断推进和完善。1948 年 4 月，毛泽东指出："依靠贫农，团结中农，有步骤地、有分别地消灭封建剥削制度，发展农业生产，这就是中国共产党在新民主主义的革命时期，在土地改革工作中的总路线和总政策。"① 第二，没收蒋介石、宋子文、孔祥熙、陈立夫的垄断资本归新民主主义国家所有。从所有权关系的角度对四大家族为首的私人官僚资本进行分析，根据占比多少、资本集中分散程度以及产权关系将官僚资本分为国家资本和私人资本两大类，因此，在没收过程中也应该采取不同的方法，对于所占比重较大、资本较为集中的国民党政府的官僚资本采取没收，对于产权较小、资本较为分散的私人官僚资本采取先登记清查，上报主管部门批准核实后再没收。以四大家族为首的国民党国家资本和官僚私人资本资产数额巨大，资本集中程度达到了垄断程度，必须实行没收其资本归国家所有。第三，保护民族工商业。新民主主义国家并不没收"不能操纵国民生计"的资本主义私有财产，为了争取国内民族资产阶级，要在原则上采取保护的政策，要对这个阶级的经济地位更加谨慎地加以处理，由于中国经济当前还处在一个比较落后的状态，是需要在革命胜利后乃至很长一段时间内都不可以忽视私人资本主义工业的力量，以利于国民经济更快更好地向前发展。

毛泽东从事实上说明了新民主主义这一时期的所有制客体关系，要建立以国营经济为领导、多种经济成分并存的所有制关系结构，在这一经济纲领的指导下，随着解放战争的进程，中国人民政府没收并接管了官僚垄断资本的金融业和工商业，初步构建了新中国国营经济的重要内容，确立了社会主义的公有制，毛泽东根据马克思主义所有制关系理论结合中国生产力发展水平而提出的新民主主义经济形态理论，是马克思主义所有制客体关系理论中国化的重大成果。

（二）社会主义革命和建设时期对马克思所有制客体关系理论的继承与发展

以毛泽东同志为代表的第一代中国共产党人，实现了马克思主义所

---

① 《毛泽东选集》第 4 卷，人民出版社 1991 年版，第 1317 页。

有制关系理论中国化的第一次历史性飞跃，形成新民主主义经济形态理论以及新民主主义的三大经济纲领理论，不仅带领全国人民取得了新民主主义革命的伟大胜利，还指导全国人民取得了社会主义改造和社会主义建设等伟大成就，探索马克思主义所有制客体关系理论中国化的基本经验，大致可以归纳为以下几个方面：

1. 生产资料所有制的社会主义改造

毛泽东对生产资料所有制的社会主义改造，主要体现在 1953 年 6 月在中央政治局会议上提出的党在过渡时期的总路线中，即"一化三改"，"一化"指的是改革的主体是要逐步实现国家的社会主义工业化；"三改"指的是逐步实现国家对农业、手工业和资本主义工商业的社会主义改造协同发展，毛泽东认为，在过渡时期是非常有必要对生产资料私有制进行社会主义改造的。首先，要实现对农业和手工业的社会主义改造。土地改革后农村逐渐开始出现两极分化现象，一部分中农发展成为富农，而全国 60%—70% 仍然为生活困难的贫农，必须要对这种两极分化的趋势及时制止，才能保障工农联盟不被资本主义来源所侵蚀，为了摆脱贫困的现状，广大农民将农业合作作为愿望和需求，愿意联合起来走农业社会主义道路。其次，要对手工业也实行社会主义改造，因为仅仅只有单一的国营经济而没有合作社经济形式的存在，就不可能将劳动人民的个体经济联合起来逐渐走向集体化，也不可能巩固好无产阶级的国家政权，需要将手工业组织起来，实现积极互助合作。最后，要对资本主义工商业进行社会主义改造。资本主义生产关系的实质会对工人的剩余价值进行残酷的剥削，会限制工人劳动积极性的发挥，资本主义所有制和社会主义所有制之间的矛盾也是不可克服的，资本主义的企业在生产资料的使用和销售上无疑对社会主义国家的宝贵物质造成了浪费，受资本主义生产关系的限制，民族资本主义工业的落后与国家经济建设的先进性之间存在着一定的矛盾，因此，资本主义所有制关系外壳会被社会主义生产力突破，必须对资本主义工商业进行社会主义改造，才能解放生产力，发展生产力。

2. 紧密联合中国实际，打破他国经验迷信

马克思主义所有制客体关系理论中国化的核心内容，是通过运用

马克思主义的所有制理论来解决中国的实际问题，并将中国解决所有制关系发展问题的实践经验上升为理论来继承和发展马克思主义理论。运用马克思主义所有制客体关系理论的科学方法，就是要根据中国的实际情况决定工作方针政策，中国革命斗争的胜利要靠中国的同志们对中国情况的了解，这也必须是一切共产党员应该牢牢记住的最基本的工作方法。1930 年农民针对土地革命产生信任危机，开始消极耕种甚至造成抛荒土地，造成了土地革命的危机以及农村革命根据地的经济困难，这促使毛泽东从中国具体实际出发，来重新调整土地革命的政策，认识到公有制的实现不是一蹴而就的，需要有一个发展的过程，在私有资产者没有从根本上认识到只有土地公有制才能成为正确出路这一思想之前，是绝对不会放弃对占有土地的所有权的，因此，根据农民现有的认知水平，为保障其现实的利益，提出了地权农民私有的观点，从土地所有权的视角，在政策和理论上对农民土地的制度作出了与中国具体实际情况发展相适应的调整，此后，中国共产党颁布的土地政策都不同程度地保持了土地农民私有的政策，直到全国土地改革顺利结束。

在如何对待马克思所有制客体关系理论方面，以毛泽东同志为核心的中国共产党人也经历了一个中国化、具体化的认识过程。在 1956 年之前，总体上对苏联的经验是肯定多于否定，不管是苏联的革命还是社会主义建设，都是我们最好的榜样，这一阶段主张必须向苏联学习。在 1956 年之后，中国共产党人逐渐从学习苏联向借鉴苏联转变。特别是当 1956 年 2 月苏联赫鲁晓夫在苏共二十大上发表的《关于个人崇拜及其后果》的报告，直接揭露了苏联社会主义建设过程中存在的很多十分严重的问题，而我们国内的经济建设实践发展过程中也出现了很多与苏联一些发展经验不相适用的情况，1956 年 4 月，毛泽东指出苏联在建设社会主义过程中走的一些弯路使得现在的中国要引以为戒，认为现在赫鲁晓夫揭开了苏联建设社会主义发展过程中的一些问题的真相，那么我们应该从各方面考虑如何按照中国的实际情况办事，不要再像过去那样迷信了。毛泽东主张前八年是照搬外国发展经验的起步阶段，但从 1956 年

"十大关系"被提出之后，就意味着已经开始探索一条适合我们中国自己国情的社会主义建设发展道路。

3. 所有制客体关系的变革要以客观经济规律为前提

毛泽东一直十分重视调查研究的作用，在社会主义经济建设上也不例外，通过深入调查研究来把握经济发展规律，政策和策略的制定一定要根据事物具体情况来定，而不是根据条条框框的书面理论来决定，倘若根据想当然来决定的政策一定是与具体实际情况不相符合的，这种政策的制定和实施必然是十分危险的。综观"大跃进"和人民公社化运动的经验教训，就是违反客观经济发展规律所受到的惩罚，付出的代价是惨痛而不可逆的，应当引起重视，吸取教训。以毛泽东同志为核心的中国共产党人，坚持把马克思主义所有制客体关系理论同中国具体经济发展实际状况相结合，不仅制定了科学的、有针对性的所有制政策，而且还进一步坚持和发展了马克思主义所有制客体关系理论。比如，毛泽东对原有的土地改革办法进行变革，提出并实施了符合中国革命根据地实际情况的政策，不是仅仅从书本上去研究关于经济发展的各类条款政策，而是基于在此之前对江西兴国等地做了大量深入的调查研究而得出的重要结论。当然，这一时期也曾一度出现了很多有关所有制关系改革的相关政策措施，是较为主观主义的，是直接从马列主义的本本或是苏联的经验出发，这些政策的制定违背了经济发展的客观规律，不同程度地给社会主义革命建设带来了危害。可以说，任何一种所有制关系的变革，都必须要尊重生产关系适应生产力发展性质的经济客观发展规律。

（三）改革开放新时期对马克思所有制客体关系理论的继承与发展

以邓小平同志为核心的中国共产党人在社会主义所有制客体关系的改革方面取得了重大突破。20世纪50年代到70年代，我们曾以苏联经济学家的《政治经济学教科书》和斯大林的《苏联社会主义经济问题》为理论依据，"左"倾思想路线占主流地位，再加上实践发展中效仿斯大林模式，使我国传统计划经济体制下的社会主义所有制理论和实践的发展都出现了十分严重的混乱，在这种背景的影响下，我国在改革开放前的所有制结构形式特征为"一大二公三纯",非公有制经济的存在只有十分微少的部分个体经济,这种所有制结构状况远远脱离了我国的生产力发展情况,给整个国民经济的发展造成了十分大的困难,这种困难一直持续到改革开放的前夕,经济发展状况一直处于崩溃的边缘。

1. 社会主义初级阶段的所有制客体关系探索

邓小平在总结新中国成立以来三十年经验时指出:第一,要想搞成社会主义,不能采取一些脱离现实的"左"的办法,不能再走吃"左"的亏的老路。第二,不管采取什么样的经济形式,都必须要以有利于生产力的发展为前提。后来,他进一步将我国的国情概括为社会主义初级阶段,并在党的十三大报告中明确指出,社会主义初级阶段不是对任何国家进入社会主义的一个阶段性泛指,而特指是对我国在生产力落后条件下建设社会主义必经的阶段。这一概念的科学界定下,也就从根本上规定了我国现阶段的所有制关系结构是社会主义性质的公有制占主体地位,并且我国现阶段的生产力发展水平决定了与之相适应的生产方式。

为突破传统社会主义所有制客体关系理论的思想禁锢,探索符合中国国情的社会主义所有制客体关系理论,邓小平坚决否定了"两个凡是",重新确立了"解放思想,实事求是"的思想路线。在这一过程中,邓小平支持开展了关于真理标准问题的大讨论,对新中国成立以来的历史经验进行了科学总结,从而突破传统的社会主义所有制关系理论的束缚。邓小平认为,我国社会主义现代化建设,必须要从中国的实际出发,无论是革命还是建设都可以借鉴外国经验,不能照抄照搬别国模式和经验,要吸取简单效仿的失败教训,为实现马克思主义所有制客体关系理论中国化的第二次历史性飞跃奠定了重要的理论基础。坚持实践为第一性的理论观点,邓小平指出了实践是检验真理的唯一标准,在判断姓"资"还是姓"社"这一问题的标准上,应该主要依据"是否有利于发展社会主义社会的生产力,是否有利于增强社会主义国家的综合国力,是否有利于提高人民的生活水平"[①]。这为实现马克思主义所有制客体关

---

① 《邓小平文选》第3卷,人民出版社1993年版,第372页。

系理论的中国化提供了必要的理论准备。

2. 解决公有制与市场经济兼容的问题

实际上，不同的所有制形式在所有制结构中所发挥的作用也是不同的，公有制是社会主义社会经济制度的主导，决定着整个所有制的结构和发展方向。邓小平多次强调过，坚持公有制为主体的共同富裕，是我们必须坚持社会主义的根本原则。积极发挥国家在宏观经济管理和国有大中型企业中的重要作用，是保持公有制主体地位的重要环节，国民经济的命脉绝对不允许被少数人控制和掌握，社会主义公有制本身应该采取多种经营方式，同时重视集体所有制的重要性，始终牢记社会主义发展的主要目的是要实现全国人民的共同富裕而不是两极分化，只有坚持公有制的主体地位才能实现解放生产力和发展生产力，才能更大程度实现个人利益和社会利益的统一，才能促使各非公有制经济得到健康稳定发展。

对所有制改革来说，1987年召开的党的十三大，标志着非公有制经济发展的里程碑意义。党的十三大报告明确指出了社会主义初级阶段的所有制结构是以公有制为主体，一定程度地发展私营经济有利于促进市场发展，更广泛地满足人民多方面的生活需求，中外合资企业、合作经营企业等是我国社会主义公有制经济的必要和有益的补充。此后，《中华人民共和国私营企业暂行条例》等法律法规的实施，也为非公有制经济的发展提供了政策保证。社会主义经济体制理论发展的每一次重大变革都涉及了我国经济结构及非公有制经济的发展，邓小平对社会主义市场经济体制目标的确立以及对社会主义市场经济条件下非公有制经济的有关论述，推动公有制经济和非公有制经济共同发展，对各种类型的经济成分一视同仁，都是对马克思社会主义所有制客体关系理论的继承和发展。

3. 所有制客体关系运行理论的完善

所有制客体关系及其结构在经济制度体系中决定着生产关系性质，所有制关系运行理论则是考察既定的所有制关系形式在经济运行上具体是如何操作的，任何所有制形式都必须通过生产过程才能实现其自身的权益。市场经济背景下的社会主义公有制经济如何不断实现保值增值，是所有制客体关系运行理论中遇到的一个重大问题。针对国有企业的体制不完善、机制不灵活等问题，邓小平提出要进行国有企业改革，要大胆尝试通过多种形式把所有权和经营权二者分开来，以此调动国有企业的积极性。由于国有企业的主要症结在于企业内部的产权关系不明确，那么国有企业改革要解决的核心问题就是要建立与市场相适应的产权制度，优化企业的产权结构从而提升产权运行效率，邓小平的"所有权和经营权相分离"的改革思想，为国有企业改革提供了方向性的原则指向，家庭联产承包责任制就是以此为基础实施的，将土地的所有权和使用权相分离的土地集体所有性质的制度，符合了农业生产分散性和统一性的要求，将农民的收入和农业生产经营成果相联系，极大地促进了农民的生产积极性，推动了农业生产力的发展，科学地揭示了我国农业生产力和生产关系之间的发展规律，是对农业集体所有制在实现形式上的新探索，进一步丰富和发展了马克思主义所有制客体关系理论。

（四）新时代对马克思所有制客体关系理论的继承与发展

党的十八大以来，我国经济发展形势面临着国内外环境发生了巨大变化，经济发展在平稳中呈现出变化，随着经济下行压力的逐渐增强，隐藏在长期发展中的风险隐患逐渐显现，特别是非公有制经济发展中的问题进一步突出，社会上出现了一些主张公有制经济和非公有制经济割裂开来的不当言论和说法，这不仅给民营企业造成了难上加难的局面，还增加了企业家们的集体焦虑。因此，以习近平同志为核心的党中央高度重视当前所有制关系理论遭受质疑的问题，坚定不移地坚持马克思主义所有制客体关系理论，更好地深入完善新时代中国特色社会主义所有制关系理论，提出要继续坚持"两个毫不动摇"和"三个不会变"，推动中国特色社会主义所有制结构高质量发展，并在实践中取得了突出成效。

1. 在坚持"两个不动摇"中稳步推进所有制客体关系改革

党的十八届三中全会通过《中共中央关于全面深化改革若干重大问题的决定》，明确提出必须要毫不动摇地巩固和发展公有制经济，充分发挥国有经济在经济发展中的主体作用，着力保障国有经济的发展活力和影响力；必须毫不动摇地鼓励、支持、引导非公有制经济发展，保证非公有制经济发展空间和保障其发展条件，不断激发非公有制经济的发展创造力，强调公有制经济和非公有制经济在市场经济的竞争中具有同等的地位，享受同等的权利。习近平重点强调："我们强调把公有制经济巩固好、发展好，同鼓励、支持、引导非公有制经济发展不是对立的，而是有机统一的。"① 公有制经济和非公有制经济之间不应该是相互排斥的关系，应该是共同发展、相得益彰的紧密联系，在"两个毫不动摇"的指导实施下，所有制关系改革的步伐稳步前进，完善了符合我国国情的社会主义市场经济体制，这一举措结合当前的国内国际形式对所有制客体关系理论的观点进行了诸多改善，也取得了十分重大的进步，第一，突破了对基本经济制度问题的新的认识，首次强调了非公有制经济同样是社会主义市场经济的重要基础这一观点；第二，深化对非公有制经济的认识，对非公有制经济的发展现状、问题所在及发展前景开启了全面和较为透彻的分析，将非公有制经济同样看成社会主义市场经济的重要组成部分；第三，完善混合所有制理论的探析，明确了混合所有制改革的必要性，提出了要对混合所有制的发展实行交叉持股原则等大力举措，还将划转部分国有资本充实社会保障资金实现国有经济的重大突破。

在这一发展阶段，既要继续对公有制主体地位进行巩固和发展，又要研究如何在经济制度层面对非公有制经济的发展有所保障，如何更好地将有效的市场和有为的政府相结合，要对国有成分和私人成分的差异化及优势有一个十分清晰的认知，并推进二者充分发挥各自的有效优势，推动我国经济向高质量、高效率、高安全的方向增长，而在这一背景下，非公有制经济在未来经济发展趋势上有着至关重要的作用。习近平总书记在很早之前就形成了民营经济基础论的观念，这一观念为我国所有制关系改革过程中坚持国有经济和民营经济共同发展的关系理论提供了重

---

① 《习近平谈治国理政》第 2 卷，外文出版社 2017 年版，第 260 页。

要的思想根基，长久以来非公有制经济对国民经济发展的方方面面都做出了巨大的贡献，这一点是毋庸置疑的，无论是在经济发展还是民生推进等方面，民营企业可谓是促进 GDP 增长的重要力量，为国家提供了十分可观的税收收入，同时也成为了各类创新研发的主力军。习近平总书记在 2018 年的民营企业座谈会上，首次从社会主义制度层面给予民营经济高度的认可，这标志着民营经济从所有制客体关系层面成为了中国特色市场经济组成的重要内部要素，划定了国有经济和民营经济相互融合的理论定位。

2. 在"三个没有变"的定力下稳固发展非公有制经济

我国的公有制经济发展自改革开放以来，不论是从发展规模还是发展的质量上都取得了巨大的发展，逐渐发展成为我国经济发展中不可或缺的一股重要力量，但是，民营经济在我国经济中的发展并不是一帆风顺的，在这个过程中也充满了困难和挑战，受国内外复杂环境的影响，非公有制经济在发展中也遭受着不少质疑，现实中也一直存在着试图破坏公有制经济和非公有制经济关系的错误论断，这使得民营经济的平稳发展在一定程度上遭受了动摇，也一定程度上打击着非公有制经济从业者的发展信心，鉴于此，习近平提出了"三个没有变"的原则，为非公有制经济健康持续稳定的发展注入了强大的力量信心。

"三个没有变"原则指向明确，逻辑清晰。首先对非公有制经济在我国经济发展中的地位和定位给予了充分的肯定，主张积极发展非公有制经济不仅是现实经济发展的需要也是符合历史规律发展的重要决策，改革开放四十多年来的实践发展成果证明中国特色社会主义经济制度完全适应于中国社会的历史发展进程，正因为重视非公有制经济在国民经济发展中的重要性，才有市场的地位从基础性作用转变成决定性作用的一个巨大的变化过程，在新时代经济发展面临着诸多困难的情况下，仍旧努力营造公平公正的政策环境、相对稳定的市场环境，为深入挖掘激活非公有制经济的无限潜能创造良好的机会和条件。对支持、鼓励、引导非公有制经济发展的政策不发生改变，应充分认识非公有制经济发展的困难，无论是从政策制定还是到政策实施都要全方位为非公有制经济提供政策保障。同时为非公有制经济发展创造更优的发展环境，自上而下地全方位对这些存在的质疑作出了强有力的回应，振奋了民营企业发展的信心和决心。

3. 在新的伟大实践中坚持社会主义基本经济制度

党的十八大以来，以习近平同志为核心的党中央大力创新发展中国特色社会主义经济平稳健康的发展，坚持理论创新和实践发展并行，在坚持我国基本经济制度的基础上，顺应新时期市场经济发展的新要求，积极有序地推进混合所有制经济的发展和国有企业混合所有制的改革，稳固国有经济在我国经济社会运行中的主导地位，巩固公有制经济主体地位不动摇，增强我们国家基本经济制度的活力、控制力和影响力，积极发展混合所有制经济不仅是完善我国所有制关系结构的时代需求，更是带有中国特色的社会主义市场经济发展前进方向。

有一些人认为，国有经济的大力发展造成了"国进民退"的趋势，甚至有不少主张私有化的人们认为国营经济占据甚至垄断了有利可图的关乎民生大计的重要产业，将民营经济从市场上挤到处于下行的位置上去，通过放大分配不公等问题的方式，利用国民对陷入"中等收入陷阱"的危机意识，大力主张"国退民进"理论，试图让非公有制经济来实行对公有制经济的统治。这种给国有经济扣上资本主义色彩帽子的言论，无疑是对我国生产资料属于多数人共同所有的公有制事实的歪曲和偏离，对于当前中国正处于混合所有制改革的关键时期，必须要对这些错误的言论加以批判和改正。混合所有制是将国有资本和民营资本巧妙地融合在一起的发展载体，在现阶段成为了我国基本经济制度的重要实现形式，混合所有制改革要确保其社会主义本质属性，要毫不动摇地坚持社会主义的发展方向，对于完善混合所有制的改革要坚持做强做优做大的目标，尤其是在处理混合所有制"公"和"私"之间的关系问题时，我们要始终清楚既不能走单一公有制经济的老路，也不能走私有化发展的邪路。在当今经济发展改革这一攻坚阶段，我们仍要正确认识我国当前和今后所有制关系发展中遇到的新问题和新挑战，仍需不断地丰富和发展马克思主义所有制客体关系理论，更好地用科学的马克思主义所有制理论来指导中国特色社会主义经济发展和改革实践。

### 三  马克思所有制客体关系理论的发展前景

马克思所有制客体关系理论内容是十分丰富的，这一理论散见在马克思经济理论丰富的思想宝库中，这一理论的产生和发展也是经历了十分漫长而又复杂的历史过程，也是不断地在之前的所有制客体关系理论的基础上批判性继承、丰富完善形成的科学的理论，结合当前经济全球化的时代特色和我国社会主义经济制度改革发展实际情况，用全球视野来研究、继承和发展马克思所有制客体关系理论，使理论的科学性与时代的发展步伐同向同行，无论是从原理出发还是从实践着手，都对当代中国所有制客体关系问题的发展有着十分重要的借鉴意义。

（一）进一步深化对当代资本主义所有制客体关系及其发展趋势研究

就世界范围而言，帝国主义国家发展到今天，尤其是第二次世界大战以后，不仅"腐而不朽、垂而不死"，而且还一度呈现出"虚假繁荣"的景象。可以说，这种理论与现实的"反差"，既需要我们进一步认识当代资本主义社会新变化，又需要我们进一步反思理论本身。从理论自我反思的角度来看，主要需要考问两个方面的问题：一方面是马克思所有制客体关系理论究竟还能不能解释当前的新变化，另一方面是马克思所有制客体关系理论将会在哪些方面得到进一步拓展，等等。

就第一个方面问题而言，当代资本主义社会发展新变化，可以说，它不仅没有证伪马克思所有制客体关系理论，而且还进一步证明了马克思所有制客体关系理论的科学性。我们不可否认，自第二次世界大战以来，当代资本主义国家曾一度呈现"虚假繁荣"的景象。实际上，这是资本主义国家对国内阶级矛盾和社会矛盾进行调和的产物，其主要手段有两个方面：一方面是搞国际霸权主义和强权政治，将国内矛盾向国际转移，尤其是从世界各地掠夺各种形式的资源输入国内，试图将国内的资产阶级与工人阶级之间的矛盾转换为美国的工人阶级与全世界工人阶级之间的矛盾；另一方面是国内搞福利主义和改良政策，掩盖和遮蔽无产阶级与资产阶级之间的矛盾，鼓吹资本主义意识形态，防止工人阶级觉醒，分化和瓦解工人阶级组织。这些矛盾转移的办法和调整的措施，在一定程度上缓和了资本主义社会的阶级矛盾并在一定范围内适应了生产力发展要求。但无论当代资本主义社会采取了何种方法和手段，都没有从根本上解决社会化大生产与生产资料的私人占有之间的基本矛盾。因而，马克思所有制客体关系理论仍然具有强大的解释力和说服力，仍然是我们理解和认识当代资本主义发展新变化的思想武器。

当代资本主义国家生产关系的一系列新变化，从根本上来看是源于生产力迅速发展的客观需求，当资本主义生产力还没有超越生产关系所能容纳的范围之前，资本主义国家要及时科学、有计划地对所有制客体关系进行调整，为进一步推进生产力发展进步创造有利条件。从生产力和生产关系的矛盾运动来看，资本主义快速发展的生产力对它本身的资本属性的反作用力，促使生产力承受着这种日益增长的社会本性压力，从而迫使资产阶级本身的发展范围禁锢在资本关系内部可能允许的限度内，然而，一旦资本主义生产力的发展达到了它的生产关系所无法容纳的程度后，资本主义生产关系就会成为它生产力发展的桎梏，最终会导致其走向灭亡，从资本主义国家对所有制关系的一系列调整来看，资本主义社会经济结构的部分内部关系是发生了一定的质变的，现代资本主义国家也在逐渐有意识地效仿社会主义国家的经济发展经验模式，垄断在一定程度上被合作所取代，这些变化逐渐证明了当代资本主义国家的经济发展已经不足以仅仅依赖于资本主义私有制，同时也为马克思主义所有制关系理论的科学性提供了现实依据。

就第二个方面问题而言，面对当代资本主义社会发展新变化，马克思所有制客体关系理论需要进一步丰富和发展的地方有：（1）国际帝国主义海外掠夺的新手段、新动态、新趋势；（2）全世界无产阶级觉醒和联合起来的可能性和现实路径；（3）当代资本主义国家缓和国内阶级矛盾的举措、限度及其趋势；（4）当代资本主义国家的政权结构、社会结构、经济结构以及工人阶级状况等。

（二）进一步深化对当前我国所有制客体关系改革的理论基础研究

将唯物史观与所有制客体关系分析联系起来，结合历史与现实的统一，科学地分析所有制客体关系的变革，是马克思所有制客体关系理论的基本观点。马克思认为，所有制关系和结构的变化是由生产力的发展而引起的。马克思有关所有制关系发展的科学理论，为我国当前所有制关系的不断完善和创新发展制定了原则、指引了方向，同时也告诉我们，经济改革绝不能仅仅拘泥于本本，一定要根据世情、国情做到具体问题具体分析，也不能缺乏创新意识，要根据不断变化的社会发展情况调整自身的改革实践，在形形色色复杂多样的国内外环境中，要有明辨是非曲直的清醒认知，规避掉入非马克思主义及反马克思主义的经济发展思潮，否则就会制约社会生产力的发展，埋下丢失社会主义发展本质的祸根。

中国经历了数百年的发展风雨，历经困难沧桑最终才找到了一条适合中国国情的中国特色社会主义发展道路，在马克思主义所有制客体关系理论的基础上，在这条道路的不断探索和实践中，建立起了有利于中国经济更好、更快、更稳定发展的基本经济制度。在全面深化改革的进程中，中国要始终坚持公有制的主体地位，坚持非公有制经济的共同发展。公有制经济的主体地位为消灭剥削、消除两极分化，集中一切发展力量实现共同富裕提供了条件，充分彰显了社会主义基本经济制度的优越性。同时，在马克思主义所有制客体关系理论中，社会化大生产的高度发展是公有制建立的重要前提，坚持公有制的主体地位实现了生产资料社会公有和消费资料个人所有之间的高度统一，在分配领域也实现了公平公正的制度保障，克服了私有制条件下的不平等现象，劳动者对劳动产品的所有权得到了实现。随着我国的所有制结构从单一制向多种所有制的转变，建立了以公有制为主体、多种所有制经济共同发展的基本经济制度，在分配领域建立了与此基本经济制度相适应的，以按劳分配为主体、多种分配方式并存的分配制度。只有坚持公有制的主体地位，劳动者才能更好地实现分配形式上的公正平等。

在马克思主义所有制客体关系理论的指导下，我国还在所有制形式的发展探索过程中根据社会进步带来的困难和挑战，与时俱进地对我国经济制度作出相应的调整，为了更好地解放和发展生产力，在以坚持公有制为主体的前提下，提出要积极发展多种非公有制经济。结合我国国情来看，非公有制经济的发展不仅可以对经济的发展有很重要的推动作用，还有利于充分激发生产经营者等主体的发展积极性，提高生产效率，营造更加良好的社会主义市场经济氛围，因此，不管是公有制经济还是非公有制经济，结合当前我国生产力的发展状况来看，都是能促进经济的发展的，要在经济发展的环境中，营造一个既要巩固公有制经济的主体地位，激发国有企业的发展活力，还要充分发挥非公有制经济的发展优势，同向同行、优势互补的良好发展态势，二者的结合是我们国家在解决自己所有制发展问题上对马克思主义所有制客体关系理论的创新性运用，从而充分解放和发展了生产力，为中国经济快速持续健康地发展提供了重要保障，为使人们更多更好地享有改革发展的成果、实现个人全面的发展创造了坚实的物质基础。

总的来说，马克思所有制客体关系理论为我国从建立到发展社会主义初级阶段基本经济制度提供了重要的理论支撑。但是同时，我们一定要充分重视和进一步研究中国特色社会主义建设的历史经验，并将这一历史经验上升到理论高度来提炼和概括，从而进一步丰富和发展马克思所有制客体关系理论。在今后一段时间内，中国特色社会主义所有制客体关系理论需要深化研究的问题有：（1）充分重视和全面深化对中国特色社会主义建设历程的重大意义和实践经验研究，并将这一历史经验上升到普遍意义上的学理高度来把握；（2）深入调查和研究当前我国所有制关系改革，尤其是所有制客体关系中存在的重大理论和实践问题，深化对公有制经济与非公有制经济之间的关系研究，深化对公有制经济的控制力与非公有制经济的引导等方面的研究；（3）深化研究我国社会结构、阶层现状、利益群体等现状及其矛盾化解机制和利益协调机制，充分调动国家、集体和个人等各方面的生产积极性，不断探寻资源的最优化配置，完善调整经济发展结构，加快构建国内大循环、国际国内双循环经济发展格局，推动经济高质量发展。

（三）进一步深化新时代中国特色所有制结构研究

改革开放以来，中国所有制关系改革，在实践中形成了以公有制为主体、多种所有制共同发展的经济结构，在理论中形成了中国特色社会主义所有制理论。尤其是在所有制结构理论方面，我们进一步明确了：一是毫不动摇地巩固和发展公有制经济，进一步强调坚持公有制经济的主体地位和充分发挥国有经济的主导作用，建立现代企业管理制度，做强做优做大国有企业；二是毫不动摇地鼓励、支持和引导非公有制经济，国家保护个体经济、私营经济等非公有制经济的合法的权利和利益，对非公有制经济依法实行监督和管理，充分发挥非公经济人士的积极作用，引导非公有制经济企业积极承担社会责任；三是坚持了以按劳分配为主体、多种分配方式并存的分配制度，极大地调动了广大人民的主动性、积极性和创造性；四是明晰了所有制结构评价标准，解放和发展了生产力，全面建成了小康社会，保障中国经济社会等各方面建设取得了举世瞩目的成就。当然，随着中国特色社会主义进入了新时代，在新征程上，面对新的历史方位上经济发展的各类新问题、新挑战，中国共产党仍然需要继续深化所有制结构的改革。

发展中国特色社会主义经济，是一个需要不断探索的过程，任何理论都需要在实践基础上借鉴、吸收科学理论，这就决定了我国所有制结构改革在坚持马克思所有制客体关系理论指导的过程中不断地结合自己的实践来创新发展。以习近平同志为核心的中国共产党人，从中国特色社会主义市场经济实际出发，结合马克思主义所有制关系理论中的科学论断，在经济制度、分配机制、发展理念等方面提出了许多重大原创性观点，形成了习近平经济思想。这些观点的提出，不仅是在坚持马克思所有制关系理论基础上的创新，更是符合我国经济发展实际需要的实践探索的结果，有力地推进了马克思所有制关系理论中国化发展。新时期全面推动深化改革以来，我国所有制改革紧紧围绕当代中国的具体实际，并且不断地对旧体制弊端以及失败经验进行了深刻反思。在这一过程中，我国政府和市场的关系也根据经济社会发展的现实需求作出了必要的调整，与资本主义国家不同的是，我们站在以人民为中心的立场分析研究这一问题，建立了一个适合我国基本经济制度的市场经济体制机制，这是中国改革取得巨大成就的最有力的支撑。

就今天而言，深化新时代中国特色所有制结构方面的研究，需要进一步研究的问题主要有：（1）人的现代化与经济社会发展的关系究竟是什么？如何把人的现代化纳入"三个有利于"标准之中？（2）不同的所有制之间的关系到底该如何处理？非公有制经济和公有制经济的领域和边界是怎样的？如何才能形成相互促进的良性互动关系？（3）所有制结构、社会结构的运行规律和特点是什么样的？它们与政治结构、文化结构等之间是什么关系？（4）所有制结构与全体人民共同富裕的关系是怎样的？如何使全体人民实现共同富裕？等等。

# 第六章　马克思所有制关系理论的当代价值

　　所有制问题是一个国家或社会中最根本的问题，它是一个国家或社会的社会制度和政治制度乃至意识形态、法律、道德等上层建筑的根基之所在。马克思、恩格斯在《共产党宣言》中明确指出："共产党人到处都支持一切反对现存的社会制度和政治制度的革命运动。在所有这些运动中，他们都强调所有制问题是运动的基本问题，不管这个问题的发展程度怎样。"① 马克思所有制关系理论是在对于私有制尤其是资本主义私有制进行深刻批判的基础上，形成了其所有制的外部关系、内部关系、主体关系和客体关系等系统的、科学的理论体系。就今天来看，马克思所有制关系理论，它不仅是我们分析当代西方发达资本主义国家及其社会现状、国内外政策措施以及对西方产权理论批判的有力理论工具，还是我们推动全面深化改革和加快建设社会主义现代化强国的重要指导思想。

## 第一节　马克思所有制关系理论与西方产权理论的比较

　　就目前来看，学术界关于所有制（即产权）的概念和相关的分析理

---

① 《马克思恩格斯文集》第 2 卷，人民出版社 2009 年版，第 66 页。

论存在两种最为基本的理论范式，一种是马克思主义经济学的所有制理论，另一种是西方经济学的产权理论①。在我国所有制变迁和产权制度改革的过程中，我们党的领导人和广大理论工作者，普遍沿用了马克思主义所有制关系理论来分析和指导了我国社会主义改革的伟大实践，并辩证地批判吸收和借鉴了西方的产权理论中的一些重要观点，根据中国的国情加以中国化、具体化、本土化，以反思我国当前改革实践中的历史选择，用以更好地指导当前我国社会主义改革实践。

从某种意义上来说，西方资本主义产权理论及由此衍生的西方产权经济学都从不同理论视角对马克思的所有制关系理论进行了补充和修正，增添了更加适应于当前发展生产力的大背景下的一系列理论观点。中国在改革开放的过程中引入了产权概念和产权分析方法、产权制度等现代经济学范畴，为长期以来社会主义建设所出现的现实困境提供了新的研究范式和解决思路，对丰富马克思主义所有制关系理论和推动我国改革发展实践具有一定参考和借鉴价值。就其理论本质而言，西方的产权制度终究没有脱离西方经济学的窠臼，天然地带有资产阶级经济学的根本缺陷，难以同我国的现实国情相适应，这仅仅是提供了一种思考方式而非根本出路，因此，西方产权理论在中国并不具有真正的科学价值。

无论是马克思主义创始人还是西方产权学派，都普遍地承认人们在社会经济生活中所形成的社会关系、经济关系是客观存在、无可否认的，并从这个现实前提出发，揭示这种社会关系、经济关系背后的本质，从理论和现实层面说明了产权关系或所有制关系背后的利益关系，这是马克思所有制关系理论和西方产权理论所蕴含的共同逻辑。但不可否认，马克思所有制关系理论与西方产权理论之间存在一些相似之处或共通之处，例如，二者都将产权关系归结于利益关系，着重探讨了资本所有权、土地所有权、股份所有权以及所有权、使用权、支配权相分离的经济现象，都到产权关系中去寻找商品交换和市场机制存在的原因。尽管两种学派或两种研究范式，使用着不尽相同的范畴和语言，并且有些将它们

---

① 林岗、张宇：《产权分析的两种范式》，《中国社会科学》2000年第1期。

结合起来混用。需要说明的是，无论是从逻辑起点、论证方法、最终结论，还是从根本观点、所代表的利益阶层来看，二者是两种完全不同甚至是对立的理论体系。

首先，二者凭借出发的逻辑起点存在着明显差异。任何理论体系都有着自己的逻辑起点，这个起点贯穿了理论的各个部分，成为理论之根基所在；正是基于一个特定的逻辑起点，理论家才能在其之上架构起理论大厦。黄少安在《马克思经济学与现代西方产权经济学理论体系的比较》一文中提出："马克思《资本论》的体系也即资本产权的理论体系的逻辑起点是商品理论，起点范畴是'商品'。既不是资本，也不是产权。"[①] 这种说法具有一定合理性，在考察了马克思写作《资本论》的逻辑框架之后，我们可以知道马克思实际上是遵循着从一般到特殊、从抽象到具体的思维方法的。这种凝练出一般概念再从最一般的概念出发考察社会经济运动的抽象法，是马克思在写作《资本论》时的特别考虑，既是思维方法、叙述方法上的创新，也更加符合了当时将《资本论》传播到广大工人群体中去的需要。马克思在试图揭示资本主义所有制本质时，从"商品"这个资本主义经济最普遍的现象、最一般的形式出发，进而探究了商品、货币、资本三者的形成及其转化过程，接着是最为核心的部分即剩余价值的生产，由此揭开隐藏在社会经济关系、利益关系背后的资本主义剥削压迫的秘密。剩余价值的生产过程所反映的不是单个工人同资本家之间的关系，而是工人和资本家两个阶级之间的关系，是资本与雇佣劳动之间的关系，这是最为本质的。与马克思从考察商品入手不同的是，西方产权理论从鲁滨逊式个人和理性经济人假设出发，探讨了社会经济结构和社会资源配置私有化前提下，市场机制如何发挥作用，市场主体效用如何实现最大化的问题。可知，市场主体的利润最大化才是西方产权理论展开的逻辑起点，而交易成本理论及在此基础上建立起来的产权理论都是对市场机制、市场主体的深入阐释与研究。科斯在《企业的性质》一文中，第一次明确提出了"交易费用（交易成

---

① 黄少安：《马克思经济学与现代西方产权经济学理论体系的比较》，《经济评论》1999 年第 4 期。

本）"概念，由此奠定了现代产权理论的基础。后来的西方产权理论着重把握了交易成本这个核心，对交易成本概念进行了补充和完善，同时引入了"外部性"问题，大大拓展了产权理论所探讨的理论范畴，同时也为现代产权理论产生多种流派、形成各自的取向和特点创造了条件。

其次，关于产权的定义问题马克思主义经典作家和西方经济学家之间也存在着明显分歧。马克思在透过纷繁复杂的社会经济现象，深入考察了社会经济运动后，把握了其中最为本质的经济关系、利益关系，并给出这样一个结论："财产最初无非意味着这样一种关系：人把他的生产的自然条件看做是属于他的、看做是属于自己的、看做是与他自身的存在一起产生的前提；把它们看做是他本身的自然前提，这种前提可以说仅仅是他身体的延伸。"① 可以说，在马克思、恩格斯那里，附属在财产上的财产权，无非是一种关系，一种从事生产的自然条件，一种身体的延伸。实际上，马克思在这里想要表达两层意思：第一，财产最初仅仅是一种关系，而后来所发展的私有财产则是资本主义经济关系下的产物；第二，马克思将财产与财产权联系起来加以考察，清晰地反映出产权的关系本质，这也是马克思所有制关系理论的深刻之处。由此，我们可以知道，在考察"产权"的概念时，马克思、恩格斯并没有将其看作一个具体、可清晰定义的、永恒不变的概念，而是一个描述性的、发展的概念，用这个概念来描述人们在经济生活中的生产、分配、交换以及消费过程中的活生生的经济关系，这种经济关系在马克思那里通常被叫作"所有制"。过去有观点将马克思的所有制同生产资料所有制等同起来，这种观点无疑是片面、狭隘地理解了马克思所有制关系理论。早在1847年马克思在批判蒲鲁东将所有权看成一个永恒的一成不变的概念时，就曾言明："在每个历史时代中所有权是以各种不同的方式、在完全不同的社会关系下面发展起来的。因此，给资产阶级的所有权下定义不外是把资产阶级生产的全部社会关系描述一番。要想把所有权作为一种独立的关系、一种特殊的范畴、一种抽象的和永恒的观念来下定义，

---

① 《马克思恩格斯文集》第8卷，人民出版社2009年版，第142页。

这只能是形而上学或法学的幻想。"①

实际上，对于"产权究竟是什么"这个问题的回答，西方资产阶级经济学家也并没有给出一个明确的标准答案。被学术界公认为西方产权理论的奠基人科斯，他曾有过这样的一段表述，他指出："就我看来，产权是指一种权利。人们所享有的权利，包括处置这些桌椅的权利。这个问题就跟我们讨论交易成本时一样，无非是一个术语问题。这意味着应明确人们所享有的权利。"② 由此我们可以看到，在科斯那里，产权只是一系列的权利，人们凭借着拥有这些权利来实现对财产的占有、处置、收益等，但同时这也不意味着拥有这些权利就实际拥有了这些财产，财产实物与财产权之间是相分离的，例如，只占有使用权但无法永久地占有该财产。同样是产权理论家的德姆塞茨却对产权有着不同看法，他在《关于产权的理论》一文中明确提出，产权是指让自己或者他人收获益处或受到损害的权利。接着他又进一步指出，产权是一种存在于社会中的利益工具，其存在的意义来自社会发展中的一个现实存在，即在一个人与其他人进行交易时，产权可以帮助其达成那些他自己可以合理拥有的预期。德姆塞茨阐述了产权的经济功能与社会功能，即指自己或他人受益或受损以及形成合理拥有的预期，这种观点将产权看作一种社会工具，用于调节利益关系、人际关系。不言而喻，尽管西方经济学家们对于产权的定义各有差别，有的甚至相去甚远，但这些定义都体现出在西方产权经济学家那里，权利、利益、市场交换三者之间是彼此联系的，是有机统一的，这也是不同于马克思主义产权理论的一大特征。

在马克思主义经济学话语体系中，产权可以划分为公有产权和私有产权，并且二者的起源也是存在差别的。马克思、恩格斯基于唯物史观中关于生产力与生产关系的矛盾运动这一根本规律，认为人类社会的最初产权形态是原始公有产权，并且这是一种排他性的财产关系，是一种排除人为干扰的自然选择。私有产权则是生产力发展到一定阶段，在原

---

① 《马克思恩格斯文集》第 1 卷，人民出版社 2009 年版，第 638 页。
② 《诺贝尔经济学奖得主专访录》，人民出版社 1995 年版，第 135—136 页。

始公有产权的基础之上发展而来的，原始公有产权与私有产权同属产权的范畴，因此在考察产权的起源时，需要将二者区别开来，分别加以考察。马克思认为："劳动者把自己劳动的客观条件当做自己的财产；这就是劳动同劳动的物质前提的天然统一。"① 在这里，马克思想要说明的是，人类劳动的客观条件是人类赖以生产生活的物质前提。就原始的公有制而言，这种客观的物质前提是受地域等自然条件决定的，因而在这种自然形成的条件下所产生的产权也必然是"天然的"，必然是以原始的公有产权的形式而存在。关于私有产权的起源，马克思认为其与家庭的产生与演变密不可分。以血缘关系为主要连接而凝结起来的原始部落族群逐渐凋敝，分裂成一个个具有独立经济意义的家庭，私有产权就是在这一过程中形成的。可以说，此时的"物质前提"已经发生了巨大的变化。因为此时的自然界是人类"连续不断的感性劳动和创造、这种生产，正是整个现存的感性世界的基础"，虽然"外部自然界的优先地位仍然会保持着"，但是"先于人类历史而存在的那个自然界"②，除去在澳洲新出现的一些珊瑚岛以外，今天在任何地方都不再存在。由此看来，这种在原始公有制中所孕育出的私有产权，是生产力不断发展的结果，公有产权的解体和私有产权的产生都应归结于生产力的发展。可以说，从公有产权到私有产权的演变历程中，最先是以对生活资料的私人占有为前提的，然后才是对生产资料的私人占有。

由于在西方产权理论中并没有区分公有产权和私有产权，因此在西方经济学家看来，产权的起源就等同于私有产权的起源。他们对产权的起源观点都有一个共同指向，那就是如何提高效率。实际上，这种特点在西方经济学家身上并不稀奇，由于他们热衷于探寻市场机制效用最大化的问题，因此他们也必然将产权安排同社会资源的有效配置结合起来，以寻求一个最为有效的产权制度。他们从理性"经济人"假设和"成本—收益"分析出发，认为最有效率的产权安排就是私有制。在他们看

---

① 《马克思恩格斯文集》第 8 卷，人民出版社 2009 年版，第 122 页。
② 《马克思恩格斯文集》第 1 卷，人民出版社 2009 年版，第 529—530 页。

来，私有制摆脱了过去原始的、封建的共同占有的混乱状态，是经济实现高速增长的重要推动力。著名产权学派经济学家托马斯认为，私有产权不同于封建领主、贵族通过政治权力借以实现占有的财产权利，它是在各种经济现象相互交织、经济力量互相博弈的作用合力之下形成的，是一种资源稀缺所带来的竞争加剧、收益缩减使私有产权的出现成为必要的解决方案。劳动力的个人产权是私有产权的最初形式，国家机构的存在是为了更好地界定、维护和行使私有产权。德姆塞茨则进一步发展了这种观点，他认为应该把产权的起源理解为一种"新的产权"的产生，即在旧的产权的存在发展中出现了新的产权的过程。他曾在《财产权利与制度变迁》一书中写道，"当内在化的所得大于内在化的成本时，产权的发展是为了使外部性内在化。内在化的增加一般会导致经济价值的变化，这些变化会引起新技术的发展和新市场的开辟，由此而使得旧有产权的协调功能很差"[①]。可见，德姆塞茨认为新产权产生的重要前提是旧产权的存在，是旧产权"协调功能"失灵的现实困境，新产权必然会引起新技术的发展和新市场的开拓，这对于提高市场效率、增加经济财富是极为重要的，但是他在这里没有涉及"公有产权"的安排，仅仅把产权的起源归结为私有产权的起源的一种。

从上述分析中，我们不难发现，建立在私有产权之上的西方资产阶级产权理论，其关于私有产权起源的学说是建立在对成本—收益模型进行经济分析、由此找到一条资源最佳配置的经济运行方式基础之上的。他们一致认为：产权的产生很大程度上解决了不同主体之间对经济资源的使用、维护权利等划分问题，有效优化了经济资源的配置，大大降低了每个环节中的交易成本，这种排他性产权的建立达到了收益大于成本的理想状态。德姆塞茨将产权的产生归因于数量逐渐增加的贸易往来和商业活动以及不断开拓的新市场。即随着人们之间的交易形式越来越复杂，交易规模逐步扩大，导致资源越来越稀缺。诺思等人则认为导致资源越发稀缺的原因则是由于人口增长速度太快导致资源基数的快速增长。

---

① 科斯等：《财产权利与制度变迁》，上海三联书店1994年版，第100页。

他们共同的认知误区在于不承认私有产权以前的公有产权的存在，当然公有产权产生的历史条件和原因也就不在他们的视野之内而无法讨论了。

再次，借以展开的研究方法也大不相同。马克思在考察资本主义生产关系所运用的方法论既有经济学意义上的，也有哲学意义上的，同样也有具体的经济统计方法、分析方法等。可以说，在这些不同的方法论中，哲学意义上的方法论是最为基本的。辩证唯物主义和历史唯物主义是马克思所有制关系理论的基本方法论。这一哲学方法论的产生不是自然的，而是与马克思本人思想的变化密切相关。一方面它取决于马克思、恩格斯对长期以来经济学的有关理论和较为广泛的哲学思潮的深入研究和科学批判，包括对唯心辩证法和以往旧唯物主义的研究和批判，由此创立了与黑格尔辩证法不同的唯物辩证法和与"直观的唯物主义"不同的"实践的唯物主义"。马克思反复强调唯物主义必须建立在对社会本身及其内部矛盾的解剖、理解的基础之上。所谓唯物史观或历史唯物主义，就是以辩证唯物主义的观点去分析、理解人类社会的历史演变，将人类社会看作一个不断变化、永恒发展的矛盾体，整体把握社会发展的诸多矛盾，以推进社会历史的发展进程。有观点认为，马克思所有制关系理论的方法论基础仅仅包括唯物史观，而不包含辩证唯物主义。实际上，这二者是不矛盾的，历史唯物主义是辩证唯物主义在历史观上的集中表现，而辩证唯物主义则是历史唯物主义的自然观基础，二者之间是辩证统一的，人类社会发展中的各种存在及其演变无不受到这些规律支配。另一方面，这也是马克思、恩格斯在详细观察社会、深入分析社会以及在科学实践中提炼出来的。他们在对长期以往的方法论进行批判的同时，运用新方法去深入研究或重新审视、剖析市民社会，即资本主义社会。19世纪40年代中期，马克思在《巴黎笔记》《黑格尔法哲学批判》《关于费尔巴哈的提纲》等著作中就已阐发了相应观点，并初步形成了唯物史观这一伟大发现。在后来写作《资本论》的时候，马克思就熟练地运用辩证唯物主义与历史唯物主义，论证了资本的生产与增殖，揭露了资本剥削劳动的秘密，揭示资本主义必将灭亡的历史趋势，确证这一思想的科学性和有效性。

那么，现代西方资产阶级产权学派所运用的研究方法是什么呢？在西方资产阶级产权学派产生的过程中，受到很多传统的和非传统的哲学思潮的影响，尤其是18世纪后期，西方的人本主义思潮逐步兴起占据了社会主流，其中，个人主义、自由主义、功利主义泛滥，成为西方社会普遍的价值导向。可以说，这三者之间是相互联系、三位一体的。如果没有个人主义的崛起，也就不会有自由主义与功利主义。每个自由主义经济学流派都是兼具个人主义和功利主义的。西方资产阶级产权经济学家十分信奉自由主义，认为充分的市场竞争是提高市场效率、增加社会财富的最好方式，而国家干预则会很大程度上妨碍市场竞争的有效性，使得资源不能按照最佳的方式配置。按照产权经济学家对社会经济运行状况的分析，并没有否定一个统一的市场、有效的政府调控的可能性，但是他们却坚定地选择了自由竞争这一轨道。在他们进行分析的时候，将制度本身纳入市场均衡的分析框架之中，形成了一个制度市场。这一市场，首先是一个自由竞争的市场，其次是一个制度与国家、法律并存的市场，它将两种看起来相互排斥、相互对立的东西放在同一个宏观经济中，使得制度与国家沦为为自由竞争服务的工具，从这个角度来看，西方产权经济学实质为自由主义的经济学。

最后，二者所要得出的最终结论也有所不同。马克思虽然也研究具体的经济运行过程与产权结构，但他却不是仅仅限于具体的层面，而是将视野放在根本产权制度的研究，探索社会经济发展的基本规律及产权演进的历史过程，其目的在于揭示资本主义私有制经济中资本对雇佣劳动的剥削实质，阐明资本主义性质的产权关系其深层具备的虚伪性和不合理性，进而揭露了资本主义生产方式的内在矛盾及其必然灭亡性。进入社会主义社会后，马克思主义产权理论研究的焦点问题就进行了转换，由原来的无产阶级推翻旧的制度转换到建立新的制度，即需要进一步完成从推翻生产资料的资本主义私人占有制到构建生产资料的社会主义公有制的转变。尤其是在社会主义公有制下，如何保留和占有资本主义私人占有制所创造的一切积极成果，是一个值得进一步深入研究的现实问题。在社会主义公有制环境下，不仅要解决分配正义等问题，还需要发展和完善社会主义经济制度、不断促进社会生产力的快速发展、提高人民生活水平，最终实现共同富裕的目标。这时的产权研究由原来的资本批判、剩余价值规律的揭示转变到社会主义条件下的经济所有制结构、公有制与非公有制之间的关系、公有制的多种实现方式等问题上来。由此可见，不同的意识形态可以通过不同的产权理论反映出来，同样是为了不同的阶级利益而服务的。西方产权理论通过从交易金额的角度出发，通过交易费用的数量多少，来对产权关系和产权制度进行衡量和调整，从而实现所谓的资源合理配置，实现为资本主义私有制保驾护航。这样的产权经济学对西方主流经济学的"主要贡献"就在于，通过新古典经济学的传统方式对资本主义所有制进行了新的理论诠释和有力辩护，并尝试通过为私有制经济的合理性存在正名，而斥责非公有制则是非合理性的存在。其对象局限于经济运行层次的具体产权，有时甚至是基本法律制度难以确定的细微产权，核心是考察人们在经济活动中的益损关系及其影响，探寻如何更好实现交易，降低交易费用，提高资源配置效率。

从以上的对比分析可以看出，马克思主义产权理论和西方产权理论是在不同的时代和背景下产生的，从本质上来看，两种理论是在不同的意识形态、不同的研究方法的影响下形成的两种不同的理论体系。总的来说，马克思主义产权理论运用了历史的、辩证的方法，深刻揭示了资本主义私有制的起源、本质和运动规律，不论是从理论的视角、理论的深度以及理论的体系都更胜一筹，从整体上来看是科学的。西方产权理论则主要通过社会现实中的表面现象，运用局部个体思想的方法来对产权问题进行研究，存在着较为明显的缺陷和问题。但需强调的是，这并不意味着马克思主义的产权理论就是绝对完美的，西方产权理论没有一点可取之处。实际上，马克思对于具体的产权问题的研究，即产权的交易过程以及法律关系等问题还未作出较为系统的研究，特别是由于受限于自身的历史条件的原因，不能对现代社会主义市场经济中的产权问题做出十分具体的设想。在这一方面，西方产权理论更具有优势，对具体的产权内容做出了较为深入的研究，对现代社会主义市场经济中产权运行机制进行了较为细致的分析，并取得了较为丰富的理论成果，这正好为马克思主义产权理论的不足提供了补充。现代西方产权理论是对西方经济学的修正和完善，是当今西方经济学发展的最新成就，是西方市场经济运行的理论概括，对市场经济中的运行规则有着较强的解释力。因此，马克思主义产权理论和西方产权理论在市场经济的具体运行上，各有长处，各有优势，虽本质不同，但并不完全排斥，是相互补充的，有些观点甚至认为，可以通过一定的方式将两种理论在一定的经济学框架之内进行整合。

在我国社会主义现代化建设进程中，在看待两种产权理论时，要抱有科学认知、实事求是的态度，在实践运用中要综合发挥两种理论相互交融的优势，特别是在我国产权改革的过程中，要有清晰的认知，明晰二者的区别，合理分辨，科学借鉴，以更好地服务于我国的经济改革和社会发展。具体来看，应该把握以下两个方面：从整体上来看，应该把马克思主义产权理论作为科学指导。我国经济发展中的产权改革要以马克思所有制关系理论为指导，坚持完善社会主义公有制，摒弃否定公有制实现私有化的思想误区。因为马克思所有制关系理论是科学的，而西方产权理论在这方面是相当肤浅的，如果按照西方产权理论的发展逻辑只能得到一种结果，即实行完全的私有化，这明显与我国经济改革的历史和现实十分不符。当然，坚持公有制主导地位并不是说要刻板地坚持公有制的绝对份额，而是要对社会主义公有制的影响力和凝聚力进行强有力的保证，使私有经济和其他多种经济成分在公有制主导地位的引领和影响下，得到最大限度的发展。尤其是将社会主义公有制和公有制的实现形式进行区分，在产权明晰的前提下，激发市场动能和活力，充分发挥市场机制的作用。可以说，这是基本的条件和科学的导向。从微观上来说，应该吸收和借鉴西方产权理论中科学的内容和成果。因为马克思对社会主义市场经济中的产权问题没有做出明确的设想，而西方产权理论则对现代市场经济中的产权内容进行研究，形成了一些值得借鉴的研究成果。因此，我国产权改革就要积极借鉴有利于完善社会主义市场经济体系，健全市场机制的相关理论研究和实践成果，通过西方产权理论中关于现代市场经济中产权界定、产权制度以及关于经济资源配置关系等研究成果，对我们国家的产权制度的改革和发展，尤其是国有企业的产权改革进行调整和完善。

## 第二节　基于马克思所有制关系理论对<br>"私有化" 思潮的批判

"私有化" 一词源自新自由主义，是新自由主义在经济制度设计方面的集中表现。那么，何为新自由主义？新自由主义是一套基于自由主义的制度设计、政策体系和意识形态。新自由主义与其他西方经济理论一样，都是建立在西方主流经济学 "理性经济人假设" 之上的一种经济运行理论。实际上，在 "理性经济人假设" 那里，处在市场经济中的每一个人都应该是理性的，他们是趋向追求自己利益的最大化，那么每个人都自由地实现最大化自己的利益，整个社会的利益就能实现最大化，可以说这是一种理想状态。为此，恩格斯在《路德维希·费尔巴哈和德国古典哲学的终结》中，曾经就费尔巴哈的道德论，运用了证券交易所的现实的例子进行了有力的批判。在恩格斯看来："证券交易所就是最高的道德殿堂，只要人们的投机始终都是得当的"，每个人都是 "按照我追求幸福的欲望行事一样"，而且 "每个人都靠别人来满足自己追求幸福的欲望"[1]。于是，每个人必须对自己在证券交易所里的交易后果，尤其是导致了自己财产的损失乃至最终破产的后果，负有直接的责任。因而也就不能把这种社会分裂的后果归结为社会制度的原因，而恰恰是自己错误选择的结果。由此看来，新自由主义的这套理论，其内在本质是建立在不动摇私有产权基础上构建社会契约关系的一种交换制度。在亚当·斯密看来，这种基于契约关系的社会自由交换最有利于提高经济运行的效率、创造社会财富的制度设计，具有至高无上的价值，因此，也被奉为经济运行的最高准则。如此一来，订立契约、自由交换则成为了人在现代经济社会中最为重要的权利，事关个人的自由和社会的利益，

---

[1] 《马克思恩格斯文集》第 4 卷，人民出版社 2009 年版，第 293 页。

具有根本的意义。在后来其他的制度安排和社会、国家秩序的建构中，自由权利也成为那个最基本的出发点。在自由主义者构建的权利体系中，国家只可能是一种工具，一种用于维护个人权利、保障社会契约关系和维持自由交换的工具，国家的存在更多是一种经济的属性，是为了私有制的自由市场而设立的，其本身并不具备特殊的价值。

新自由主义想要重新提倡的就是自由主义所具有的核心价值理念，那么新自由主义与传统的自由主义之间的本质区别并不大，仅仅表现在新自由主义是处在一个经济全球化的时代而已。因此，它所倡导的通过合理提出的私有化、市场化等一系列思想和政策都是具有全球性特征的，因而又被称为"普世价值"。但是，在2008年国际金融危机以及之后的长期经济大萧条的过程中，这些所谓的"普世价值"理念被迎头痛击，并遭遇了严重危机。正如诺贝尔经济学奖获得者约瑟夫·E. 斯蒂格利茨在《自由市场的坠落》中所说："游戏规则已经在全球范围内发生了改变，华盛顿共识政策及其背后的市场原教旨主义的基本意识形态已经没有生命力了。"①

新自由主义的核心观点是夸大了资本主义私有制经济发展中市场发挥的作用，反对一切关乎经济发展中所存在的任何形式的国家干预。新自由主义者主张市场是资源配置中最有效的方式，"看不见的手"才是能够发挥最佳优势的经济调节器，可以使得人们在追求自己利益的同时，也能为其他人创造出可能存在的客观价值，这仅仅通过主观去想为社会创造的意义更大；市场不仅仅是最完美的"看得见的手"，还有着"隐形的眼睛"，每时每刻都在监视着每个人的行为，促使自己约束自身的行为表现，从而使市场上的陌生人之间能够相互合作，彼此信任。当然，市场在发挥巨大作用时也不是绝对的，它有两个非常重要而且必要的前提：一是强调产权私有。哈耶克为了说明"私有制是自由的最重要的保障"，在《通往奴役之路》一书中引用了马克斯·伊斯门的这样一段话：

---

① ［美］约瑟夫·E. 斯蒂格格利茨：《自由市场的坠落》，李俊青、杨玲玲译，机械工业出版社2011年版，第262页。

"私有财产制度是给人以有限的自由与平等的主要因素之一，……私人资本主义连同其自由市场的发展成了我们一切民主自由的发展的先决条件。"① 可见，任何形式的自由主义者都不遗余力地鼓吹私有化，疯狂地迷信自由竞争条件下的市场效率，同时他们也认为发展中国家想要实现经济快速发展，就必须要实现产权私有、保护私有财产。二是拒绝国家干预。在新自由主义者看来，任何形式的国家干预都不会对市场效率有丝毫的帮助，反倒会提高运行成本、降低市场效率。他们认为，在国家干预的影响下，会导致市场无法完成信息的正常传递，个人的经济活动也会受到各种各样的限制；政府的日益强大不仅不能为市场经济的发展带来积极的影响，反而迟早会将自由市场带来的繁荣摧毁掉。因此，政府管得越少，经济活动发展得越好。各国经济活动中出现的各类问题，都不是市场的错，而是政府惹的祸。就算在经济危机爆发面前，他们也狡辩说："这完全是政府和中央银行的货币政策的错误，与放松金融管制无关。美国经济的高度杠杆化是美联储信贷扩张政策的结果，而不是其原因。"②

在新自由主义者看来，产权明晰而没有任何国家干预的自由市场是最完美有效的经济运行方式。实际上，这种对市场的疯狂痴迷和妄想，绝不可能造就最完美的制度，相反是一种病态的表现，是一种人与物关系的颠倒。首先，市场不是生来就有的，而是一定生产力发展阶段的产物，它绝不可能超越历史和时空的限制，而完美、永恒地存在下去。其次，市场的所谓"弊端"并不是人为地制造出来而强加给他的，而是经历过社会历史的检验，在实践中得到确证的实实在在的弊病缺陷，这不可否认。再次，市场真的是完全理性的吗？每个人又真的做到理性人了吗？市场运行过程中，会受到市场信息、决策者、运行机制、管理模式等诸多因素的影响，而市场这个大系统又能如何保证每个程序都精准地运行而不发生任何故障？最后，市场难道真的无所不能吗？只要满足了

---

① ［英］弗·奥·哈耶克：《通往奴役之路》，王明毅等译，中国社会科学出版社1997年版，第102页。

② 张维迎：《市场的逻辑》，上海人民出版社2010年版，第287页。

市场运行的各种先决条件，就会获得最完美的结果，这听起来就像是唯心主义者的甜蜜陷阱。

马克思在《政治经济学批判（1861—1863 年手稿）》中指出："这种关系在它的简单形式中就已经是一种颠倒，是物的人格化和人格的物化；因为这个形式和以前一切形式不同的地方就在于，资本家不是作为这种或那种个人属性的体现者来统治工人，而只是作为'资本'的体现者来统治工人；他的统治只不过是对象化劳动对活劳动的统治，工人的产品对工人本身的统治。"① 在《资本论》第一卷中，马克思专门论述了商品拜物教问题，指出人和物的颠倒这一反常现象在资本主义市场经济中却成了一种普遍现象，"在交换者看来，他们本身的社会运动具有物的运动形式。不是他们控制这一运动，而是他们受这一运动控制"②。市场不是凭空出现的，是和商品、货币一样，究其源头也是人创造出来的存在，是人类社会历史发展到一定阶段的产物，但在新自由主义者的观点中，它却成为一种非常神秘的存在了，变成了一种统治人、驾驭人的力量，成了人们要为之顶礼膜拜的神明。

在马克思所有制关系理论中，对私有财产本质的揭示和公有产权的建构是最为根本的，也是马克思不同于其他对资本主义进行尖锐批判的经济学的显著区别。他不仅对利己主义的历史局限性进行批判、挖掘了其内在矛盾、扬弃利己主义路径进行了一定的思考，更是在对利己主义批判基础上，进一步对资本主义社会私有财产进行指向性的批判。马克思也正是在对资本主义私有财产进行批判的过程中，深刻揭露了私有财产的真实本质，明确指出了私有财产的背后真相，揭示了"私有财产"与"异化劳动"之间的深层次关系，进而为进一步扬弃私有财产的路径指明了方向。马克思在对利己主义的批判过程中发现，资本主义社会发展背后的深层社会关系的挖掘，不能仅仅依靠人性层面分析来对资本主义社会中利己主义进行批判。要想揭开资本主义社会背后的深层次关系，

---

① 《马克思恩格斯文集》第 8 卷，人民出版社 2009 年版，第 393 页。
② 《马克思恩格斯文集》第 5 卷，人民出版社 2009 年版，第 92 页。

就必须要追溯到形成利己主义的根源和助力其成长的养分中去，而这个促使利己主义发展起来的根基和养分就是国民经济学家所认为的资本主义社会所固有的"私有财产"。正是基于此，马克思在《1844年经济学哲学手稿》中用了大量的篇幅从私有财产的起源、本质等方面进行了深刻的批判，即从批判私有财产的本质开始，从而指出未来如何扬弃"私有财产"，进而使人们更深刻地认识私有财产的实质。

以往的国民经济学家也曾试图进入资本主义社会经济内部去探寻资本主义发展的内在奥秘，从而完成了对现代资本主义批判，找到未来社会的发展道理。但与他们不同的是，马克思保持对一切事物采取批判的态度，来考察资本主义经济关系和以往的国民经济学家的看法和理解，恩格斯后期在总结马克思的经济学批判方法中谈到"对经济学的批判，即使按照已经得到的方法，也可以采用两种方式：按照历史或者按照逻辑"①。这里所提及的历史或者逻辑的方法，就是我们在上文中所阐述的整体性方法和抽象的方法。对于国民经济学家的看法，马克思清醒地认识到"他们总是置身于一种虚构的原始状态"。国民经济学家往往将私有财产在现实世界中的产生，放进事先设置好的所谓规律中，来愚弄市民社会的广大群众，使他们不能对私有财产的产生、发展、变化，有一个清晰的、本质的认识。对此，马克思指出："国民经济学没有向我们说明劳动和资本分离以及资本和土地分离的原因。"② 接着，马克思进一步批判了国民经济学家们不理解运动之间的联系，不了解私有财产在经济发展中对于交换、竞争、垄断和货币制度所发挥的根本性作用。

马克思在论述私有财产时，借用了国民经济学家所指出的"工人生产的财富越多，他的生产的影响和规模越大，他就越贫穷。工人创造的商品越多，他就越变成廉价的商品。物的世界的增值同人的世界的贬值成正比"③ 这一客观经济事实，从而引出了"劳动的异化和社会的异化、人的异化"或"异化的对象世界"，即马克思深刻地分析了自然界中生

---

① 《马克思恩格斯文集》第2卷，人民出版社2009年版，第603页。
② 《马克思恩格斯文集》第1卷，人民出版社2009年版，第155页。
③ 《马克思恩格斯文集》第1卷，人民出版社2009年版，第156页。

活资料、生存资料、劳动产品以及其他与工人的劳动生产相关联的物质世界。马克思指出"国民经济学从私有财产的事实出发。它没有给我们说明这个事实。它把私有财产在现实中所经历的物质过程，放进一般的、抽象的公式，然后把这些公式当做规律"①。也就是说，国民经济学家看到了劳动和资本分离以及资本和土地分离对工人来说是致命的。即在这种分离的过程中，带来了工人阶级的贫困化趋势和规律。但是，他们没有进一步阐释这种分离所带来的客观事实背后的原因是什么，即私有财产究竟是怎么产生的，它与"异化劳动"之间的关系是什么，即在这个异化的物质世界中，马克思尖锐地指出国民经济学由于"不考察工人（劳动）同产品的直接关系而掩盖劳动本质的异化"，进一步指出"劳动为富人生产了奇迹般的东西，但是为工人生产了赤贫……劳动生产了智慧，但是给工人生产了愚钝和痴呆"②。

马克思指出，在私有财产是在劳动者异化、外化的劳动过程中产生的，是工人自私自利的行为方式的表达。马克思认为，为了让人们更清楚地看清它的本来真实面貌，需要对资本主义社会中的私有财产给予更为全面且透彻的分析，他指出，现实社会中的买卖、竞争行为，资本和货币等相关的概念的存在正是私有财产在人们面前具体的、特定的表现。至此，马克思对私有财产的本质进行了阐明："从私有财产对真正人的和社会的财产的关系来规定作为异化劳动的结果的私有财产的普遍本质"③，"人们谈到私有财产时，总以为是涉及人之外的东西。而人们谈到劳动时，则认为是直接关系到人本身。问题的这种新的提法本身就已包含问题的解决"④。接着，马克思又补充了一个内容："私有财产的普遍本质以及私有财产对真正人的财产的关系"⑤，同时还对私有财产的内部关系进行了界定，"占有表现为异化、外化，而外化表现为占有，异

---

① 《马克思恩格斯文集》第 1 卷，人民出版社 2009 年版，第 155 页。
② 《马克思恩格斯文集》第 1 卷，人民出版社 2009 年版，第 158—159 页。
③ 《马克思恩格斯文集》第 1 卷，人民出版社 2009 年版，第 167 页。
④ 《马克思恩格斯文集》第 1 卷，人民出版社 2009 年版，第 168 页。
⑤ 《马克思恩格斯文集》第 1 卷，人民出版社 2009 年版，第 168 页。

化表现为真正得到公民权"①。总而言之，马克思在剖析私有财产本质的过程中，并没有仅仅围绕私有财产来直接谈私有财产，而是借助"外化的、异化的劳动"这一概念作为解析工具，这样就能够让工人阶级从他们真真切切的现实生活中对资本主义社会的私有财产有更直观的认识，通过他们现实生活中的外化的、异化的劳动来深刻感知私有财产的产生以及发展历程，从而更进一步加深对私有财产的认知和理解。换句话说，马克思也是通过深入分析了私有财产与异化劳动之间的关系，进一步揭示了私有财产的本质。

马克思通过私有财产与异化劳动之间的关系视角出发阐释了自己的理论观点，即从事物的普遍联系和发展过程中来研究事物的方法，极大地超越了国民经济学家单纯的概念性的阐释的理论局限性，这无疑是给当时和以后的经济学界留下了思考的空间。正如 1865 年马克思致恩格斯的信中所指出的那样："不论我的著作有什么缺点，它们却有一个长处，即它们是一个艺术的整体；但是要达到这一点，只有用我的方法。"② 正是从事物的普遍联系和发展过程的这一整体性方法，马克思认识到，要通过历史唯物主义的方法来对具体历史时段的社会现象和行为进行阐释，而不是形而上学的方法论。避免掉入历史旋涡需要注意的是，暂且不能对现有的概念进行定义，同样这样也不利于全面地认识和了解社会现象和社会行为的变化和发展。因此，马克思也并未对私有财产的概念直接进行定义，而是运用历史唯物主义的方法论来建构理论分析的框架。为的是更好地让工人阶级深刻认识国民经济学家所谓的私有财产的本质，马克思通过对私有财产与异化劳动的辩证关系的分析，揭开了"异化劳动"和"私有财产"的神秘面纱。

马克思在分析私有财产时，并没有像以往的经济学家那样，把它与异化劳动分开来研究，而是将二者有机结合在一起，看作一个相互联系的统一体。马克思指出："私有财产是外化劳动即工人对自然界和对自

① 《马克思恩格斯文集》第 1 卷，人民出版社 2009 年版，第 168 页。
② 《马克思恩格斯文集》第 10 卷，人民出版社 2009 年版，第 231 页。

身的外在关系的产物、结果和必然后果。因此，我们通过分析，从外化劳动这一概念，即从外化的人、异化劳动、异化的生命、异化的人这一概念得出私有财产这一概念。"① 从这里可以看出，马克思从资本主义社会"异化劳动"的客观经济事实中"得出了私有财产"的概念，从而超越了国民经济学家们仅仅停留在这个客观事实中的理论局限性。在此基础之上，马克思进一步指出，私有财产与外化劳动之间的这种"相互作用的关系"，"私有财产只有发展到最后的、最高的阶段，它的这个秘密才重新暴露出来，就是说，私有财产一方面是外化劳动的产物，另一方面又是劳动借以外化的手段，是这一外化的实现"②。总而言之，马克思将异化劳动与私有财产之间看成是双向互动关系，是马克思所有制关系理论中的核心观点之一。

需要进一步说明的是，马克思此时把"外化劳动"与"异化劳动"、"外化的人"与"异化的人"等之间的概念几乎是等同起来使用，这给不少人理解马克思"异化劳动"思想造成了相当大的困难。实际上，我们在理解马克思关于异化劳动与私有财产之间的双向互动关系上，可以理解成这样：外化劳动的结果出现了私有财产，而私有财产增加则使"外化劳动"最终发展成为"异化劳动"的深度。从这个角度来看，在马克思的异化劳动与私有财产之间关系中，把"外化劳动"是优先的和具有决定性意义的，而把"异化劳动"看成私有财产运动的必然结果。这样一来，马克思的这种"双向互动关系"的理解便得以澄清了。总而言之，马克思从三个方面揭开了异化劳动和私有财产的本质关系：第一，异化劳动和私有财产是一种原因与结果的关系，即"外化劳动"创造了私有财产，而私有财产的积累使得"外化劳动"加深为"异化劳动"；第二，异化劳动使私有财产展现出内在的本质属性，从而得出私有财产不过是异化劳动的外在因素；第三，马克思将异化劳动同"人类发展进程"相联系，而且在对异化劳动进行分析的过程中始终坚持"以人的发

---

① 《马克思恩格斯文集》第 1 卷，人民出版社 2009 年版，第 166 页。
② 《马克思恩格斯文集》第 1 卷，人民出版社 2009 年版，第 166 页。

展的本质为根据"。在认识异化劳动的过程中，需要清楚的是，异化劳动的发展过程是要从人类社会发展的整个过程中去认识研究的，也就是说，要将异化劳动看成一种变化和发展的状态，而非一个静止存在的过程。异化劳动也有其产生的一定必然性和合理性，它在人类社会发展的历史长河中也起到了一种催化剂的作用，并且这种作用是逐渐随着人类社会的不断发展而逐渐弱化了；同时，随着对人的本质认识的不断发展，其不合理性也逐渐显现出来。异化劳动终将走向灭亡。伴随着异化劳动的消亡，私有财产也将逐渐走向没落。

马克思在《1844 年经济学哲学手稿》中的"私有财产和共产主义"一章中指出："粗陋的共产主义，不过是私有财产的卑鄙性的一种表现形式，这种私有财产力图把自己设定为积极的共同体。"① 正是基于对粗陋的共产主义批判式的认知，马克思对未来共产主义社会所有制形式进行了详细的阐述。在这里，马克思基于私有财产是"劳动和资本的对立"，指出："共产主义是被扬弃了的私有财产的积极表现；起先它是作为普遍的私有财产出现的。"② 由于这种共产主义是从私有财产的普遍性来看私有财产的关系，所以马克思对当时的共产主义的不同派别进行了区分：第一种是粗陋的平均主义的共产主义。马克思指出，这种"共产主义，不过是私有财产的卑鄙性的一种表现形式"③，"不过是私有财产关系的普遍化和完成"④。从马克思对这种共产主义的理解上我们可以看出，这种共产主义并不是要废除私有制，而是将私有财产进行平均分配。这种共产主义不符合马克思的本意。第二种"共产主义（α）还具有政治性质，是民主的或专制的；（β）是废除国家的，但同时尚未完成的，并且仍然处于私有财产即人的异化的影响下"⑤。马克思将其认定为"尚未完成的共产主义"，实际上也就是将其理解还没有真正地理解共产

---

① 《马克思恩格斯文集》第 1 卷，人民出版社 2009 年版，第 185 页。
② 《马克思恩格斯文集》第 1 卷，人民出版社 2009 年版，第 183 页。
③ 《马克思恩格斯文集》第 1 卷，人民出版社 2009 年版，第 185 页。
④ 《马克思恩格斯文集》第 1 卷，人民出版社 2009 年版，第 183 页。
⑤ 《马克思恩格斯文集》第 1 卷，人民出版社 2009 年版，第 185 页。

主义本质的一种半截子的共产主义。第三种是马克思所肯定的一种："共产主义是对私有财产即人的自我异化的积极的扬弃，因而是通过人并且为了人而对人的本质的真正占有；因此，它是人向自身、也就是向社会的即合乎人性的人的复归，这种复归是完全的复归，是自觉实现并在以往发展的全部财富的范围内实现的复归。"① 在这里，马克思所要表达的思想是，共产主义不仅要扬弃私有财产，而且还在扬弃私有财产的过程中建立起了一种新的人与人之间的关系，这种人与人之间的关系实际上就是未来社会中人的真正的解放，实现自由而全面的发展，即使"人和自然界之间、人和人之间的矛盾的真正解决"②。

从上述内容可以看出：首先，异化劳动引起私有财产的产生，私有财产成为了一种人对物质财富的占有方式，同时也是促使人们同自身劳动之间的异化，究其本质而言，不在于物的形态所产生的变化，而在于人的劳动所出现的异化。所以，从这个角度来分析，对私有财产的扬弃，不仅仅扬弃的是其外在的物质形态，更本质的是要扬弃私有财产背后隐藏着的异化劳动。其次，需要通过人的劳动来实现私有财产的扬弃。这里所指的人的劳动是从异化劳动开始的，只有通过不断改进和完善异化劳动，才使得人们更加清楚地认识到劳动的真正意义是什么，即劳动的本质意义正是为了能够使人的本质回归，使得人真正地成为人。最后，共产主义社会不是对资本主义社会的私有财产以及文明成果的全部否定，而是在已有的物质财富和文明成果的基础上的辩证的否定和发展，是对私有财产关系和劳动异化形式的积极的扬弃。正因为如此，马克思进一步指出："共产主义作为私有财产的扬弃就是要求归还真正人的生命即人的财产，就是实践的人道主义的生成一样；或者说……共产主义则是以扬弃私有财产作为自己的中介的人道主义。"③ 在这里，马克思将共产主义作为扬弃私有财产的一种中介来进行认识。如果说在《1844 年经济学哲学手稿》中马克思对共产主义和私有财产的认识还处

---

① 《马克思恩格斯文集》第 1 卷，人民出版社 2009 年版，第 185 页。

② 《马克思恩格斯文集》第 1 卷，人民出版社 2009 年版，第 185 页。

③ 《马克思恩格斯文集》第 1 卷，人民出版社 2009 年版，第 216 页。

于一种萌芽状态的话，那么恩格斯在《共产主义原理》中对共产主义以及共产主义社会如何对待私有财产和私有制的认识则都有了进一步的深化和发展。

在《共产主义原理》中，恩格斯对共产主义扬弃私有制进行了深入的阐述，分别从共产主义社会制度的内容，废除私有制的可能性，怎样废除私有制，以及能不能一下子就把私有制废除这几个方面，对未来共产主义社会中的诸多问题进行了深入阐释。恩格斯指出："这种新的社会制度将消灭竞争，而代之以联合……而代之以共同使用全部生产工具和按照共同的协议来分配全部产品，即所谓财产公有。废除私有制甚至是工业发展必然引起的改造整个社会制度的最简明扼要的概括。所以共产主义者完全正确地强调废除私有制是自己的主要要求。"① 在这里，恩格斯指出，未来共产主义社会的一个重要向度，就是在促使竞争走向消亡的过程中建立起来一个相互联合的社会，而这个联合起来的社会要扬弃的就是资本主义私有制所导致的不公平的存在。恩格斯基于历史唯物主义的基本观点，认为大工业发展的最终必然结果是废除私有制，这个结果将会导致财产的公有。仅仅将共产主义的原理界定为废除私有制而建立财产公有，还不能够引起工人阶级的思想认同，恩格斯从社会发展和生产力进步的视角，进一步回答了为什么"过去废除私有制是不可能的"。他指出："社会制度中的任何变化，所有制关系中的每一次变革，都是产生了同旧的所有制关系不再相适应的新的生产力的必然结果。私有制本身就是这样产生的。"② 可以说，恩格斯对 19 世纪工场手工业的生产规模和生产状况进行分析后得出一个结论：这一时期不可能产生新的生产关系和新的所有制关系。他明确指出，由于大工业的大发展，使得资本主义在三个方面产生了深刻变革：一是产生了大规模的资本和生产力；二是资产阶级的手中掌握着大量的生产资料，而广大工人阶级由于没有生产资料而越来越成为无产者，甚至无产者的悲惨境地与日俱增，已经达到了难以忍受的地步；三是产生了

---

① 《马克思恩格斯文集》第 1 卷，人民出版社 2009 年版，第 683 页。
② 《马克思恩格斯文集》第 1 卷，人民出版社 2009 年版，第 684 页。

强大的生产力的推动作用，导致资产阶级难以驾驭私有制所产生的影响①。由此，恩格斯分析了资本主义社会的早期发展中，废除私有制是有一定难度的，因此从侧面阐述了消灭私有制的较大可能性条件在于生产力高度发展、资本相对集中、人民群众极为赤贫的状况下。此外，恩格斯还指出了废除私有制不是一蹴而就的，而是要促使生产力的发展提高到足以实现财产公有所需要的程度，同时创造出大量所必需的生产资料之后，才能够进一步实现废除私有制。

总而言之，新自由主义者所崇尚的"私有化"思潮，其核心就是要复兴马克思、恩格斯所批判的私有财产，但马克思、恩格斯从社会历史发展的整体性视角完整地分析了私有财产的产生、发展和消灭，揭示了私有财产必然要被财产共有所替代的历史趋势，论证了唯物史观的科学性和真理性，使得私有化成为不可能。从这个角度来看，马克思所有制关系理论是对西方产权理论批判的有力武器。

## 第三节　马克思所有制关系理论的实践价值

中国共产党成立伊始，就鲜明地将马克思主义作为自己的指导思想和灵魂旗帜。中国共产党百年奋斗史，就是一部不断推进马克思主义基本原理与中国具体实际相结合的历史。在不断推进马克思主义中国化的进程中，所有制问题始终是马克思主义中国化中的关键问题，对所有制问题的理论创新和实践探索贯穿了中国革命、建设和改革的始终。回顾和梳理建党百年来马克思主义所有制关系理论中国化的探索历程和基本经验，彰显了马克思所有制关系理论的实践价值，坚持和完善包括中国特色社会主义基本经济制度在内的制度体系具有重要意义。

### 一　马克思所有制关系理论中国化的历史进程
将马克思所有制关系理论与中国的历史、文化、国情以及党情相结

---

① 《马克思恩格斯文集》第 1 卷，人民出版社 2009 年版，第 684 页。

合，实现马克思所有制关系理论的中国化时代化，是中国共产党人的一贯主张。中国共产党人在全面分析和把握国际形势和时代背景的基础上，不断推进马克思所有制关系理论中国化探索，在中国革命、建设和改革的各个历史时期采取了不同的所有制政策，取得了辉煌的成果，进一步丰富和发展了马克思所有制关系理论。

第一，新民主主义革命时期马克思所有制关系理论的中国化探索。近代中国一步步地沦为半殖民地半封建社会，积贫积弱、落后挨打、人民群众生活在水深火热之中。面对外国帝国主义和封建统治阶级等顽固势力，中国人民逐渐认识到，要想改变这一社会性质和面貌，使民族独立、人民民主、国家富强，只有进行革命并重新建设一个新的国家政权，才是唯一的出路。正是在无数仁人志士为之抛头颅洒热血的革命过程中，毛泽东等中国共产党人开始认识到"革谁的命、怎么革命"这一问题是近代以来中国革命中的一个首要问题。

为此，毛泽东运用了马克思所有制关系理论深刻地分析了"中国社会各阶级的经济地位及其对于革命的态度"①，指明了"一切勾结帝国主义的军阀、官僚、买办阶级、大地主阶级以及附属于他们的一部分反动知识界，是我们的敌人。工业无产阶级是我们革命的领导力量。一切半无产阶级、小资产阶级，是我们最接近的朋友。那动摇不定的中产阶级，其右翼可能是我们的敌人，其左翼可能是我们的朋友——但我们要时常提防他们，不要让他们扰乱了我们的阵线"②。

从总体上明确了敌我友这一首要问题之后，就需要我们对革命的道路以及革命的政策和策略问题进行探索并正确的回答。可以说，中国共产党人在中国革命发展的不同历史阶段，很好地把马克思所有制关系理论和中国革命的具体实践结合起来，推动了马克思所有制关系理论中国化，制定并采取了相应的所有制政策，赢得了广大人民群众的拥护和支持，科学地回答了上述问题。概括来说，这一时期中国共产党关于马克

---

① 《毛泽东选集》第1卷，人民出版社1991年版，第3页。
② 《毛泽东选集》第1卷，人民出版社1991年版，第9页。

思所有制关系理论中国化的探索主要包括三个阶段：

一是 1921 年至 1927 年，中国共产党在科学研判中国经济性质和基本国情基础上，逐渐认识到了资产阶级民主革命和社会主义革命"两步走"革命战略，科学分析中国社会各阶级的经济地位、政治地位及其在革命中的作用，确立了中国共产党革命斗争的方向和联合力量，奠定了新民主主义理论的基本观点。早在中国共产党成立前，中国的共产主义者就确立了中国经济社会发展的社会主义方向，开始了关于所有制问题的最初思考。1920 年 11 月，中国共产党第一次代表大会召开前拟定的《中国共产党宣言》中提出，共产主义者在经济方面的奋斗目标是将"生产工具——机器工厂，原料，土地，交通机关等——收归社会共有，社会共用"[①]。中国共产党成立后，党的第一次全国代表大会通过的《中国共产党纲领》第 3 条指出："消灭资本家私有制，没收机器、土地、厂房和半成品等生产资料，归社会公有。"[②] 从建党初期党内的经济主张可以看出，实现土地在内的生产资料公有制是党的奋斗目标和中心任务。1922 年 7 月，中国共产党通过的《第二次全国代表大会宣言》在重申建立共产主义社会"最高纲领"的基础上，进一步提出了反帝反封建的民主革命纲领，意味着党对中国革命性质和道路的认识经历了从"一大"的直接进行社会主义革命到"二大"的先进行反帝反封建的民主革命，再进行社会主义革命的转变。在确立了"两步走"革命战略基础上，中国共产党人从中国社会各阶级的经济地位特别是生产资料的占有状况科学分析了各阶级的革命态度，确立了中国共产党革命斗争的方向和联合力量。

二是 1928 年至 1945 年，中国共产党关于所有制关系理论与实践探索主要围绕土地革命展开，在此基础上实行了大力发展国营工业和保护私人资本主义企业发展的政策，逐渐形成了新民主主义革命时期的经济结构。1927 年大革命失败后，中国共产党在总结经验教训基础

---

① 《建党以来重要文献选编（1921—1949）》第 1 册，中央文献出版社 2011 年版，第 485—486 页。

② 《建党以来重要文献选编（1921—1949）》第 1 册，中央文献出版社 2011 年版，第 1 页。

上，开始探索一条以土地革命为中心，农村包围城市的革命新道路。以改变土地所有制关系为根本目标的土地革命，其基本内容是通过对农村土地的所有权、占有权、支配权、使用权的重新分配，以达到变革封建地主土地所有制，建立农民土地所有制的目的，这一过程包含没收地主土地和把没收的土地分给农民两个步骤。这一时期，除了开展以土地革命为核心的经济工作，根据地还进行了发展多种所有制经济的探索，包括发展中华苏维埃共和国各级政府直接经营的国营工业，手工业生产合作社以及私人资本主义经济。1938年到1946年是在抗日战争背景下进行新民主主义经济工作的时期。这一时期，毛泽东发表了《中国革命和中国共产党》《新民主主义论》等，对新民主主义的经济结构、新民主主义的土地政策和新民主主义经济的发展方向作了充分阐释。在团结抗日各阶层政策的支持下，解放区公营经济、合作社经济、私人资本主义经济、个体经济等各种经济类型，都迅速地建立和发展起来，新民主主义经济建设取得重大成就，为以后新民主主义经济进一步发展奠定了基础。[1]

三是1946年至1949年，中国共产党关于马克思所有制关系理论与实践工作的探索主要包括继续进行土地革命，提出了新民主主义的"三大经济纲领"，擘画了新中国经济建设蓝图的三个部分。在土地革命方面，主要通过颁布《五四指示》和《中国土地法大纲》开展土地改革工作。1946年5月4日，中国共产党发布《关于土地问题的指示》（即《五四指示》），决定改变"减租减息"政策，以土地改革的方式实现"耕者有其田"。到1947年春天，全解放区约有三分之二的地区解决了土地问题，极大提高了广大农民的生产积极性，并激发了他们的政治觉悟和支援革命战争的热情。与此同时，《五四指示》执行的过程中出现了一些不当行为，为了纠正《五四指示》中的不当行为，彻底打碎封建土地占有关系，实行彻底的土地改革，中国共产党于1947年10月10日颁布了《中国土地法大纲》，相比《五四指示》，《中国土地法大纲》是

---

① 李占才：《中国新民主主义经济史》，安徽教育出版社1990年版，第246页。

一个比较彻底的反封建的土地革命纲领。经过土地改革，广大农民生产积极性空前高涨，为人民解放战争的最终胜利和新中国的建立奠定了基础。关于新民主主义"三大经济纲领"，则是针对官僚资本和民族工商业作出的纲领性规定。1947年12月25日，毛泽东在《目前形势和我们的任务》中确立了新民主主义的"三大经济纲领"①，标志着中国共产党的新民主主义经济思想进一步成熟。以"三大经济纲领"为指导，毛泽东构想了新中国经济的构成：一是居于领导地位的国营经济；二是由个体向集体方向发展的农业经济；三是小工商业者和小的、中等的私人资本经济，② 奠定了新中国经济结构的雏形。关于擘画新中国新经济蓝图，则主要通过《共同纲领》确立新民主主义经济结构。《共同纲领》指出，合作社经济、农民和手工业者的个体经济、私人资本主义经济和国家资本主义经济"在国营经济领导之下，分工合作，各得其所，以促进整个社会经济的发展"③。由于《共同纲领》的临时宪法性质，五种所有制经济成分并存的新民主主义经济结构具备了法律保证。

第二，社会主义革命和建设时期马克思所有制关系理论的中国化探索。新中国的成立，标志着新民主主义革命的胜利，同时，也为社会主义革命提供了必要准备。从新中国成立到改革开放前，围绕新民主主义社会向社会主义社会的变革，中国共产党在所有制关系问题上的探索与实践主要经历三个时期：

一是从1949年到1952年，是全面实施新民主主义的经济纲领，构建了以国营经济为主导、多种所有制经济并存的所有制结构的时期。首先，变革地主土地所有制，是新民主主义革命时期的基本内容，也是新中国成立后新民主主义建设的重要内容。1950年6月28日，中央人民政府通过了《中华人民共和国土地改革法》，在总结过去土地改革经验

① 没收封建阶级的土地归农民所有，没收蒋介石、宋子文、孔祥熙、陈立夫为首的垄断资本归新民主主义的国家所有，保护民族工商业。参见《建党以来重要文献选编（1921—1949）》第24册，中央文献出版社2011年版，第533页。
② 赵凌云主编：《中国共产党经济工作史（1921—2011）》，中国财政经济出版社2011年版，第176、183、184页。
③ 《建党以来重要文献选编（1921—1949）》第26册，中央文献出版社2011年版，第763页。

的基础上，进一步对土地改革的政策作出了新的规定。到 1952 年底，除部分少数民族地区和台湾省外，全国土地改革基本完成，彻底废除了中国延续两千多年的封建土地所有制，解放了农村的生产力，对国民经济的恢复、社会主义工业化的展开起到了巨大推动作用。其次，推翻帝国主义和地主阶级的统治，没收官僚资产阶级垄断资本归新民主主义国家所有，建立国营经济，使之成为整个国民经济的领导成分，是实现半殖民地半封建经济向新民主主义经济转变的关键步骤。1949 年，新中国的国营经济已经在金融和现代工业、交通等领域获得主导地位。综合起来，国有经济在现代主要工业中所占的比重约为 50%，而在金融、铁路、港口、航空等产业，国有经济则占有绝对的优势。① 将数量庞大的官僚资本全部收归中华人民共和国所有，这就意味着国营经济直接掌握了国民经济的大部分生产力和经济命脉。最后，保护民族工商业，帮扶经营困难的私营企业，充分发挥其有利于国计民生的积极作用，限制其消极作用，也是新民主主义"三大经济纲领"的重要组成部分。经过全国工商业的合理调整，公私关系得到缓和，公营企业和私营企业都得到了迅速发展。在中国共产党和全国各族人民的共同努力下，以国营经济为主导的，私人资本主义经济、个体经济、国家资本主义经济、合作社经济多种经济成分并存的所有制结构初步形成，为整个国家从新民主主义经济向社会主义经济转变奠定了经济基础。

二是从 1953 年到 1956 年，中国共产党通过"三大改造"，完成了新民主主义形态向社会主义形态转变，构建了社会主义公有制占绝对主体地位的所有制结构。1953 年 12 月，毛泽东亲自审阅的《关于党在过渡时期总路线的学习和宣传提纲》对过渡时期总路线作了完整的表述②，标志着以"社会主义工业化"和"三大改造"为核心任务的过渡时期总

---

① 武力主编：《中华人民共和国经济史》（增订版）上卷，中国时代经济出版社 2010 年版，第 82—83 页。

② 从中华人民共和国成立，到社会主义改造基本完成，这是一个过渡时期。党在这个过渡时期的总路线和总任务，是要在一个相当长的时期内，逐步实现国家的社会主义工业化，并逐步实现国家对农业、对手工业和对资本主义工商业的社会主义改造。参见《中共中央文件选集（一九四九年十月——一九六六年五月）》第 14 册，人民出版社 2013 年版，第 499 页。

路线正式提出。党在过渡时期总路线的指引下，社会主义改造首先在农村展开。在一系列决议、报告和通知指导下，农村合作化运动经历了发展初级农业合作社向高级农业合作社的转变，到1956年底，入社农户达到1.17亿户，占全国农户总数的96.3%，其中加入高级农业合作社的占全国农户总数的87.8%。[①] 其次，推动个体手工业走向合作化道路，是三大改造的重要内容。1956年底，全国手工业合作社（组）已发展到10.4万余个，社（组）员达到603.9万余人，占全部从业人员的91.7%。[②] 最后，改造资本主义工商业也是三大改造的重要任务之一。对资本主义工商业的改造，主要包括两个步骤：一是通过加工、订货、收购、包销、统销、统购等业务沟通国营企业和私营企业，使私营企业变为国家资本主义企业；二是在全行业公私合营基础上，采取"定息"的形式和平赎买资本家所有的生产资料，逐步地把国家资本主义企业转变为社会主义企业。到1956年底，对资本主义工商业的社会主义改造已经基本完成。三大改造的基本完成，意味着全民所有制和集体所有制经济已在国民经济中占据主导地位，标志着新民主主义经济形态向社会主义经济形态转变过程的基本完成，以生产关系公有制为基础的社会主义制度正式在中国建立起来。

三是从1957年到1977年，是"一大二公"的所有制形态不断强化，单一公有制经济覆盖全社会的时期。历史唯物主义认为，矛盾是社会发展的根本动力，因而科学研判社会主要矛盾是确立社会发展道路的前提条件。1956年，党的八大指出，我国社会主要矛盾"已经是人民对于建立先进的工业国的要求同落后的农业国的现实之间的矛盾，已经是人民对于经济文化迅速发展的需要同当前经济文化不能满足人民需要的状况之间的矛盾"[③]。这就意味着，在完成社会主义改造进入社会主义建设时

---

① 参见赵凌云主编《中国共产党经济工作史（1921—2011）》，中国财政经济出版社2011年版，第248页。

② 参见赵凌云主编《中国共产党经济工作史（1921—2011）》，中国财政经济出版社2011年版，第249页。

③ 《中共中央文件选集（一九四九年十月—一九六六年五月）》第24册，人民出版社2013年版，第248页。

期，中国的革命任务已经彻底完成，社会主要矛盾转化为"落后的社会生产力"同社会主义制度下"人民的需要"之间的矛盾，社会主义的根本任务不再是阶级斗争，而是集中力量发展生产力，破解"生产"和"需要"之间的矛盾。然而，随着苏共二十大及其带来的"波匈事件"等国际形势的发展变化以及国内反右派斗争的扩大化，党对社会主义建设的认识逐渐发生了偏离。并在"两个阶级，两条道路的斗争"是社会主要矛盾思想的指引下，党在经济实践中就不断强化生产关系的升级对生产力发展的反作用，不断消灭私有制残余，搞所有制"升级"，"大跃进"和人民公社化运动就是这一思想指导下的产物。此后直到改革开放前，在国民经济发展中，虽然有一些局部调整，但这种单一所有制结构没有得到根本改变，公有制经济成为覆盖全社会的唯一所有制形式。

第三，改革开放和社会主义现代化建设时期马克思所有制关系理论的中国化探索。改革开放开启了对单一公有制局限性的历史性反思。改革开放以来，中国共产党围绕"解放生产力、发展生产力"这一根本任务，始终牢牢抓住所有制关系这一生产关系调整中的核心环节，不断优化适应经济社会发展需要的所有制结构，从改革开放到党的十八大，中国所有制改革与发展可以分为三个时期：

一是从 1978 年至 1991 年，农村开启的家庭联产承包责任制成为单一公有制改革的突破口，以全民所有制和集体所有制为主体，个体经济、私营经济和外资经济被定位为公有制经济的必要补充。党的十一届三中全会拉开了中国经济体制改革的序幕，单一公有制的所有制模式首先在农村突破。农村经济体制改革的主要内容，是实行以"包产到户"和"包干到户"为主要形式的家庭联产承包责任制。其所有制关系意义上的改革实质是保持农村土地集体所有制不变，赋予农民对土地的经营承包权，这一"两权分离"的所有制形式既保证了土地公有制的性质不变，又使农民掌握了自主经营权和使用权，兼顾了集体和家庭的双重目标。农村改革的突破性进展，推动了城市的经济体制改革。1984 年，党的十二届三中全会通过的《中共中央关于经济体制改革的决定》引入承包经营责任制，通过国有企业的所有权和经营权的分离，使国有企业成为具有独立性和自主性的市场主体。这一所有制形式的创新在坚持全民所有制性质的前提下改革了企业的经营方式，扩大了企业的自主权，增强了企业的活力。农村改革的突破，还带来了个体经济和私营企业的发展。1981 年 6 月通过的《关于建国以来党的若干历史问题的决议》中肯定"一定范围的劳动者个体经济是公有制经济的必要补充"[1]。1984 年 10 月，党的十二届三中会议通过的《中共中央关于经济体制改革的决定》界定了外资经济的性质，指出各种外资经济"也是对我国社会主义经济必要的有益的补充"[2]。此外，1988 年 4 月 12 日，第七届全国人民代表大会第一次会议通过的宪法修正案正式赋予了私营经济以宪法地位，标志着中国私营经济真正获得了合法身份。总而言之，在这一历史时期，随着中国的个体经济、私营经济快速发展的同时，中国对于外资经济发展的限制也逐渐地放开了。以上的分析表明，在这一时期，党和国家立足社会主义初级阶段生产力发展要求，以农村家庭联产承包责任制推广为突破口，逐步放松了对个体经济、私营经济及外资经济发展的限制，公有制为主体、多种所有制经济为补充的经济结构初步显现。

二是从 1992 年至 1996 年，是国有企业产权改革和制度创新时期，随着个体经济、私营经济和外资经济爆发式增长，公有制为主体、多种经济成分共同发展的所有制结构的基本轮廓形成的阶段。国有企业在经历了"放权让利"和"承包经营责任制"改革以后，开始进入制度创新阶段，其主要内容就是建立现代企业制度。所谓现代企业制度，其实质就是建立在股份制基础上的公司法人制度。到 1993 年底，全国股份有限公司数量达到 3261 家，这些公司主要是由国有企业股份制改造而形成的。[3] 党的十四大确立了建设社会主义市场经济体制的改革目标，进一步推动了个体经济和私营经济的发展。党的十四大上提出，以公有制为主体，在"个体、私营、外资经济为补充"基础上，推进"多种经济成

---

① 《十一届三中全会以来重要文献选读》上册，人民出版社 1987 年版，第 347 页。

② 《十二大以来重要文献选编》上，人民出版社 1986 年版，第 581 页。

③ 张文魁、袁东明：《中国经济改革 30 年：国有企业卷》，重庆大学出版社 2008 年版，第 72 页。

分长期共同发展", "不同经济成分还可以自愿实行多种形式的联合经营"。接着,党的十四届三中全会又进一步明确了"坚持以公有制为主体、多种经济成份共同发展的方针"①。这就意味着,党对于各种非公有制经济的功能定位,由过去的"补充论"转变为"共同发展论","联合经营"则打通了公与私的界限,这就为多种经济成分共同发展,开辟了更加广阔的发展道路。上述的分析表明,随着改革开放进入新的阶段,我国的所有制经济结构有了重大变化,党的十四届三中全会正式确认"以公有制为主体的多种经济成份共同发展的格局初步形成"②,各种经济成分相互交融的新格局初具雏形,中国社会经济结构发生了重大变化。

三是从 1997 年至 2012 年,是社会主义基本经济制度的确立和发展时期。党的十五大的召开,标志着中国的所有制改革进入制度化的探索时期。以公有制为主体、多种所有制经济成分共同发展的所有制结构不再是一般的方针政策,而是正式作为国家的一项基本制度固定下来。各种非公有制经济成分也不再是社会主义市场经济发展中的"配角"和"附属品",而是从"制度外"被纳入"制度内",成为社会主义基本经济制度中的重要制度内容和社会主义市场经济中的重要组成部分。党的十六大进一步提出坚持公有制经济和非公有制经济发展"两个毫不动摇",更加明确了中国坚持这一基本经济制度的长期性、连续性和稳定性。党的十七大报告又进一步强调,对待各种所有制经济应遵循"平等保护物权""平等竞争"的新要求,意在进一步消除非公有制经济在法律制度和市场竞争层面的障碍。因此,从党的十五大到党的十八大之前,是中国共产党所有制理论创新的重要时期,是中国特色社会主义基本经济制度的确立与发展的重要阶段。

第四,新时代马克思所有制关系理论的中国化探索。党的十八大以来,中国特色社会主义进入新时代。从经济社会发展的阶段来看,我国经济已经由高速增长转向高质量发展阶段,社会主要矛盾也转化为人民

---

① 《十四大以来重要文献选编》上,人民出版社 1996 年版,第 526 页。
② 《十四大以来重要文献选编》上,人民出版社 1996 年版,第 519 页。

日益增长的美好生活需要和不平衡不充分的发展之间的矛盾。围绕着我国经济社会发展的新阶段，党和国家在所有制理论和实践上实现了一系列新的突破。

一是继续坚持公有制经济主体地位，强调做大做强做优国有企业，并以"三权分置"制度深化农村基本经营制度改革。国有企业改革始终是中国经济体制改革的关键环节。经过三十多年的实践与发展，国有企业改革进入一个新的历史阶段。党的十八大以来，习近平多次提出了要"做大做强做优国有企业"的改革目标。围绕这一所有制改革目标，党和国家颁布了一系列指导性文件，系统搭建了新时代国有企业改革的主体制度框架。这一主体制度框架包括分类推进国有企业改革、发展混合所有制经济、完善现代企业制度、完善国有资产管理体制改革以及加强和改进党对国有企业的领导五个方面，共同构成了党的十八大以来国有企业改革的总体面貌。深化农村基本经营制度改革是实现乡村振兴战略的制度基础，也是党的十八大以来中国共产党在所有制领域的重要探索。2014 年 11 月，国务院颁布的《关于引导农村土地经营权有序流转发展农业适度规模经营的意见》明确了农村土地权利"三权分置"改革思路，即坚持农村土地集体所有权，稳定农户承包权，放活土地经营权[1]，这就创造性地将中国农村土地权利一分为三，正式确立了所有权、承包权和经营权在集体、农户和农地经营者之间的"三权分置"，这一制度既保证了农村集体所有制性质不变，又满足了现代化农业生产中土地流转的需要，提升了土地资源配置效率，为发展多种形式的新型农业经营体系提供了基本制度和政策保障，是新时代土地制度改革的重大创新。

二是进一步促进非公有制经济健康发展，大力支持民营企业发展壮大。改革开放以来，非公有制经济由小到大，由弱变强，逐步成长为社会主义市场经济的重要组成部分。进入新时代，党和国家进一步肯定了非公有制经济对社会主义现代化建设的重要意义，从多个方面推动了非

---

① 《关于引导农村土地经营权有序流转发展农业适度规模经营的意见》，人民出版社 2014 年版，第 3 页。

公有制经济健康发展，不断壮大了民营企业。其一，保护非公有制经济的财产权。2013 年 11 月召开的党的十八届三中全会，在重申健全现代产权制度的基础上提出，"公有制经济财产权不可侵犯，非公有制经济财产权同样不可侵犯"①，两个"不可侵犯"的提出进一步表明，有效保障各种所有制经济主体的财产权利，是促进社会主义市场经济健康发展的基本前提。2016 年 11 月，中共中央、国务院印发《关于完善产权保护制度依法保护产权的意见》，成为完善我国产权保护制度的纲领性文件。其二，发展混合所有制经济。2015 年发布的《国务院关于国有企业发展混合所有制经济的意见》强调，鼓励非公有资本参与国有企业混合所有制改革。通过发展公有资本和非公有资本相互融合的混合所有制经济，有利于有效发挥两种所有制形式各自的优势，促进多种所有制经济共同发展。其三，构建"亲""清"政商关系。政商关系是政府职能部门与市场经济各主体之间形成的一种依赖于合作关系，是政府与市场关系的具体体现。党的十八大以来，习近平多次用"亲""清"二字来概括社会主义市场经济下的新型政商关系，为政商关系的新时代科学建构指明了方向。其四，促进非公有制经济人士健康成长。非公有制经济人士的健康成长是非公有制经济健康发展的前提。党的十八大以来，党中央多次就企业家精神和企业家能力、素质提出要求，为非公有制经济人士健康成长指明了方向。

三是进一步明晰了社会主义基本经济制度"三位一体"新内涵。基本经济制度是一个国家经济制度体系中最具有长期性和稳定性的部分，决定着一个国家的经济制度属性和发展方式。党的十五大首次将"公有制为主体、多种所有制经济共同发展"的所有制结构确立为社会主义初级阶段的一项基本经济制度。党的十九届四中全会，立足基本经济制度发展的历史逻辑和新时代经济高质量发展的实践逻辑，明确对社会主义基本经济制度的内涵作出了新的概括，将"按劳分配为主体，多种分配方式并存"和"社会主义市场经济体制"纳入社会主义基本经济制度框

---

① 《中共中央关于全面深化改革若干重大问题的决定》，人民出版社 2013 年版，第 10 页。

架内，形成了所有制结构、分配制度及经济运行方式"三位一体"的基本经济制度新内涵。这一新概括是基于中国特色社会主义经济关系发展的实践经验作出的重要理论概括与创新，标志着以所有制结构为基础的社会主义基本经济制度更加成熟、更加完善，是中国特色社会主义政治经济学的重大发展。

综上所述，中国共产党在中国的革命、建设和改革的不同历史时期，把马克思主义所有制关系理论与中国的具体实际结合起来，分析了各个历史阶段的阶级状况，并有针对性地提出了相应的政策主张并赢得了最广大人民的拥护和支持，领导和团结中国人民取得了革命建设改革的一个又一个伟大胜利。

### 二　马克思所有制关系理论中国化的基本经验及启示

如何科学对待马克思主义的经典文本并挖掘其中蕴含的深刻价值，始终是马克思主义研究中的核心问题。尤其是，马克思关于所有制关系理论中的一系列基本思想和基本原则如何指导并具体地落实到中国革命建设改革的实践中去，这就需要进一步结合特定的历史条件加以研究和使其具体化。恩格斯强调，"马克思的整个世界观不是教义，而是方法。它提供的不是现成的教条，而是进一步研究的出发点和供这种研究使用的方法"①。就这个意义而言，马克思所有制关系理论弥足珍贵的实践价值并不体现于其直接给出现实问题的具体答案，而是提供了我们进一步分析现实问题的出发点和方法论指引。百年来，中国共产党在马克思所有制关系中国化的实践探索中积累了丰富的历史经验和启示，对进一步推进各项所有制改革，开启建设全面社会主义现代化国家新征程具有重要意义。

第一，正确分析社会主要矛盾及其转化是发挥所有制改革效能的前提和基础。社会主要矛盾是指在一定社会发展阶段中处于主要位置和居于统摄地位的矛盾，它的存在和发展规定和影响着其他矛盾的存在和发

---

① 《马克思恩格斯文集》第 10 卷，人民出版社 2009 年版，第 691 页。

展，集中反映和高度概括了各种社会矛盾，是社会矛盾运动的中心环节。对于社会主要矛盾的研判，首先要解决的是这一矛盾研判的标准或具体维度的问题。可以说，标准和维度不同的话，人们对社会主要矛盾的研判就会得出不同的结论。在马克思那里，是以无产阶级及全人类的解放这一根本维度来判断的。马克思所有制关系理论告诉我们，实现无产阶级及全人类的解放，是生产力与生产关系这对贯穿在人类社会发展进程中的基本矛盾尤其是生产资料的资本主义私人占有与社会化大生产之间矛盾发展的必然结果。在资本主义社会中，由于生产资料的资本主义私人占有制度决定了无产阶级与资产阶级之间矛盾的不可克服性，因而也就决定了推翻资产阶级政权、"消灭资本主义私有制"、建立社会主义国家，便成了化解这一资本主义社会主要矛盾的主要方面。在当代中国，社会主义公有制度已经从根本上克服了生产力与生产关系之间矛盾的不可克服性，因而我国社会主要矛盾的研判标准也发生了根本变化，即在"人的需要"与"生产"的维度中进一步研判。可以说，在纷繁复杂的矛盾中科学分析、研判并解决社会主要矛盾以推动党和人民事业的发展，是中国共产党在百年历程中积累的一条基本经验。总的来看，从构成社会主要矛盾的生产关系来考察，所有制是一定社会在一定时期社会主要矛盾的根源，分析、解决社会主要矛盾离不开对所有制关系及其变化的考察。与此同时，对社会主要矛盾的判断一旦确立，各种所有制关系的处理及其改革必须服从服务于解决社会主要矛盾的大局。百年来，中国共产党正是在社会主要矛盾认识解决和所有制关系变革中推动了中国革命建设改革等各项事业的蓬勃发展。

新民主主义革命时期，半殖民地半封建社会是中国最基本的国情，帝国主义和中华民族之间的矛盾，封建主义和人民大众之间的矛盾是当时中国社会的主要矛盾，而对中国社会主要矛盾的破解，最重要的就是支持农民反对地主占有制，建立农民的土地所有制运动，但是在新民主主义革命时期中的不同阶段，社会主要矛盾表现的侧重点和解决方式也是有所不同的。在第二次国内革命战争时期，帝国主义和中华民族之间的矛盾，封建主义和人民大众之间的矛盾都是中国的主要矛盾，破解主要矛盾的一个重要方式是"没收外国资本的企业和银行"和"没收一切地主阶级的土地，耕地归农"①。在抗日战争时期，帝国主义和中华民族之间的矛盾上升为中国社会主要矛盾。因此，为动员一切抗日力量，促成抗日民族统一战线建立，在土地政策方面实行减租减息的同时，"保证地主有土地所有权，富农的经营原则上不变动"②。在解放战争时期，国民党反动派与中国人民之间的矛盾上升为主要矛盾，为调动农民支援人民军队积极性，中国共产党的土地政策随之发生变化。1946 年 5 月 4 日中共中央发布的《关于土地问题的指示》与 1947 年 10 月颁布的《中国土地法大纲》决定改变减租减息的政策，以没收地主土地的方式满足农民对土地的要求，彻底摧毁了封建剥削制度的根基。

社会主义革命和建设时期，党对我国社会主要矛盾的认识和判断发生了重大转变，在解决人民大众同帝国主义、封建主义、官僚资本主义残余势力之间的矛盾，工人阶级同资产阶级之间的矛盾基础上，转变为努力解决人民生产生活需要同当前生产力不足以满足人民需要状况之间的矛盾。新中国成立初期，人民大众同帝国主义、封建主义、官僚资本主义残余势力之间的矛盾，仍是我国社会的主要矛盾。为了解决这一矛盾，中国共产党派出志愿军参加抗美援朝战争并取得胜利；继续领导全国还未进行土地改革的地区进行土地改革；没收官僚资本，建立国营经济，在全国范围内彻底消灭的帝国主义、封建主义与官僚资本主义残余势力。到 1952 年底，民主革命时期的遗留任务已经完成，中国的社会主要矛盾转变为"工人阶级与民族资产阶级的矛盾"③，因而，进行生产资料私有制的社会主义改造是解决这一主要矛盾的突破口。到 1956 年底，我国的生产资料社会主义改造基本完成，社会主义制度在我国正式确立起来，这两个阶级的矛盾得以解决。进入社会主义社会后，重新思考和研判社会主义社会主要矛盾问题成为党的重要任务。1956 年 9 月，党的八大从"人的需要"与"生产"之间矛盾的维度出发，指出了我国的社

---

① 《毛泽东文集》第 3 卷，人民出版社 1996 年版，第 102 页。
② 《毛泽东文集》第 2 卷，人民出版社 1993 年版，第 320 页。
③ 《毛泽东文集》第 6 卷，人民出版社 1999 年版，第 231 页。

会主要矛盾是"人民对于建立先进的工业国的要求同落后的农业国的现实之间的矛盾"和"人民对于建立先进的工业国的要求同落后的农业国的现实之间的矛盾",其实质是"先进的社会主义制度同落后的社会生产力之间的矛盾"①。这就表明,进入社会主义建设时期,我国社会的主要矛盾不再是阶级之间的矛盾,而是在集中力量发展生产力上,破解"生产"和"需要"之间的矛盾。然而此后,党的八大关于社会主要矛盾的正确判断没得到坚持,"阶级矛盾"掩蔽了"生产"与"需要"之间的矛盾,在实践中就表现为不断强化生产关系升级对生产力发展的反作用,在很短的时间内消灭私有制,追求纯而又纯的公有制形式,阻碍了社会生产力的发展,社会主要矛盾难以得到解决。

改革开放和社会主义现代化建设时期,党纠正了对社会主要矛盾的错误认识,抓住并逐步解决人民日益增长的物质文化需要同落后的社会生产之间的矛盾,所有制关系的改革服从并服务了这一社会主要矛盾的解决。1981年党的十一届六中全会通过的《关于建国以来党的若干历史问题的决议》,将我国社会主要矛盾完整表述为"人民日益增长的物质文化需要同落后的社会生产之间的矛盾"②。此后在党的历次全国代表大会都坚持了这一提法,直到党的十八大,党关于我国社会主要矛盾的判断都没有发生变化。围绕社会的主要矛盾的破解,党和国家始终抓住所有制这一生产关系调整的中枢环节,在农村基本经营制度改革、国有企业改革、非公有制经济发展等方面逐步破除了不合理的生产关系对生产力的桎梏,大大解放了生产力,取得了社会主义现代化建设的伟大成就。

进入新时代,我国经济已由高速增长转向高质量发展阶段,党中央立足改革开放以来我国取得的历史性成就和社会发展中存在的结构性矛盾,指出"我国社会主要矛盾已经转化为人民日益增长的美好生活需要和不平衡不充分发展之间的矛盾"③。这就意味着,经过改革开放以来的

---

① 《建国以来重要文献选编》第9册,中央文献出版社1994年版,第341页。
② 《改革开放三十年重要文献选编》(上),中央文献出版社2008年版,第212页。
③ 习近平:《决胜全面建成小康社会 夺取新时代中国特色社会主义伟大胜利——在中国共产党第十九次全国代表大会上的报告》,人民出版社2017年版,第11页。

高速发展，人民的物质文化需要与"落后的社会生产"之间的矛盾在总量上得以一定程度的解决，但不平衡不充分的发展成为制约人民美好生活需要实现的主要根源。破解新时代人民生活需要与不平衡不充分发展之间的矛盾，仍然离不开所有制层面的改革。党的十八大以来，党中央坚持巩固和发展公有制经济，做强做优做大国有企业，同时促进非公有制经济健康发展，在推动公有制经济与非公有制经济协同竞争的进程中推动高质量发展，为破解不平衡不充分的发展矛盾，满足人民需要贡献了重要力量。

实践表明，科学研判社会的主要矛盾及其阶段性转化，关乎各阶段党和国家中心任务的把握，它能够"牵一发而动全身"，是所有制关系改革的前提和目标指引。同时也应注意到，社会主要矛盾能否顺利破解，所有制改革是其中的关键环节，各种所有制关系、矛盾及其转化是破解社会主要矛盾的基本出发点。

第二，所有制关系改革要遵循生产力标准和价值标准相统一的原则。所有制改革标准问题，即各种所有制形式依循何种规则进行改革，是关乎所有制关系改革的一项根本性问题。在马克思主义理论视野中，评判一种所有制结构是否合理、是否优越有两条标准：一是生产力标准，即在具体的历史条件下，这一所有制结构是否能够促进生产力的发展。二是价值标准，即一种所有制结构是否能够服务和促进人的解放和全面发展。马克思所有制关系改革标准是生产力标准和价值标准的统一。中国共产党的百年历史实践从正反两方面表明，正确认识所有制关系的变革标准，重视生产力标准和价值标准的统一，就能抓住生产关系变革的核心环节，以生产关系的变革促进生产力的发展，但忽视生产力标准或价值标准的某一方面，以及片面认识生产力标准和价值标准，都会导致全局性的错误。

在新民主主义革命时期，帝国主义、封建主义和官僚资本主义是压迫工人农民的三座大山，这决定了新民主主义革命的重要任务就是推翻三座大山，解放束缚生产力发展的生产关系，由此形成了新民主主义革命的"三大经济纲领"：没收封建阶级的土地归农民所有，没收垄断资本归新民主主义的国家所有，保护民族工商业。可以看出，"三大经济纲领"从所有制关系的角度变革保护了一定的生产关系，其变革过程既符合生产力的发展要求，又服务于工人农民阶级自身的解放，为人民战争的最终胜利和新中国经济制度的建立奠定了坚实基础。

在社会主义革命和建设时期，党和国家对所有制关系变革和评价标准方面的理解和认识，既有成功的经验，也有惨痛的教训。新中国成立初期，为了恢复和发展国民经济，党和国家在满足广大农民对土地需求基础上，没收官僚资本，保护民族工商业并形成了"以国营经济为主导，多种所有制经济成分共存"的新民主主义的经济结构，体现了对所有制关系变革及其标准的正确认识，为整个国家向社会主义经济转变创造了条件。对生产资料私有制的社会主义改造是建立社会主义制度的必由之路，也是在具体历史条件下集中力量发展生产力，满足人民走社会主义道路愿望的迫切需要。然而在三大改造顺利完成的背景下，党在经济建设等方面急于求成的思想迅速发展起来，不顾生产力水平低下，将"生产关系的属性"作为衡量一种所有制是否能够存在的唯一标准，否定了生产力对生产关系、经济基础对上层建筑的决定性作用，试图通过单一的公有制促进生产力发展，一味追求"一大二公三纯"，实际上是背离了马克思主义所有制改革的标准。

进入改革开放和社会主义现代化建设时期，中国共产党重新确立了解放思想、实事求是的思想路线，科学判断了中国的基本国情，突破了"唯生产关系属性"改革论的传统模式，确立了以"三个有利于"①为评判所有制改革方向和成效标准。"三个有利于"标准是对马克思所有制的改革标准的坚持和具体化。首先，"三个有利于"标准是对马克思所有制改革生产力标准的坚持与具体化，无论是发展社会生产力，增强国家的综合国力，还是提高人民的生活水平，其实现的前提都是生产力的提高，即一种所有制结构是否有利于现实生产力的发展。实践证明一种

---

① 即是否有利于发展社会主义社会的生产力，是否有利于增强社会主义国家的综合国力，是否有利于提高人民的生活水平。参见《邓小平文选》第 3 卷，人民出版社 1993 年版，第 372 页。

所有制结构是有利于生产力发展的，就要坚持，不利于生产力发展提高的，就要坚决纠正。其次，"三个有利于"标准是对马克思所有制改革价值标准的坚持与具体化。有利于发展社会主义社会的生产力，有利于增强社会主义国家的综合国力，有利于提高人民生活水平，其前提都是"社会主义"，即在社会主义制度下发展生产力，而不是离开这个前提和条件一般地抽象地讲发展生产力。可以认为，"三个有利于"中强调的"社会主义"生产力向度，是马克思所有制关系改革生产力标准和价值标准统一在社会主义现代化建设语境中的具体展现。最后，"三个有利于"标准是以满足"现实的人"的需要为中心任务、以实现每个人的自由而全面发展为指向的评价标准。曾经有一段时间，不少人一度将"三个有利于"标准给误读了，甚至把它简单看成 GDP 标准。这种唯 GDP论在理论和实践中随处可见。从而造成了在经济社会发展中出现了"见物不见人"的现象。就今天看来，"三个有利于"标准首先是人的现代化标准。

进入新时代，中国的各项改革事业进入攻坚期、深水区的全面深化改革阶段，针对全面深化改革的标准和方向问题，习近平提出了推进各项改革的"四个有利于"标准："多推有利于增添经济发展动力的改革，多推有利于促进社会公平正义的改革，多推有利于增强人民群众获得感的改革，多推有利于调动广大干部群众积极性的改革。"[①] 质言之，"四个有利于"的改革标准在坚持了马克思"实践"标准以及邓小平"三个有利于"标准的基础上，在新时代进一步丰富和发展了所有制关系改革标准。可以说，这一标准不仅昭示了发展生产力的要求，而且彰显了人民至上的价值取向，是马克思所有制改革标准在新时代的具体呈现。

党在所有制改革标准认识和实践的历史过程表明，坚持马克思主义关于所有制关系改革标准的基本原理，即坚持生产力标准和价值标准的统一，并将其在中国具体实践中具体化，是我们顺利推进所有制等各项事业改革的重要遵循。

---

① 《习近平谈治国理政》第 2 卷，外文出版社 2017 年版，第 103 页。

第三，所有制关系改革要团结一切可以团结的力量，充分发挥各方面的积极性。马克思主义视域下的所有制关系，不仅仅是一种人对物的占有关系，更表现为在物的占有关系上所负载的人与人的经济关系。因此，全面理解不同所有制形式之间关系以及所有制内部结构中的各种复杂关系，必须立足于其背后人与人的物质利益关系，找到不同利益群体之间利益的共同点，特别是照顾利益受损群体的根本利益，才能凝聚大多数人的力量，充分发挥各方面积极性、主动性和创造性。在党的百年所有制改革实践中，始终坚持建立最广泛的统一战线，团结一切可以团结的力量，成为党取得革命、建设和改革各项事业成功的重要经验。

在新民主主义革命时期，为了推翻帝国主义、封建主义和官僚资本主义，中国共产党立足中国半殖民地半封建的社会性质，科学分析了中国社会各阶级的政治立场、经济诉求和革命态度，提出了联合其他阶级、实现民众大联合的战略思想，为合理利用资本主义、发挥民族资产阶级在中国革命中的积极作用做好了理论准备。在土地革命时期，除了早期过左的土地政策，党在土地革命中坚持"打土豪分田地""给富农经济出路""给地主生活出路"等的原则，同时，还明确规定保护中小商人的私有财产和买卖关系。在抗日战争时期，为了把各阶层的力量最广泛地统一到抗战的旗帜下来，中国共产党停止没收地主土地的政策，实行了"地主减租减息、农民交租交息"的政策。正是由于中国共产党在变革地主土地所有权过程中坚持团结一切可以团结的力量，中国革命才最终得以胜利。

在社会主义革命和建设时期，中国共产党始终兼顾了最大多数人的根本利益，坚持巩固发展人民民主统一战线。新中国成立之初，中国共产党没收封建地主阶级的土地归农民所有，没收国民党反动派和大官僚的垄断资本归新民主主义国家所有，而小官僚办的工商业和官僚资本企业中的民族资本主义成分，不仅不在没收的范围之列，而且还明确提出了保护民族工商业。这样一来，便建立了"以国营经济为主导，多种所有制经济成分共存"的新民主主义经济结构。在土地改革过程中，坚持"依靠贫农、雇农，团结中农，中立富农"，也没有直接没收富农的自耕土地和其他财产。在"三大改造"过程中，坚持采用说服、示范和国家援助的方法，顺利实现了农业社会主义改造，坚持和平赎买的政策，顺利完成了对资本主义工商业的社会主义改造，避免了所有制变革过程中的剧烈冲突。

进入改革开放和社会主义现代化建设新时期，党和国家的工作中心开始向经济建设和改革开放转移。为了调动最广大人民投身社会主义建设的积极性、主动性和创造性，充分利用国内国际两个市场两种资源，中国共产党在坚持公有制主体地位的同时，逐步放开了对个体经济、私营经济和外资经济的各种限制，从而形成了以公有制为主体、多种经济成分共存的所有制结构。可以说，党中央反复强调要以最广大人民的根本利益为我们一切工作的出发点，使各种不同所有制经济为社会主义现代化建设服务、为满足广大人民群众的需要服务，在最大限度内调动了全国各族人民为社会主义建设事业服务的积极性、主动性和创造性。

党的十八大以来，中国特色社会主义进入新时代。中国共产党在所有制等各项改革的实践中坚持团结一切可以团结的力量，在坚持公有制经济主体地位不动摇、坚持做大做优做强国有企业的同时，着力做好非公有制经济人士的团结引领工作，毫不动摇地鼓励、支持和引导非公有制经济发展；深化金融体系和市场准入规则改革，为外资经济的健康发展营造公平竞争的市场化营商环境。尤其是党的十九届六中全会通过的《中共中央关于党的百年奋斗重大成就和历史经验的决议》，明确将"坚持统一战线"确立为党百年奋斗的十条历史经验之一。

总而言之，所有制关系的改革是涉及人与人之间利益的根本性变革，往往充满了血与火的斗争，为了尽可能顺利地推进所有制关系改革，必须为了一致的目标平衡不同利益群体之间的关系。中国共产党百年的所有制改革实践探索历程表明，所有制改革过程中必须团结一切可以团结的力量，在中华民族伟大复兴的共同目标下激活不同所有制成分的积极性，最大限度凝聚起共同奋斗的力量。

第四，所有制关系改革的根本目的是不断创造美好生活，实现全体人民共同富裕。所有制关系改革关乎社会主义发展的根本目标。但所有制关系改革本身不是目的，而是期望通过所有制关系的改革，变革不适应生产力发展的生产关系中的部分和环节，达到进一步解放生产力和发展生产力，为满足"人民美好生活的需要"进而为中国共产党执政和实现全体人民共同富裕奠定物质基础。党的百年奋斗历程表明，中国共产党始终坚持以人民为中心，坚持以所有制关系的变革与完善为手段，不断推进人民群众的美好生活和共同富裕事业取得新的突破。

在新民主主义革命时期，基于半殖民地半封建社会的基本国情，实现民族独立与人民解放，是开启人民美好生活和共同富裕事业的基本前提。中国共产党创造性地将马克思列宁主义基本原理同中国具体实际结合起来，确立了资产阶级民主革命和社会主义革命"两步走"的革命战略，找到了夺取中国革命胜利的正确道路，经过土地革命战争、抗日战争和解放战争的艰苦奋斗，最终推翻了帝国主义、封建主义和官僚资本主义三座大山，赢得了新民主主义革命的胜利，建立了中华人民共和国，为实现国家繁荣富强和人民美好生活创造了根本的社会条件。

社会主义革命和建设时期，党的中心任务是在恢复国民经济的基础上，领导人民有步骤地实现从新民主主义社会向社会主义社会转变。在这一历史过程中，中国共产党全面实施新民主主义经济纲领，彻底消灭了封建地主土地所有制，构建了以国营经济为主导、多种所有制经济并存的所有制结构，从而在较短的时间内建立了较为完备的工业部门和工业体系，迅速恢复和发展了新中国的国民经济。在此基础上，中国共产党在三年时间内完成了农业、手工业和资本主义工商业的社会主义改造，确立了社会主义制度，实现了中华民族有史以来最广泛最深刻的社会变革，为实现中国人民的美好生活和共同富裕奠定了根本的制度基础。在社会主义建设道路探索过程中，在国际国内环境的影响下，党对社会主义建设规律认识不足，曾一度遭受了严重挫折，给人民生产生活造成了严重困难，但也为后来的社会主义建设追求美好生活和共同富裕提供了宝贵经验和启示借鉴意义。

改革开放和社会主义现代化建设新时期，党和国家立足于国际国内社会主义建设正反两方面的经验，以邓小平为核心的中国共产党人对社会主义的本质有了更清晰的认识，明确了社会主义的本质是"解放生产力，发展生产力，消灭剥削，消除两极分化，最终达到共同富裕"①，澄明了"什么是社会主义，怎样建设社会主义"这一社会主义建设中的根本问题，确立了"解放生产力，发展生产力"的根本任务。在这一过程中，党和国家始终牢牢抓住所有制关系这一生产关系调整中的核心环节，不断优化适应经济社会发展需要的所有制结构，将公有制为主体、多种所有制经济共同发展的所有制结构确立为社会主义初级阶段的一项基本经济制度，为更好提高和改善人民生活水平，实现共同富裕创造物质基础。

改革开放以来，"让一部分人先富起来，先富带动后富"的发展逻辑激活了不同利益群体的积极性、主动性和创造性，极大地解放和发展了生产力，但在物质财富总量增大的同时，贫富差距也不断扩大并一度呈现阶层固化的趋势，这明显与共同富裕的目标相悖。进入新时代，共同富裕已经进入了全面深化和逐步实现的新阶段。党的十九大指出，新时代是"全国各族人民团结奋斗、不断创造美好生活、逐步实现全体人民共同富裕的时代"②。习近平在中央政治局第二十七次集体学习时强调："进入新发展阶段，完整、准确、全面贯彻新发展理念，必须更加注重共同富裕问题。"③ 中共中央通过的十四五规划（建议稿）将"人的全面发展、全体人民共同富裕取得更为明显的实质性进展"，列入基本实现社会主义现代化的远景目标。这就意味着，"先富"和"共富"的不平衡的矛盾是新时代迫切需要解决的现实课题。可以说，对这一现实课题的解答和解决，从根本上离不开所有制关系改革这一关键支撑作用。因此，一方面，公有制作为实现共同富裕的经济制度基础，共同富裕的

---

① 《邓小平文选》第 3 卷，人民出版社 1993 年版，第 373 页。
② 习近平：《决胜全面建成小康社会　夺取新时代中国特色社会主义伟大胜利——在中国共产党第十九次全国代表大会上的报告》，人民出版社 2017 年版，第 11 页。
③ 习近平：《完整准确全面贯彻新发展理念确保"十四五"时期我国发展开好局起好步》，《人民日报》2021 年 1 月 30 日第 1 版。

目标是其制度内涵中的应有之义，必须不断做大做优做强，在此基础上发挥共同致富的根本保障和示范效应，将提升人民群众的获得感作为其发展的根本目标，不断探索公有制经济发展成果复归全民的有效途径。另一方面，非公有制经济也需要在推进"共富"的实践征程中发挥积极作用，进一步为非公有制经济健康发展创造良好的制度环境的市场环境，把非公有制经济的发展引导到实现社会整体利益最大化的轨道上来，使其在实现价值增值的同时服务于不断创造美好生活、实现全体人民共同富裕的根本目标。

## 第四节　马克思所有制关系理论的未来展望

马克思所有制关系理论是马克思、恩格斯站在无产阶级及全人类的解放这一原则高度，对私有制尤其是资本主义私有制进行深入批判的理论成果，它主要包括了所有制外部关系理论、所有制内部关系理论、所有制主体关系理论和所有制客体关系理论四个方面。马克思所有制关系理论深刻揭示了私有制的起源、发展及其演变规律，深刻揭示了资本主义生产方式及其内在矛盾、资本主义生产关系及其不平等性以及资本主义社会的阶级结构及其尖锐矛盾，并在深刻揭示了生产力与所有制关系变革的客观规律基础上对未来社会所有制形式做了科学的预测和设想。马克思所有制关系理论是马克思、恩格斯一生进行理论研究和实践斗争的结晶，是马克思主义理论中的一个极为重要的方面，它贯穿了国际共产主义运动的始终，对中国共产党领导的中国革命、建设和改革产生了深远的影响。

实践无止境，理论创新无止境。尽管马克思所有制关系理论从所有制关系视角给我们提供了一个实现无产阶级及全人类解放的理论体系与分析框架，但是并不等于马克思所有制关系理论已经穷尽了"实现无产阶级及全人类解放"过程中的一切真理，或者说，它成了"实现无产阶级及全人类解放"的绝对真理。如果我们这样来理解马克思所有制关系理论的话，这不仅违背了马克思、恩格斯毕生对那种永恒的绝对真理做坚决的、彻底的批判的"批判精神",也违背了"革命的实践""革命的辩证法""发展的历史过程"等的"基本原则",更违背了马克思所有制关系理论的"核心要义"。如前所述,马克思所有制关系理论不仅很好地指导了中国革命、建设和改革实践取得了一个又一个伟大胜利,同时,在中国革命、建设和改革实践中,中国共产党人也进一步丰富和发展了这一理论。

党的十八大以来,以习近平同志为核心的党中央围绕着实现中华民族伟大复兴和社会主义现代化强国中的重大理论与实践问题,提出了一系列的新理念、新思想、新战略,形成了习近平经济思想,在经济与政治关系、生产与需要关系、公有制经济与非公有制经济关系、国有企业产权与农村土地"三权"改革、社会主义经济本质、社会主义基本经济制度、社会主义市场经济体制、社会主义再生产理论以及经济全球化与世界经济理论等方面,进一步丰富和发展了马克思所有制关系理论。面向未来,马克思所有制关系理论有着极为广阔的发展空间。

第一,深化对社会主义所有制形式的发展阶段等方面的研究。如前所述,马克思、恩格斯对于私有制,尤其是资本主义私有制的演变历程,作出了系统而又深入的研究和论述。但是,由于历史条件的局限性,他们并没有对社会主义所有制关系的发展过程展开深入的探讨。虽然马克思、恩格斯已经明确提出了无产阶级在夺取革命政权的过程中要制定正确的所有制政策并赢得最广大人民的拥护和支持的学说,提出了共产主义社会第一阶段和高级阶段学说尤其是"权利决不能超出社会的经济结构以及由经济结构制约的社会的文化发展"[①] 等观点,提出了俄国农民公社"直接过渡到高级的共产主义的土地所有制形式"[②] 的可能性等观点。但是从政治的逻辑和巩固无产阶级政权这个视角出发,在社会主义的不同发展阶段以及在不同国家的国情等基础上建设社会主义的过程中采取和制定什么样的所有制具体政策和措施等问题,马克思、恩格斯不

---

① 《马克思恩格斯文集》第 3 卷,人民出版社 2009 年版,第 435 页。
② 《马克思恩格斯文集》第 2 卷,人民出版社 2009 年版,第 18 页。

可能有深入的思考和明确的对策，他们给我们提供的仅仅是供这种研究的出发点、方法以及关于如何处理所有制关系中的"一般原则"而已。列宁显然看到了这点，尽管在其提出的新经济政策中，进行了一段时间的探索，但这一探索终究很快被中断了。斯大林虽然在国家还没有消亡的前提下提出了国有经济和集体经济这两种公有制经济形式，但是在后来的建设过程中把马克思所有制关系理论给教条化、僵化了。很显然，马克思所有制关系理论在中国化的进程中，不仅结出了丰硕的成果，而且还得到了进一步的丰富和发展，尤其是在社会主义现代化建设的进程中，中国共产党人逐渐深化了对共产党执政规律、社会主义建设规律和人类发展规律及其相互之间关系的认识，并创造性地提出了中国特色社会主义所有制关系理论。就今天看来，随着人们对于社会主义初级阶段及其之后的阶段的讨论，尤其是人们对于共同富裕的不同理解与期待，学术界必然会再次聚焦到对所有制问题的讨论上。在这种情况下，深化对社会主义所有制发展阶段研究就成了一个重大的时代课题。

第二，深化对社会主义社会所有制结构及其评价标准等方面的研究。马克思、恩格斯对于所有制关系问题的研究，其侧重点在于揭示资本主义生产方式的现状、矛盾以及资本主义经济危机的根源，并由此带来的无产阶级与资产阶级之间的矛盾的尖锐对立性以及"无产阶级的胜利与资产阶级的灭亡是同样不可避免的"历史趋势，从而揭示了人类社会发展的客观规律，揭示了无产阶级及其先进政党在实现全人类解放中的使命、途径与道路等。然而，马克思、恩格斯对于在经济文化落后国家中的无产阶级在夺取国家政权的过程中以及革命胜利后如何利用国家政权制定什么样的所有制政策来赢得最广大人民的拥护和支持还缺乏相关的实践经验。这样一来，马克思、恩格斯就没有将他们关于未来社会所有制形式的设想真正在实践中贯彻与落实，尤其是没有真正涉及在一个国家范围内的特定历史阶段中还存在着多种所有制经济并存的现象，即所有制结构问题。

实际上，中国共产党人对所有制结构问题的认识也是经历了一个长期的发展过程。在新民主主义社会中，实际上存在了社会主义性质的国营经济、半社会主义性质的合作社经济、农民和手工业者的个体经济、私人资本主义经济和国家资本主义经济。1952 年 6 月，周恩来在《关于中国的民族资产阶级问题》中曾明确指出："从经济上来说，今天我们的国营经济还不能完全代替它。如果中国工业化了，国营经济能够代替资本主义经济，私人的经营范围就不会这样大。私人的经营范围这样大，就说明国营经济的比重还不够大，还不能代替它。这就一定要发挥它的积极性。发挥积极性一定要符合我们的《共同纲领》，遵循新民主主义的发展轨道。但是从资产阶级的本质来说，它是不愿意遵循这个轨道的，它只要得到一定的发展，就会突破这个轨道，要求自由发展，追逐利润。……因此，必须进行长期的斗争。"[1] 此外，在 1952 年 7 月的《中央人民政府政务院关于就业问题的决定》中明确规定："在国家即将开始的大规模经济建设中，一切适合国家和人民需要的公私企业都是有前途的。"[2] 可以说，在这一时期中国共产党从国家和人民需要的视角，对新民主主义社会所有制结构问题已经有了较为深刻的理解和认识。1953年 12 月，毛泽东在《革命的转变和党在过渡时期的总路线》中指出："党在过渡时期的总路线的实质，就是使生产资料的社会主义所有制成为我国国家和社会的唯一的经济基础。"[3] 然而就"唯一的经济基础"这个提法来看，它反映了以毛泽东同志为核心的党中央，此时对于社会主义建设时期的所有制结构问题，还缺乏足够的认识。不过，在 1956 年 9月，陈云很快就看到了单一的所有制形式的局限性，他在中共八大上的《社会主义改造基本完成以后的新问题》报告中明确提出："在工商业经营方面，国家经营和集体经营是工商业的主体，但是附有一定数量的个体经营。这种个体经营是国家经营和集体经营的补充。"[4] 直到党的十一届三中全会以来，邓小平反复提醒大家"中国的事情要按照中国的情况

---

[1] 《建国以来重要文献选编》第三册，中央文献出版社 2011 年版，第 207 页。

[2] 《建国以来重要文献选编》第三册，中央文献出版社 2011 年版，第 254 页。

[3] 《毛泽东文集》第 6 卷，人民出版社 1999 年版，第 316 页。

[4] 《建国以来重要文献选编》第九册，中央文献出版社 2011 年版，第 245 页。

来办，要依靠中国人自己的力量来办"①。正是在这一伟大的转折的历史过程中，中国共产党人重新开启了对所有制结构问题的探索。1981年6月，党的十一届六中全会通过的《关于建国以来党的若干历史问题的决议》中明确指出："社会主义生产关系的变革和完善必须适应于生产力的状况，有利于生产的发展。国营经济和集体经济是我国基本的经济形式，一定范围的劳动者个体经济是公有制经济的必要补充。"② 经过改革开放40多年的实践探索，逐渐形成了以公有制为主体、多种所有制形式共同发展的所有制结构。可以说，这一所有制结构符合了中国实际，从而使中国的改革开放取得了举世瞩目的成就。也正是在这一过程中，中国特色社会主义所有制结构理论才真正得到了进一步发展。

对于一个国家采取何种所有制结构问题，前提是搞清楚评价所有制结构好坏的标准问题。如前所述，改革开放以来，中国共产党人在理论和实践中把生产力标准和价值标准有机结合起来，才逐渐实现了从马克思所有制关系理论教条式的理解中解放了出来，开启了中国特色社会主义所有制结构的伟大探索。就今天来看，新时代关于社会主义社会所有制结构及其评价标准方面，需要进一步深化研究的问题主要有：（1）中国特色社会主义所有制结构的现状、趋势及其整体性功能开发与实现机制研究；（2）当代中国社会结构与各阶级阶层现状及其利益协调机制研究；（3）所有制结构的评价标准的具体化等方面的研究；等等。

第三，深化对资本主义社会所有制关系、结构及其发展趋势等方面的研判。从资本主义所有制关系及其生产方式出发，马克思、恩格斯在《共产党宣言》中深刻分析了当时西方发达资本主义国家的阶级状况，在他们看来，"资产阶级日甚一日地消灭生产资料、财产和人口的分散状态。它使人口密集起来，使生产资料集中起来，使财产聚集在少数人的手里。由此必然产生的结果就是政治的集中"③。在他们看来，"我们

---

① 《邓小平文选》第3卷，人民出版社1993年版，第3页。
② 《十一届三中全会以来党和国家重要文献选编》（1978年12月—2014年10月），中央党校出版社2015年版，第93页。
③ 《马克思恩格斯文集》第2卷，人民出版社2009年版，第36页。

的时代，资产阶级时代，却有一个特点：它使阶级对立简单化了。整个社会日益分裂为两大敌对的阵营，分裂为两大互相直接对立的阶级：资产阶级和无产阶级"①。可以说，马克思、恩格斯对资本主义社会所有制关系及其带来的社会结构两极化与阶级关系尖锐对立化的发展趋势的分析和预测，是构成其"两个必然"结论的支撑和依据。同时，社会结构两极化和阶级关系尖锐对立程度，也是"两个决不会"前提条件中的关键环节。实际上，自第二次世界大战以来，西方发达资本主义国家采取了一系列相应的措施，并在调整资本主义社会所有制关系及其社会结构与阶级关系，特别是向国际社会转移国内矛盾等方面取得了一些进展，在一定程度上缓和了国内社会的阶级结构和阶级矛盾，从而实现了在较长时期内还没有发生大规模的无产阶级革命的态势。就今天来看，我们需要进一步深化对资本主义社会所有制关系、结构及其发展趋势等方面的研判，主要有：（1）全球化背景下资本主义社会所有制结构的现状、性质及其发展趋势；（2）全球化背景下资本主义社会阶级结构与阶级状况及其发展趋势；（3）西方发达资本主义国家向国际社会转移其国内矛盾的途径、方式及其限度问题；等等。

第四，深化对社会主义公有制与市场经济相结合的理论与实践研究。在马克思、恩格斯那里，通过对所有制关系中的所有权、占有权、使用权和经营权等的分离，科学地揭示了产业资本家、商业资本家、借贷资本家之间的利润分割及其对工人阶级进行剥削的秘密，揭示了大土地所有制、农业资本家以及整个资产阶级之间的利润分割及其对农业工人进行剥削的秘密。正是因为资本主义社会所有制关系中的"四权分离"，使得资本主义生产关系和交往方式变得更加复杂，从而进一步掩盖了资产阶级对工人阶级进行剥削的秘密。但资本主义社会所有制关系中的"四权分离"同时又告诉了我们，社会主义公有制关系中的所有权、占有权、使用权和经营权也是可以分离的，尤其是我国农村家庭联产承包责任制改革中的"所有权"与"经营管理权"相分离的思路，也一直指

---

① 《马克思恩格斯文集》第 2 卷，人民出版社 2009 年版，第 32 页。

导着我国的国有企业改革，从而将国有经济与集体经济成功推向了市场，实现了社会主义公有制与市场经济相结合。就今天来看，深化对社会主义公有制与市场经济相结合的理论与实践研究，主要有：（1）社会主义公有制经济在"四权分离"中的权、责、利的划分与体制机制保障；（2）社会主义核心价值观融入并引领市场经济健康发展的体制机制问题；（3）社会主义市场经济尤其是社会主义公有制经济在提升广大人民群众获得感、幸福感及推动全体人民共同富裕的实现体制机制等。

第五，深化对非公有制经济的鼓励、支持和引导的理论与实践研究。在马克思、恩格斯那里，资本的本性是追逐利润、唯利是图。也正是在这一本性和发展逻辑中，资本一方面和现代科学技术、现代管理内在地联系在一起，它不断地推动产品革新、技术革新和管理革新，从而极大地提高了单位企业的劳动生产率并在一定程度上带动了其他企业的劳动生产率；但另一方面，资本在追逐利润的过程中，带来了资本积累和资本集中的趋势，从而进一步带来了贫富在国内社会与国际社会的两极分化。因此，对于资本或者对于非公有制经济，我们既要鼓励和支持它们发展，但是也要对其进行积极的引导，为资本设置"红绿灯"，使其积极健康地发展。正如周恩来在1952年所说的那样，今天我们的国营经济还不能完全代替私营经济，就一定要发挥它的积极性，"发挥积极性一定要符合我们的《共同纲领》，遵循新民主主义的发展轨道。但是从资产阶级的本质来说，它是不愿意遵循这个轨道的，它只要得到一定的发展，就会突破这个轨道，要求自由发展，追逐利润。……因此，必须进行长期的斗争"①。就今天来看，我们当然不是让它去遵循《共同纲领》、"遵循新民主主义的发展轨道"这么简单了。中国现在已经是社会主义国家了。我们对于非公有制经济的定位也是十分清楚和明白的，那就是社会主义的方向，必须为社会主义现代化建设事业服务。就今天来看，深化对非公有制经济的鼓励、支持和引导的理论与实践研究，主要有：（1）非公有制经济的鼓励、支持的具体内容、支持措施及其政策限度研究；（2）高质量党建引领非公有

---

① 《建国以来重要文献选编》第三册，中央文献出版社2011年版，第207页。

制经济高质量发展的体制机制研究；（3）非公有制经济的政治责任、社会责任、道德责任、法治责任及其制度规范等方面的研究；等等。

　　总而言之，中国特色社会主义进入了新时代。尤其是中华民族迎来了从站起来、富起来到强起来的伟大飞跃。在实现中华民族伟大复兴和实现社会主义现代化强国的伟大进程中，我们需要进一步坚持马克思主义所有制关系理论，尤其是中国特色社会主义所有制关系理论，并在实践中不断地丰富和发展这一理论。

# 参考文献

## 一 经典文献

《斯大林文选》，人民出版社 1962 年版。

《马克思恩格斯文集》（第 1—10 卷），人民出版社 2009 年版。

《列宁全集》（第 2、7、16、33、34、37、43 卷），人民出版社 1985 年版。

《列宁选集》（第 1—4 卷），人民出版社 2012 年版。

《毛泽东选集》（第 1—4 卷），人民出版社 1991 年版。

《毛泽东文集》（第 1—8 卷），人民出版社 2009 年版。

《毛泽东年谱》（第 3 卷）（1949—1976），中央文献出版社 2013 年版。

《邓小平文选》（第 1—3 卷），人民出版社 1993 年、1994 年版。

《习近平谈治国理政》（第 1—4 卷），外文出版社 2018 年、2017 年、2020 年、2021 年版。

## 二 中文专著

曹之虎：《所有制：马克思所有制理论的形成和发展》，上海人民出版社 1993 年版。

陈弘：《从经典公有制到社会主义市场经济公有制：马克思主义所有制理论发展》，南开大学出版社 2012 年版。

陈湘舸：《所有制通论》，浙江大学出版社 1994 年版。

戴道传：《经济学的哥德巴赫猜想之解——重新建立个人所有制研究》，安徽人民出版社 1993 年版。

冯旺舟：《资本批判与希望的乌托邦：安德烈·高兹资本主义批判理论研究》，人民出版社 2017 年版。

高占祥：《中国文化大百科全书》（综合卷·上册），长春出版社 1994 年版。

龚唯平：《所有制范畴论：对马克思所有制理论的系统研究》，陕西人民出版社 1994 年版。

《关于引导农村土地经营权有序流转发展农业适度规模经营的意见》，2014 年。

《建党以来重要文献选编（一九二———一九四九）》第二十二册，中央文献出版社 2011 年版。

姜喜咏：《理论的整体性：马克思哲学视野中的所有制思想研究》，陕西人民出版社 2006 年版。

金喜在：《当代中国居民收入分配研究》，东北师范大学出版社 1996 年版。

李占才：《中国新民主主义经济史》，安徽教育出版社 1990 年版。

刘诗白：《论社会主义所有制》，陕西人民出版社 1988 年版。

刘亚建：《马克思主义所有制理论探析：混合经济与国家干预下所有制问题研究》，云南大学出版社 2005 年版。

《诺贝尔经济学奖得主专访录》，人民出版社 1995 年版。

《三中全会以来重要文献汇编》（上），中央文献出版社 2011 年版。

《十八大以来重要文献选编》上，中央文献出版社 2014 年版。

《十八大以来重要文献选编》中，中央文献出版社 2016 年版。

《十六大以来重要文献选编》上，人民出版社 2005 年版。

《十七大以来重要文献选编》上，人民出版社 2009 年版。

《十四大以来重要文献选编》上，人民出版社 1996 年版。

《十五大以来重要文献选编》上，人民出版社 2000 年版。

《十一届三中全会以来党和国家重要文献选编》（1978 年 12 月—2014 年 10 月），中央党校出版社 2015 年版。

《十一届三中全会以来重要文献选编》上，人民出版社 1987 年版。

唐末兵：《公有制实现形式研究》，湖北人民出版社 1999 年版。

王振华：《"四位一体"生产方式对生活方式的影响》，上海交通大学出版社 2011 年版。

吴淑娴：《马克思所有制思想研究》，湖北教育出版社 2007 年版。

武力：《中华人民共和国经济史》，中国时代经济出版社 2010 年版。

习近平：《决胜全面建成小康社会　夺取新时代中国特色社会主义伟大胜利——在中国共产党第十九次全国代表大会上的报告》，人民出版社 2017 年版。

晓亮：《所有制理论与所有制改革》，上海财经大学出版社 2002 年版。

徐传谌：《国有经济评论》，经济科学出版社 2010 年版。

张维迎：《市场的逻辑》，上海人民出版社 2010 年版。

张文魁、袁东明：《中国经济改革 30 年：国有企业卷》，重庆大学出版社 2008 年版。

张兴茂、李保民：《马克思主义所有制理论中国化研究》，中国社会科学出版社 2008 年版。

赵恩国：《马克思"个人解放"思想的历史与逻辑》，上海人民出版社 2017 年版。

赵凌云：《中国共产党经济史（1921—2011）》，中国财政经济出版社 2011 年版。

《中共中央关于坚持和完善中国特色社会主义制度　推进国家治理体系和治理能力现代化若干重大问题的决定》，人民出版社 2019 年版。

《中共中央关于经济体制改革的决定》，人民出版社 1984 年版。

《中共中央文件选集（一九四九年十月——一九六六年五月）》第 14 册，人民出版社 2013 年版。

《中共中央文献选集（1921—1925）》，中共中央党校出版社 1982 年版。

中共中央文献研究室：《建国以来重要文献选编》第三、第九册，中央文献出版社 2011 年版。

宗寒：《中国所有制结构探析》，红旗出版社 1996 年版。

### 三 中文译著

［德］哈贝马斯：《交往与社会进化》，张博树译，重庆出版社 1989 年版。

［德］黑格尔：《法哲学原理》，范扬译，商务印书馆 2011 年版。

［德］马克斯·霍克海默、西奥多·阿多诺：《启蒙辩证法》，渠敬东等译，上海人民出版社 2003 年版。

［德］马克斯·韦伯：《新教伦理与资本主义精神》，于晓、陈维纲译，上海三联书店 1987 年版。

［法］昂利·圣西门：《圣西门选集》第 1 卷，董果良、赵鸣远译，商务印书馆 1979 年版。

［法］居伊·德波：《景观社会》，张新木译，南京大学出版社 2017 年版。

［法］科斯等：《财产权利与制度变迁》，刘守英等译，上海人民出版社 1994 年版。

［法］让·鲍德里亚：《消费社会》，刘成富等译，南京大学出版社 2014 年版。

［美］赫伯特·马尔库塞：《单向度的人》，刘继译，上海译文出版社 2008 年版。

［美］罗纳德·哈里·科斯：《企业、市场与法律》，盛洪、陈郁译校，格致出版社、上海三联书店、人民出版社 2009 年版。

［美］伊曼纽尔·沃勒斯坦：《世界资本主义体系的兴起和未来衰亡：比较分析观》，黄光耀等译，南京大学出版社 2003 年版。

［美］约瑟夫·E. 斯蒂格利茨：《自由市场的坠落》，李俊青、杨玲玲译，机械工业出版社 2011 年版。

［匈］卢卡奇：《历史与阶级意识》，杜章智等译，商务印书馆 1999 年版。

［英］弗·奥·哈耶克：《通往奴役之路》，王明毅等译，中国社会科学出版社 1997 年版。

### 四　中文期刊

H. 德姆塞茨：《关于产权的理论》，《美国经济评论》1967 年第 57 卷，中译文，转引自《经济社会体制比较》1990 年第 6 期。

白雪秋：《从"消灭私有制"到"重建个人所有制"——马克思的人类社会发展模式解析》，《海派经济学》2009 年第 4 期。

曹之虎：《对马克思所有制理论的系统研究》，《中共山西省委党校学报》1987 年第 6 期。

陈红娟：《〈共产党宣言〉中"消灭私有制"的译法演化与诠释转移》，《中共党史研究》2021 年第 2 期。

陈家付：《论马克思的"重新建立个人所有制"问题》，《经济纵横》2009 年第 3 期。

陈湘舸：《对公有制及其实现形式关系的再认识——兼论社会主义经济改革的三大任务》，《西南大学学报》（社会科学版）2002 年第 6 期。

陈湘舸：《〈资本论〉"两权"分离理论研究》，《当代经济研究》1995 年第 3 期。

陈晓枫：《马克思土地产权理论探析》，《思想理论教育导刊》2018 年第 2 期。

陈占安：《最终消灭私有制与目前支持私有制——重读〈共产党宣言〉的一点体会》，《北京教育》2008 年第 1 期。

丁瑞媛、胡大平：《日本新马克思主义的市民社会理论及其效应——以平田清明为中心的思想史考察》，《南京社会科学》2015 年第 10 期。

丁帅：《新时代国有企业利润分配制度改革的问题及路径》，《经济体制改革》2021 年第 1 期。

方茜：《中国所有制理论演进与实践创新》，《社会科学战线》2020 年第 9 期。

方忠：《为什么要区分生产资料所有制的分类》，《思想理论教育导刊》2021 年第 5 期。

冯仁方：《中国共产党百年经济理论的话语创新转向与历史意义》，《浙江工商大学学报》2022 年第 1 期。

付宇:《"重建个人所有制"与让人民共享改革发展成果》,《当代经济研究》2011 年第 3 期。

耿步健:《论正确理解〈共产党宣言〉中的"消灭私有制"思想》,《马克思主义与现实》2009 年第 6 期。

龚唯平:《试论所有制范畴的基本结构》,《学习与探索》1995 年第 5 期。

顾锦屏:《〈共产党宣言〉中关于"消灭私有制"的译法是正确的》,《经济学动态》2003 年第 3 期。

顾钰民:《中国化马克思主义所有制理论的创新与发展》,《江苏行政学院学报》2011 年第 2 期。

郭春生:《阶级分析与阶层分析:〈共产党宣言〉的历史价值和当代价值》,《中国特色社会主义研究》2009 年第 6 期。

郝贵生:《也谈对〈共产党宣言〉中"消灭私有制"思想的理解》,《中共天津市委党校学报》2010 年第 4 期。

何干强:《论新中国对私有制社会主义改造的伟大胜利》,《当代经济研究》2021 年第 9 期。

何伟:《突破对斯大林的"两个凡是"》,《探索》2009 年第 4 期。

胡家勇:《论新时代所有制理论的创新发展》,《江海学刊》2018 年第 5 期。

胡钧:《"重建个人所有制"是共产主义高级阶段的所有制关系——兼评把它与社会主义公有制和股份制等同的观点》,《经济学动态》2009 年第 1 期。

黄少安:《马克思经济学与现代产权经济学理论体系的比较》,《经济评论》1999 年第 4 期。

黄世雄:《如何理解"重新建立个人所有制"?》,《经济理论与经济管理》1983 年第 6 期。

吉铁肩、林集友:《社会主义所有制新探——释"在生产资料共同占有基础上重建个人所有制"》,《中国社会科学》1986 年第 3 期。

贾后明:《论交换方式对分配方式的影响和决定》,《经济纵横》2013 年第 11 期。

简新华:《市场经济只能建立在私有制基础上吗?——兼评公有制与市场经济不相容论》,《经济研究》2016 年第 12 期。

蒋学模:《关于生产资料的所有权、占有权、支配权和使用权的探讨》,《社会科学研究》1981 年第 4 期。

蒋永穆、王运钊:《新中国成立 70 年来农村基本经营制度变迁及未来展望》,《福建论坛》(人文社会科学版) 2019 年第 9 期。

金志涛、陈述君、于兴棠:《把抽象的公共占有实现为具体的个人占有》,《经济理论与经济管理》1985 年第 4 期。

康渝生:《"拥有财产性收入"与"消灭私有制"——科学社会主义的哲学辨正》,《理论探讨》2008 年第 4 期。

《科学理解马克思主义所有制理论——访中国人民大学周新城教授》,《马克思主义研究》2018 年第 4 期。

孔陆泉:《"个人所有制"和我国现阶段基本经济制度——兼评对马克思"个人所有制"的两种误读》,《学习与探索》2001 年第 3 期。

匡萃坚:《对"消灭私有制"理论的反思》,《炎黄春秋》2015 年第 7 期。

蓝江:《21 世纪以来国外马克思主义研究的新趋向》,《马克思主义理论学科研究》2016 年第 2 期。

李惠斌:《重读〈共产党宣言〉——对马克思关于"私有制"、"公有制"以及"个人所有制"问题的重新解读》,《当代世界和社会主义》2008 年第 3 期。

李慕之:《马克思恩格斯到底是怎样看待私有制的》,《青海民族学院学报》1991 年第 2 期。

李锐:《论私有制、私有财产的废除或消灭问题——基于〈共产党宣言〉"三个稿本"德文原文的分析与解读》,《马克思主义哲学论丛》2015 年第 1 期。

李小玉:《"重新建立个人所有制"即建立生产资料公有制》,《经济理论与经济管理》1985 年第 4 期。

梁万成:《马克思讲的"个人所有制"是指生活资料的个人所有制吗》,

《江淮论坛》1981 年第 2 期。

林岗、张宇：《产权分析的两种范式》，《中国社会科学》2000 年第 1 期。

林慧勇：《必须纠正对马克思所有制理论的一个误解——兼评社会主义所有制的变革方向》，《中国经济问题》1989 年第 2 期。

林水源：《苏联从社会民主主义立场出发改革所有制的构想与情况》，《世界经济与政治》1990 年第 5 期。

刘海江：《私有制：消灭还是扬弃》，《理论与改革》2012 年第 6 期。

刘佳：《新民主主义革命时期中国共产党经济政策及其当代价值》，《山东社会科学》2021 年第 8 期。

刘卓红、关锋：《对马克思晚年俄国社会发展若干问题研究的再认识》，《马克思主义研究》2004 年第 2 期。

罗丹、张国胜：《论工业化后期的生产资料优先增长规律——以第二次世界大战后美国经济发展为例》，《马克思主义研究》2018 年第 6 期。

马小林：《如何看待现阶段存在的私有制和剥削现象》，《当代世界与社会主义》2003 年第 4 期。

冒天启：《另解"消灭私有制"》，《经济导刊》2002 年第 4 期。

梅景辉：《马克思主义社会形态理论视域下"卡夫丁峡谷"的跨越》，《社会科学家》2020 年第 11 期。

彭五堂：《美国学者关于马克思"消灭私有制"思想研究述评》，《马克思主义研究》2012 年第 8 期。

邱海平：《社会主义基本经济制度中的所有制问题研究》，《马克思主义理论学科研究》2022 年第 8 期。

邱炜煌：《"消灭私有制"不等于消灭非公有制经济》，《求实》2011 年第 6 期。

屈炳祥：《到底是谁误解了马克思和恩格斯——就如何理解马恩关于"消灭私有制"的基本原理与同仁商榷》，《当代经济研究》2007 年第 8 期。

苏绍智：《试论生产资料的所有权、占有权、支配权和使用权——对社会主义生产资料所有制的具体分析》，《学术月刊》1962年第6期。

孙来斌：《跨越资本主义"卡夫丁峡谷"20年研究述评》，《当代世界与社会主义》2004年第2期。

陶为群：《将生产资料分类的社会再生产平衡增长与条件——依照列宁对社会产品划分的三部门平衡增长》，《政治经济学报》2018年第11期。

陶为群：《社会扩大再生产的"纳什解"的形成路径——两大部类资本积累意愿的双边适应性预期调整》，《当代经济研究》2016年第3期。

陶为群：《有生产资料分部类的持续扩大再生产路径与条件》，《政治经济学报》2020年第17期。

陶岳潮：《关于阶级、阶层分析的思考》，《浙江学刊》2002年第6期。

汪亭友：《如何理解〈共产党宣言〉关于"消灭私有制"的思想》，《思想理论教育导刊》2012年第7期。

王成稼：《对"重新建立个人所有制"的辨析》，《当代经济研究》2004年第10期。

王利明：《关于占有、占有权和所有权问题》，《法学评论》1986年第1期。

王萍：《社会主义市场经济体制上升为基本经济制度的逻辑进路》，《经济问题》2021年第8期。

王维平、牛新星：《中国共产党对社会主义市场经济体制的认识过程、理论创新与实践指向》，《上海经济研究》2021年第2期。

王振中：《论〈共产党宣言〉中关于"消灭私有制"译法的正确性》，《经济学动态》2014年第12期。

王中汝：《生产资料所有制与人的发展——马克思恩格斯所有制理论的根本指向及其在当代中国的实践》，《社会主义研究》2020年第2期。

王佐旗：《马克思的"个人所有制"理论及其现实实践》，《中共乐山市委党校学报》2001年第6期。

韦建桦：《用生命擎起思想的火炬——马克思主义经典著作编译事业百年回顾》，《马克思主义与现实》2010年第6期。

卫兴华：《再析马克思"重建个人所有制"的涵义》，《当代经济研究》2008年第9期。

吴秋菊：《集体所有制视域下农地"三权分置"改革研究》，《学习与探索》2018 年第 12 期。

吴宣恭：《生产资料的所有、占有、支配、使用关系》，《学术月刊》1982 年第 6 期。

吴照玉：《从消灭私有制到重建个人所有制：马克思共产主义概念的话语建构》，《教学与研究》2016 年第 4 期。

奚兆永：《对"消灭私有制"的问题的一些认识》，《红旗文稿》2006 年第 16 期。

奚兆永：《评在马克思重建个人所有制理论与中国改革问题上的错误观点》，《马克思主义研究》2007 年第 9 期。

辛向阳：《"两个决不会"的科学内涵及其当代价值》，《马克思主义研究》2021 年第 9 期。

徐国民：《论马克思主义对德国古典哲学的根本变革——重读马克思〈关于费尔巴哈的提纲〉的体会》，《社会科学家》2013 年第 10 期。

徐国民：《马克思"消灭私有制"理论及其在中国的发展》，《理论学刊》2019 年第 3 期。

阎孟伟：《马克思"个人所有制"思想研究》，《马克思主义理论学科研究》2019 年第 2 期。

杨承训：《公有制实现形式的实践和理论创新》，《马克思主义研究》2021 年第 2 期。

杨小勇、徐寅：《马克思社会总资本扩大再生产实现条件理论在社会主义市场经济条件下的拓展及启示》，《毛泽东邓小平理论研究》2019 年第 2 期。

叶险明：《论生产资料所有制关系的结构变化》，《马克思主义研究》2005 年第 2 期。

殷叙彝：《"扬弃"私有制还是"消灭"私有制——关于〈共产党宣言〉中一个重要译语的争论》，《探索与争鸣》2011 年第 4 期。

于光远：《对占有、所有及其与经营的关系的再思考》，《中国社会科学》1988 年第 5 期。

俞良早：《马克思在俄国跨越卡夫丁峡谷问题上的谨慎态度和理智观点》，《思想理论教育导刊》2021 年第 2 期。

俞吾金：《社会形态理论与中国发展道路》，《上海师范大学学报》（哲学社会科学版）2011 年第 2 期。

曾昭禹：《斯大林的"科学社会主义"、"社会主义基本制度"能突破吗——兼与何伟先生商榷》，《探索》2010 年第 4 期。

詹仲亚：《理解马克思恩格斯的"消灭私有制"思想》，《黑河学刊》2012 年第 3 期。

张殿清：《对私有制是扬弃而不是消灭》，《炎黄春秋》2010 年第 4 期。

张佳、王道勇：《从物的消费到符号消费——西方马克思主义消费社会理论的演进及启示》，《科学社会主义》2018 年第 6 期。

张康琴：《论生产资料优先增长与经济持续稳定协调发展》，《经济科学》1992 年第 5 期。

张雷声：《马克思关于私有制批判思想的逻辑发展》，《教学与研究》2020 年第 8 期。

张敏：《承袭制资本主义现象现实问题研究》，《广西质量监督导报》2020 年第 2 期。

张兴茂：《苏联所有制结构的历史演变及其理论反思》，《当代世界与社会主义》2007 年第 1 期。

张一兵：《市场交换中的关系物化与工具理性的伪物性化——评青年卢卡奇〈历史与阶级意识〉》，《哲学研究》2000 年第 8 期。

赵学清：《也谈"重新建立个人所有制"的本意——兼与卫兴华老师商榷》，《江苏行政学院学报》2013 年第 5 期。

赵阵：《中国特色社会主义道路自信的唯物史观阐释——基于跨越"卡夫丁峡谷"理论的研究》，《马克思主义研究》2019 年第 9 期。

赵振德：《苏联经济改革中所有制形式的多样化》，《世界经济研究》1989 年第 3 期。

郑淋议、罗箭飞、洪甘霖：《新中国成立 70 年农村基本经营制度的历史演进与发展取向——基于农村土地制度和农业经营制度的改革联动视角》，《中国土地科学》2019 年第 12 期。

郑又贤：《关于"消灭私有制"的若干新思考——重读〈共产党宣言〉有感》，《福建理论学习》1998 年第 5 期。

《中共中央关于全面深化改革若干重大问题的决定（2013 年 11 月 12 日中国共产党第十八届中央委员会第三次全体会议通过)》，《求是》2013 年第 22 期。

周兴会、秦在东：《论马克思所有制理论标准的两重性》，《马克思主义与现实》2014 年第 1 期。

周志成：《阶级划分与阶层划分是马克思主义的起点——兼论西方中间阶层的概念与特征》，《上海社会科学院学术季刊》1992 年第 1 期。

朱剑农：《论社会主义时期生产资料的四权问题》，《学术月刊》1962 年第 12 期。

朱舜：《"重新建立个人所有制"：理解偏差及本质理解》，《马克思主义研究》2015 年第 12 期。

［日］渡边雅男：《从共同体所有到私有制——论土地所有制的历史形态》，《马克思主义与现实》2016 年第 6 期。

［苏］阿巴尔金：《生产关系和经济机制》，苏联东欧问题译丛编辑部译，《苏联东欧问题译丛》1987 年第 4 期。

### 五　学位论文

徐国民：《社会分工的历史衍进与理论反思》，博士学位论文，华东师范大学，2009 年。

杨芳：《马克思的社会分工理论及其当代意义》，博士学位论文，武汉大学，2010 年。

### 六　中文报纸

习近平：《关于〈中共中央关于制定国民经济和社会发展第十四个五年规划和二〇三五年远景目标的建议〉的说明》，《人民日报》2020 年 11 月 4 日第 2 版。

习近平：《完整准确全面贯彻新发展理念确保"十四五"时期我国发展
　　开好局起好步》，《人民日报》2021 年 1 月 30 日第 1 版。

习近平：《依法规范和引导我国资本健康发展发挥资本作为重要生产要
　　素的积极作用》，《人民日报》2022 年 5 月 1 日第 1 版。

《国企改革三年行动成效明显》，《经济日报》2022 年 6 月 16 日第 9 版。

《中央层面划转部分国资充实社保基金完成共划转国有资本总额 1.68 万
　　亿元》，《经济日报》2021 年 1 月 13 日第 2 版。


七　中文网站

《国资报告独家解析 2021 年度〈财富〉世界五百强上榜国企名单》，光明网
　　（https：//m. gmw. cn/baijia/2021-08/02/35047779. html），2021 年 8 月 2 日。

《国资委：央企集团公司对子企业要合理授权放权》，中国经济新闻网（ht-
　　tps：//www. cet. com. cn/cjpd/qwjd/3145917. shtml），2022 年 3 月 31 日。

《历史性突破！国有企业公司制改革基本完成》，新华网（http：//
　　www. xinhuanet. com/2022-01/17/c_ 1128271839. htm），2022 年 1 月 17 日。

《中国共产党第十九届中央委员会第四次全体会议公报》，新华网（http：
　　www. xinhuanet. com/politics/2019 – 10/31/c _ 1125178024. htm），
　　2019 年 10 月 31 日。


八　外文专著

Megill, Allen, *Karl Marx：The Burden of Reason*, New York：Rowman & Lit-
　　tle field Publishers, INC. , 2002.

Michael Hardta, Antonio Negri, *Multitude*, New York：Penguin Books, Ltd. ,
　　2004.


九　外文期刊

Brenkert, George G. , "Freedom and Private Property in Marx", *Philosophy
　　and Public Affairs*, Vol. 15, No. 2, Winter 1979.

Van de Veer, Donald, "Marx's View of Justice", *Philosophy and Phenomeno-*

*logical Research*, Vol. 33, No. 3, 1973.

Wood, Allen W., "Marx on Right and Justice: A Reply to Husami", *Philosophy and Public Affairs*, Vol. 8, No. 3, Spring 1979.

Wood, Allen W., "The Marxian Critique of Justice", *Philosophy and Public Affairs*, Vol. 1, No. 3, Spring 1972.

# 后　记

　　本书是我 2017 年 3 月申报的国家社会科学基金项目"马克思所有制关系理论及其当代价值研究"（项目批准号：17BKS018）的最终研究成果，该成果于 2022 年 11 月被全国哲学社会科学规划办公室鉴定为良好等级予以结项。

　　本人自 2006 年师从陈锡喜先生攻读博士学位以来，就一直致力于社会分工与所有制问题的研究。在社会分工与异化劳动、社会分工与社会生产力、社会分工与社会进步等之间的内在关联探讨中，深化对马克思人类解放这一主题的理解和认识。在研究过程中，本人清晰地认识到马克思、恩格斯对于社会分工与所有制理论的思考和探索贯穿到了其学术研究和实践斗争的全部过程之中。可以说，本书是本人的博士论文《社会分工的历史衍进与理论反思——以社会主义和谐社会的构建为指向的研究》（中国政法大学出版社 2013 年版）的补充和完善，同时也较为系统地体现了本人对马克思社会分工与所有制关系理论研究的主要成果。

　　为了更加系统地把握马克思所有制关系理论，本人从马克思和恩格斯所处的时代背景出发，在对马克思恩格斯经典文本研究的基础上，紧紧围绕着马克思和恩格斯对私有制的内涵、地位以及所有制关系的认识过程展开了深耕和梳理，揭示出了马克思所有制关系理论的形成过程、主要内容及其核心要义。在此基础之上，本人还结合了苏联和中国的实践经验，进一步揭示了马克思所有制关系理论的当代价值。

在研究过程中，针对国内外学者对马克思"消灭私有制"论断的种种误读，本人试图通过对"私有财产"与"私有制"、"私有制"与"社会生产力"、"消灭私有制"与"扬弃私有制"等之间关系的辨析和澄清，强调了要遵循生产力标准和价值标准相统一的原则对马克思"消灭私有制"论断进行整体性解读。

本书的最终完成得到了我的硕士、博士研究生们的大力支持。他们在资料的收集和初稿的撰写过程中，付出了很多心血。具体分工如下：

绪论　石玉姝　（株洲师范高等专科学校助教）

第一章和第五章　马娜（华东师范大学马克思主义学院博士研究生）

第二章第一节、第二节　侯佳（华东理工大学马克思主义学院硕士研究生）

第二章第三节和第六章第一节　王国洪（华东理工大学马克思主义学院硕士研究生）

第三章和第六章第二节　王伟杰（上海财经大学马克思主义学院讲师）

第四章第一节　缪英（西安市西航一中教师）

第四章第二节、第三节　雷凯利（华东理工大学马克思主义学院硕士研究生）

此外，我的研究生孙文秀、李铁军、张万宇、马君可也对部分章节的资料收集和初稿的撰写作出了重要贡献。

本书的大纲和统稿由我定稿。马娜和郝丽人对书稿进行了全面校对。

最后，我要特别感谢恩师陈锡喜先生将我领进了马克思主义理论研究的学术大门并致力于社会分工与所有制问题的研究；作为课题主持人，我要感谢"马克思所有制关系理论及其当代价值研究"课题组成员在课题研究过程中所作出的贡献；感谢多位评审专家在结项评审中给予的较高评价以及非常宝贵的修改补充意见，有助于我在本书出版之前能有针对性地予以充实、修订和完善；感谢本书的责任编辑中国社会科学出版社刘艳女士。对"马克思所有制关系理论及其当代价值研究"这一项目以及给予本专著关注与鼓励的学人一并表示衷心的感谢！

本书的形成过程交代如上，它从一个侧面体现了我和我的研究生们对恩师陈锡喜先生学术思想的传承，专为记录这段值得铭记的学习时光，是为后记。

徐国民

2023 年秋于上海